中华人民共和国海船船员适任考试培训教材

交通运输类"十四五"创新教材

符合《海船船员培训大纲（2021版）》《海船船员考试大纲（2022版）》要求

驾驶专业

船舶操纵与避碰
——船舶避碰与值班

（二/三副）

U0771747

Ⓜ 中国海事服务中心 组织编审

赵月林　赵越　黎冬楼 ◎ 主编

大连海事大学出版社
DALIAN MARITIME UNIVERSITY PRESS

ⓒ 赵月林 赵 越 黎冬楼 2022

图书在版编目（CIP）数据

船舶操纵与避碰. 船舶避碰与值班：二/三副／赵
月林，赵越，黎冬楼主编. — 大连：大连海事大学出版
社，2022.1（2022.11 重印）
中华人民共和国海船船员适任考试培训教材
ISBN 978-7-5632-4257-3

Ⅰ . ①船… Ⅱ . ①赵… ②赵… ③黎… Ⅲ . ①船舶避
让操纵—职业培训—教材②船舶航行—避碰规则—职业培
训—教材 Ⅳ . ①U675. 96②U692. 1

中国版本图书馆 CIP 数据核字（2022）第 011317 号

大连海事大学出版社出版

地址：大连市黄浦路523号 邮编：116026 电话：0411-84729665（营销部） 84729480（总编室）
http://press. dlmu. edu. cn E-mail：dmupress@ dlmu. edu. cn

大连天骄彩色印刷有限公司印装 大连海事大学出版社发行

2022 年 1 月第 1 版 2022 年 11 月第 3 次印刷
幅面尺寸：184 mm×260 mm 印张：18. 5 字数：460 千
出版人：刘明凯

责任编辑：李继凯 责任校对：王 琴
封面设计：解瑶瑶 版式设计：解瑶瑶

ISBN 978-7-5632-4257-3 定价：58. 00 元

中华人民共和国海船船员适任考试
培训教材编审委员会

主　　任：孙玉清
委　　员：（按姓氏笔画排名）
　　　　　王　勇　刘正江　刘红明　吴宗保　赵友涛　施祝斌
　　　　　姚　杰　潘新祥

审定委员会

主　　任：孙玉清
委　　员：（按姓氏笔画排名）
　　　　　王　捷　王平义　王明春　吕　明　刘锦辉　李忆星
　　　　　李建国　杨甲奇　肖亚明　吴丽华　张庆宇　张守波
　　　　　陈晓琴　苗永臣　范　鑫　林　毅　周明顺　唐强荣
　　　　　黄江昆　景向伟

编写委员会

主　　任：刘正江　赵友涛
执行主任：王　勇
副 主 任：（按姓氏笔画排名）
　　　　　丁振国　万　红　马洪涛　王　琪　王　磊　王进博
　　　　　王松明　王明雨　方　磊　邓志华　曲　涛　朱耀辉
　　　　　刘月鹏　刘芳武　刘金华　刘宗朴　刘宪珍　许　亮
　　　　　李　志　李　翼　李先强　李江华　李明阳　杨延存
　　　　　杨志勇　杨神化　何　毅　何江华　闵金卫　汪益兵
　　　　　张　洋　张世峰　陈东水　邵国余　林叶锦　林杰民
　　　　　周兆新　郑学贵　赵丽君　赵宏革　俞万能　俞文胜
　　　　　贾宝柱　徐　攀　徐立华　徐言民　徐得志　翁石光

唐　锋　　黄党和　　盛　君　　盛进路　　章文俊　　隋江华
蒋更红　　曾冬苟　　黎冬楼　　滕宪斌

委　　员：（按姓氏笔画排名）

王方金　　王立军　　王希行　　王建军　　卢艳民　　田学军
田海涛　　代　锐　　邢博君　　吕二广　　吕建明　　朱永强
刘　雨　　刘长青　　刘沁源　　刘新亮　　关长辉　　江建华
许媛媛　　杜　新　　杜金印　　李继凯　　李道科　　李富玺
杨　林　　杨　栋　　吴叶平　　沈荣欣　　张　磊　　张芳亮
张春阳　　张选军　　陆宝成　　陈永利　　陈依梁　　陈福洲
武　斌　　林　郁　　罗宏富　　金建元　　宗永刚　　赵志强
赵贵竹　　郝振钧　　胡贤民　　姜广丰　　聂　涛　　奚瑞帆
高世有　　高增云　　席建龙　　黄兴旺　　阎义武　　葛　帆
蒋　龙　　程　欣　　裴景涛　　熊正华　　戴　武

前言

为有效履行经修正的《1978 年海员培训、发证和值班标准国际公约》（STCW 公约）等国际公约，进一步规范海船船员培训行为，确保船员培训质量，根据《中华人民共和国船员条例》《中华人民共和国船员培训管理规则》，交通运输部编制了《海船船员培训大纲（2021 版）》，自 2021 年 10 月 1 日起施行。

为了更好地指导帮助船员进行适任考试前的培训，促进高素质船员队伍建设，中国海事服务中心组织全国有丰富教学、培训经验和航海实践经验的专家共同编写了本套教材。本套教材严格按照《海船船员培训大纲（2021 版）》编写，符合培训大纲对船员适任培训的要求，具有权威、准确、系统、实用的特点，重点突出船员适任和航海实践需掌握的知识，旨在培养船员具备在实践中应用知识的能力，可作为船舶工具书使用。

本套教材包括：

《船舶管理（船长／大副）》《船舶操纵与避碰——船舶操纵（船长／大副）》《船舶操纵与避碰——船舶避碰与值班（船长／大副）》《航海英语（船长）》《航海英语（大副）》《航海学——天文、地文、仪器（船长／大副）》《航海学——航海气象与海洋学（船长／大副）》《船舶结构与货运（大副）》《船舶操纵与避碰——船舶避碰与值班（二／三副）》《船舶操纵与避碰——船舶操纵（二／三副）》《船舶管理（二／三副）》《船舶结构与货运（二／三副）》《航海学——航海气象与海洋学（二／三副）》《航海学——天文、地文、仪器（二／三副）》《航海英语（二／三副）》《值班水手业务》；

《GMDSS 英语阅读》《GMDSS 综合业务》《GMDSS 英语听力与会话》《GMDSS 设备操作》；

《轮机英语（轮机长／大管轮）》《船舶动力装置（轮机长）》《船舶管理（轮机长／大管轮）》《主推进动力装置（大管轮）》《船舶辅机（大管轮）》《轮机工程基础（大管轮）》《船舶电气与自动化（船舶电气）（大管轮）》《船舶电气与自动化（船舶自动化）（大管轮）》《轮机英语（二／三管轮）》《船舶管理（二／三管轮）》《主推进动力装置（二／三管轮）》《船舶辅机（二／三管轮）》《轮机工程基础（二／三管轮）》《船舶电气与自动化（船舶电气）（二／三管轮）》《船舶电气与自动化（船舶自动化）（二／三管轮）》《值班机工业务》；

《电子电气员英语》《船舶电气（电子电气员）》《船舶机舱自动化》《信息技术与通信导航系统》《船舶管理（电子电气员）》《电子技工业务》《电子技工英语》《电子电气员英语听力与会话》《电子技工英语听力与会话》。

本套教材的编写、出版工作，得到了各海事管理机构、航海教育培训机构、航运企业等单位的关心和大力支持，特致谢意。

中国海事服务中心

2021 年 11 月

编者的话

本书根据《1978年海员培训、发证和值班标准国际公约马尼拉修正案》对"船舶操纵与避碰——船舶避碰与值班"(二/三副)的培训要求,并以《海船船员培训大纲(2021版)》的具体规定设置全书章节及内容,力求知识点全面、针对性强、实用性强,图文并茂,易于学员学习、理解,旨在帮助学员顺利通过海船船员适任考试。

"船舶操纵与避碰——船舶避碰与值班"是研究《1972年国际海上避碰规则》等相关避碰规则、船舶信号、避碰几何、避碰方法以及船舶如何保持安全值班的一门应用学科。作为船舶驾驶员,必须掌握船舶在营运中如何保持安全值班、如何进行有效避碰的相关理论、技术和方法。

本书共分八章。第一章为海上避碰规则概述,介绍了海上避碰规则的沿革、内容和性质,《规则》适用范围及一般定义;第二章为船舶信号,介绍了船舶号灯和号型、声响、灯光信号和视觉信号等条款;第三章为船舶在任何能见度情况下的行动规则,介绍了瞭望、安全航速、碰撞危险、避免碰撞的行动、狭水道、船舶定线制和分道通航制等条款;第四章为船舶在互见中的行动,介绍了帆船、追越、对遇局面、交叉相遇局面、让路船与直航船的行动、船舶之间的责任等条款;第五章为船舶在能见度不良时的避碰,介绍了适用范围、船舶在能见度不良水域航行的戒备、能见度不良时的避碰行动等条款;第六章为责任,介绍了疏忽条款和背离条款、我国内河避碰规则、我国非机动船舶海上安全航行暂行规则及特殊情况下的避碰;第七章为船舶值班,介绍了值班安排和应遵循的原则、航行值班、在不同的条件下和不同水域内的值班及在港值班的相关知识;第八章为驾驶台资源管理,介绍了驾驶台资源管理概念、目的与作用,驾驶台团队及其作用和其他相关知识。

本书由赵月林、赵越、黎冬楼担任主编,孙玉强、巴忠峰担任副主编,吴兆麟、王建军担任主审。王猛、刘勇、柴旭涛参与了本书的编写。全书由赵月林统稿。在本书的编写过程中得到了吴兆麟教授、何欣船长的大力支持和热情指导,在此向他们表示衷心感谢。

本书适用于海船船员(二/三副)适任考试培训,也可作为航海院校师生的教学参考书及航运管理相关人员的工作参考书。

航海科技日新月异,新理论、新技术、新航法、新设备不断涌现并投入航海实践,相关国际公约、各国法律法规、行业标准和规定也随之不断进步完善,本书未尽之处,敬请广大同仁和读者批评斧正,不吝赐教。

编　者

2021年11月

目录

第一章

海上避碰规则概述

第一节　海上避碰规则的沿革、内容和性质

一、海上避碰规则的历史沿革

1. 海上避碰规则的沿革

海上避碰规则是防止船舶碰撞事故、保障海上交通安全的重要海事法规,其历史萌芽可以追溯到公元前的《罗德海法》;1338 年诞生的英国《海军部黑皮书》(The Admiralty Black Book)可以认为这是早期的海上避碰规则;而 1840 年 10 月由英国伦敦引航公会(Trinity House, London)在当时被普遍接受的避碰做法的基础上总结起草的一项法令——《汽船航行规则》(Regulation for Navigation of Steam Vessel),被认为是世界上第一个成形的海上避碰规则。

1863 年英法两国协商制定了《1863 年海上避碰规则》,先后被英国、法国、美国和德国等 30 多个海运国家采用。可以认为这是早期的国际性的海上避碰规则。

为了使海上避碰规则能广泛地吸收世界各海运国家的意见,在美国政府倡议下,1889 年 10 月,在华盛顿召开了第一次讨论国际海上避碰规则的国际会议,审查和修改了当时沿用的《1863 年海上避碰规则》,并制定了新的规则作为国际海上避碰规则,提请各国政府采用。但由于种种原因,会上起草的规则没能及时在国际上生效。

1910 年 10 月,世界主要海运国家在布鲁塞尔召开了国际海事会议,研究关于海上碰撞法律的统一问题。会上通过了《关于统一船舶碰撞若干问题的国际公约》,并在会上修改了 1889 年华盛顿会议制定的规则,通过了《1910 年国际海上避碰规则》,并且立即生效,这是世界上第一个国际海上避碰规则。该规则使用了 40 多年,直到 1954 年才被生效的《1948 年国际海上避碰规则》所代替。

1948 年 4 月,海运国家在伦敦召开国际海上人命安全会议,对《1910 年国际海上避碰规

则》进行修改,并将修正案命名为《1948 年国际海上避碰规则》,但内容修订不大。该规则在 1954 年生效。

此后十余年装备雷达的船舶数量迅速增长,而且发生了一连串由于错误使用雷达信息、雾中船速过快与盲目转向造成的碰撞事故,为此,联合国政府间海事协商组织(IMCO,IMO 的前身)于 1960 年在伦敦召开国际海上人命安全会议时,又对《1948 年国际海上避碰规则》进行了修订,提出了运用雷达资料协助海上避碰的建议,对其他条款也进行了一些修改,这就是《1960 年国际海上避碰规则》。但该规则仍然是国际海上人命安全会议最终议定书的一个附件,而不是公约的一部分。

1972 年 10 月,在 IMCO 的主持下,众多海运国家又在伦敦召开避碰规则修订大会。会议通过了《1972 年国际海上避碰规则》(以下简称《规则》),并签署了《1972 年国际海上避碰规则公约》,并将《规则》作为该公约的附件。自此,《规则》自成一体,结束了其被作为《1974 年国际海上人命安全公约》(SOLAS 公约)议定书的时代。《规则》于 1977 年 7 月 15 日生效。

2.《规则》的修订

《规则》自 1977 年 7 月 15 日生效以来,先后经过了 1981 年、1987 年、1989 年、1993 年、2001 年、2007 年和 2013 年七次修订。

最近一次修正案为 2013 年修正案。该修正案增加第六章"对符合本公约规定的验证"。该修正案于 2015 年 7 月 1 日被视为默认接受,并于 2016 年 1 月 1 日生效。该修正案要求避碰规则公约的缔约国按照 IMO 的审核标准,即《国际海事组织文书实施规则》进行定期审核,以验证其是否符合并实施了该公约的要求,而不针对海员的避碰行为。

3. 国际海上避碰规则在中国的实施

我国是航海大国和海运大国,历来高度关注国际海上避碰规则的制定、修改和实施。在 1971 年联合国大会通过决议恢复中华人民共和国在联合国的合法席位后,我国更加积极地参与国际海上避碰规则的制定和实施。

1957 年我国宣布接受《1948 年国际海上避碰规则》时,对该规则中有关非机动船舶的规定做了保留,并于 1958 年 8 月 16 日颁布《中华人民共和国非机动船海上安全航行暂行规则》,规范我国非机动船舶的海上避碰事宜。随后在实施《1960 年国际海上避碰规则》时仍对非机动船舶的海上避碰规定做了保留。

1980 年 1 月 7 日,我国政府正式加入《1972 年国际海上避碰规则公约》,接受《规则》。从该年开始,我国作为《1972 年国际海上避碰规则公约》组织的缔约国,参加了《规则》的 1981 年、1987 年、1989 年、1993 年、2001 年、2007 年、2013 年七次《规则》修订大会,并与公约成员国同步实施《规则》的各项修正案。

二、国际海上避碰规则的内容概要

《规则》分为六章(41 条)和 4 个附录,其内容结构如下:

第一章　总则(共 3 条)　第一条　适用范围
　　　　　　　　　　　　第二条　责任
　　　　　　　　　　　　第三条　一般定义

第四条　适用范围
第五条　瞭望
第六条　安全航速
第七条　碰撞危险
第八条　避免碰撞的行动
第九条　狭水道
第十条　分道通航制

第一节　船舶在任何能见度
情况下的行动规则(共7条)

第十一条　适用范围
第十二条　帆船
第十三条　追越
第十四条　对遇局面
第十五条　交叉相遇局面
第十六条　让路船的行动
第十七条　直航船的行动
第十八条　船舶之间的责任

第二章　驾驶和航行规则(共16条)

第二节　船舶在互见中的
行动规则(共8条)

第三节　船舶在能见度
不良时的行动规则　　第十九条　船舶在能见度不良时
的行动规则

第二十条　适用范围
第二十一条　定义
第二十二条　号灯的能见距离
第二十三条　在航机动船
第二十四条　拖带和顶推
第二十五条　在航帆船和划桨船
第二十六条　渔船
第二十七条　失去控制或操纵能力受到限制的船舶
第二十八条　限于吃水的船舶
第二十九条　引航船舶
第三十条　锚泊船舶和搁浅船舶
第三十一条　水上飞机

第三章　号灯和号型(共12条)

第三十二条　定义
第三十三条　声号设备
第三十四条　操纵和警告信号
第三十五条　能见度不良时使用的声号
第三十六条　招引注意的信号
第三十七条　遇险信号

第四章　声响和灯光信号(共6条)

第五章　豁免　　　　第三十八条　豁免

第三十九条　定义
第四十条　适用范围
第四十一条　符合性验证

第六章　对符合本公约规定的验证(共3条)

附录一　号灯和号型的位置和
技术细节（共14节）

1. 定义
2. 号灯的垂向位置和间距
3. 号灯的水平位置和间距
4. 渔船、疏浚船及从事水下作业船舶的示向号灯的位置细节
5. 舷灯遮板
6. 号型
7. 号灯的颜色规格
8. 号灯的发光强度
9. 水平光弧
10. 垂向光弧
11. 非电气号灯的发光强度
12. 操纵号灯
13. 高速船
14. 认可

附录二　在相互邻近处捕鱼的
渔船额外信号（共3节）

1. 通则
2. 拖网渔船的信号
3. 围网渔船的信号

附录三　声号器具的技术细节
（共3节）

1. 号笛
2. 号钟和号锣
3. 认可

附录四　遇险信号

三、国际海上避碰规则的性质

有关《规则》的性质，国内航海界长久以来形成的普遍认识是：《规则》，在碰撞发生前是避碰行动的指南，在碰撞发生后是判定碰撞责任的依据。由此可以认为，《规则》既具有技术规范性质，又具有法律规范性质。

航海界和海事法律界，对《规则》研究的侧重点不一样，航海界多侧重于对避碰技术与规范的研究，确保船舶的避碰安全；而海事法律界更侧重于法律角度的研究，据此区分碰撞双方的责任、义务以及分担比例。正确认识《规则》的双重性质，对于全面理解和正确运用《规则》以及指导海上船舶避碰十分重要。明确当事船舶的避碰责任是正确采取避碰行动的前提，而如何具体采取《规则》所要求或允许的避碰行动，又以定量与定性相结合的分析判断作为保证。

第二节 《规则》的适用范围

一、适用的水域和船舶

（一）适用的水域

《规则》第一条"适用范围"第 1 款规定:**"本规则条款适用于在公海和连接公海可供海船航行的一切水域中的一切船舶。"**由此可知,《规则》适用的水域包括"公海"以及"连接公海可供海船航行的一切水域"两部分。

1. 公海

根据《1982 年联合国海洋法公约》第八十六条的规定,"公海"是指不包括在国家的专属经济区、领海或内水或群岛国的群岛水域内的全部海域。

2. 连接公海可供海船航行的水域

"连接公海可供海船航行的水域",通常是指专属经济区、领海、内水以及与海相连并可供海船航行的港口、江河、湖泊或内陆水道等一切水域。

《规则》适用于"连接公海可供海船航行的水域"须具备两个条件:

（1）该水域必须与公海相"连接"

与公海的"连接(connected)"是指实质性的连接,即连接的程度是能使海船进出公海。简言之,对海船的航行而言,该一切水域和公海是一体的。但是,不论是间接连接还是直接连接,抑或自然连接还是人工连接,都属于《规则》所指的"连接"公海的情况。

（2）该水域必须"可供海船航行"

通常认为,"可航(navigable)"一词仅是指在地理上可航,《规则》所适用的船舶可以安全地航行,即有足够的水深和宽度,能使海船安全行驶。而"海船"是指设计为从事海上运输或作业的一切船舶。简言之,可供海船航行的一切水域,是指海船能够到达的一切水域。

（二）适用的船舶

《规则》适用于上述水域内的一切船舶,而不论这些船舶的大小、种类、用途和从事作业的性质。在理解《规则》所适用的船舶时,应特别注意如下几点:

（1）只要是在适用《规则》的水域,《规则》所适用的船舶不限于海船,而是上述水域的所有船舶均应当适用《规则》。

（2）适用《规则》的船舶在上述水域的状态为"在水上(upon water)",包括接触水面和不接触水面(非排水状态)两种状态,但不包括潜水状态。潜水艇在水面航行(包括接近水面的上浮和下沉过程)时适用《规则》,在水下潜航时则不适用《规则》。

（3）军舰无论在战时还是在平时,政府公务船无论是否在执行公务,从安全避碰的角度,均应适用《规则》。

（4）在水面上的水上飞机（包括起飞、降落、滑行、漂航或停泊）、地效船均适用《规则》。

（5）船舶在《规则》所适用的水域航行、锚泊、搁浅均适用《规则》，系岸或在船坞修理通常不适用《规则》关于避碰行动的规定。

此外，我国在接受《1972 年国际海上避碰规则公约》时，对我国的非机动船作了保留。因此，我国的非机动船不适用《规则》，而应当适用《中华人民共和国非机动船舶海上安全航行暂行规则》。

二、特殊规则

《规则》第一条第 2 款规定：**"本规则条款不妨碍有关主管机关为连接公海而可供海船航行的任何港外锚地、港口、江河、湖泊或内陆水道所制定的特殊规定的实施。这种特殊规定，应尽可能符合本规则条款。"**

（一）特殊规则的含义

特殊规则是指沿海国主管机关在其管辖的水域中制定的各种有关船舶避碰的"地方规则（local rules）"，如我国的内河避碰规则、各港港章等。

（二）制定特殊规则的机构或组织

被授权制定和实施特殊规定的主体是《1972 年国际海上避碰规则公约》各缔约国或参加国的"有关主管机关（appropriate authority）"。"有关主管机关"由各缔约国立法确定，通常指各缔约国政府和主管国家水上交通安全的机关以及经授权的地方当局。例如，中华人民共和国海事局及经授权的各海事局属于这类主管机关和地方当局。

（三）可以制定特殊规则的水域

根据《规则》的规定，可以制定特殊规则的"特殊水域"包括港外锚地、港口、江河、湖泊或内陆水道。港外锚地（roadstead），按《联合国海洋法公约》第十二条给出的定义，是指全部或部分位于领海外界限之内，或全部位于领海外界限之外的通常用于船舶装卸和锚泊的水域，属于领海范围。内陆水道（inland waterways），通常是指领海基线以内水域中的水道。

（四）制定特殊规则应当遵循的原则

根据本条第 2 款的规定，特殊规则应尽可能符合《规则》各条。因此，主管机关在制定特殊规定时，应当在考虑当地水域环境、交通条件和习惯做法的基础上，使得所制定的特殊规则尽可能与《规则》的规定相一致。

（五）特殊规则与《规则》的关系

《规则》明确规定《规则》条款不妨碍特殊规定的实施。因此，特殊规则和《规则》同时适用时，特殊规则应当优先适用；当特殊规则的规定与《规则》的规定不一致时，应执行特殊规则的规定；特殊规则没有规定的事项仍然应当执行《规则》的规定。

（六）我国几个典型避碰规章的适用

1.中华人民共和国内河避碰规则

《中华人民共和国内河避碰规则》第二条"适用范围"规定："在中华人民共和国境内江河、湖泊、水库、运河等通航水域及其港口航行、停泊和作业的一切船舶、排筏均应当遵守本规则。船舶、排筏在国境河流、湖泊航行、停泊和作业，按照中国政府同相邻国家政府签订的协议或者协定执行。船舶、排筏在与中俄国境河流相通的水域航行、停泊和作业不适用本规则。"

从上述规定中可以看出，《中华人民共和国内河避碰规则》的适用范围是以水域范围来限定的，而不论船舶的国籍、吨位以及是否为海船等。

2.中华人民共和国非机动船舶海上安全航行暂行规则

《中华人民共和国非机动船舶海上安全航行暂行规则》第一条规定："凡使用人力、风力、拖力的非机动船，在海上从事运输、捕鱼或者其他工作，都应当遵守本规则。"

该暂行规则是针对我国在加入国际海上避碰规则时所作的保留而制定的，因此，该暂行规则仅适用于我国的非机动船舶，而不适用于外国籍的非机动船舶。

3.中华人民共和国渔船作业避让规定

《中华人民共和国渔船作业避让规定》第一条规定："本规定适用于我国正在从事海上捕捞的船舶。"显然，该规定适用于所有从事海上捕捞的我国船舶，不论其位于哪一海域，除非受到其他规定的限制。

三、额外的队形灯、信号灯、号型或笛号

《规则》第一条第3款规定："本规则条款不妨碍各国政府为军舰及护航下的船舶所制定的关于额外的队形灯、信号灯、号型或笛号，或者为结队从事捕鱼的渔船所制定的关于额外的队形灯、信号灯或号型的任何特殊规定的实施。这些额外的队形灯、信号灯、号型或笛号，应尽可能不致被误认为本规则其他条文所规定的任何信号灯、号型或信号。"

（一）制定额外的队形灯、信号灯、号型或笛号的特殊规定的机构

制定额外的队形灯、信号灯、号型或笛号的机构为各国政府，而不是有关主管机关。

（二）额外的队形灯、信号灯、号型或笛号适用的船舶

额外的队形灯、信号灯、号型或笛号适用于"军舰及护航下的船舶"；而对于"结队从事捕鱼的渔船"仅限于额外的队形灯、信号灯、号型，没有额外的笛号的规定。需要注意的是，上述信号是额外的，即在船舶原有信号的基础上额外添加的信号，而不是用于替代《规则》所规定的号灯、号型或笛号；"军舰及护航下的船舶"以及"结队从事捕鱼的渔船"仍然应当显示或鸣放《规则》规定的号灯、号型或笛号。

（三）制定额外的队形灯、信号灯、号型或笛号的特殊规定的原则

为避免造成识别上的误解，对这些额外的队形灯、信号灯、号型或笛号的特殊规定的制定，

《规则》要求其应尽可能不致被误认为《规则》其他条文所规定的任何号灯、号型或信号，即要求这些额外的队形灯、信号灯、号型或笛号尽可能与《规则》规定的号灯、号型和信号显著区别开来。

四、分道通航制规定的适用

《规则》第一条第4款规定："为实施本规则，本组织可以采纳分道通航制。"

本款是针对《规则》第十条"分道通航制"而言的，在解释该条款时，需联系《规则》第十条第1款的规定。在理解和执行本条款时应注意：

（1）《规则》第十条仅适用于被IMO采纳的分道通航制；

（2）无论IMO是否业已采纳某一分道通航制，除《规则》第十条外，《规则》其他条款仍然适用该分道通航制水域；

（3）无论IMO是否业已采纳某一分道通航制，船舶都应遵守有关主管机关为该分道通航制水域制定的特殊规定。

五、特殊构造或用途船舶的特殊规定

《规则》第一条第5款规定："凡经有关政府确定，某种特殊构造或用途的船舶，如不能完全遵守本规则任何一条关于号灯或号型的数量、位置、能见距离或弧度以及声号设备的配置和特性的规定，则应遵守其政府在号灯或号型的数量、位置、能见距离或弧度以及声号设备的配置和特性方面为之另行确定的、尽可能符合本规则所要求的规定。"

（一）适用范围

首先，《规则》第一条第5款所指的特殊规定仅适用于特殊构造或用途的船舶，而不适用于常规船舶。特殊构造或特殊用途的船舶主要是指军舰、专用作业船舶和某些新型船舶等。它们往往由于其特殊构造或用途而不能完全遵守《规则》有关号灯、号型与声号设备的有关规定。例如，航空母舰的桅灯由于其驾驶台偏于一舷侧而不能在舰首尾中心线上设置；许多长度超过50 m的军舰为避免妨碍武器装备的设置和战斗使用而不设置两盏桅灯；一些滚装船因其驾驶台位于船首而致使舷灯超前于前桅灯。

其次，本款仅允许有关政府为这些特殊构造或特殊用途的船舶在号灯或号型数量、位置、能见距离或弧度以及声号设备的配置和特性方面制定特殊的规定。例如，军舰可以仅显示一盏桅灯（号灯数量上的变化），航空母舰可以将其桅灯偏离首尾中心线显示（号灯位置上的变化）。除上述几个方面外，不得另行制定特殊规定。

（二）制定特殊规定的主体

为特殊构造或用途的船舶制定特殊规定的主体为船旗国政府，而不是有关的主管机关。

（三）制定特殊规则的原则

为避免造成识别上的困难，对这些特殊构造或用途的船舶制定的号灯、号型与声号设备，在技术细节方面应尽可能符合《规则》的规定,即不仅不能冲突,而且应当在可行的范围内尽可能与《规则》的规定保持一致。

第三节 《规则》的一般定义

一、"除条文另有解释外"的含义

《规则》第三条在**"除条文另有解释外"**的前提下,对《规则》中的 13 个名词术语(term)下了定义。

《规则》第三条给出的定义为"一般定义",适用于整个《规则》。"除条文另有解释外"是指在《规则》其他条文中引用相关的术语时,不能仅仅根据第三条的定义确定其具体含义,而必须考虑《规则》上下文(the context)是否另有规定。"上下文另有规定"可能存在于某一具体条款本身;也可能存在于规则条文之间,即在其他条文另作规定。例如,同样一艘用机器推进的操纵能力受到限制的船舶,在航互见时应作为一艘机动船来鸣放第三十四条第 1 款规定的操纵声号,但在能见度不良时不能作为一艘机动船鸣放第三十五条第 1 款为机动船规定的雾号,该船舶也不是对遇局面和交叉相遇局面中所指的机动船。因此,在理解《规则》条款相关术语时,不仅要考虑本条的一般定义,还应当结合条款的上下文的规定和含义,全面、正确地理解其含义。

二、有关一般定义的解释

(一)船舶(vessel)

"'船舶'一词,指用作或者能够用作水上运输工具的各类水上船筏,包括非排水船筏、地效船和水上飞机。"从该定义可以看出,"船舶"的定义强调的是"用作或者能够用作水上运输工具"的各类水上船筏,包括非排水船舶、地效船和水上飞机。

"用作"是指这些船筏实际用作水上运输工具的情况。而"能够用作"是指这些船筏虽不为作为水上运输工具的目的而设计、建造,但这些船筏可以用来作为水上运输工具使用。例如,各种作战舰艇、挖泥船或打捞船等工程船舶、航行中的钻井平台、在水面上的潜水艇等;而专用作助航标志的灯船或作为浮码头的趸船因不能作为水上运输工具而不属于规则所指的"船舶"的范畴。

"各类水上船筏"是指不论种类、大小、形状、推进方式和用途的各种水上船筏。

"水上(on water)"一词是指这些船筏必须是作为水面上的运输工具,即在水面操作的各类船筏;但《规则》明确规定,"船舶"一词包括非排水船舶、地效船和水上飞机。非排水船舶指航行时基本上或完全不靠浮力支撑船体重量而脱离水面的船舶,如水翼船、气垫船及滑翔艇等。这些非排水船舶虽然脱离了水面,但是仍然属于《规则》所适用的"船舶"的范畴。有关地效船和水上飞机将在后述定义中进一步阐述。

（二）机动船（power-driven vessel）

"'机动船'一词,指用机器推进的任何船舶。"通常认为,"用机器推进"是指船舶通常的推进动力方式,并不是指装有机器或可以用机器推进,因为装有机器而未使用的驶帆的船舶仍然被视为帆船（见帆船定义）;也并不仅仅指正在使用机器推进的船舶,因为停止主机而处于漂航状态的机动船仍然被视为机动船。

"机动船"一词在《规则》不同条文中的外延并不完全相同。在具体判断"机动船"的外延时,首先将其假定为具有本款定义中的完整外延,之后再看其是否存在限制其外延的特殊条款;若存在限制其外延的特殊条款,则其外延会受到该特殊条款的限制而缩小;若不存在限制其外延的特殊条款,则其外延是完整的,即指所有用机器推进的船舶。而限制其外延的特殊条款,有的是包含在《规则》各条的上下文之中,需要特别注意。现举若干典型例子加以说明:

（1）"对遇局面""交叉相遇局面"条款中所指的机动船的外延限制

在"船舶在互见中的行动规则"条款中,因《规则》第十八条对各种船舶之间的避让关系作出了规定,因此,在"对遇局面"条款、"交叉相遇局面"条款中所指的机动船,仅仅是指除失去控制的船舶、操纵能力受到限制的船舶和从事捕鱼的船舶外的用机器推进的船舶。

（2）"船舶在能见度不良时的行动规则"条款中所指的机动船的外延限制

在"船舶在能见度不良时的行动规则"条款中没有对机动船的种类作出限制,因此"机动船应将机器做好随时操纵的准备"的规定适用于任何用机器推进的船舶,包括处于从事捕鱼、失去控制和操纵能力受到限制等状态的全部用机器推进的船舶。

（3）鸣放能见度不良时声号的机动船的外延限制

《规则》第三十五条第1款和第2款规定,在航机动船的雾号应是一长声或二长声。该条第3款规定,失去控制的船舶、操纵能力受到限制的船舶、限于吃水的船舶、从事捕鱼的船舶以及从事拖带或顶推他船的船舶等五类用机器推进的船舶应鸣放一长声继以二短声。因此,第三十五条第1款和第2款中的机动船是指排除该第3款中提及的上述五类用机器推进的船舶之外的其他用机器推进的船舶。

（4）鸣放操纵声号的机动船的外延限制

《规则》第三十四条第1款（操纵声号）中提及的机动船,没有其他进一步的特殊条款限制其外延,因此是指所有用机器推进的船舶,包括处于从事捕鱼、失去控制和操纵能力受到限制等状态的全部用机器推进的船舶。

总之,解释和理解《规则》条款中"机动船"一词时,不仅应当考虑本条有关"机动船"的一般定义,还应当根据《规则》条款本身以及《规则》条款之间的关系,准确理解"机动船"一词的外延和具体含义。

（三）帆船（sailing vessel）

"'帆船'一词,指任何驶帆的船舶,包括装有推进器但不在使用。"根据该定义,帆船通常指仅用风帆获得动力的船舶,但在帆船未装备推进器（机器）的情况下,无论其是否正在驶帆（在航状态）,均属于《规则》定义的帆船。

对于装有推进器的帆船,即所谓的机帆船,根据《规则》定义:

（1）驶帆而不使用推进器者为帆船，应遵守有关帆船的规定，如第十二条、第二十五条的规定。

（2）使用推进器者，无论是否驶帆均应视为机动船，应遵守《规则》有关机动船的规定。

（3）机帆船在既不驶帆也不使用机器推进的状态下，从安全角度考虑，机帆船应当将其自己作为机动船来执行《规则》；而他船如不能通过机帆船的号灯或号型判断其是机动船还是帆船，应当假定该船为帆船。

（四）从事捕鱼的船舶（vessel engaged in fishing）

"'从事捕鱼的船舶'一词，指使用网具、绳钓、拖网或其他使其操纵性能受到限制的渔具捕鱼的任何船舶，但不包括使用曳绳钓或其他并不使其操纵性能受到限制的渔具捕鱼的船舶。"判断船舶是否是构成"从事捕鱼的船舶"应当考虑如下两个条件：

（1）其正在从事捕鱼作业

从事捕鱼的船舶是指该船舶正在从事捕鱼作业，包括放网、拖网、收网等作业。不应当根据该船舶的用途或种类来判断其是否为一艘从事捕鱼的船舶。一艘正在航行途中（如驶往渔场、返回渔港或搜索鱼群）而不在捕鱼的船舶，不属于《规则》所定义的从事捕鱼的船舶。

（2）所使用的渔具使其操纵性能受到限制

所谓"所使用的渔具使其操纵性能受到限制"，是指其所使用的渔具使其转向和变速性能受到限制，但并未严重到不能给他船让路的程度。一船所使用的渔具若不使其操纵性能受到限制，则不属于《规则》定义的从事捕鱼的船舶。渔船可能使用的渔具一般有流网、围网、拖网、绳钓、捕鲸枪（捕鲸枪命中之后），及曳绳钓、手钓等。当使用曳绳钓、手钓捕鱼时，这些渔具并不妨碍其操纵性能，因而不构成从事捕鱼的船舶。

满足前述两个条件的船舶均可以构成从事捕鱼的船舶。从事捕鱼的船舶既可以是用机器推进的船舶，也可以是驶帆的船舶；既可能处于在航中，也可能处于锚泊中。

（五）水上飞机（seaplane）

"'水上飞机'一词，包括为能在水面操纵而设计的任何航空器。"根据该定义，水上飞机是经过专门设计可以在水面上漂浮并进行起飞和降落的航空器，但不包括在水面上迫降的遇险飞机、非排水状态的气垫船、非排水状态的地效船。

当水上飞机离开水面后，无论是超低空飞行还是在空中正常飞行，均不再属于《规则》意义上的船舶。

（六）失去控制的船舶（vessel not under command）

"'失去控制的船舶'一词，指由于某种异常的情况，不能按本规则条款的要求进行操纵，因而不能给他船让路的船舶。"所谓的"异常情况"，是指船舶本身或航行环境发生的一切非正常情况或意料之外的突发变故，这些情况包括：

（1）主机或舵机发生故障；

（2）车叶损坏或舵叶丢失；

（3）船舶发生火灾，正在按照灭火要求进行操纵；

（4）锚泊船在大风急流中走锚；

（5）处于无风中的帆船；

（6）大风浪中航行致使船舶不能变向和变速；

（7）船体破损进水。

在航中的船舶出现上述异常情况时，即构成"失去控制的船舶"，应当立即显示相应的失控信号。

决定一船属于"失去控制的船舶"的必要条件是"不能按本规则条款的要求进行操纵，因而不能给他船让路"。"不能给他船让路"指一船无法履行《规则》要求给他船让路的责任和义务，如果船舶虽然处于上述某种情况下，但仍然可以根据《规则》采取避碰行动，就不属于《规则》定义的失去控制的船舶，这种情况下，其显示失去控制的船舶的号灯或号型也是不适当的。例如，1969 年多佛尔海峡中"奇梅"轮与"地捷瑞达"轮在恶劣天气条件下发生碰撞，后者航速 6.5 kn，显示了失控灯，法官认为其完全有能力给他船让路而无权显示失控灯。

"不能按本规则条款的要求进行操纵"包括下列情况：

（1）丧失按本规则各条要求进行操纵的能力；

（2）只能根据安全的需要进行操纵，而不能按《规则》的要求进行操纵，否则会引起危险。

失去控制的船舶只能存在于"在航"状态，发生事故或处于异常情况的船舶在锚泊、搁浅后，不能构成《规则》所指的失去控制的船舶。

（七）操纵能力受到限制的船舶（vessel restricted in her ability to manoeuvre）

"'操纵能力受到限制的船舶'一词，指由于工作性质，使其按本规则条款要求进行操纵的能力受到限制，因而不能给他船让路的船舶。'操纵能力受到限制的船舶'一词应包括，但不限于下列船舶：

（1）从事敷设、维修或起捞助航标志、海底电缆或管道的船舶；

（2）从事疏浚、测量或水下作业的船舶；

（3）在航中从事补给或转运人员、食品或货物的船舶；

（4）从事发射或回收航空器的船舶；

（5）从事清除水雷作业的船舶；

（6）从事拖带作业的船舶，而该项拖带作业使该拖船及其拖带物驶离其航向的能力严重受到限制者。"

"操纵能力受到限制"的原因是指船舶所正在从事作业的工作性质，而不是指船舶的用途或船舶种类。《规则》条文列出了 6 种操纵能力受到限制的船舶，但并不仅仅局限于这 6 种。在理解"操纵能力受到限制的船舶"一词时，应当注意：

（1）船舶正在从事使其操纵能力受到限制的作业。

（2）船舶的操纵能力受到限制是由其所从事的该项作业的工作性质决定的。就其工作性质而言，不包括船舶进行测速、测定船舶操纵性能、校正罗经差等常规航海操作，也不包括从事捕鱼作业。

（3）构成"操纵能力受到限制的船舶"的必要条件是"按本规则条款要求进行操纵的能力受到限制，因而不能给他船让路"。"按本规则条款要求进行操纵的能力受到限制"是指该船所进行的作业使其按《规则》各条要求进行转向或变速的能力受到限制，或者如按《规则》要求进行操纵,则使其无法正常作业或存在危险。

(4)操纵能力受到限制的船舶可能是在航行中作业,也可能是在锚泊中作业。其中,从事补给或转运人员、食品或货物的船舶及从事拖带作业的船舶必须是处于"在航"中,才可能成为操纵能力受到限制的船舶;而从事其他作业的操纵能力受到限制的船舶则可能处于锚泊中。

(5)从事拖带作业的船舶,只有当该项拖带作业使该拖船及其拖带物驶离其航向的能力严重受到限制时,才能构成操纵能力受到限制的船舶。从事普通拖带的船舶不能构成操纵能力受到限制的船舶。

（八）限于吃水的船舶（vessel constrained by her draught）

"'限于吃水的船舶'一词,指由于吃水与可航水域的可用水深和宽度的关系,致使其驶离航向的能力严重地受到限制的机动船。"根据该定义,要构成"限于吃水的船舶"必须满足两个条件,即"由于吃水与可航行水域的可用水深和宽度的关系,致使其驶离航向的能力严重地受到限制"和"机动船"。

限于吃水的原因是"由于吃水与可航水域的可用水深及宽度的关系"。因此,在判断时应当同时考虑可航水域的水深和宽度这两个因素,且更重要的是可航水域的宽度,而不是水深。在具体判断一艘船舶是否构成限于吃水的船舶时,主要依据应当是其"驶离航向的能力"是否严重地受到限制。如果某船吃水太大,而航道附近的水域的水深太浅,导致可供该船安全航行的水域宽度变窄,则该船属于《规则》定义的"限于吃水的船舶"。如果某船虽然吃水相对于水深较大,但可航水域的宽度不受限制,则不属于《规则》定义的"限于吃水的船舶"。此外,应注意的是,限于吃水的船舶只能存在于在航状态,锚泊时不存在驶离航向的能力严重地受到限制的问题,因此也不存在"限于吃水的船舶"。

限于吃水的船舶必须是一艘"机动船"。也就是说,如果是一艘帆船,即使其处于同样的条件下,也不能构成限于吃水的船舶。虽然限于吃水的船舶应当是一艘机动船,但在遵守《规则》时,应当注意,如果某一条文对其作出了特殊要求或规定,则应当遵守其特殊规定,例如在能见度不良的水域或附近航行时应鸣放一长二短的声号;如果没有特殊规定,则应当遵守《规则》对机动船的规定。

（九）在航（underway）

"'在航'一词,指船舶不在锚泊、系岸或搁浅。"

从上述定义可以看出,《规则》把船舶的运动状态分为在航、锚泊、系岸和搁浅四种状态。

锚泊指船舶抛锚时锚牢固地抓住海底的状态。通常认为,船舶从抛下锚后锚稳定抓底开始至起锚时锚离底之间这段时间为锚泊状态。

系岸指船舶依靠缆绳系牢于泊位的状态。通常认为,靠泊时船舶第一根缆上缆桩开始至离泊时最后一根缆解清为止的状态均为系岸。另外,系浮筒的船舶通常按照系泊论。

搁浅指船舶全部或部分搁置在浅滩上,丧失或部分丧失浮力而无法漂浮或航行,搁浅船即使在主机驱动下可以局部的移动或转动也应认为是处于搁浅状态。

"在航"一词,指船舶不在锚泊、系岸或搁浅。在航分为对水移动和不对水移动两种状态。在航对水移动指船舶在推进器(或其他动力装置)的作用下在水面的移动状态和船舶停车(或其他动力装置)后靠惯性的作用在水面的移动状态。在航不对水移动指船舶不使用推进器

13

(或其他动力装置)而漂浮在水面,包括该船在风的作用下向下风漂移的状态(驶帆除外)。

在理解"在航"一词的含义时,应注意:

(1)系靠于另一锚泊船视为锚泊;

(2)系靠于另一系岸船视为系岸;

(3)走锚的船舶属于在航;

(4)在航时操纵用锚(如拖锚航行或拖锚掉头)应视为在航而不是锚泊。

(十)船舶的长度和宽度(length and breadth)

"船舶的'长度'和'宽度'是指其总长度和最大宽度。" 船舶的长度(length overall, LOA)是指船舶最前端与最后端之间(包括外板和两端永久性固定突出物在内)的水平距离。船舶的最大宽度(greatest breadth)包括船舶外板和永久性固定突出物在内的垂直于纵中线面的最大水平距离,即《规则》中的船舶尺度应是船舶的实际最大尺度。

(十一)互见(in sight of one another)

"只有当两船中的一船能自他船以视觉看到时,才应认为两船是在互见中。"

按照《规则》的定义,一船能自他船以视觉看到时则应认为两船已处于"互见"中,因此,"互见"的含义并不是互相看见(in sight of each other)。虽然《规则》强调的是"能看见",但"能看见"通常必须以"看见"的事实来确定(除非能够确定当事船舶疏忽瞭望),而"不能看见"却不能以"未看见"的事实来认定。从实际情况来看,两船相互用视觉看见一定构成"互见",但处于互见的两船并不一定已经相互看见。

在理解"互见"一词的含义时,应注意:

(1)在大多数情况下,一船看到他船时,他船也能够看到本船。因此,实践中一船看到另一船时,通常可以认为两船已处于互见中。但这并不意味着一船看到他船时两船一定会互见,也不意味着对互见的判断仅以"一船看到另一船"为条件。这是因为,互见的定义强调的是"一船能被他船看到",而不是"一船看到他船"。

(2)互见的判断过程是以当时情况下"能够"以视觉看到为标准,不以实际看到为条件。实践中,一船因疏忽瞭望而未能及时发现来船并判断互见或者他船能够以视觉看到本船但因他船疏忽瞭望而没有实际看到本船等,都不影响互见条款的适用,也不免除疏忽瞭望的责任和因互见而承担的避碰义务。

(3)"互见"的标准是能用视觉看清他船的号灯、号型或能确定他船的状态及两船的会遇势态。两船互见后应遵守互见中的行动规则,要遵守互见中的行动规则就要明确对方的船舶种类,因为船舶互见后通常要按照船舶的种类来判断会遇局面。而确定对方船舶种类的依据就是对方船舶所可能显示的号灯、号型。因此,从《规则》对互见后船舶行动的要求上看,两船对对方船舶的识别需达到能够看清对方号灯、号型(若显示)的程度才能称为"互见"。只能见到他船影子而看不清轮廓或夜间看不清他船号灯时不应认为是互见。

(4)互见的"见(in sight)"是指"以视觉看到"。通常认为,用"视觉看到"不仅包括用肉眼看到,还包括使用望远镜看到。

(5)互见存在于任何能见度情况,不管当时能见度如何,只要一船能用视觉看到他船,即可认为两船已处于互见之中。即使在能见度不良的水域中,两船也可能接近到互见,但应注意能见度不良时的行动规则在此之前可能已经适用。

（十二）能见度不良（restricted visibility）

"'能见度不良'一词，指任何由于雾、霾、下雪、暴风雨、沙暴或任何其他类似原因而使能见度受到限制的情况。"因此，能见度不良是指当空气中混入雾、霾、雪、雨、沙暴等某些介质后，空气的透光度减小从而使能见距离受到限制的情况。显然，在狭水道的弯头或岛礁区两船被居间障碍物遮蔽而相互看不见的情况不属于能见度不良。

对于能见距离受限到何种程度时构成能见度不良，《规则》未作定量的规定。在船舶避碰上，一般认为，能见距离小于 5 n mile 属能见度不良。由于雾号的可听距离约为 2 n mile，船舶通常在能见度下降到 2~3 n mile 以下时才鸣放雾号。

应当注意的是，"能见度不良"并不与"互见"相对应。在能见度良好时，两船可以在较远的距离上互见，在能见度不良时，两船只能在接近到较近的距离上才能互见。

（十三）地效船（WIG craft）

"'地效船'一词，系指多式船艇，其主要操作方式是利用表面效应贴近水面飞行。"根据该定义，地效船有多种操作方式，其既可以在水面上操纵，也可以贴近水面利用表面效应（机翼在贴近地面或水面飞行时升力增大的现象）飞行，部分地效船还可以在空中飞行，但利用表面效应贴近水面飞行是其主要的操作方式。此外，地效船在起飞、降落的操作过程中，有部分时间仍然是在水面上航行的。无论地效船处于何种状态，均属于《规则》定义的地效船。但在不同状态下，其责任和义务并不完全相同，详见《规则》第十八条。

第二章

船舶信号

第一节　号灯和号型概述

一、号灯和号型的作用

《规则》第三章规定了不同种类、尺度的船舶在不同状态下的号灯和号型,《规则》附录一对号灯与号型的位置及技术细节作出了规定。

号灯和号型除了表示船舶存在,还可提供的信息包括:

(1)表示船舶的种类、大小和动态;

(2)表示船舶的工作状态;

(3)判断两船所构成的会遇格局;

(4)了解他船所采取的操纵行动及避让意图。

船舶驾驶人员应全面掌握上述内容,以便能在实际工作中正确显示本船的号灯和号型,及时识别他船的号灯和号型,并迅速、准确地判明他船的种类、尺度、动态或作业方式以及两船所构成的会遇态势等,并根据号灯号型的隐、现变化,可以了解他船所采取的操纵行动及避让意图、查核双方避让行动的有效性。

二、号灯和号型的适用范围

（一）在各种天气中都应遵守

《规则》第二十条"适用范围"第 1 款规定:**"本章条款在各种天气中都应遵守。"**

"在各种天气中"指各种类型的船舶不论阴天、晴天,刮风下雨、风和日丽,也不论能见度好坏,甚至在狂风暴雨的恶劣天气情况下,均应遵守本章条款的规定。根据这一规定,船员应经常检查号灯或号型显示是否正常,发现问题立即纠正,防止在实践中由于在遵守号灯或号型规定方面存在过失而承担法律责任。

（二）号灯的显示时间

第二十条第2款规定:"有关号灯的各条规定,从日没到日出时都应遵守。在此期间不应显示别的灯光,但那些不会被误认为本规则各条款订明的号灯,或者不会削弱号灯的能见距离或显著特性,或者不会妨碍正规瞭望的灯光除外。"

第3款规定:"本规则条款所规定的号灯,如已设置,也应在能见度不良的情况下从日出到日没时显示,并可在一切其他认为必要的情况下显示。"

根据《规则》第二十条第2款、第3款规定,号灯的显示时间包括:

(1)从日没到日出;

(2)能见度不良时,从日出到日没;

(3)一切其他有必要的情况,通常是指能见度不良水域附近、能见度良好但是由于各种原因天色较暗的白天等情况。

（三）不应显示的灯光

根据《规则》第二十条第2款规定,在显示号灯期间,不能显示下述三种灯光:

(1)会被误认为本规则各条款订明的号灯的灯光,如航行中打开甲板灯、驾驶台下方朝前的室内灯光等。显示会被误认为本规则各条款订明的号灯的灯光会使他船误认为是另一种运动状态,如果因此而发生碰撞,则会被法院判为犯有严重过失。

(2)会削弱号灯的能见距离或显著特性的灯光,如号灯的附近再显示其他灯光、红灯与背后的白灯在一起可能会变成橘黄色的灯色。

(3)会妨碍正规瞭望的灯光,如海图室灯光外泄、驾驶台仪表灯光太亮等。

（四）号型的显示时间

第二十条第4款规定:"有关号型的各条规定,在白天都应遵守。"

根据此款规定,号型应该在白天显示,这里主要指从日出到日没这一段时间,也包括日出前和日没后的晨昏蒙影期间。因此,在晨昏蒙影期间应当同时显示号灯和号型。

（五）同时显示号灯和号型的时间

(1)在能见度不良或天色受影响的白天;

(2)晨昏蒙影期间;

(3)其他认为有必要时。

三、号灯的定义与能见距离

（一）号灯的定义

《规则》第二十一条"定义"规定：

"1.'桅灯'是指安置在船的首尾中心线上方的白灯，在 225 度的水平弧内显示不间断的灯光，其安装要使灯光从船的正前方到每一舷正横后 22.5 度内显示。

"2.'舷灯'是指右舷的绿灯和左舷的红灯，各在 112.5 度的水平弧内显示不间断的灯光，其装置要使灯光从船的正前方到各自一舷的正横后 22.5 度内分别显示。长度小于 20 米的船舶，其舷灯可以合并成一盏，装设于船的首尾中心线上。

"3.'尾灯'是指安置在尽可能接近船尾的白灯，在 135 度的水平弧内显示不间断的灯光，其装置要使灯光从船的正后方到每一舷 67.5 度内显示。

"4.'拖带灯'是指具有与本条 3 款所述'尾灯'相同特性的黄灯。

"5.'环照灯'是指在 360 度的水平弧内显示不间断灯光的号灯。

"6.'闪光灯'是指每隔一定时间以每分钟 120 次或 120 次以上的频率闪光的号灯。"

根据《规则》第二十一条的号灯的定义，以长度大于等于 50 m 的机动船为例，其桅灯、舷灯和尾灯的水平照射弧度如图 2-1-1 所示。

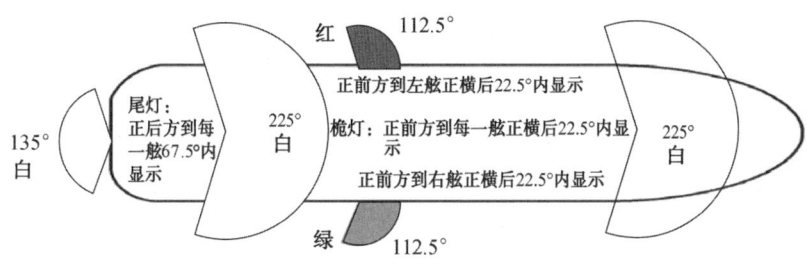

图 2-1-1　桅灯、舷灯和尾灯的水平照射弧度示意图

从理论上讲，船舶桅灯（或舷灯）与尾灯的水平光弧之和为 360°，但是桅灯、舷灯与尾灯不在同一位置安装，必然造成局部区域无灯光照射，为了消除无灯光照射对船舶航行安全的影响，《规则》在附录一中对桅灯、舷灯、尾灯的水平光弧作了如下补充：

"①船上所装的舷灯，在朝前的方向上，应显示最低要求的发光强度，发光强度在规定光弧外的 1~3 度之间，应减弱以达到切实断光。

"②尾灯和桅灯，以及舷灯在正横后 22.5 度处，应在水平弧内保持最低要求的发光强度，直到第二十一条规定的光弧界限内 5 度。从规定的光弧内 5 度起，发光强度可减弱 50%，直到规定的界限；然后，发光强度应不断减弱，以达到在规定光弧外至多 5 度处切实断光。"

（二）号灯能见距离

《规则》第二十二条规定了各种号灯的能见距离。结合《规则》第二十一条、第二十二条的规定，船舶各种号灯灯色、水平光弧和最小能见距离可归纳为表 2-1-1。

表 2-1-1　各种号灯灯色、水平光弧和最小能见距离

号灯类别	灯色	水平光弧	最小能见距离/n mile			
			$L \geqslant 50$ m	50 m$>L \geqslant$ 20 m	20 m$>L \geqslant$ 12 m	$L<12$ m
桅灯	白	225° 正前方至左、右舷各 112.5°	6	5	3	2
舷灯	左红、右绿	112.5° 正前方至该舷正横后 22.5°	3	2	2	1
尾灯	白	135° 正后方至左、右舷各 67.5°	3	2	2	2
拖带灯	黄	135° 正后方至左、右舷各 67.5°	3	2	2	2
环照灯	红绿白黄	水平范围 360°	3	2	2	2
操纵号灯	白	水平范围 360°	5			
闪光灯	红、黄	水平范围 360°	闪频≥120 次/分，对能见距离未作规定			

注：(1)表中 L 为船长；

(2)《规则》附录二中为在相互邻近处捕鱼的渔船规定的额外号灯应能在水平四周至少 1 n mile 的距离上被看到，但应小于《规则》为渔船规定的号灯的能见距离；

(3)一艘不易觉察、部分淹没的被拖船或物体应显示的白色环照灯的最小能见距离为 3 n mile。

四、号型

　　船舶的号型主要包括黑色的球体、圆锥体、菱形体、圆柱体和鼓形体。其底部直径应不小于 0.6 m，圆柱体的高度应等于其直径的 2 倍，菱形体应由 2 个圆锥体底部相合而成，号型之间的垂直距离应至少为 1.5 m，如图 2-1-2 所示。

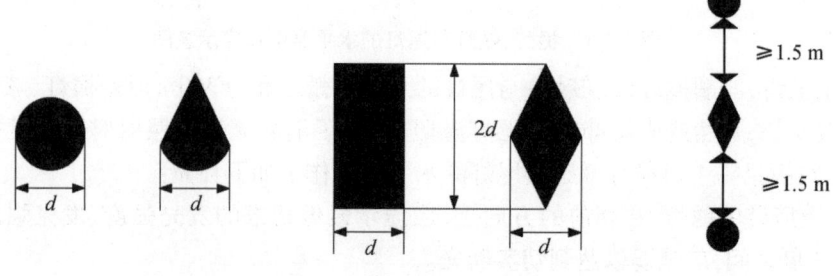

图 2-1-2　号型的规格和设置

五、号灯与避碰几何

　　根据《规则》第二十一条对号灯的定义，结合在船舶上观测到的他船号灯变化情况，可以大致估算他船的航向或航向区间，及早做到心中有数，确保航行安全。

（一）同时看到他船的舷灯和尾灯

当本船处于他船正横后 22.5°方位线上时,看到他船号灯可能会有三种情况:

(1)舷灯消失,看到尾灯;

(2)尾灯消失,看到舷灯;

(3)同时看到舷灯和尾灯。

这几种情况下,他船的航向可以用式(2-1-1)计算:

$$C_t = TB \pm 67.5° \quad (看到绿灯时取"+",红灯时取"-") \tag{2-1-1}$$

式中:C_t——他船航向;

　　TB——他船真方位,其值为本船航向±舷角(左舷取"-",右舷取"+")。

（二）同时看到他船的两盏舷灯

当本船处于他船的船首线上时,看到他船号灯可能会有三种情况:

(1)红灯消失,看到绿灯;

(2)绿灯消失,看到红灯;

(3)同时看到红灯和绿灯。

这几种情况下,他船的航向可用式(2-1-2)计算:

$$C_t = TB + 180° \tag{2-1-2}$$

（三）只看到他船一盏舷灯或尾灯

当本船只看到他船的一盏舷灯或尾灯时,不能确定他船的具体航向,而只能确定他船的航向区间。若看到的是舷灯,则用上述两公式求他船航向区间的两边界;若看到的是尾灯,则两次应用式(2-1-1)来求他船航向区间的两边界。

第二节　各类船舶的号灯和号型

《规则》第三章和附录二中规定了各类船舶在不同状态下应显示的号灯和号型。

一、在航机动船（第二十三条）

1.$L \geqslant 50$ m 的机动船

$L \geqslant 50$ m 的机动船应显示前、后桅灯,左、右舷灯和尾灯,如图 2-2-1 所示。

2.12 m$\leqslant L < 50$ m 的机动船

12 m$\leqslant L < 50$ m 的机动船应显示一盏桅灯(也可以显示第二盏桅灯,但不强制要求),左、右舷灯和尾灯,如图 2-2-2 所示。

3.$L < 12$ m 的机动船

$L < 12$ m 的机动船,可显示一盏环照白灯来替代桅灯和尾灯,同时显示左、右舷灯,如图

2-2-3 所示。

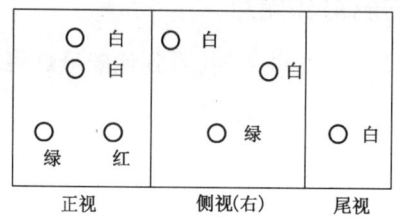

图 2-2-1　$L \geq 50$ m 的在航机动船应显示的号灯

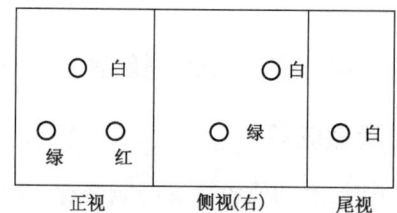

图 2-2-2　12 m $\leq L < 50$ m 的在航机动船应显示的号灯

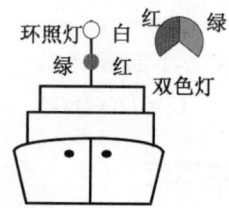

图 2-2-3　$L < 12$ m 的机动船应显示的号灯

　　$L < 12$ m 的机动船的桅灯或环照白灯,如果不能装设在首尾中心线上,可以离开中心线显示,其条件是其舷灯合并成一盏,并应装在首尾中心线上,或尽量装设在桅灯或环照灯所在首尾中心线的附近。换言之,若其舷灯没有合并成一盏双色灯,则其桅灯或者环照白灯仍然应当装设在首尾中心线上。

4. $L < 7$ m,且最高速度 $v \leq 7$ kn 的机动船

　　$L < 7$ m,且最高速度 $v \leq 7$ kn 的机动船,可显示一盏环照白灯以取代桅灯、舷灯与尾灯。如可行,也应显示舷灯,如图 2-2-4 所示。

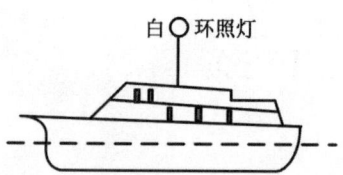

图 2-2-4　$L < 7$ m,且最高速度 $v \leq 7$ kn 的机动船应显示的号灯

5. 非排水状态下的气垫船

　　非排水状态下的气垫船应显示桅灯、舷灯、尾灯和一盏黄色闪光灯,如图 2-2-5 所示。显示黄色闪光灯的目的是警告他船。

　　要特别引起注意的是,气垫船在非排水状态下航行时,航速较快,风压差可高达数十度,因而仅以气垫船的航行灯来判断其前进的方向是不充分的,可能引发严重的事故。

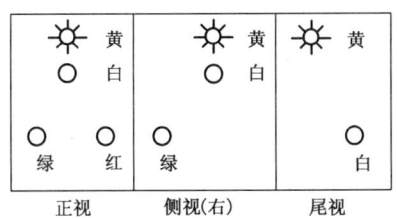

图 2-2-5 气垫船在非排水状态下航行应显示的号灯

6. 地效船在起飞、降落和贴近水面飞行时

地效船在起飞、降落和贴近水面飞行时,应显示桅灯、舷灯、尾灯和一盏高亮度的环照红色闪光灯,如图 2-2-6 所示。

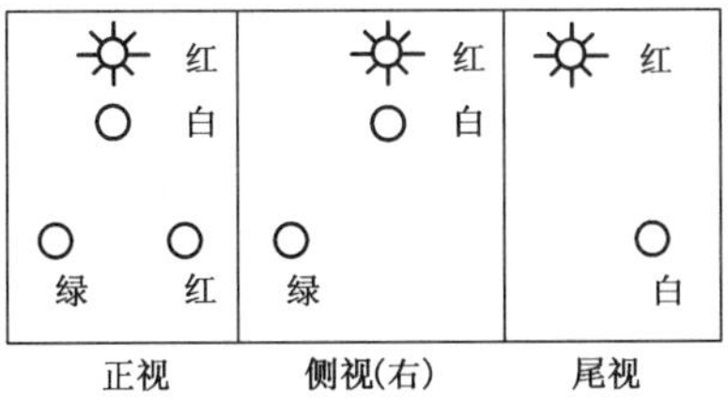

图 2-2-6 地效船在起飞、降落和贴近水面飞行时应显示的号灯

以上所述在航机动船号灯显示可总结为表 2-2-1。

表 2-2-1 在航机动船号灯显示汇总表

船舶类型和尺度	需要显示的号灯					
	前桅灯	后桅灯	尾灯	左、右舷灯	附加灯	备注
$L \geqslant 50$ m 的机动船	√	√	√	√		
12 m$\leqslant L <$50 m 的机动船			√	√		两种显示方式都可以
	√	√	√	√		
L<12 m 的机动船	一盏环照白灯			√		
	一盏环照白灯			合并双色灯		如桅灯或环照白灯离开首尾中心线显示时,舷灯应合并成一盏
L<7 m,且最高速度 v≤7 kn 的机动船	一盏环照白灯					可显示舷灯
非排水状态下的气垫船	√	√	√	√	黄色闪光灯	*前、后桅灯,左、右舷灯和尾灯的显示,参考《规则》二十三条第1款规定*
地效船在起飞、降落和贴近水面飞行时	√	√	√	√	高亮度红色闪光灯	

二、拖带和顶推(第二十四条)

(一)从事拖带的机动船

当机动船从事拖带时,拖带长度不同,其应显示的号灯、号型也不同。所谓拖带长度,是指自拖船船尾至被拖船船尾间的水平距离。

1. 拖带长度 $S>200$ m 时

当拖带长度 $S>200$ m 时,用垂直三盏桅灯取代前桅灯或者后桅灯,并在垂直于尾灯的上方显示一盏拖带灯,如图 2-2-7 所示;白天,应在最易见处显示一个菱形体号型,如图 2-2-8 所示。

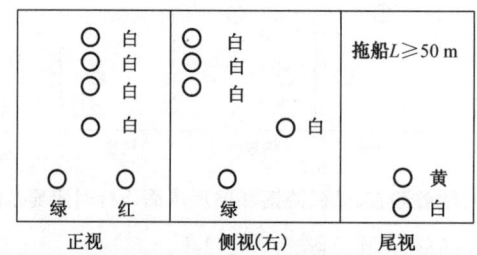

图 2-2-7 $L\geqslant50$ m、$S>200$ m 的拖带船应显示的号灯

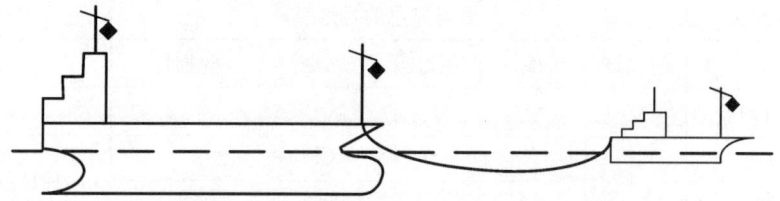

图 2-2-8 $S>200$ m 的拖带船应显示的号型

2. 拖带长度 $S\leqslant200$ m 时

当拖带长度 $S\leqslant200$ m 时,用垂直两盏桅灯取代前桅灯或者后桅灯,并在垂直于尾灯的上方显示一盏拖带灯,如图 2-2-9 所示。拖带长度 $S\leqslant200$ m 时,从事拖带的机动船无须显示号型。

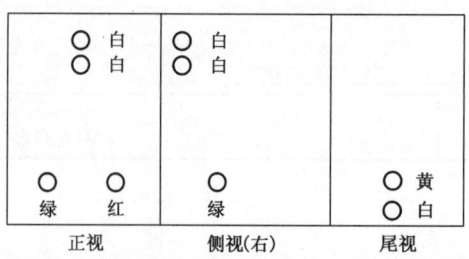

图 2-2-9 $L<50$ m、$S\leqslant200$ m 的拖带船应显示的号灯

（二）组合体

当一顶推船和一被顶推船牢固地连接成为一组合体时,应将其作为一艘机动船,显示《规则》第二十三条规定的普通机动船的号灯,组合体无须显示号型。

（三）从事顶推或者傍拖的机动船

从事顶推或者傍拖的机动船的号灯的特征是用垂直两盏桅灯以取代前桅灯或者后桅灯。无论从事顶推,还是从事傍拖,均不应当显示拖带灯,也无须显示号型,如图 2-2-10、图 2-2-11、图 2-2-12 所示。

图 2-2-10　顶推的俯视图

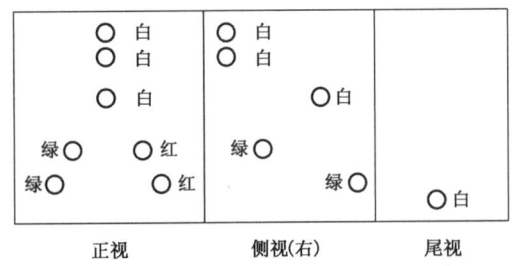

图 2-2-11　顶推时应显示的号灯（$L \geqslant 50$ m）

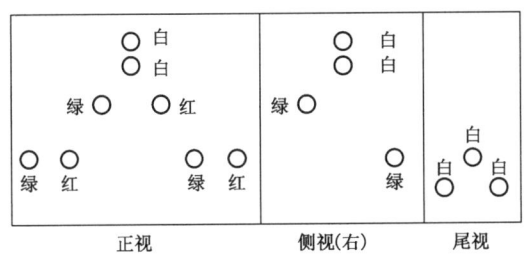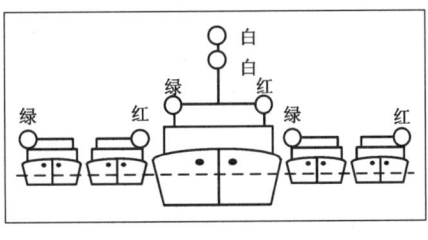

图 2-2-12　傍拖时应显示的号灯（$L < 50$ m）

（四）被拖船或被拖物体

被拖船或被拖物体应当显示的号灯为两盏舷灯、一盏尾灯。当拖带有多艘被拖船或被拖物体时,则每一艘被拖船或被拖物体均分别显示舷灯和尾灯。

（五）被顶推船

被顶推船应当显示两盏舷灯;任何数目的被顶推船若作为一组被顶推,则应作为一艘船来显示号灯,如图 2-2-11 所示。

（六）被傍拖船

被傍拖船应当显示两盏舷灯、一盏尾灯；任何数目的被傍拖的船若作为一组被傍拖，则应作为一艘船来显示号灯，如图 2-2-12 所示。

（七）一艘不易觉察的、部分淹没的被拖船或物体或者这类船舶或物体的组合体

一艘不易觉察的、部分淹没的被拖船或物体或者这类船舶或物体的组合体，通常是指被拖带的潜水艇、进水严重的遇难船、部分淹没的木筏和物体等，但不包括弹性拖曳体。其应当显示的号灯如图 2-2-13 所示。

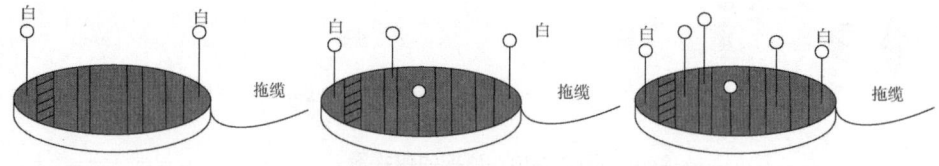

图 2-2-13 不同尺度被拖物体应显示的号灯

（1）如被拖物宽度小于 25 m，在其前后两端或接近前后两端处各显示一盏环照白灯；

（2）如被拖物宽度为 25 m 或 25 m 以上，在其两侧最宽处或接近最宽处另加两盏环照白灯；

（3）如被拖物长度超过 100 m，在（1）和（2）项规定的号灯之间，另加若干环照白灯，使得这些灯之间的距离不超过 100 m；

（4）一艘不易觉察的、部分淹没的被拖船或物体或者这类船舶或物体的组合体，当其拖带长度 $S \leqslant 200$ m 时，应当在最后一艘被拖船舶或物体的末端或接近末端处，显示一个菱形体号型，如图 2-2-14 所示。

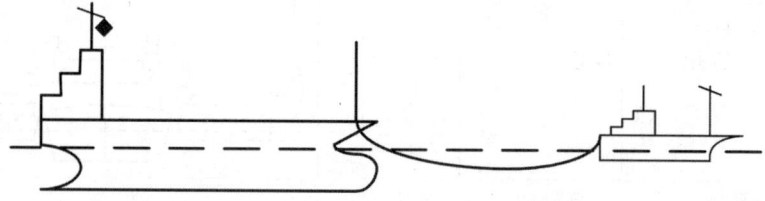

图 2-2-14 $S \leqslant 200$ m 的不易觉察的、部分淹没的被拖船应显示的号型

当拖带长度 $S > 200$ m 时，除在最后一艘被拖船舶或物体的末端或接近末端处显示一个菱形体号型外，还应当在尽可能前部的最易见处另加一个菱形体号型，如图 2-2-15 所示。

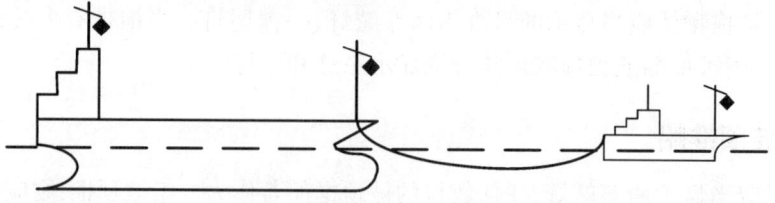

图 2-2-15 $S > 200$ m 的不易觉察的、部分淹没的被拖船应显示的号型

（八）拖船、被拖船或被拖物体不能显示《规则》规定的上述号灯时

凡由于任何充分理由，当被拖船或不易觉察的、部分淹没的被拖船、物体，或者这类船舶、物体的组合体，不可能显示本条第 5 款或第 7 款规定的号灯或号型时，应采取一切可能的措施使被拖船舶或物体上有灯光，或者至少能表明这种船舶或物体的存在。

凡由于任何充分理由，使得一艘通常不从事拖带作业的船舶不可能按本条第 1 款或第 3 款的规定显示号灯，这种船舶在从事拖带另一遇险或需要救助的船舶时，就不要求显示这些号灯。但该船舶应当根据《规则》第三十六条"招引注意的信号"所准许的一切可能措施进行操作，例如在船尾设置一盏探照灯，光束指向被拖船的方向，尤其应将拖缆照亮，以此来表明拖船与被拖船之间关系的性质。

三、在航帆船和划桨船（第二十五条）

（一）在航帆船

在航帆船应当显示左右两盏舷灯和尾灯，但不应当显示桅灯。此外，在航帆船还可以在桅顶或接近桅顶的最易见处垂直显示上红下绿两盏环照灯，如图 2-2-16 所示。

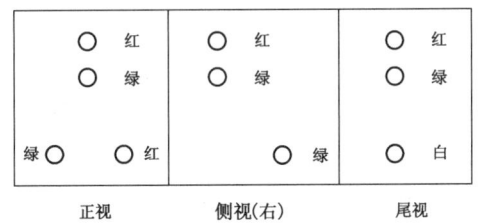

图 2-2-16　在航帆船应显示的号灯

（二）长度小于 20 m 的帆船

长度小于 20 m 的在航帆船可以显示左右两盏舷灯和尾灯，也可以将舷灯和尾灯合并成一盏"三色合座灯"，装设在桅顶或接近桅顶处。

"三色合座灯"是指用一个灯丝分别在左、右舷灯和尾灯的三个方位上发出红光、绿光和白光的灯具。这三种光是通过在该灯的不同方位上分别加装红色、绿色和无色玻璃来获得的。

长度小于 20 m 的在航帆船也可以在桅顶或接近桅顶的最易见处垂直显示上红下绿两盏环照灯。但是，当其将舷灯和尾灯合并成一盏"三色合座灯"时，就不能显示上红下绿两盏环照灯。

（三）长度小于 7 m 的帆船和划桨船

长度小于 7 m 的船舶，如可行，应当显示舷灯和尾灯，或者舷灯、尾灯的"三色合座灯"；如不可行，则应在手边备妥白光的电筒一个或点着的白灯一盏，及早显示，以防碰撞。

划桨船，可以按照帆船的号灯显示，但如不这样做，则应在手边备妥白光的电筒一个或点着的白灯一盏，及早显示，以防碰撞。

（四）机帆船

用帆行驶同时也用机器推进的船舶，应当按照机动船的规定显示号灯。白天，应在前部最易见处显示一个圆锥体号型，尖端向下，以表示其为机动船，如图 2-2-17 所示。

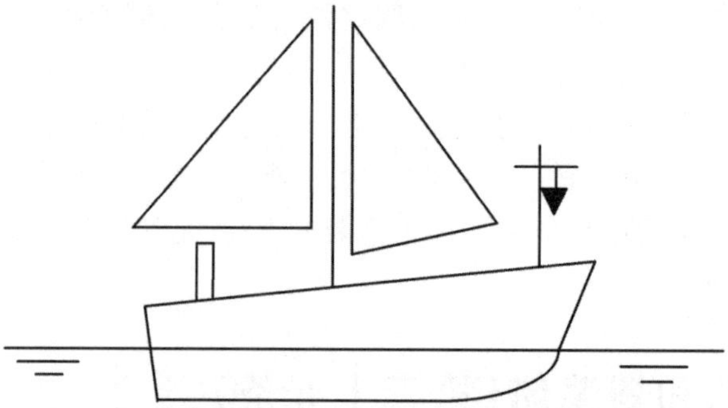

图 2-2-17　机帆并用船应显示的号型

四、渔船（第二十六条）

（一）适用范围

《规则》第二十六条中的“渔船”，仅适用于《规则》第三条第 4 款规定的“从事捕鱼的船舶”，即使用使其操纵性能受到限制的渔具从事捕鱼的任何船舶。根据其捕鱼作业方式的不同，又可以分为拖网作业的渔船和非拖网作业的渔船两类。

《规则》第二十六条第 1 款明确规定，从事捕鱼的船舶，不论在航还是锚泊，只应显示本条规定的号灯和号型。因此，当从事捕鱼的船舶在锚泊中从事捕鱼时，不应当显示《规则》第三十条规定的锚灯或者锚球，而应当按本条规定显示号灯和号型。同时，本条第 5 款也明确规定，船舶不从事捕鱼时，不应显示本条规定的号灯或号型，而只应显示为其同样长度的船舶所规定的号灯或号型。

此外，本条第 4 款规定，在邻近其他从事捕鱼的船舶处从事捕鱼的船舶，可以显示《规则》附录二中所述的额外信号。

（二）从事拖网作业的捕鱼船

从事拖网作业的捕鱼船应显示的号灯如图 2-2-18 所示。

（1）上绿下白垂直两盏环照灯。

（2）$L \geqslant 50$ m，一盏桅灯，后于并高于那盏环照绿灯；

$L<50$ m，则不要求显示该桅灯，但可以这样做。

（3）对水移动时，还应当显示左、右舷灯和尾灯；不对水移动时，则不应显示舷灯和尾灯。

（4）当邻近其他捕鱼船时，还可以显示附录二中关于拖网渔船在相互邻近处捕鱼的额外信号，如图 2-2-19 所示：

①放网时：垂直两盏白灯；

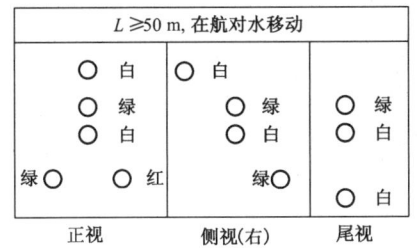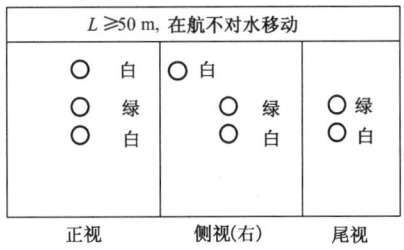

图 2-2-18   从事拖网作业的捕鱼船应显示的号灯

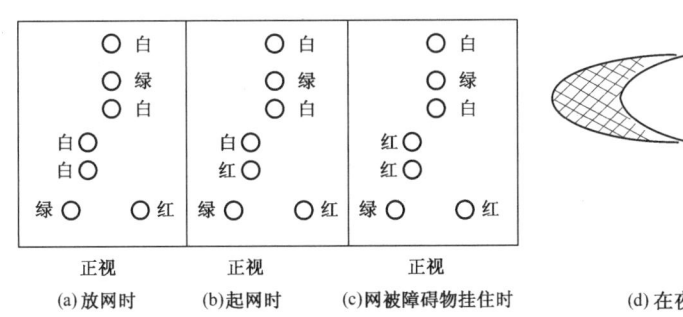

图 2-2-19   拖网渔船在相互邻近处捕鱼的额外信号

②起网时:垂直两盏灯,上白下红灯;

③网被障碍物挂住时:垂直两盏红灯;

④从事对拖网作业的各船在夜间,应朝着前方并向本对拖网中另一船的方向照射的探照灯。

这些额外号灯的间距至少应为 0.9 m,高度应低于上绿下白环照灯,水平能见距离至少为 1 n mile,但应小于《规则》为渔船规定的号灯的能见距离。

从事拖网作业的捕鱼船显示的号型为一个由上下垂直、尖端对接的两个圆锥体所组成的号型,如图 2-2-20 所示。

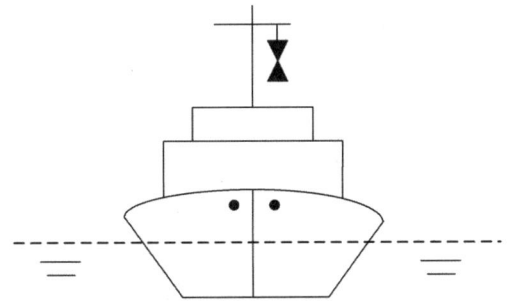

图 2-2-20   从事拖网作业的捕鱼船应显示的号型

（三）从事非拖网作业的捕鱼船

1. 从事非拖网作业的捕鱼船应显示的号灯

如图 2-2-21 所示,从事非拖网作业的捕鱼船应当显示:

（1）上红下白垂直两盏环照灯。

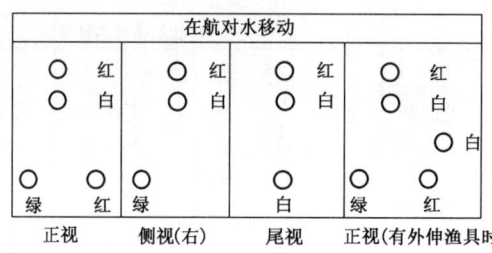

图 2-2-21　从事非拖网作业的捕鱼船应显示的号灯

（2）当有外伸渔具，其从船边伸出的水平距离大于 150 m 时，应朝着渔具的方向显示一盏环照白灯。

（3）对水移动时，还应当显示左、右舷灯和尾灯；不对水移动时，则不应显示舷灯和尾灯。

（4）当邻近其他捕鱼船时，围网渔船还可以显示附录二中关于围网渔船在相互邻近处捕鱼的额外信号，即当该围网渔船的行动为其渔具所妨碍时，可垂直显示两盏黄色号灯。这些号灯应每秒交替闪光一次，而且明暗历时相等，如图 2-2-22 所示。

图 2-2-22　围网渔船应显示的号灯

2. 从事非拖网作业的捕鱼船应显示的号型

从事非拖网作业的捕鱼船应当显示一个由上下垂直、尖端对接的两个圆锥体所组成的号型。

当其渔具从船边伸出的水平距离大于 150 m 时，应朝着渔具的方向显示一个尖端向上的圆锥体号型，如图 2-2-23 所示。

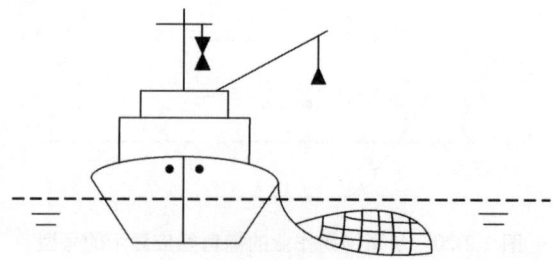

图 2-2-23　从事非拖网作业的捕鱼船应显示的号型

五、失去控制或操纵能力受到限制的船舶（第二十七条）

（一）失去控制的船舶

1. 失去控制的船舶应显示的号灯

如图 2-2-24 所示，失去控制的船舶应当显示：

（1）最易见处显示垂直两盏环照红灯。

（2）当对水移动时，还应当显示左右两盏舷灯和一盏尾灯，但不应当显示桅灯。当不对水移动时，不应当显示舷灯和尾灯，而应只显示垂直两盏环照红灯。

在航对水移动			在航不对水移动
○ 红	○ 红	○ 红	○ 红
○ 红	○ 红	○ 红	○ 红
○　　○		○	
绿　　红		绿	
		○	
		白	
正视	侧视(右)	尾视	

图 2-2-24　失去控制的船舶应显示的号灯

2. 失去控制的船舶应显示的号型

失去控制的船舶应在最易见处垂直显示两个球体，如图 2-2-25 所示。

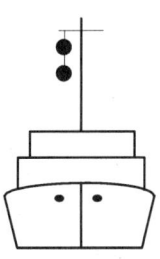

图 2-2-25　失去控制的船舶应显示的号型

应当注意的是，普通机动船、帆船、限于吃水船、操纵能力受到限制的船舶、从事捕鱼的船舶、执行引航任务的船舶等一旦失去控制，便不再显示原来的号灯与号型，而只显示本款规定的号灯与号型。

（二）除从事清除水雷作业、拖带作业以及疏浚或水下作业的船舶以外的操纵能力受到限制的船舶

1. 号灯

除从事清除水雷作业、拖带作业以及疏浚或水下作业的船舶以外的操纵能力受到限制的船舶，其显示的号灯如图 2-2-26 所示：

（1）当在航对水移动时，在最易见处显示垂直红、白、红三盏环照灯，还应当显示桅灯，左、右舷灯和尾灯；

（2）当在航不对水移动时，应当关闭桅灯，左、右舷灯和尾灯，只显示垂直红、白、红三盏环照灯；

（3）当在锚泊中从事作业时，在最易见处显示垂直红、白、红三盏环照灯，还应当显示锚灯。

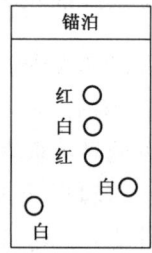

图 2-2-26　除从事清除水雷作业、拖带作业以及疏浚或
水下作业的船舶以外的操纵能力受到限制的船舶应显示的号灯

2. 号型

除从事清除水雷作业、拖带作业以及疏浚或水下作业的船舶以外的操纵能力受到限制的船舶，其显示的号型如图 2-2-27、图 2-2-28 所示。

（1）在航时，其应当在最易见处垂直显示"球、菱、球"号型；

（2）在锚泊中作业时，其应当在最易见处垂直显示"球、菱、球"号型，还应当显示"锚球"。

需要注意的是，"在航中从事补给或转运人员、食品或货物的船舶"，均应当显示上述的号灯或号型。

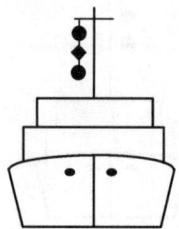

图 2-2-27　普通操纵能力受到限制的船舶在航时应显示的号型

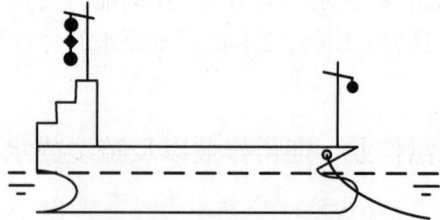

图 2-2-28　普通操纵能力受到限制的船舶锚泊时应显示的号型

（三）从事拖带作业的操纵能力受到限制的船舶

从事拖带作业的操纵能力受到限制的船舶，除了显示《规则》第二十四条规定的号灯或号型外，还应当显示垂直红、白、红三盏环照灯或垂直"球、菱、球"号型。

1. 号灯

从事拖带作业的操纵能力受到限制的船舶应显示的号灯为拖带号灯 + 垂直三盏"红、白、红"环照灯,如图 2-2-29 所示。

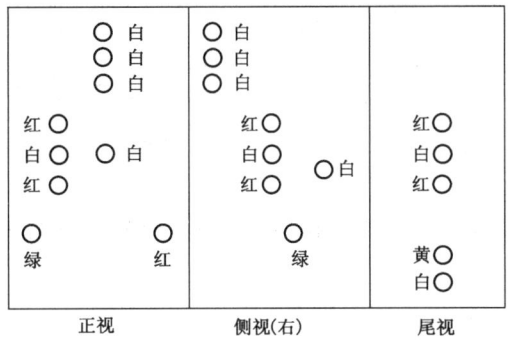

正视　　　　　　　侧视(右)　　　　　　尾视

图 2-2-29　从事拖带的操纵能力受到限制的船舶应显示的号灯

2. 号型

从事拖带作业的操纵能力受到限制的船舶应显示的号型为拖带号型 + 垂直三个"球、菱、球"号型。

需要注意的是:

(1)被拖船的号灯、号型《规则》未作规定,根据"操纵能力受到限制"的定义及良好船艺的要求,被拖船以显示同样的号灯、号型为妥。

(2)从事拖带作业的操纵能力受到限制的船舶仅存在于在航中,当从事拖带的船舶锚泊后,其不再属于操纵能力受到限制的船舶,应当显示《规则》第三十条规定的锚泊船的号灯或号型。如拖船与被拖船不宜解缆分离锚泊,可按规则第三十六条"招引注意的信号"显示适当的信号,即安装一盏探照灯在船尾照射拖缆。

（四）从事疏浚或水下作业的操纵能力受到限制的船舶

1. 号灯

从事疏浚或水下作业的操纵能力受到限制的船舶应显示的号灯如图 2-2-30 所示:

(1)当在航不对水移动时,在最易见处垂直显示"红、白、红"三盏环照灯。

(2)当在航对水移动时,除在最易见处垂直显示"红、白、红"三盏环照灯外,还应显示桅灯、舷灯和尾灯。

(3)存在障碍物时:

①在有障碍物的一舷,垂直两盏红色环照灯;

②在他船可通过的一舷,垂直两盏绿色环照灯。

需要注意的是,锚泊中作业时与在航不对水移动时号灯相同,不显示锚泊船号灯和号型。

2. 号型

从事疏浚或水下作业的操纵能力受到限制的船舶应显示的号型如图 2-2-31 所示:

(1)在最易见处垂直"球、菱、球"三个号型。

(2)当存在障碍物时:

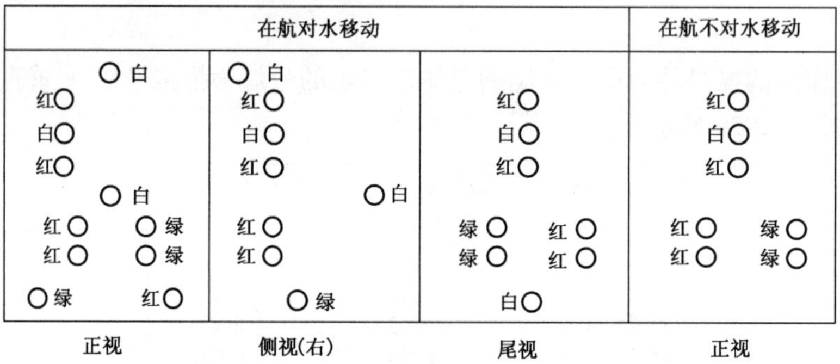

在航对水移动			在航不对水移动

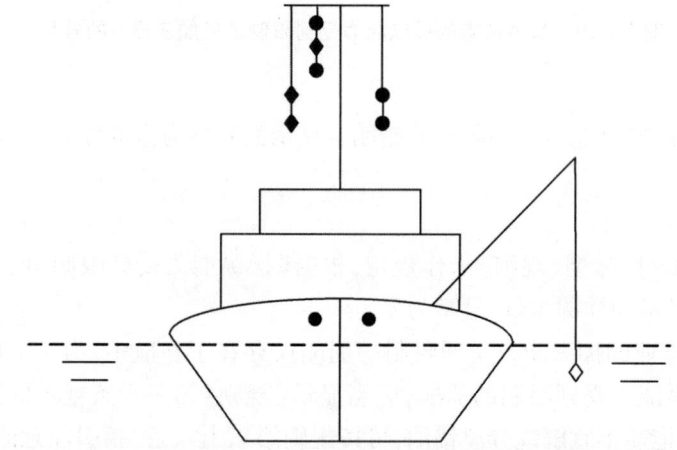

图 2-2-30　从事疏浚或水下作业的操纵能力受到限制的船舶应显示的号灯

① 在障碍物的一舷，垂直两个球体。

② 在他船可通过的一舷，垂直两个菱形体。

图 2-2-31　从事疏浚或水下作业的操纵能力受到限制的船舶应显示的号型

（五）从事潜水作业的船舶

从事潜水作业的船舶，通常尺度较小，当其尺度使之不可能显示本条第 4 款规定的号灯和号型时，应显示的号灯和号型如下：

1. 号灯

从事潜水作业的船舶应在最易见处垂直显示"红、白、红"三盏环照灯。

2. 号型

从事潜水作业的船舶应悬挂一面国际信号旗"A"的硬质复制品，其高度不少于 1 m，并采取措施以保证周围都能看到，如图 2-2-32 所示。

（六）从事清除水雷作业的船舶

从事清除水雷作业的船舶除按同尺度机动船显示在航或锚泊号灯、号型外，因其作业的危险性，显示呈"品"字形排列的三盏绿灯或者三个黑球，提醒他船驶近该船 1000 m 以内是危险的。其应显示的号灯和号型如图 2-2-33 所示。

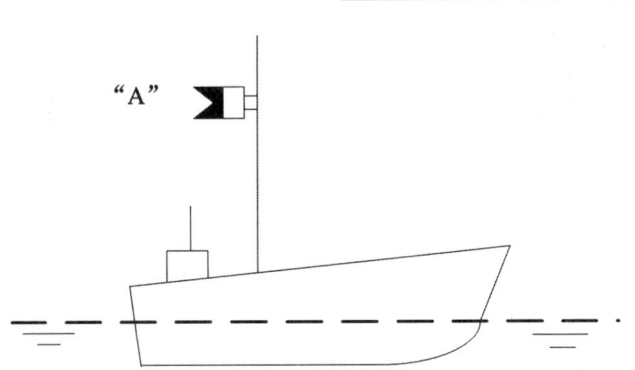

图 2-2-32　从事潜水作业的小船应显示的号型

1. 号灯

(1) 在航或锚泊时,在前桅桅顶及桅桁两端各显示一盏环照绿灯。

(2) 在航时,还应显示同等长度机动船的号灯。

(3) 锚泊时,还应显示锚灯。

2. 号型

(1) 三个呈"品"字形排列的黑球(在前桅桅顶及桅桁两端)。

(2) 锚泊时,还应悬挂锚球。

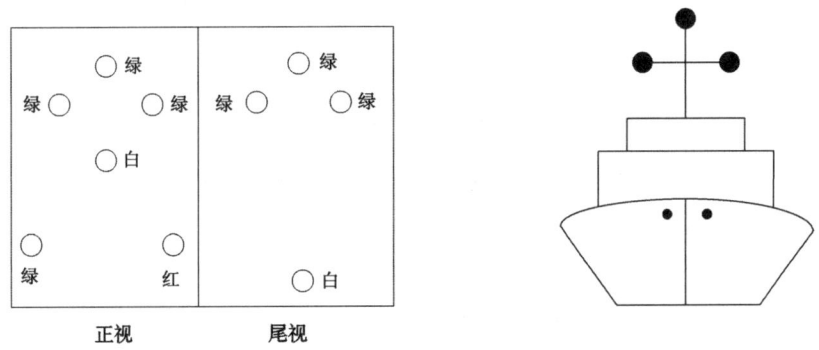

图 2-2-33　从事清除水雷作业的船舶在航时应显示的号灯和号型

(七)长度小于 12 m 的操纵能力受到限制的船舶

除从事潜水作业的船舶外,长度小于 12 m 的船舶(包括失去控制的船舶或操纵能力受到限制的船舶)不要求显示本条规定的号灯和号型。但长度小于 12 m 的从事潜水作业的操纵能力受到限制的船舶仍需显示本条规定的号灯和号型。

六、限于吃水的船舶(第二十八条)

如图 2-2-34 所示,限于吃水的船舶除应当显示《规则》第二十八条规定的普通机动船的号灯或号型外,还可在最易见处垂直显示三盏环照红灯或一个圆柱体号型,以表示其吃水与可航水域的可用水深和宽度使得其偏离所驶航向的能力受到限制。

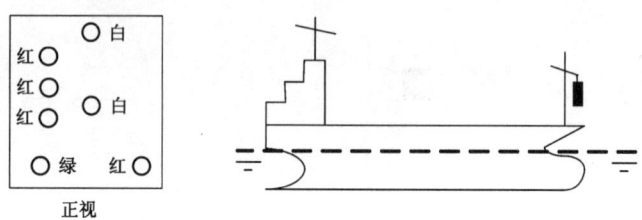

白
红
红
红
白
绿
红
正视

图 2-2-34　限于吃水的船舶应显示的号灯和号型

七、引航船(第二十九条)

(一)执行引航任务的船舶

正在执行引航任务的船舶应在桅顶或接近桅顶处垂直显示上白下红两盏环照灯,如图 2-2-35 所示。

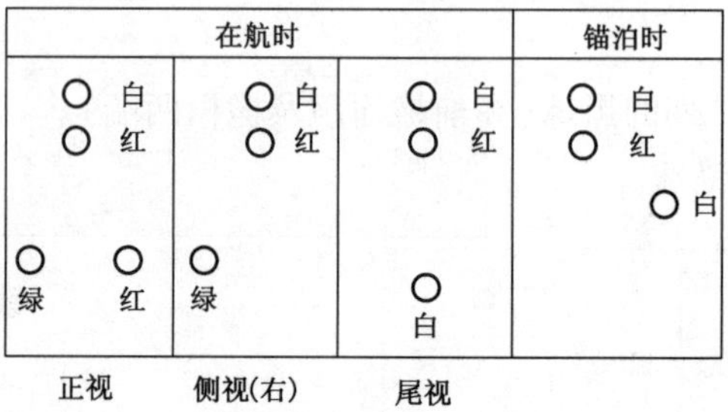

在航时
锚泊时
白
红
白
红
白
红
白
红
白
绿
红
绿
白
正视
侧视(右)
尾视

图 2-2-35　执行引航任务的船舶应显示的号灯

(1)当在航时,不论其是否对水移动,外加舷灯和尾灯;

(2)当锚泊中执行引航任务时,除应在桅顶或接近桅顶处垂直显示上白下红两盏环照灯外,还应显示《规则》第三十条对锚泊船规定的号灯或号型;

(3)对于正在航执行引航任务的船舶,《规则》中并没有规定其应当显示的号型,但专用的引航船通常在船外壳上标有醒目的"PILOT"字样,并悬挂字母旗"H"旗,如图 2-2-36 所示。

"H"
PILOT

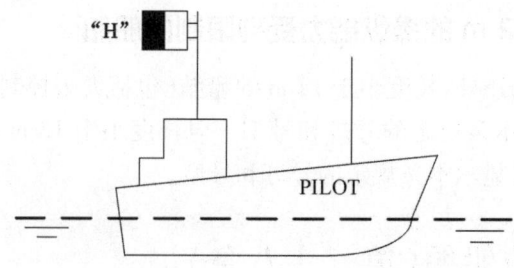

图 2-2-36　执行引航任务的船舶应显示的号型

(二)非执行引航任务的引航船

引航船当不执行引航任务时,应显示为其同样尺度的同类船舶规定的号灯或号型。

八、锚泊船舶和搁浅船舶(第三十条)

(一)锚泊船

锚泊号灯或号型是指表明船舶处于锚泊状态的号灯或号型。

应当注意的是,从事捕鱼的船舶,当其在锚泊状态从事捕鱼作业时,不显示锚泊号灯和号型,而显示在航不对水移动时的号灯和号型;从事疏浚作业或水下作业的操纵能力受到限制的船舶在锚泊中作业时,不显示锚泊船的号灯或号型,而应当显示《规则》第二十七条第4款规定的号灯或号型。

(1)$L<50$ m 的船舶

在船的前部显示一盏环照白灯(前锚灯);在船尾或接近船尾并低于前锚灯处,另显示一盏环照白灯(后锚灯)。也可以仅在最易见处显示一盏环照白灯,以代替前锚灯和后锚灯。此外,其还可使用现有的工作灯或同等的灯照明甲板。

其号型为一个球体,在船的前部显示。

(2)50 m$\leq L<100$ m 的船舶

在船的前部显示一盏环照白灯(前锚灯);在船尾或接近船尾并低于前锚灯处,另显示一盏环照白灯(后锚灯)。此外,其还可使用现有的工作灯或同等的灯照明甲板。

其号型为一个球体,在船的前部显示。

(3)$L\geq100$ m 的船舶

在船的前部显示一盏环照白灯(前锚灯);在船尾或接近船尾并低于前锚灯处,另显示一盏环照白灯(后锚灯);其还应当使用现有的工作灯或同等的灯照明甲板。

其号型为一个球体,在船的前部显示。

(4)$L<7$ m 的船舶

只要不在航道、锚地或其他船舶通常航行的水域或其附近锚泊,不要求显示锚泊船的号灯或号型。

不同尺度锚泊船的号灯和号型如图2-2-37所示。

(二)搁浅船

搁浅号灯或号型是指表明船舶处于搁浅状态的号灯或号型。

夜间,搁浅船除应根据船舶尺度显示相应的锚灯外,还应在最易见处外加垂直两盏环照红灯;白天,应当在最易见处显示垂直三个球体,但不必显示锚球,如图2-2-38所示。

$L<12$ m 的船舶搁浅时,不要求显示垂直两盏环照红灯或者垂直三个球体。

注意搁浅船和失控船的区别。

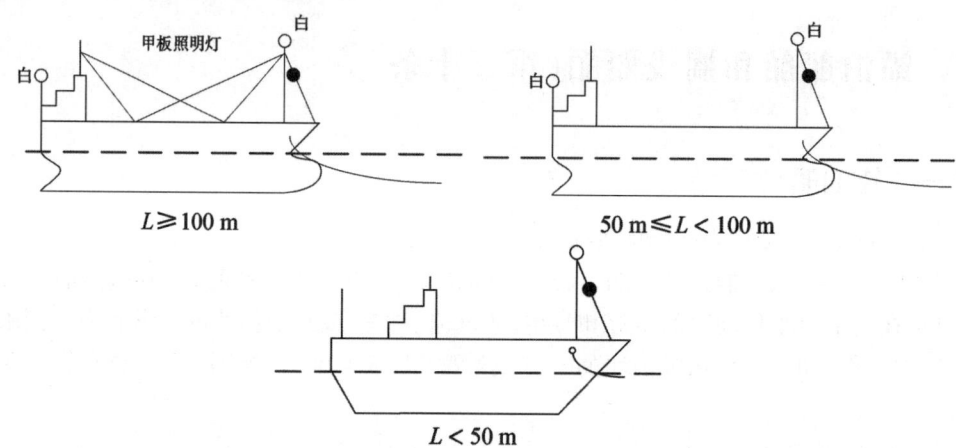

图 2-2-37　不同尺度锚泊船应显示的号灯和号型

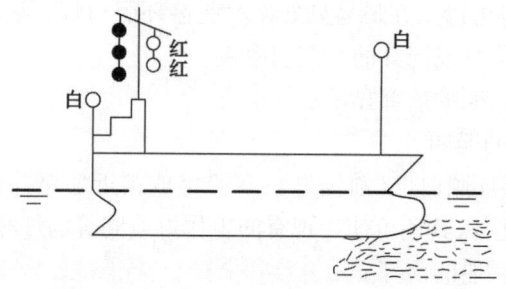

图 2-2-38　搁浅船应显示的号灯和号型

九、水上飞机(第三十一条)

当水上飞机或地效船不可能显示按本章各条规定的各种特性或位置的号灯和号型时,应显示尽可能近似于这种特性和位置的号灯和号型。

十、各类船舶号灯、号型小结

综合《规则》第二十三至三十一条的规定,各类船舶在不同状态下应显示的号灯和号型的要求分别可归纳为表 2-2-2、表 2-2-3 中内容。

表 2-2-2 各类船舶在不同状态下应显示的号灯

船舶		号灯	说明
在航机动船	在航机动船、顶推船组合体	(1)前部一盏桅灯 (2)第二盏桅灯,后于并高于前桅灯 (3)两盏舷灯 (4)一盏尾灯	(1)长度<50 m,可以不显示第二盏桅灯 (2)长度<12 m,可以用一盏环照白灯和两盏舷灯代替 (3)长度<7 m,最高速度<7 kn,可以用一盏环照白灯代替
	气垫船（非排水状态）	(1)一盏环照黄色闪光灯 (2)在航机动船号灯	排水状态下同在航机动船
	地效船（起飞、降落和贴近水面飞行）	(1)一盏高亮度的环照红色闪光灯 (2)在航机动船号灯	航行中同在航机动船
拖带和顶推	机动船拖带	(1)垂直两盏桅灯代替在航机动船的前部一盏桅灯或第二盏桅灯,或垂直三盏桅灯代替在航机动船的前部一盏桅灯或第二盏桅灯 (2)两盏舷灯 (3)一盏尾灯 (4)一盏拖带灯,位于尾灯垂直上方	(1)长度<50 m,可以不显示第二盏桅灯 (2)拖带长度>200 m时,垂直三盏桅灯
	机动船顶推或傍拖（除组合体外）	(1)垂直两盏桅灯代替在航机动船的前部一盏桅灯或第二盏桅灯 (2)两盏舷灯 (3)一盏尾灯	长度<50 m,可以不显示第二盏桅灯
	被拖船	(1)两盏舷灯 (2)一盏尾灯	
	被傍拖船	(1)两盏舷灯 (2)一盏尾灯	
	被顶推船	两盏舷灯	
	不易觉察的、部分淹没的被拖船或者物体	前后各一盏环照白灯(除弹性拖曳体不需要在前端显示灯光外)	(1)宽度≥25 m,两侧另加两盏环照白灯 (2)长度>100 m,前后两侧另加若干环照白灯,使得灯之间的距离<100 m

续表

船舶		号灯	说明
在航帆船和划桨船		（1）两盏舷灯 （2）一盏尾灯 （3）可以在桅顶垂直显示两盏环照灯，上红下绿	（1）长度<20 m可以用装在桅顶的三色合色灯代替两盏舷灯和一盏尾灯 （2）上红下绿灯不和三色合色灯同时显示 （3）长度<7 m或划桨船可以用一个白光的电筒或一盏点着的白灯代替
渔船	从事拖网作业渔船	（1）垂直两盏环照灯，上绿下白 （2）一盏桅灯，后于并高于绿灯 （3）对水移动时，还应显示两盏舷灯和一盏尾灯	（1）在航或锚泊时显示 （2）长度<50 m，可以不显示桅灯
	从事拖网作业渔船 （相互邻近处捕鱼）	（1）长度≥20 m： ①放网时，垂直两盏白灯 ②起网时，垂直两盏灯，上白下红 ③网挂住障碍物时，垂直两盏红灯 （2）长度≥20 m，对拖作业： ①放网时，垂直两盏白灯 ②起网时，垂直两盏灯，上白下红 ③网挂住障碍物时，垂直两盏红灯 ④朝着前方并向本对拖网中另一船方向照射探照灯	（1）这些灯是额外信号 （2）在航或锚泊时显示 （3）长度<20 m，可视情况显示
	从事非拖网作业渔船	（1）垂直两盏环照灯，上红下白 （2）对水移动时，还应显示两盏舷灯和一盏尾灯	（1）在航或锚泊时显示 （2）外伸渔具水平距>150 m，朝着渔具方向还应显示一盏环照白灯
	从事围网捕鱼的船舶 （相互邻近处捕鱼）	垂直两盏黄色交替闪光灯（每秒钟交替闪光一次，明暗历时相等）	（1）这些灯是额外信号 （2）在航或锚泊时显示 （3）仅在船舶行动受渔具妨碍时显示
失去控制船		（1）垂直两盏环照红灯 （2）对水移动时，还应显示两盏舷灯和一盏尾灯	

续表

船舶		号灯	说明
操纵能力受到限制船	操纵能力受到限制船（从事拖带、清除水雷、疏浚或水下作业船除外）	(1)在航时： ①垂直三盏环照灯,红色、白色、红色 ②对水移动时,还应显示桅灯、舷灯和尾灯 (2)锚泊时： ①垂直三盏环照灯,红色、白色、红色 ②还应显示锚泊船规定的号灯	长度<12 m可以不显示
	从事拖带的操纵能力受到限制船	(1)在航时： ①垂直三盏环照灯,红色、白色、红色 ②还应显示机动船拖带规定的号灯 (2)锚泊时,仅显示锚泊船规定的号灯	长度<12 m可以不显示
	从事疏浚或水下作业的操纵能力受到限制船	(1)在航时： ①垂直三盏环照灯,红色、白色、红色 ②对水移动时,还应显示桅灯、舷灯和尾灯 ③存在障碍物时,还应在有障碍物的一舷,显示垂直两盏环照红灯;他船可以通过的一舷,显示垂直两盏环照绿灯 (2)锚泊时,仅显示在航不对水移动时的号灯	长度<12 m可以不显示(除从事潜水作业船外)
	从事潜水作业小船	垂直三盏环照灯,红色、白色、红色	在不能显示从事疏浚或水下作业的操纵能力受到限制船的号灯时显示
	从事清除水雷作业船	(1)在航时： ①品形三盏环照绿灯 ②还应显示在航机动船规定的号灯 (2)锚泊时： ①品形三盏环照绿灯 ②还应显示锚泊船规定的号灯	长度<12 m可以不显示
限于吃水船		(1)在航机动船规定的号灯 (2)还可以显示垂直三盏环照红灯	
引航船		(1)在航时： ①垂直两盏环照灯,上白下红 ②舷灯和尾灯 (2)锚泊时： ①垂直两盏环照灯,上白下红 ②还应显示锚泊船规定的号灯	不执行引航任务时仅显示同样长度的同类船舶号灯
锚泊船		(1)前部,一盏环照白灯 (2)一盏环照白灯,船尾或接近船尾并低于前锚灯 (3)甲板照明灯	(1)长度<100 m,可以不显示甲板照明灯 (2)长度<50 m,可以显示一盏锚灯 (3)长度<7 m可以不显示
搁浅船		(1)前部,一盏环照白灯 (2)一盏环照白灯,船尾或接近船尾并低于前锚灯 (3)垂直两盏环照红灯	(1)长度<50 m,可以显示一盏锚灯 (2)长度<12 m仅显示锚灯

表 2-2-3　各类船舶在不同状态下应显示的号型

船舶		号型	说明
拖带	机动船拖带	一个菱形体	拖带长度超过 200 m 时显示
	被拖船	一个菱形体	拖带长度超过 200 m 时显示
	不易觉察的、部分淹没的被拖船或物体	一个菱形体	最后一艘末端或接近末端显示
		一个菱形体	拖带长度超过 200 m 时在前部显示
机帆并用船		一个尖端向下的圆锥体	在航时显示
渔船		尖端对接的两个圆锥体	(1) 在航或锚泊时显示 (2) 从事非拖网作业渔船，外伸渔具水平距离 >150 m 时，还应显示一个尖端向上的圆锥体
失去控制船		垂直两个球体	长度 <12 m 可以不显示
操纵能力受到限制船	操纵能力受到限制船（从事拖带、清除水雷、疏浚或水下作业船除外）	垂直一个球体、一个菱形体、一个球体	(1) 锚泊时，还应显示一个球体 (2) 长度 <12 m 可以不显示
	从事拖带的操纵能力受到限制船	垂直一个球体、一个菱形体、一个球体	(1) 拖带长度超过 200 m 时还应显示一个菱形体 (2) 长度 <12 m 可以不显示
	从事疏浚或水下作业的操纵能力受到限制船	(1) 垂直一个球体、一个菱形体、一个球体 (2) 障碍物一舷，两个球体 (3) 可通过一舷，两个菱形体	(1) 在航或锚泊时显示 (2) 长度 <12 m 可以不显示（除从事潜水作业船外）
	从事潜水作业小船	国际信号 A 旗的硬质复制品	(1) 在不能显示从事疏浚或水下作业的操纵能力受到限制船的号型时显示 (2) 在航或锚泊时显示
	从事清除水雷作业船	品形三个球体	(1) 锚泊时，还应显示一个球体 (2) 长度 <12 m 可以不显示
限于吃水船		一个圆柱体	可以不显示
引航船		一个球体	锚泊时显示
锚泊船		一个球体	长度 <7 m 可以不显示
搁浅船		垂直三个球体	长度 <12 m 可以不显示

第三节 声响和灯光信号

一、概述

声响和灯光信号与船舶号灯和号型作用相似,可表明船舶的存在、种类、大小、动态。声响和灯光信号还用来表明船舶正在或企图采取的行动,或对他船的行动表示提醒、怀疑、警告,或者引起他船注意,也可为雷达设备发生故障的船舶提供某些有用的避让信息。

(一)定义(第三十二条)

"1.'号笛'一词,指能够发出规定笛声并符合本规则附录三所载规格的任何声响信号器具。

"2.'短声'一词,指历时约 1 秒的笛声。

"3.'长声'一词,指历时 4~6 秒的笛声。"

在一组操纵与警告声响信号中,短声与短声之间的间隔约为 1 s,长声与长声之间的间隔以及长声与短声之间的间隔约为 2 s,信号组与信号组之间的间隔不少于 10 s。

在一组能见度不良时的声响信号中,每二长声的间隔以及长、短声的间隔应约为 2 s,每一组的信号间隔应不超过 2 min,但在必要时,也可将每组的信号间隔调整为 1 min。

(二)船舶应配备的声号设备

根据《规则》第三十三条的规定,船舶应配备的声号设备根据船长 L 规定了四个等级:

(1)$L \geq 100$ m,应配备一个号笛、一个号钟和一面号锣;

(2)100 m$>L \geq 20$ m,应配备一个号笛、一个号钟;

(3)20 m$>L \geq 12$ m,应配备一个号笛;

(4)$L < 12$ m,不要求备有上述声响器具,但至少应配备能发出有效声响的其他设备,如雾角和手摇铃等。

二、操纵和警告信号(第三十四条)

《规则》第三十四条规定了操纵信号、追越信号、警告信号和弯头信号。操纵信号、追越信号和警告信号均适用于互见中,是一船针对互见中的他船发出的,目的是交流避碰信息以便于协调双方的行动。弯头信号适用于能见度良好时以表明本船的存在。

(一)操纵声号

1.适用范围

(1)仅适用于互见中的两船。

（2）仅适用于在航机动船。《规则》第三十四条第 1 款所指的"机动船"，也就是《规则》第三条"一般定义"中所指的**"用机器推进的任何船舶"**，包括普通的机动船、操纵能力受到限制的船舶、限于吃水的船舶、用机器推进的从事捕鱼或拖带的船舶，甚至还包括失去控制的船舶。"在航"包括在航对水移动和在航不对水移动两种情况。

（3）适用于按照本规则准许或要求进行操纵的船舶。

所谓"按本规则要求进行操纵"，是指根据《规则》的条款，特别是"驾驶和航行规则"的要求，船舶应当采取操纵避让行动的情况，例如让路船应当采取的及早的、大幅度的让清行动。

而"按本规则准许进行操纵"是指虽然《规则》并没有明确规定该船必须采取操纵让清行动，但《规则》又允许或者期望该船能够采取相应的有助于避碰的操纵避让行动或者按海员通常做法所要求的戒备而采取的行动。

2. 操纵声号的含义

操纵声号表示船舶正在采取的行动，也就是船舶在鸣放声号的同时，正在采取着相应的行动。

（1）一短声表示"我船正在向右转向"；

（2）二短声表示"我船正在向左转向"；

（3）三短声表示"我船正在向后推进"。

但是，应特别注意，操纵声号表示的是船舶正在进行的操纵行动，而非表明船舶的行动意图。因此，操纵声号仅仅应当在船舶正在采取操纵行动时鸣放。

另外，三短声不考虑船舶的实际动态，即是否对水后退，仅指一船正在采取向后推进的行动，如船舶推进器已倒转，但由于惯性可能仍在前进中。

（二）操纵灯光信号

1. 适用范围

（1）仅适用于互见中的两船。

（2）适用于任何船舶。

（3）适用于船舶按照本规则准许或要求进行操纵时。

2. 灯光信号的含义

这些灯号应具有以下意义：

（1）一闪表示"我船正在向右转向"；

（2）二闪表示"我船正在向左转向"；

（3）三闪表示"我船正在向后推进"。

3. 灯光信号显示要求

（1）显示操纵行动灯光信号时，每闪历时应约 1 s，各闪间隔应约 1 s，前后信号的间隔应不少于 10 s。

（2）显示操纵灯光信号的号灯，应是一盏环照白灯，其能见距离至少为 5 n mile。

值得注意的是，互见中的在航机动船鸣放相应的操纵行动声响声号，是强制性的，而操纵行动灯光信号是在避让操纵过程中对操纵行动声响声号的一种补充，是非强制性的，但其能够有效弥补声号的不足，便于引起他船的注意，应当积极予以使用。

（三）追越声号

1.适用范围

（1）仅适用于互见中的两船。

（2）适用于任何船舶。

（3）仅适用于狭水道或航道内,不适用于开阔水域。

（4）适用于只有在被追越船必须采取行动以允许安全通过时。

2.追越声号及其含义

（1）追越船应鸣放的声号

①二长声继以一短声（━ ━ ·）表示"我船企图从你船右舷追越";

②二长声继以二短声（━ ━ · ·）表示"我船企图从你船左舷追越"。

（2）被追越船鸣放的声号

①一长声、一短声、一长声、一短声（━ · ━ ·）表示我船同意你船追越;

②五短声（· · · · ·）表示"我船无法了解你船的意图或行动"或"我船对你船的追越行为能否在安全的距离上驶过有怀疑"。

《规则》中并未对被追越船不同意追越应鸣放哪种声号作出明确规定,但根据良好船艺可以鸣放至少5短声,表示怀疑或引起足够重视,直至他船取消追越行动。作为追越船鸣放追越声号后,当前船保持沉默时,应假定前船不同意追越。

（四）警告信号

1.适用范围

（1）仅适用于互见中的两船。

（2）适用于任何船舶。

（3）适用于一船对他船的行动持有怀疑或怀疑他船是否正在采取足够的行动以避免碰撞时。

2.信号的规定及含义

（1）该信号至少是五声短而急的笛号或五短闪光（夜间更有效）。

（2）表明一船对他船的行动及意图有怀疑。

（3）警告他船应遵守规则采取相应行动。

（4）提醒他船注意其行动的正确性及注意我船的动态。

（5）我船将要独自采取或进一步采取操纵行动等。

（6）鸣放怀疑与警告声号是强制性的,而显示闪光信号是非强制性的。

（五）弯头声号

1.适用范围

（1）仅适用于能见度良好情况下的不互见时。

（2）适用于任何船舶。

（3）适用于在航船舶驶近可能被居间障碍物遮蔽他船的水道或航道的弯头或地段时。

2. 弯头声号及其含义

现行《规则》并未就船舶驶近被居间障碍物遮蔽他船的水道或航道的弯头或地段多远距离处应鸣放一长声或怎样鸣放作出明确规定。

通常需要保持在安全距离外鸣放，位于另一面的船舶听到他船鸣放一长声信号后，应回答一长声；鸣放一长声后，若没有听到他船回答一长声，则可再鸣放一长声，同时应特别机警、谨慎地驾驶。

显示过弯头信号，旨在提醒他船注意，在居间障碍物后面有船正在驶近，会遇即将形成，务必保持高度戒备；回答一长声，表示本船已获悉在居间障碍物后面有船正在驶近，同时警告鸣放声号的船舶应注意本船的动态，谨慎地驾驶。

三、能见度不良时的声号（第三十五条）

（一）适用范围

能见度不良时使用的声号（实践中常简称为"雾号"）适用于在能见度不良的水域中或其附近航行、锚泊、搁浅的任何船舶。与《规则》第十九条的适用范围不同，本条的适用并不以"不在互见中"和"在航"为前提。只要船舶处在能见度不良的水域中或其附近就应鸣放能见度不良时的声号，即使两船接近到互见，能见度不良时的声号仍然应当鸣放。

（二）不同种类船舶能见度不良时使用的声号

《规则》第三十五条规定的不同种类船舶能见度不良时使用的声号如表 2-3-1 所示。

四、招引注意的信号（第三十六条）

1. 使用招引注意信号的目的

如有必要引起他船注意，任何船舶可以发出灯光或声响信号，但这种信号应不致被误认为本规则其他各条所准许的任何信号，或者可用不致妨碍任何船舶的方式把探照灯光的光束朝着危险的方向。任何招引他船注意的灯光，应不致被误认为是任何助航标志的灯光。为此目的，应避免使用诸如频闪灯这样高亮度的间歇灯或旋转灯。

2. 适用范围

任何能见度下的任何船舶，只要认为必要，即可发出招引注意的信号。

3. 可发出招引注意信号的情况

（1）一艘通常不从事拖带作业的船舶从事拖带时。

显示方式：用探照灯将拖缆照亮。

（2）拖船与被拖船不宜解脱拖缆锚泊时。

显示方式：用探照灯将拖缆照亮以表示两者的关系。

表 2-3-1　不同种类船舶能见度不良时使用的声号

适用时机	适用船舶		信号特征		间隔时间/min
在航	机动船（包括牢固组合体）	对水移动	―		2
		已停车且不对水移动	― ―		
	失去控制的船舶 操纵能力受到限制的船舶 限于吃水的船舶 帆船 从事捕鱼的船舶 从事拖带或顶推他船的船舶		― ‧ ‧ 锚泊 也表示从事捕鱼的船舶 操纵能力受到限制的船舶锚泊中执行任务时		
	一艘被拖船或者多艘被拖船的最后一艘,如配有船员		― ‧ ‧ ‧		
锚泊	从事捕鱼的船舶 操纵能力受到限制的船舶 锚泊中执行任务时		― ‧ ‧		1
	L<100 m		急敲号钟约 5 s	还可鸣放 ‧ ― ‧ ,以警告驶近的船舶	
	L≥100 m		前部敲号钟约 5 s,紧接钟声之后,在后部急敲号锣约 5 s		
	搁浅船		按同长度锚泊船鸣放声号,并应在急敲号钟之前和之后,各敲分隔而清楚的号钟 3 下	还可鸣放合适的笛号,如发出"你正在临近危险中"的单字母信号 U(‧ ‧ ―)	

注:1. L<12 m 时,不要求鸣放上述所有声号,12 m≤L<20 m 时,不要求鸣放上述锚泊船和搁浅船的号钟信号。但如不鸣放上述信号,则应以不超过 2 min 的间隔鸣放他种有效的声号。

2. 引航船当执行引航任务时,应按机动船或锚泊船鸣放规定的声号,还可鸣放"‧ ‧ ‧ ‧"(识别声号四短声)。

(3)被拖船或物体,由于种种原因不可能显示规定的信号时。

显示方式:用灯光至少能表明它的存在。

(4)一艘正在走锚的船,尚未有效控制该现象时。

显示方式:鸣放超长一长声。

(5)在航船发现本船号灯熄灭,又尚未修复时。

显示方式:适当的灯光以招引注意或鸣放适当的声号招引注意。通常将探照灯向天空照射。

(6)从事捕鱼的船舶或操纵能力受到限制的船舶发现他船的动态有可能影响其作业或危及其设备时。

显示方式:适当的灯光闪烁,并且探照灯指向危险的方向。

(7)发现一船正临近危险时。

显示方式:把探照灯照向该船的前方或危险的方向,或发出"‧ ‧ ―"(莫尔斯信号 U)。

(8)有人落水时。

显示方式:鸣放人落水声号,用探照灯照射落水者位置。

(9)执行特殊使命的船舶需要他船协助或配合时,如军舰、政府公务船希望他船协助时。

显示方式:合适的灯光或声号。

(10)新型的特殊用途船(高速船或超大型船)。

显示方式:合适的信号,如日本高速船显示一盏紫色闪光灯。

4. 招引注意信号的种类

(1)灯光信号:环照灯、探照灯、莫尔斯信号。

(2)声响信号:笛号、钟号、锣号、其他有效声响、莫尔斯声号。

(3)VHF:效果更优。

5. 使用招引注意信号的注意事项

(1)只有在必要时才显示,以免带来避让上的混乱。

(2)VHF 及莫尔斯信号可适当配合使用。

(3)所用信号应不致被他船误认为是本规则或地方规则规定的任何信号。

(4)所用信号应不与助航标志的灯光相混淆,不能使用诸如频闪灯这样高亮度的间歇灯或旋转灯。

(5)所用信号不得与遇险求救信号相混淆。不准使用任何一种遇险信号作为"招引注意"的信号。

(6)所用信号应不妨碍他船正规瞭望。

五、遇险信号(第三十七条)

《规则》第三十七条规定,船舶遇险并需要救助时,应使用或显示《规则》附录四所述的信号。《规则》附录四中所述的遇险信号可以单独使用或显示,也可以几个信号同时使用或显示。

《规则》附录四规定的遇险信号如下:

"1. 下列信号,不论是一起或分别使用或显示,均表示遇险需要救助:

(1)每隔约 1 分钟鸣炮或燃放其他爆炸信号一次;

(2)以任何雾号器具连续发声;

(3)以短的间隔,每次放一个抛射红星的火箭或信号弹;

(4)无线电报或任何其他通信方法发出莫尔斯码···———···(SOS)的信号;

(5)无线电话发出'梅代'(MAYDAY)语音信号;

(6)《国际简语信号规则》中表示遇险的信号 N.C.;

(7)由一个球体或任何类似球体的物体及在其上方或下方的一面方旗所组成的信号;

(8)船上的火焰(如从燃着的柏油桶、油桶等发出的火焰);

(9)火箭降落伞式或手持式的红色突耀火光;

(10)放出橙色烟雾的烟雾信号;

(11)两臂侧伸,缓慢而重复地上下摆动;

(12)通过数字选择性呼叫(DSC)在下列频道上发送的遇险报警:

(ⅰ)VHF 70 频道,或

（ⅱ）MF/HF，频率为 2187.5 kHz、8414.5 kHz、4207.5 kHz、6312 kHz、12577 kHz 或 16804.5 kHz；

（13）船舶的 Inmarsat 或其他移动卫星业务提供商的船舶地球站发出的船到岸遇险报警信号；

（14）由紧急无线电示位标发出的信号；

（15）无线电通信系统发出的经认可的信号，包括救生艇筏雷达应答器。

"2. 除为表示遇险需要救助外，禁止使用或显示上述任何信号，并禁止使用可能与上述任何信号相混淆的其他信号。

"3. 应注意《国际信号规则》和《商船搜寻和救生手册》的有关部分，以及下述的信号：

（1）一张橙色帆布上带有一个黑色正方形和圆圈或者其他合适的符号（供空中识别）；

（2）海水染色标志。"

第四节　船舶视觉信号

船舶与外界的通信方法包括视觉信号通信、声响信号通信和无线电通信。《1978 年海员培训、发证和值班标准国际公约马尼拉修正案》（以下简称《STCW 公约》）明确要求船舶负责航行值班的驾驶员应能用视觉通信发出和接收信息，具备用莫尔斯灯收发信息的能力及使用《国际信号规则》的能力。视觉信号通信是在视距范围内的通信，包括灯光通信、旗号通信、手旗或手臂通信等。本节将扼要介绍《国际信号规则》的使用，以及莫尔斯信号通信等相关内容。

一、国际信号规则

1.《国际信号规则》概述

为了保障各国船舶、飞机、岸台之间在各种情况下进行通信联系，特别是在危及航行和人命安全而又存在语言障碍时各国船舶、飞机、岸台之间能够通信畅通，1965 年在 IMO 前身 IM-CO 第四次会议上通过 1969 年《国际信号规则》（International Code of Signals），该规则于 1969 年 4 月 1 日生效。我国自 1975 年 7 月 1 日起执行。制定该规则的目的是在危及航行和人命安全的情况下，特别是语言沟通存在障碍时，提供合适的通信方法和工具。同时考虑到即使不存在语言的隔阂，本规则可以为无线电话和无线电报的广泛使用提供简明而有效的明语通信方法。

1969 年《国际信号规则》经 1981 年、1987 年、2003 年和 2005 年的修订成为现行的《国际信号规则》。根据 SOLAS 公约的规定，《国际信号规则》是按照 SOLAS 公约配备无线电装置的所有船舶必备的航海出版物之一。

《国际信号规则》的内容分为三个部分。第一部分是正文，共有 14 章，包括解释与一般说明、定义、通信方法、通则、旗语通信法、灯光通信法、声号通信法、无线电话通信法、手旗或手臂发送莫尔斯码通信法、莫尔斯符号-语音表-程序信号、单字母信号、带有补充码的单字母信号、破冰船和被救助船间的单字母信号和在武装冲突中医疗运输船舶的识别标志和急救船艇的永久性识别标志等,该部分供所有通信者共同遵守执行和使用。第二部分是通信时可能用到的信号码及其所代表的实际意义,该部分是《国际信号规则》的主体,包括通用类(双字母信号)和医疗类(三字母信号)。第三部分为附录,包括遇险信号、信号旗表、救生信号表和无线电话通信程序,供紧急情况下参考使用。

2. 常用信号码及其意义

信号码信文也称为码语信文,是由《国际信号规则》中列出的信号码或其组合——码组来表达的信文,在通信各方之间有语言障碍无法进行明语通信时使用。

信号码由单字母、双字母、三字母或由字母和数字组成。每一信号码都有完整的特定含义。单字母信号用于最紧急、最重要或最常用的场合;双字母信号用于通用场合;以"M"开始的三字母信号用于医疗方面。

(1)单字母信号

单字母信号(single letter signals)是由单个英文字母表达完整意义的信号。在26个字母中,除"R"没有意义外,其他25个字母都有其完整的意义。单字母信号用于最紧急、最重要或最常用的内容,并适用于任何通信方法,应熟练记忆。

①单字母信号旗

单字母信号旗的形状和颜色如本书附录Ⅳ所示。

②单字母莫尔斯符号

莫尔斯符号是由短闪和长闪,即点和划的不同组合排列而形成的。26个英文字母和10个数字的符号表示如表2-4-1所示。

表2-4-1　莫尔斯字母、数字符号表

字母	符号	字母	符号	字母	符号	数字	符号
A	·—	K	—·—	U	··—	1	·————
B	—···	L	·—··	V	···—	2	··———
C	—·—·	M	——	W	·——	3	···——
D	—··	N	—·	X	—··—	4	····—
E	·	O	———	Y	—·——	5	·····
F	··—·	P	·——·	Z	——··	6	—····
G	——·	Q	——·—			7	——···
H	····	R	·—·			8	———··
I	··	S	···			9	————·
J	·———	T	—			0	—————

③单字母信号的含义

单字母信号含义如下:

A——我下面有潜水员,请慢速远离我。

*B——我正装卸或载运危险货物。

*C——是(肯定或"前组信号的意义应理解为肯定的")。

*D——请让开我;我操纵困难。

*E——我正向右转向。

F——我操纵失灵;请与我通信。

*G——我需要引航员。在渔场附近当正在作业渔船使用时,它的意思是"我正在收网"。

*H——我船上有引航员。

*I——我正向左转向。

J——我船失火,并且船上有危险货物,请远离我。

K——我希望与你通信。

L——你应立即停船。

M——我船已停,并已没有对水速度。

N——不(否定或"前组信号的意义应理解为否定的")。这个信号仅可用视觉或用音响信号发出。在用话音或无线电发送这个信号时应该用"No"。

O——有人落水。

P——在港内:本船将要出海,所有人员应立即回船。在海上:当由渔船使用时,意为"我的网缠在障碍物上"。

Q——我船没有染疫,请发给进口检疫证。

*S——我正在开倒车。

*T——请让开我;我正在对拖作业。

U——你正临近危险中。

V——我需要援助。

W——我需要医疗援助。

X——中止你的意图,并注意我发送的信号。

Y——我正在走锚。

*Z——我需要一艘拖船。在渔场附近由正在作业的渔船使用时,它的意思是"我正在放网"。

注释:

a. 有*符号的字母信号,仅在遵照《规则》第三十四条和第三十五条的规定的情况下,才可用声号发送。渔船在捕鱼与其他渔船相距很近时,可以继续使用声号"G"和"Z"进行通信。

b. 信号"K"和"S"如果作为对乘小艇的遇险船员的登陆信号时,则另有专门的含义(SOLAS公约第五章第十六条规定)。

c. 另外,当破冰船与被救船之间使用A、G、J、P、N、H、L、4、Q、B、5、Y等单字母时,另有含义,参见后述表2-4-2。

(2)双字母信号

在《国际信号规则》中,双字母信号从AA~ZZ,作为一般信号,编排在"通用类",是《国际信号规则》中的主要组成部分。

①双字母信号码的编排

根据信文内容的不同主题,将AC~ZZ的全部信号码分为九个部分,信号码在左侧,按照字母顺序编排,意思对应在右侧。

第一部分:遇险——紧急(AC~HT);

第二部分：伤亡事故——损坏（HV~LJ）；

第三部分：助航设备——航行——水文（LK~QC）；

第四部分：船舶操纵（QD~SQ）；

第五部分：杂项（ST~VF）；

第六部分：气象——天气（VG~YD）；

第七部分：船舶定线制（YG）；

第八部分：通信（YH~ZR）；

第九部分：国际卫生规则（ZS~ZZ）。

另外还有补充码表。

②查找方法

如果给出的是信号码，则按书中字母编排顺序查找即可；如果给出的是汉语（英语），按照汉语（英语）意思主题查找，同一句子可能有两种或两种以上的分类方法，读者如果在其中一种分类中找不到，应该到另一类里去找。为便于查找，《国际信号规则》将意思相近的语句放在一起，信号码对应在右侧。

③双字母信号码的补充码

在某些双字母信号的后面加上了0~9中的一位数字，这个数字就是补充码。

在双字母信号中备有三个补充码表。其中补充码表1是关于各种通信方法的数码；补充码表2是关于各种物质的数码；补充码表3是关于各种方向的数码。补充码仅在信号的内容中有指明时使用。

补充码在不同情况下可以具有如下不同的作用。

作用一，补充码使所表达的内容更详细、更完善，例如：

CB——我需要立即援助。

CB 6——我需要立即援助，我船失火。

作用二，改变原码的意义，例如：

CP——我（或指明的船）正前来援助你。

CP 1——搜救航空器正在前来援助你。

作用三，回答原信号的问题或要求，例如：

HX——你在碰撞中受到损坏吗？

HX 1——我船水线以上部分受到严重损坏。

作用四，对原主题或原信号的提问，例如：

DY——船舶已经在纬度……经度……沉没。

DY 4——船舶沉没处的水深是多少？

（3）三字母信号

三字母信号是以"M"（medical）字母为首的三个字母组成。MAA~MVU 的信号码组是按英文字母顺序排列的，作为医疗部分的专用信号，其分为请求医疗援助和医疗指导两部分。

三字母信号也有三个补充码表，称为医学术语表。表Ⅰ为躯体各部位；表Ⅱ为常见疾病；表Ⅲ为药物名单。

三字母信号码组内容的编排和使用方法与双字母码组相同。

①请求医疗援助示例

例 1. MBF——……部感染（使用医药术语表Ⅰ）

    22——下腹部

    MBF 22——下腹部感染

例 2. MBB——病人曾动过……手术（使用医药术语表Ⅱ）

    08——阑尾炎

    MBB 08——病人曾动过阑尾炎手术

例 3. MAT——病人已给……，无效果（使用医药术语表Ⅲ）

    22——盐酸麻黄素片（每片 30 mg）

    MAT 22——病人已给盐酸麻黄片（每片 30 mg），无效果。

②请求医疗指导示例

例 1. 船长请求医疗援助

内容：我有一个男性病人，39 岁，患者已病 3 天，口腔体温 38 ℃，病人神志不清，请求医疗指导。（I have a male aged 39 years. Patient has been ill for 3 days. Temperature taken in mouth is 38 ℃. Patient is unconscious. I request urgent medical advice.）

信文码语组成：MAJ 39，MAM 3，MBR 38，MCU，MAA。

（4）破冰船与被援助船之间的单字母信号

破冰船与被援助船之间联系的单字母信号和其他信号的含义如表 2-4-2 所示。

表 2-4-2 破冰船与被援助船之间联系的单字母信号和其他信号的含义

字母或数字信号	破冰船	被救援船
A	前进（沿冰间航道前进）	我正在前进（我正沿冰间航道前进）
G	我正在前进，跟着我	我正在前进，我正在跟着你
J	不要跟我（请沿冰间航道前进）	我不跟你（我将沿冰间航道前进）
P	慢速	我正在慢速
N	请你停车	我正在停车
H	请你倒车	我正在倒车
L	你应立即停船	我正在停船
4	停止，我被冰困住	停止，我被冰困住
Q	请缩短船与船之间的距离	我正在缩短间距
B	请增加船与船之间的距离	我正在增加间距
5	注意	注意
Y	请准备接（或解）拖缆	我已准备好接（或解）拖缆
其他信号	破冰船	被救援船
·· — ·	停止前进（仅发给在冰间航道的船，不论其在破冰船前方，还是驶近或远离破冰船）	我正在停止前进

续表

可以在破冰作业中使用的单字母信号	
E	我正在向右转向。只有在遵守《规则》规定的情况下才可以用声号发送
I	我正在向左转向。只有在遵守《规则》规定的情况下才可以用声号发送
S	我船正在向后推进。只有在遵守《规则》规定的情况下才可以用声号发送
M	我船已停，并没有对水移动

备注：

1. 破冰船可以用声号或灯光信号 K（一·一）提醒其他船舶有义务不间断地守听无线电信号。

2. 如果被救助船是一艘以上，船与船之间的距离要尽可能保持不变，注意本船和前船的速度。若你船的速度下降，应向随后的船舶发出注意信号。

3. 使用这些信号并不解除任何船舶遵守《规则》的义务。

4. 信号··一·· 不能用无线电话发送。

二、通信要素的发送方法和呼号的组成

1. 通信要素的表示方法

（1）船名和地名

信号码信文中的船名和地名用字母直接拼出。

例如：HY 1 Utopia——与我发生碰撞的 Utopia 船已经恢复航行；

RV Shanghai——你应开往上海。

（2）方位或方位角

方位由 A 加上三位数字表示，从 000°～359°顺时针方向计算。除另有说明外，该方位为真方位。

例如：LT A120 T1300 R4——当地时间 1300 我看到你的方位为 120°，距离 4 n mile。

（3）距离

距离由 R 加上数字表示，以 n mile 为单位。

例如：OJ A030 R4——我用雷达测定你船方位是 030°，距离 4 n mile。

（4）航向

航向由 C 加上三位数字表示。除另有说明外，它通常表示真航向。

例如：MD C100——我船航向是 100°。

（5）速度

①用 S 加数字表示，以 kn 为单位

例如：GR C240 S18——前来救助你的船，航向 240°，航速 18 kn。

②用 V 加数字表示，以 km/h 为单位

例如：BQ V200——我机的相对地面速度为 200 km/h。

（6）时间和日期

①时间

当地时间（local time）：由 T 加四位数字表示。

例如：EQ T1630——我预计在当地时间 1630 到达遇险船舶/飞机。

世界协调时(UTC)或世界时(GMT)：由 Z 加四位数字表示,四位数字中的前两位代表"时",由 00~23 表示;后两位代表"分",由 00~59 表示。

例如：RX Z0800——你应在世界时 0800 续航。

②日期

日期一般由 D 加六位数字表示。六位数字中前两位数字为"日",中间两位为"月",后两位为"年";如果 D 后面是四位数字,那么前两位表示"日",后两位表示"月";如果只有两位数字,则表示当年本月的"日"。

例如：D091118——2018 年 11 月 9 日;D0610——10 月 6 日;D06——本月 6 日。

(7)纬度和经度

纬度由 L 加四位数字加 N(S)表示。前两位数字为"度",后两位为"分"。经度由 G 加四或五位数字加 E(W)表示。前两位或三位数字表示"度",后两位表示"分"。

例如：CH L3537N G14015E——据报所指明的船舶在 35°37′N,140°15′E 处,需要援助。

(8)水深

数字加 M 表示以 m 为单位的水深。

例如：QA 6M——此处高潮水深 6 m。

数字加 F 表示以 ft 为单位的水深。

例如：NQ 24F——船尾水深为 24 ft。

2. 船舶呼号及组成

在无线电通信中,为便于相互识别,每一船都被赋予了一组各不相同的数字——海上移动业务识别码 MMSI,该识别码由 9 位数字组成。

同样,为了便于视觉通信和语言通信,每一船除船名外,还必须具有自己的呼号。呼号是在世界范围内统一分配的,所以,呼号不但能代表某一特指的船,还可以表示它的国籍。

船舶呼号是船舶所有国政府指定给该船的一组字母和数字,通常由四个或四个以上的英文字母或字母与数字混合构成。起始的一个或两个字母通常代表船舶所属国籍。如 BTBM 是"育龙"轮的呼号,第一个字母 B 代表中国。

三、旗语通信

(一)旗语通信概述

旗语通信是指在能见度良好的白天,在视觉范围内使用国际信号旗传递信息的通信方式。一套国际信号旗共 40 面,其中包括字母旗 A~Z 共 26 面,数字旗 0~9 共 10 面,代替旗代一、代二、代三共 3 面和回答旗 1 面,它们的形状和颜色参见本书附录Ⅱ。

1. 信号旗的用法

(1)字母旗

每面字母旗是一个单字母信号旗,既可单独使用,也可与其他字母旗或数字旗联合使用,组成各种信号码。

（2）数字旗

每面数字旗表示一个数字,数字中的小数点以"回答旗"表示。

（3）代旗

当船上只有一套信号旗时,代旗可以使一面旗在同一组旗号中重复一次或多次。但在同一组旗号中任何一面代替旗的使用不得超过一次。代一旗是重复在它前面的同类旗从上往下数的第一面;代二旗是重复从上往下数的第二面;代三旗是重复从上往下数的第三面。

（4）回答旗

回答旗在数字组中,作为小数点;在旗号通信过程中,它可用作回答信号和通信结束的信号。

2. 旗号通信中的术语

（1）组

组是由一面或数面字母或数字旗组成的旗号。

（2）挂

一组或几组旗号挂在一根旗绳上为一挂。

（3）拉一半

一挂或一面旗悬挂在桅杆旗绳全长一半左右的位置叫拉一半。

（4）拉到顶

一挂或一面旗悬挂在桅杆旗绳顶端叫拉到顶。

（5）隔绳

隔绳为旗绳中约 2 m 长的一段,用来隔开同一挂旗号中不同的组。

（二）旗语通信方法

1. 一次升一挂的通信方式

发信船一次只升一挂旗时,按照信文内容的信号码组先后顺序,逐次悬挂。每一挂旗号一定要待收信船收到并以"回答旗"表示信文收到后才能降下。收信船按发信船升降顺序收读。

2. 一次升多挂的通信方式

发信船一次将信文内容所包含的多挂旗号全部挂出时,收信船应当按照下列次序收读,待全部收读后,再予以回答:

先右后左:当多挂旗号悬挂在左、右横桁时,悬挂、收读顺序是先右横桁后左横桁;

先外后内:对同一横桁上的多挂旗号,悬挂、收读顺序是先外侧后内侧;

先上后下:对同一挂上的多组旗号,悬挂、收读顺序是先上后下。

（三）旗语通信程序

1. 呼叫与应答

（1）呼叫

①普遍呼叫:对发信船周围所有船的呼叫。发信船首先挂出"CQ"码组,待收信船看到后,再挂出通信码组。发信船也可以不挂出"CQ"码组,直接挂出通信码组。

②对特定船的呼叫:挂出收信船的呼号。

③对特定而不知呼号的船舶的呼叫：首先挂出本船的呼号，然后挂出"VF"或"CS"码组，"VF"码组表示"你应挂出你船的呼号"。"CS"码组表示"你船的名称或呼号是什么？"如果发信船周围有多艘船，发信船可以使用"YQ"码组。"YQ"码组表示"我希望用××（补充码表1）与在我方位×××的船通信"。如"YQ1A060"表示"我希望用国际信号旗与在我方位060的船舶通信"。

（2）回答呼叫

收信船将回答旗拉一半，表示其看到了发信船所挂的码组；收信船将回答旗拉到顶，表示其将信号全部收妥。

2. 终止信号的显示

无论发信船一次升一挂还是多挂，均应等待收信船看到并收妥后，才能降下旗号。收信船将回答旗拉一半，表示其看到，拉到顶表示其收妥。

发信船降下最后一挂旗后，单独挂出回答旗，表示通信结束；收信船将回答旗拉到顶表示全部信文收妥；降下回答旗，表示通信结束。

3. 不明信号的处理

如收信船不能清楚地辨认发送给他的信号，应当将回答旗保持在半旗的位置。如能够辨认信号但不明白其含义，则可挂出下列信号：

ZQ——你的信号似乎有错误，你应该检查并全部重发；

ZL——你的信号已经收到，但不明白。

四、灯光通信

灯光通信是利用莫尔斯码借助灯光进行明语或码语信文通信。

（一）莫尔斯符号

莫尔斯符号（Morse symbols）以点和划为基本要素，单独或组合使用，构成字母或数字。点为1个时间单位；划为3个时间单位；每两闪之间的间隔为1个时间单位；字符间的间隔为3个时间单位；字与字、组与组之间的间隔为7个时间单位。字母与数字的莫尔斯符号如表2-4-1所示。

（二）通信程序信号

控制通信程序的莫尔斯符号如表2-4-3所示。

表 2-4-3　通信程序信号

程序信号	意义	符号
$\overline{AA}$　$\overline{AA}$　$\overline{AA}$	呼叫信号	·—　·—　·—　·—
$\overline{TTTTT}$	回答信号	——————
DE	识别信号	—··　·
T	收到信号	—
$\overline{EEEEE}$	撤销信号	·····
RPT	重发信号	·—·　·——·　—
RPT AA	重发某字、组后面的全部	·—·　·——·　—　·—
RPT AB	重发某字、组前面的全部	·—·　·——·　—　·—　—···
RPT WA	重发某字、组后面的一字（组）	·—·　·——·　·——　·—
RPT WB	重发某字、组前面的一字（组）	·—·　·——·　·——　—···
RPT BN	重发某字、组与某字、组间的全部	·—·　·——·　—···　—·
$\overline{AS}$	等待信号	·—···
$\overline{AR}$	结束信号	·—·—·
R	信文收到信号	·—·
RQ	疑问信号	·—·　——·—
C	肯定信号	—·—·
N	否定信号	—·

（三）灯光通信法

灯光通信包括呼叫、识别、信文发送、通信结束四个程序。

1. 呼叫

发信船（台）连续发出呼叫信号"$\overline{AA}$ $\overline{AA}$ $\overline{AA}$"呼叫周围所有的船（台），或直接发送对方呼号呼叫已知名的船（台），直至对方回答为止。对方应用回答信号"$\overline{TTTT}$"回答，直至呼叫停止。

2. 识别

发信船（台）发送"DE"并紧接着发送自己的呼号或名称。收信船（台）收到后应全部复诵，并发送自己的呼号或名称，发信船（台）收到后亦应复诵一遍。

3. 信文发送

码语信文：发信船（台）首先发送信号码"YU"，表示"我准备用国际信号码与你通信"；收信船（台）回答"T"，表示准备接收；之后，发信船（台）方可发送信文；收信船（台）收到每一字或组，均应以"T"回答，表示收到。当信文中有名称、地名时，应使用明语发送。

明语信文：可将信文逐字发送［中国籍船（台）间可使用汉语拼音］，收信船（台）对收到的每一个字均应以"T"回答，表示收到。

4. 通信结束

发信船（台）将信文全部发送完毕后，以信号"AR"表示通信结束。收信船（台）以"R"回答，表示信文全部收到。

（四）闪光灯收发遇险信号

在晚上，如船舶遇险并需要救助时，可使用闪光灯或手电筒发出莫尔斯信号"···———···"（SOS），向附近船舶或飞机求救。救援人员收到莫尔斯求救信号时，可回复信文收到信号"·—·"。

五、手旗或手臂发送莫尔斯符号通信法

手旗或手臂发送莫尔斯符号通信法是用两手握旗或只用两臂变换不同的位置发出点、划组成莫尔斯符号进行通信的方法。手旗是用两面信号旗"O"或"P"套在木柄上制成的。

（一）手旗或手臂发送莫尔斯符号方法

手旗或手臂发送莫尔斯符号方法如表2-4-4所示。

（二）通信方法

手旗或手臂通信与灯光通信的方法相同，也是通过莫尔斯符号发送明语信文或码语信文。通信时按下列程序进行：

（1）呼叫：发信船（台）可使用呼叫信号"$\overline{AA}\ \overline{AA}\ \overline{AA}$"，也可用任何方法发送信号码"K1"向对方表示"我希望用手旗或手臂发送莫尔斯符号与你通信"。

（2）回答：收信船（台）回答对方的呼叫或表示信文收到时，可用回答信号"T"，或者以任何方式发出信号码"YS1"，表示"我不能用手旗或手臂发送莫尔斯符号与你通信"。

（3）通信结束时，发信船（台）应发送结束信号"AR"，收信船（台）用信号"R"回答。

发送信号时应使用双臂，但因故无法使用时，也可只用单臂进行。

表 2-4-4　手旗或手臂发送莫尔斯符号方法

1. 举起双旗或双臂为"点"	2. 平展伸直双旗或双臂为"划"
	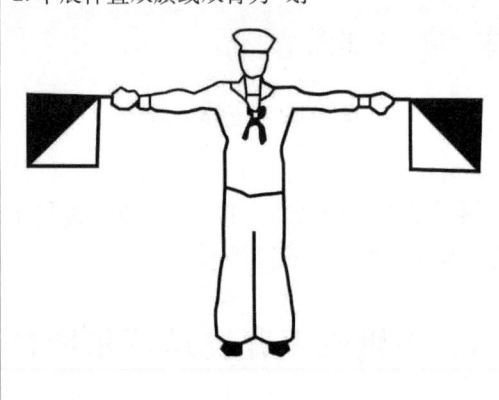
3. 双旗或双臂放在胸前:点与点、划与划、点与划的间隔	4. 双旗或双臂放下,与身体成 45°角:字母与字母、组与组或字与字的间隔

5. 双旗或双臂在头上画圈:如果由发信台发送,表示撤销信号;如果由收信台发送,表示要求重发	

六、挂旗常识

（一）船舶挂旗种类

（1）船籍国国旗：表示船舶的国籍，应挂在船尾旗杆或后桅斜杆上。

（2）公司旗：表示该船所属公司的专用旗号，一般悬挂在船首旗杆上。

（3）到达港的国旗：船舶到达其他国家的港口时，应悬挂该国家的国旗，一般在右横桁最外侧的旗绳上。

（4）国际信号旗：是船舶旗号通信用旗，一般挂在左、右横桁上。

（二）升降国旗

国旗代表一个国家的尊严，必须认真、正确悬挂。

1.船籍国国旗

（1）升降时间：日出升，日落降，恶劣天气除外。航行和锚泊时通常由值 0400—0800 班的水手负责；靠泊时由相应班次的水手负责。

（2）升降水域：各国领海和内水水域。在公海只有在必要时才挂船籍国国旗。

（3）升降顺序：当有多面旗需要升降时，船籍国国旗最先升起，最后降下。

2.到达国国旗

（1）升降时间：如果到达该国内水时是白天，应马上升起该国国旗。在该国锚地、港口停泊期间，日出升日落降，恶劣天气除外，通常由值 0400—0800 班的水手负责，靠泊时由相应班次的水手负责。

（2）升降水域：在该国的领海和内水水域。

（3）升降顺序：当有多面旗需要升降时，到达国国旗在船籍国国旗升起后再升起，在船籍国国旗降下前降下。

（三）船舶进出港应挂的旗

1.进港

（1）所到港口国与船籍国不同，白天应挂船籍国国旗和到达国国旗，在本船驶近引航员登船点之前挂好。

（2）到达港如果强制引航，则先挂字母"G"旗，表示"我船需要引航员"，在本船驶近引航员登船点之前挂好。当引航员上船后，应降下字母"G"旗，挂引航员旗，即字母"H"旗，表示"我船有引航员"。引航员下船后降下"H"旗。

（3）始发港和目的港是不同国家港口时，到达目的港时，如果本船没有染疫，应悬挂字母"Q"旗，表示"我船没有染疫，请发给进口检疫许可证"。检疫通过后降下"Q"旗。

（4）在锚地或港口停泊期间，如果船上有危险品，应悬挂字母"B"旗，表示"我船有危险品"。

2. 出港

（1）所到港口国与船籍国不同,白天应挂船籍国国旗。

（2）船舶离港时,如果该港强制引航,当引航员上船后应挂引航员旗,即字母"H"旗,表示"我船有引航员"。引航员下船后降下"H"旗。

（四）船舶挂满旗

船舶挂满旗应按两面字母旗一面数字旗(或代旗、回答旗)的顺序连接。悬挂方法是从船首旗杆经过桅顶直至船尾旗杆,并在桅顶悬挂船籍国国旗。

（五）船舶间致敬

船舶之间通常用国旗敬礼。在敬礼时,敬礼船应在本船驶近受礼船的正横之前,将国旗降下约一半的高度,待受礼船回礼后(即受礼船也将国旗降下约一半的高度,然后拉到顶),再将国旗升到原来位置。

七、主要航海国家的国旗

主要航海国家的国旗见附录Ⅴ。

八、声响通信

声响通信是指利用声响器具(汽笛、雾角等)发送莫尔斯信号进行通信的方法。该方法简单、实用。声响通信应按照《规则》、《国际信号规则》及相关港口信号规定的要求进行。在进行声响通信时,应注意:

（1）发送声响信号,应缓慢、清晰。

（2）为避免滥用声号造成混乱,雾中应尽量少用声号。

（3）单字母信号以外的信号,只能在非常紧急时使用,并且不要在繁忙的通航水域中使用。

（4）用声号发送带有"＊"的单字母信号时,只能按照《规则》的规定发送。破冰船和被救助船之间使用专用的单字母信号。

第三章
船舶在任何能见度情况下的行动规则

《规则》第二章(驾驶和航行规则)共分三节:第一节是"船舶在任何能见度情况下的行动规则";第二节是"船舶在互见中的行动规则";第三节是"船舶在能见度不良时的行动规则"。《规则》第四条规定:**"本节条款适用于任何能见度的情况。"**因此,总体而言,"船舶在任何能见度情况下的行动规则"既适用于能见度良好的情况,也适用于能见度不良的情况,而不论船舶是否处于互见中。然而,根据《规则》条文的含义以及与其他条文的联系,"船舶在任何能见度情况下的行动规则"中的某些条款,有着不同的适用条件。例如《规则》第九条第 5 款(1)项有关狭水道追越声号的规定,仅仅适用于追越船与被追越船处于互见中的情况,因为互见是构成追越的条件之一;又如《规则》第七条第 4 款有关利用罗经方位判断法判断碰撞危险的规定,也仅仅适用于两船处于互见中的情况,因为只有在互见中,才能观测他船的罗经方位;再如《规则》第九条第 6 款有关鸣放狭水道弯头声号的规定,仅仅适用于能见度良好的情况,因为在能见度不良的情况下,需要鸣放能见度不良时的声号。

第一节　瞭望

《规则》第五条"瞭望"规定:**"每一船在任何时候都应使用视觉、听觉以及适合当时环境和情况的一切可用手段保持正规的瞭望,以便对局面和碰撞危险作出充分的估计。"**该条款被放在了"船舶在任何能见度情况下的行动规则"的首条,足见其重要性。

一、保持正规瞭望的重要性

保持正规瞭望是确保海上航行安全的首要条件。保持正规瞭望是决定安全航速、正确判断碰撞危险、正确采取避让行动的基础和前提条件。在各国法院审理的船舶碰撞案件中，绝大多数当事船舶被法院判定有不同形式和程度的瞭望过失；各国专家学者对船舶碰撞事故的统计分析结果表明，无人瞭望或未保持正规瞭望是导致碰撞事故发生的重要原因或主要原因。例如，2018年1月6日北京时间19时50分，在东海海域发生了震惊中外的巴拿马籍油船"桑吉（Sanchi）"轮与中国香港籍散货船"长峰水晶（CF Crystal）"轮的碰撞事故，碰撞造成"桑吉"轮爆燃并最终沉没，"长峰水晶"轮严重受损。2018年5月11日，中国作为负责事故调查的牵头国，向国际海事组织递交了由中国、伊朗、巴拿马和中国香港特别行政区共同签署的"桑吉"轮和"长峰水晶"轮碰撞事故（安全）调查报告（以下简称调查报告），并对外公开。尽管参与调查的四方对事故的成因存在一定的分歧，但对双方均存在瞭望的疏忽不存在争议。由此可见，疏忽瞭望是事故的重要原因之一。

二、瞭望的适用范围

（一）瞭望条款适用的船舶

1. 瞭望条款适用于每一船

不论船舶的用途、种类、大小和所处的状态，只要符合《规则》有关船舶的定义，就有责任和义务遵守本条的规定。因此，不论是机动船还是非机动船，大船还是小船，处于正常状态下的船舶还是"失去控制的船舶"或"操纵能力受到限制的船舶"，普通的商船还是执行政府公务或军事任务的船舶，普通的船舶还是工程作业船或者尚未就位的钻井平台，都应当保持正规瞭望。

2. 瞭望条款适用在航船、锚泊船和搁浅船

瞭望条款除适用于在航船（包括对水移动和不对水移动），还适用于锚泊船和搁浅船。

锚泊中的船舶保持正规瞭望，不仅应当对本船是否处于正常的锚泊状态作出确切的估计，而且应当对驶近的他船是否会与本船构成碰撞危险作出判断，并在必要时鸣放相应的警告信号，以避免碰撞。如果锚泊船疏忽瞭望导致碰撞，则其也将承担相应的责任。

搁浅的船舶也应当与锚泊船一样保持正规的瞭望。

针对系岸的船舶，虽然不要求其像在航或锚泊中的船舶那样保持正规的瞭望，但其应保持相应的值班制度，随时观察船舶本身和船舶周围的环境和情况，这种值班制度也属于广义的瞭望的范畴。

3. 瞭望条款适用于任何时候

保持正规瞭望的规定适用于任何时候。即不论是白天还是黑夜，能见度良好还是能见度不良，互见时还是非互见时，良好天气还是恶劣天气，航行在大海上时还是航行在狭水道和船舶交通密集的沿岸水域中时，处于良好的工作状态还是失去控制，船舶都要保持正规瞭望。

4. 瞭望条款适用于任何负有瞭望职责的人员

保持正规瞭望的规定不仅适用于值班驾驶员，而且适用于其他负有瞭望职责的人员。

三、正规瞭望的目的

根据《规则》第五条规定,保持正规瞭望的目的是对局面和碰撞危险作出充分的估计。《海员培训、发证和值班规则马尼拉修正案》(以下简称《STCW 规则》)第 A - Ⅷ/2 节第 4-1 部分(航行值班中应遵循的原则)第 14 段进一步指出:

"应遵照经修订的《1972 年国际海上避碰规则》第 5 条随时保持正规的瞭望,并应达到下列目的:

.1 针对操作环境中发生的任何重大变化,利用视觉和听觉以及所有其他可用的手段保持连续戒备状态;

.2 全面评估碰撞、搁浅和其他航行危险的局面和风险;以及

.3 探明遇险的船舶或飞机、遇难船舶人员、沉船、残骸和其他航行危险物。"

因此,保持正规瞭望的目的是通过对局面和碰撞危险作出充分的估计,避免船舶碰撞、搁浅、触礁等海上事故的发生,并及时救助遇险的船舶、飞机、人员,以达到保证海上安全的最终目的。

(一)对局面作出充分的估计

对局面作出充分的估计,包括两方面内容:

(1)要对船舶当时所处的水域的环境和情况作出充分的估计,包括对船舶所处水域的能见度情况、天气情况、水域的水深和宽度、是否属于岛礁水域、船舶通航密度、航线分布情况、该海域的航行习惯、是否属于渔区等作出充分的估计。

(2)要对船舶本身状况作出充分的估计,包括对船舶本身条件的限制、船舶的动力装置、操舵装置情况、助航设施的情况以及这些仪器和装置的误差、本船所显示的号灯、号型的情况等作出充分的估计。

(二)对碰撞危险作出充分的估计

对碰撞危险作出充分的估计,通常应当包括:

(1)凭借视觉、听觉和其他可用的手段,从来船的形体、号灯和号型、声响和灯光信号、雷达回波、AIS、VHF 通信和 VTS 服务中获得的信息及早发现在本船周围的其他船舶;并根据所获得的上述来船信息和航海知识与经验,了解和掌握来船的大小、种类、状态和动态以及分布等。

(2)通过观测来船的罗经方位的变化情况,对他船进行雷达标绘或与其相当的系统观测或者通过其他手段获得的信息,判断来船与本船是否构成碰撞危险、构成何种会遇局面以及本船是否应当采取和采取何种避让行动等。

(3)根据所获得的信息,随时判断来船的动态和避让意图;应当密切注意来船动态的变化,及时准确地了解和掌握这些变化的趋势和可能造成的后果。

四、瞭望人员和瞭望的岗位

瞭望人员是船舶保持正规瞭望的主体。《STCW 规则》第 A－Ⅷ/2 节第 4-1 部分（航行值班中应遵循的原则）第 15、16 段对如何保持正规瞭望和确定瞭望人员作出了如下具体规定：

"15 瞭望人员必须全神贯注地保持正规瞭望，不得从事或分派给会影响瞭望的其他工作。

"16 瞭望人员和舵工的职责是分开的，舵工在操舵时不应视为瞭望人员，除非在某些小船上，操舵位置具有四周无遮挡的视野并且没有夜视障碍或其他保持正规瞭望的妨碍。在下列情况下，负责航行值班的高级船员在白天可以是唯一的瞭望人员：

.1 对局面作了充分的估计，确信无疑这样做是安全的；

.2 充分考虑了包括但不限于下列一切相关因素：

——天气情况，

——能见度，

——通航密度，

——邻近的航行危险物，和

——航行在分道通航制内或附近时必要的注意；以及

.3 当局面发生任何变化而需要时，能立即召唤人员到驾驶台协助。"

从上述《STCW 规则》的规定可以看出，瞭望人员通常是指专司瞭望之责的专门人员，舵工在操舵时一般不能作为瞭望人员，除非是在小船上，能够在操舵的位置上无阻碍地看到周围的情况，且不存在夜间视力的减损和执行正规瞭望的其他妨碍。

（一）瞭望人员的数量

有关瞭望人员的配备数目，根据上述规定，只有在同时满足上述三个条件时，负责值班的高级船员在白天可以是唯一的瞭望人员。换言之，在通常的情况下，瞭望人员至少应当包括负责值班的高级船员和一名专职的瞭望人员。此外，根据良好船艺的要求，在能见度不良时或在狭水道、交通密集水域中航行时，船长应上驾驶台，其可能指定值班的高级船员专门进行雷达观测，也可能在船首部或驾驶台侧翼处另外设置专门的瞭望人员。此时，保持正规瞭望的职责由除正在操舵的水手以外的所有组成航行值班的人员共同担任。在实践中，有的船舶在大洋航行时，仅仅在驾驶台配备一名值班的高级船员的做法，是不符合《规则》和《STCW 规则》的要求的。

（二）瞭望人员的资格

瞭望人员只能由合格的、称职的航海人员来担任。每一名作为专门的瞭望人员的船员均应具备必要的航海专业知识与技能以及视觉、听觉等身体素质。除负责值班的驾驶员外，瞭望人员通常应当由值班水手来担任，而不应当由船上的其他服务人员来担任。

（三）瞭望的位置

值班驾驶员以外的瞭望人员的位置应当根据当时的实际情况恰当地来指定。除天气条件不允许外，专门的瞭望人员应当配备在船舶的前部高处（通常在船首），这样配备的优点在于瞭望人员的注意力不会被驾驶台人员的交谈和工作所分散,并且更有利于听到来自船舶前方的雾号。若天气条件不允许,专门的瞭望人员至少应当配备在船舶的上层驾驶台(如罗经甲板)上。

五、瞭望的手段

(一)视觉瞭望

视觉瞭望是保持正规瞭望最基本的和最主要的手段。视觉瞭望的优点是简易、方便、直观,并能迅速地获得准确的信息。在任何能见度情况下,放弃视觉瞭望,将被认为是违反正规瞭望的行为,即使是装设有现代化导航设备的船舶,视觉瞭望仍然是保持正规瞭望的最基本的手段。正如法官卡米尼斯基在 1970 年审理"安玛丽(Annelisese)"轮上诉案[①]中所指出的那样,"我再次重申,我毫无保留地接受我们已经得到的意见,即'安玛丽'轮除使用雷达外,还应当保持良好的视觉瞭望"。

(二)听觉瞭望

听觉是能见度不良时保持正规瞭望的基本手段之一。听觉虽然较视觉所及的范围要小,但在能见度不良的情况下,尤其是在浓雾中,它可以在视觉无法察觉的情况下,首先获得他船鸣放的雾号,从而判断他船的大概方位、动态和种类。

(三)其他手段

除了视觉和听觉以外,"适合当时环境和情况的一切可用的手段"主要是指利用望远镜、雷达和 ARPA 进行观测,通过船舶自动识别系统(Automatic Identification System, AIS)获得他船的信息,船舶间 VHF 无线电话通信,船舶与 VTS 中心的通信联系等手段。

1. 雷达瞭望

《STCW 规则》第 A-Ⅷ/2 节 4-1 部分(航行值班中应遵循的原则)第 37 段规定:"遇到或预料到能见度不良时,以及在拥挤水域的全部时间里,负责航行值班的高级船员应使用雷达,并注意其局限性。"因此,雷达瞭望是在能见度不良水域的重要瞭望手段,也是能见度良好时的重要的辅助瞭望手段。

雷达瞭望的内容主要包括:

(1)通过观测雷达回波,及早发现附近的来船和物标。

(2)对探测到的物标进行雷达标绘,获取来船的航速、航向、最近会遇距离(DCPA)、到达最近会遇点的时间(TCPA)等信息。即对探测到的雷达回波进行全面、连续的雷达观测,并记录观测时间、来船方位和距离等数据,在雷达运动图上或雷达标绘器上进行作图,求取来船的航速、航向、DCPA 和 TCPA 等运动要素,并据此判断是否存在碰撞危险。

(3)利用 ARPA 获取来船的航速、航向、DCPA 和 TCPA 等运动要素,并据此判断是否存在碰撞危险。ARPA 是自动雷达标绘仪(Automatic Radar Plotting Aids)的简称,它通过自动录取

① [1958] 1 Lloyd's Rep. 10

或手动录取的方式，对探测到的雷达回波进行跟踪，自动搜集、分析和显示目标的有关数据，完成传统由人工作图完成的雷达标绘工作，并显示来船的航速、航向、DCPA、TCPA 等运动要素和可能碰撞点（PPC，Possible Point of Collision）、预测危险区（PAD，Predicted Area of Danger）等信息，并可进行避碰行动的试操船。

有关雷达观测、雷达标绘的注意事项将在本章第三节中阐述。

2. 利用 AIS 协助瞭望

AIS 是一个广播式的应答器系统，能够自动在 VHF 波段向有相应装置的岸上管理部门、其他船舶和航空器提供包括船名、位置、航向、航速、航行状态等相关安全信息，同时 AIS 可获得本船周围 20 n mile 内目标船的上述信息，且不受气象和海况的干扰。AIS 对目标船位置的显示和动态跟踪，弥补了雷达盲区和海浪干扰的缺陷。因此，AIS 的配备，为船舶航行安全及航行管理提供了新的有效手段，在瞭望中应当充分加以运用。

（1）AIS 系统在避碰中的应用

AIS 系统在避碰中的应用主要包括：

①利用 AIS 协助判断碰撞危险和会遇态势。AIS 接收的数据和信息来自他船的自身传感器，克服了雷达探测的一些局限性，例如，AIS 与雷达结合可以观察到小岛、山脚以及弯曲水道背后的物标，能够显示并靠在大船旁边的小船的位置等。本船还可以根据这些数据和信息初步判断两船是否构成碰撞危险，并初步断定两船构成何种会遇态势。如 AIS 系统与雷达目标位置进行融合处理，并结合电子海图显示和信息系统（ECDIS）提供的水深、可航水域、水下障碍物等航行环境信息，可以为船舶驾驶人员展示一幅清晰的交通状况图。

②利用 AIS 系统协调船舶间的避碰行动。AIS 系统具有短信息通信功能，装有 AIS 系统的船舶间能够利用全球唯一的识别码（MMSI）、他船的船名及呼号准确呼叫对方船舶，并以短文本定向的方式进行信息交互。一旦初步判明船舶间存在潜在的碰撞危险，装有 AIS 系统的船舶间就能进行准确的避碰操纵沟通和确认，协调两船间的避碰行动，避免两船因避碰行动的不协调而发生碰撞。

但是，AIS 系统也存在很大的局限性，因此其只能用于协助瞭望和协助判断碰撞危险，而绝不能代替视觉瞭望或雷达瞭望，更不能将 AIS 信息作为避碰决策使用。

（2）AIS 系统的局限性

AIS 系统的局限性主要包括：

①AIS 的动态信息并非实时的动态信息。不同的 AIS 系统，其动态信息的更新频率不同。A 级 AIS 根据船舶速度的不同，动态信息更新的间隔在 2~10 s；而 B 级 AIS 动态信息更新的间隔一般为 30 s，当船舶速度小于 2 kn 时，其动态信息更新的间隔将达到 3 min。

②A 级 AIS 系统存在接收不到 B 级 AIS 系统发出的动态信息的可能性。

③AIS 静态信息的更新可能不准确。

④AIS 播放的船舶动态信息依赖于该船的传感器（如 GPS、罗经、计程仪、角速度仪等）信息，这些信息往往是这些传感器天线所在位置的信息，而不是船舶（重心或中心）本身的信息，因此其船位、转向角速度、速度变化值等信息可能存在一定的误差。

⑤AIS 所给出的信息未必能完全反映出周围所有船舶的情况，尤其是游艇、渔船和军舰等可能没有配备 AIS，或者配备了 AIS 的船舶由于某种原因使系统处于关闭状态。

因此，船舶在利用 AIS 信息协助避碰时，必须充分认识到 AIS 系统的局限性，切忌将 AIS

信息作为避碰决策使用。例如,在前述提及的"桑吉"轮与"长峰水晶"轮的碰撞事故中,经调查发现,"桑吉"轮 AIS 播发的对地航向(COG)与"桑吉"轮 VDR 记录的数据存在 20°~25°的误差,这也是影响瞭望,导致碰撞事故发生的原因之一。

3. 基于 ECDIS 协助避碰

ECDIS 是电子海图显示与信息系统(Electronic Chart Display & Information System)的简称,由主计算机系统、电子海图数据库、输入传感器和输出终端设备等四个部分组成,其被认为是继雷达/ARPA 之后在船舶导航方面的又一项伟大的技术革命。ECDIS 通过连接其他航海设备(如 GPS、AIS、雷达/ARPA、罗经、计程仪、VDR 等)获取航行信息并与之进行数据与信息交流,能够多样化显示海图,自动或手动改正海图,进行船舶动态实时显示(船位、航速、航向等),航次计划制订与航线设计,航向、航迹监控,航行自动报警与提示(如偏航、碰撞、进入限制区域),自动存储本船航行记录,航行历史再现,航海信息查询(如水文、港口、潮汐、海流等),将雷达/ARPA 捕获到的目标以及通过 AIS 接收到的目标动态叠加显示在海图上等。

从上述 ECDIS 的功能可以看出,ECDIS 不仅能提供海图信息和航行信息(本船位置、航速和航向等),还能显示基于 AIS 提供的海上物标的动态信息(物标的航速、航向、方位、距离、DCPA 和 TCPA 等)。因此,在制定避碰行动方案时,不仅可以通过 ECDIS 系统协助检测避碰行动方案的可行性,而且可以通过 ECDIS 系统检测本船的行动是否在可航水域。因此,在瞭望和避碰中,可以充分利用 ECDIS。

同样,应当特别注意的是,ECDIS 所显示的他船的动态信息是基于 AIS 提供的他船 AIS 所播发的动态信息,与前述 AIS 系统一样,存在很大的局限性。因此,也同样不能作为避碰决策使用。

无论是视觉瞭望、听觉瞭望还是其他瞭望手段,每一种瞭望手段都有其优点、特点和局限性,因此,在瞭望时应注意对上述各种瞭望手段趋利避害地加以综合运用,并将它们有机地结合起来,从而形成一个科学的、有效的保持正规瞭望的完整系统。

在瞭望中,没有用尽一切可使用的瞭望手段,往往会被认为是对保持正规瞭望的一种过失。例如"高姆(Gorm)"轮碰撞案[①],法官赫森指出:"我觉得无论从哪一方面都难以解释他为何不使用望远镜去观测驶近的'高姆'轮。"又如 1970 年审理"安玛丽(Annelisese)"轮上诉案[②],法官卡米尼斯基指出:"对于使用雷达绝不能忽视,尤其是在雾中。"又如在审理"安东尼奥卡洛斯(Antonio Carlos)"轮碰撞案时[③],法官布莱顿指出:"'安东尼奥卡洛斯'轮的过失从广义上来说就是瞭望不好,即对 VHF 无线电话接收到的信息作了错误的估计,而且完全没有做雷达瞭望。"

六、瞭望必须是不间断的,瞭望人员必须做到克尽职责

瞭望必须做到连续、不间断,驾驶台的值班人员必须严守岗位、克尽职责,集中精力保持不间断的瞭望,不得有丝毫的麻痹大意。否则,即使是在能见度良好的宽敞水域也可能发生碰撞

---

① [1961] 1 Lloyd's Rep. 196.

② [1986] 1 Lloyd's Rep. 407.

③ [1973] 1 Lloyd's Rep. 42.

事故。

七、正规瞭望

有关"正规瞭望"的含义，《规则》和《STCW 公约》都没有对其作出定义。通常认为，保持正规瞭望，应当至少做到如下各点：

（1）应根据环境和情况配备足够、称职的瞭望人员。

（2）瞭望人员的位置应保证能获得最佳的瞭望效果。

（3）瞭望时使用适合当时环境和情况下的一切可以使用的手段。

（4）瞭望是连续的、不间断的。

（5）瞭望人员做到克尽职责，做到认真、谨慎。

（6）瞭望的方法正确，并且是全方位的。瞭望时，应当做到先近后远、由右到左、由前到后的周而复始的瞭望方法，务必做到全方位观察；瞭望人员应当来回走动，以消除因视线被大桅、通风筒、将军柱等遮蔽所造成的盲区的影响。

（7）正确处理好瞭望与其他各项工作的关系，在各项工作中，瞭望和避让应当是首要的工作，切不可因为定位、转向、海图作业等工作影响瞭望。

八、案例分析

2007 年 9 月 15 日 1935 时，由天津新港开往韩国的德国籍集装箱船"Hanjin Gothenburg"（以下简称 H 轮）与由韩国开往秦皇岛的巴拿马籍散货船"Chang Tong"（以下简称 C 轮）在 38°18.7′N，121°29.3′E 处发生碰撞事故，事故的经过如图 3-1-1 所示（图中数据为调查机构认定的最终数据）。

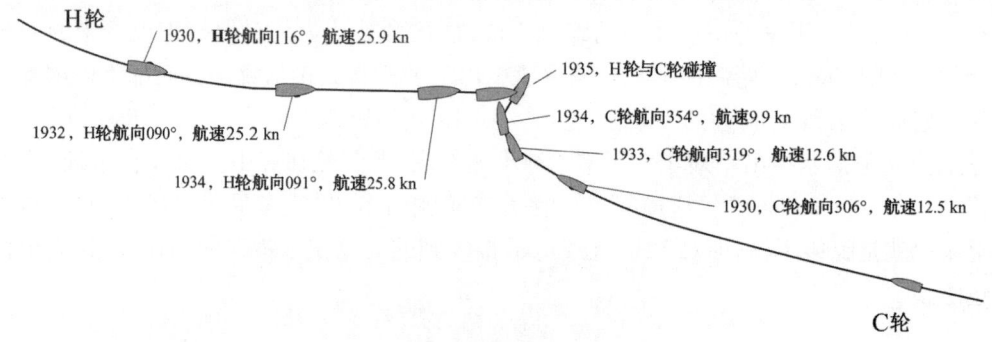

图 3-1-1　H 轮与 C 轮碰撞态势图

2007 年 9 月 15 日 1042 时，H 轮载运集装箱 1672 TEU（共计 28786 吨）由天津新港开往韩国 Kwangyang，离港时前、后吃水均为 11.9 m。1600 时，H 轮船位 38°45.0′N，119°42.0′E，航向约 102°。大副到驾驶台接班，该航次航行中未配备值班水手，只有大副一人当值。驾驶台有两部 ARPA 雷达，分别置于 6 n mile、12 n mile 挡，两部 VHF 均保持 16 频道守听，航行灯开启。约 1910 时，H 轮船位 38°23.0′N，121°16.7′E，航向 122°，航速 26.1 kn，值班大副在本船右舷船首方向发现渔船灯光，并逐渐增多。约 1927 时，H 轮船位 38°19.5′N，121°24.4′E，航向 117°，航速26.2 kn。约1930时,H轮船位38°18.9′N,121°25.9′E,航向116°,航速25.9 kn,值班大副在查看相关海图后,决定向左转向,欲将位于本船右舷船首方向的渔船放到本船右舷通过。约1932时,H轮航向调整至090°,航速保持不变。大副观察所有目标都显示在本船的右舷。此后(碰撞前十几秒)大副突然在本船船首方向看到有来自船舶(C轮)生活区窗户的灯光。1935时,H轮船位38°18.7′N,121°29.3′E,航向091°,航速25.8 kn,H轮与C轮发生船舶碰撞。H轮船首碰撞C轮左舷4舱、5舱处,碰撞角约40°,H轮船首部分牢牢插入C轮的船体中,并维持牢固咬合状态。H轮紧急停车,与来船保持插入状态,顶推C轮前行,船速不断降低,最后随风流漂航。

2007年9月12日2000时,C轮空载由韩国开往秦皇岛,离泊时前、后吃水分别为3.5 m、6.5 m。9月15日约1535时,C轮船位37°48.0′N,122°23.5′E,航向约305°,航速约12.4 kn。大副、值班水手到驾驶台接班。驾驶台两部雷达,其中一部APRA雷达开启,3 n mile、6 n mile距离挡交替使用。两部VHF分别置于08频道和16频道。航行灯显示正常。约1927时,C轮船位38°17.7′N,121°30.6′E,航向297°,航速12.6 kn。大副目视观测到在本船左舷船首15°~20°方向有一来船红色舷灯,继而通过雷达观测发现来船船速较快,航向相反,尾迹基本平行。此时,两船相距约4.9 n mile。值班大副判断可与来船"红对红"安全通过。约1930时,C轮船位38°18.0′N,121°30.0′E,航向306°,航速12.5 kn,大副为避碰本船左舷船首方向的作业渔船,向右调整航向5°,航速保持不变。随后,大副观测到来船的舷灯从红灯变为红、绿灯,稍后又变成绿灯,两船距离缩减到2.1 n mile。约1933时,值班大副查看AIS后,得知来船船名,通过VHF 16频道呼叫"Hanjin, hard port",连续呼叫两遍无应答后,值班大副立即命令水手右满舵避碰。约1935时,船位38°18.7′N,121°29.4′E,航向077°,H轮与C轮发生碰撞。H轮船首碰撞C轮左舷4舱、5舱处并插入船体中,碰撞角度约40°,随后两船呈牢固咬合状态。C轮停车,与H轮保持插入状态,被H轮顶推前行,船速不断降低,最后随风流漂航。

经事故调查,海事调查处理机关认定,事故的原因为:

(1)经分析H轮和C轮1930时的相对运动态势得知:H轮左转向前,两船的DCPA约为0.79 n mile;H轮左转向后,两船的DCPA约为0.08 n mile,相对于两艘船长分别为182 m和274 m的船舶来讲,其安全会遇距离明显不足。1930时H轮大幅度左转向,驶离船舶东行习惯航路,占用西行船舶航路逆行并导致两船陷入紧迫危险局面。同时,H轮在通航密集区占用西行航路逆行时,驾驶台只有大副一人值班,瞭望人员严重不足,直到船舶发生碰撞前十几秒钟,该大副都没有观测到C轮,也未采取任何针对C轮的避碰行动。H轮在保持正规瞭望、判断碰撞危险和局面以及及早采取避碰行动等方面的严重过失行为是最终导致两船发生碰撞事故的直接原因。

(2)两船在船舶通航密集水域航行,均未采用安全航速,H轮一直以超过25 kn的航速航行。C轮首见来船时,两船已经存在碰撞危险,值班大副对此未予以高度重视;当发现H轮的舷灯从红灯变为红、绿灯,再变成绿灯时,未能及时采取适合当时情况和环境、最有助于避免船舶碰撞的有效措施,例如,鸣放笛号或使用信号灯警告H轮等。因此,H轮不采用安全航速航行、C轮没有及早采取最有助于避免船舶碰撞的行动是船舶发生碰撞的间接原因。

H轮的过失:

(1)H轮驾驶台只有大副一人值班,直到船舶发生碰撞前十几秒钟大副才发现C轮。该大副未能以适合当时环境和情况的一切有效手段保持正规的瞭望,在保持正规瞭望方面存在严重过失,其行为违背了《规则》第五条和第七条第1、2、3款的规定。

(2)H轮大副在不完全掌握周边船舶动态、未对船舶当时面临的局面和碰撞危险作出正确评估的情况下,盲目采取大角度左转向行动,最终导致H轮与C轮构成紧迫危险局面,其行为违背了《规则》第十四条第1款的规定。

(3)H轮在船舶通航密集区,大副没有根据当时的通航环境情况使用安全航速航行,其行为违背了《规则》第六条的规定。

(4)H轮的船长未按照《STCW公约》规定的船舶航行值班标准,保证该船的值班安排足以保持该船安全航行。当H轮夜间在船舶通航密集水域航行时,未配备值班水手,仅有大副一人值班,瞭望人员严重不足,违背了《STCW公约》规定的海上值班原则。

(5)H轮大幅度左转向时,值班大副没有按照《规则》要求鸣放船舶操纵信号。其行为违背了《规则》第三十四条第1款和第2款的规定。

C轮的过失:

(1)C轮首次观测到H轮时,两船相距约4.9 n mile,值班大副未对当时的局面和碰撞危险作出充分的估计、未注意运用良好船艺,主动、及早采取避碰行动。在观察到H轮的舷灯变化后,未采取减速或者停止或倒转推进器把船停住的措施。其上述行为违背了《规则》第七条第1款和第八条第1款、第5款的规定。

(2)当互见中两船互相驶近,C轮值班大副对H轮的意图或行动有疑问时,没有立即用号笛鸣放至少五声短而急的声号以表示这种怀疑,或用至少五次短而急的闪光来补充。其行为违背了《规则》第三十四条第4款的规定。

第二节　安全航速

一、安全航速的含义

《规则》第六条"安全航速"规定:"**每一船在任何时候都应以安全航速行驶,以便能采取适当而有效的避碰行动,并能在适合当时环境和情况的距离以内把船停住。**"《规则》虽然没有直接给"安全航速"下定义,但根据该条规定,可以认为,安全航速是指能采取适当而有效的避碰行动,并能在适合当时环境和情况的距离以内把船停住的速度。

(一)能采取适当而有效的避碰行动

所谓适当而有效的避碰行动,是指所采取的避让行动(改向、变速或者改向变速结合)适合当时的环境和情况,并且这种避让行动必然产生其应有的效果。要求船舶以安全航速行驶以便能采取适当而有效的避碰行动,实际上是为了在时间上为采取避让行动留有足够的余地,并保证所采取的避让行动有效,使会遇两船在安全距离上驶过。一方面,航速过高,发现他船后有可能在时间上来不及对当时的会遇局面和碰撞危险作出充分的估计和判断,因而不能及时采取适当而有效的避让行动,所以不是安全航速;另一方面,航速过低甚至船舶丧失舵效,转向效果差,并有可能失去对船舶的有效控制,这对船舶避碰也是十分不利的,所以,航速过低也不是安全航速。

(二)能在适合当时环境和情况的距离以内把船停住

减速、停船是避免船舶碰撞的有效行动之一。在发生的很多碰撞事故中,驾驶员在碰撞发生前都采取了停车甚至倒车的避碰行动,但仍未能避免碰撞,其中主要原因就是船速过高。因此,在确定安全航速时,除要考虑能采取适当而有效的避碰行动外,还要满足所确定的船速能使船舶在适合当时环境和情况的距离以内把船停住的条件。

船舶停船性能与船舶排水量、初始船速、主机的倒车功率、推进器种类、外界风流等因素有关。其中,船舶排水量和初始船速是影响船舶停船性能的最主要因素,船舶排水量越大,初始船速越高,停船冲程越大,把船停住所需的时间越长。因此,在决定船舶的安全航速时,不仅应当考虑船舶所处的环境和情况,而且应当考虑船舶本身的操纵性能,尤其是船舶的停船性能。

(三)"安全航速"与"限制速度"的关系

在很多特定水域中,其主管当局为确保船舶航行的畅通和航行安全,根据当地水域的具体特点对船舶速度作出了具体规定。例如,2018年1月15日施行的《上海黄浦江通航安全管理规定》第十五条规定:"船舶航行时,航速不得高于8 kn。"但这种限速的规定,不能认为是对《规则》"安全航速"的量化,它仅仅是对船速作出的限制性规定。在某些条件下,"限制速度"可能是"安全速度"。但条件一旦发生变化,即使采用低于限制速度的速度,仍然可能不是安全航速。当船舶在制定有限制速度的水域中航行时,首先必须要严格执行限制速度的规定,同时,还应遵守《规则》关于"安全航速"的规定。

二、安全航速的适用范围

"每一船在任何时候都应以安全航速行驶"就意味着"安全航速"的规定适用于任何一艘在航的船舶。

(一)每一船

安全航速的规定适用于每一在航船舶。即不管船舶的种类、大小、状态如何,也不论该船舶是否装设有现代化的助航设施,只要是《规则》适用的在航船舶,就有责任和义务执行安全航速的规定。即使是《规则》赋予一些特殊权利的"限于吃水的船舶"和某些"操纵能力受到限制的船舶",甚至是某些"失去控制的船舶",只要其能够遵守《规则》有关安全航速的规定,均应当以安全航速行驶。

(二)在任何时候

在任何时候,每一船都必须以安全航速行驶。所谓任何时候,既指在时间上的任何时候,同时还包括船舶处在任何环境和情况下。也就是说,不论在白天还是黑夜、能见度良好和能见度不良、在开阔水域还是受限水域等时间和环境情况下,船舶都应保持安全航速行驶。

为在任何时候都能保持以安全航速行驶,船舶应对各种环境和情况的变化不断地作出估计,任何必要的变速必须立即采取。在《STCW 规则》中,将负责值班的高级船员应毫不犹豫地使用舵、主机和音响信号装置写入了强制性规则中,《STCW 规则》第 A－Ⅷ/2 节第 4-1 部分（航行值班中应遵循的原则）第 29 段规定:"在需要时,负责航行值班的高级船员应毫不犹豫地使用舵、主机和音响信号装置,但如有可能,应及时通知拟进行主机变速,或者按照适用的程序有效地使用装配在驾驶台的无人机舱主机控制装置。"

三、决定安全航速时应考虑的因素

《规则》第六条尽管不可能给出安全航速的定量解释,但为了能够给予海员具体的指导,列出了船舶在决定安全航速时应考虑的各种因素,但其所列出的因素并不是详尽无遗的。

（一）对所有船舶应当考虑的因素

1. 能见度情况

能见度是决定安全航速时应考虑的首要因素。根据 IMO 有关统计资料,能见度不良时的碰撞率远高于能见度良好时的碰撞率。能见度情况直接决定了用视觉观测他船的时机,能见度不良导致不能用视觉及时发现来船,难以判断来船动态,不利于两船协调避碰行动。因此,能见度的情况将直接决定安全航速的大小。在 1972 年修订避碰规则以前,也一直要求船舶在能见度不良时应以"缓速"行驶,对船舶在能见度不良时的速度作出了限制。《规则》不仅在本条中提出在决定安全航速时要考虑能见度情况,并把这一因素放在首要位置,而且在《规则》第十九条中又进一步要求:"每一船应以适合当时能见度不良的环境和情况的安全航速行驶,机动船应将机器作好随时操纵的准备。"因此,能见度情况是决定安全航速的诸因素中最为重要的因素。

2. 通航密度,包括渔船或者任何其他船舶的密集程度

通航密度通常是指单位面积水域中船舶的密集程度。当船舶航行在船舶密集的水域中时,可航水域的范围受到限制,所采取的避碰行动必然受到影响。同时,由于船舶密集,船舶间会遇次数增加,会遇形式复杂,给船舶驾驶员分析会遇局面、判断碰撞危险、进行避碰决策增加了难度。因此,在船舶通航密度较大的水域中航行时,如果仍高速行驶,就有可能在时间和距离两个方面均无充分的余地来采取适当而有效的避碰行动。船舶在渔船密集区、港口附近等通航密度较大的水域中航行时,所用速度比在通航密度较小的水域中低,或备车行驶,是符合良好船艺的要求的。

3. 船舶的操纵性能,特别是当时情况下的冲程和旋回性能

船舶的操纵性能包括船舶的旋回性能、航向稳定性能和停船性能等,其中与船舶避让行动密切相关的是船舶的旋回性能和停船性能。因此,船舶的冲程和旋回性能是在决定安全航速时所要考虑的主要船舶操纵性能。船舶的操纵性能因船而异,在决定安全航速时应充分考虑。

4. 夜间出现的背景亮光,诸如来自岸上的灯光或本船灯光的反向散射

背景灯光降低视觉功效,对船舶驾驶员瞭望效果造成不良影响,轻者将使驾驶员看不清他船显示的号灯,严重时将使驾驶员不能发现灯光方向存在的船舶。本船灯光的反向散射也会对瞭望和及时发现来船造成不利影响。

5. 风、浪和流的状况以及靠近航海危险物的情况

风、浪和流作为影响船舶操纵的外界因素,都将对船舶操纵性能产生直接影响。当船舶顺风、顺浪、顺流时,船舶冲程增大;反之,则冲程将减小,船舶旋回性能也将有所变化。当船舶横风、横浪、横流时,船舶的惯性性能和旋回性能与无这些影响时相比也有所改变。由于这些影响的存在,船舶驾驶员应对船舶在这些外界因素影响下的运动规律有深刻的认识,在决定安全航速时对它们的影响予以充分的考虑和估计。

航海危险物通常是指航线附近的浅滩、暗礁、沉船等对航行安全带来威胁的碍航物。在靠近航海危险物航行时,如对当时的风、流、浪、浅水效应、岸壁效应等估计不足,可能因其对航速的影响而发生搁浅、触礁等事故。

6. 吃水与可用水深的关系

将吃水与可用水深的关系作为决定安全航速时应考虑的因素,主要是考虑到富余水深对船舶操纵性能以及船舶偏离所驶航向的能力的影响。一方面,船舶在浅窄水域航行时,可能产生影响船舶操纵性能的浅水效应、岸壁效应等,如船舶驶入浅水区域后将出现舵效变差、旋回直径增大、船体下沉和纵倾变化更为激烈等现象,船舶在相互接近且速度较高时容易引发激烈的船间效应。另一方面,当可航水域宽度变窄时,船舶偏离所驶航向的能力必然受到严重限制,将不能采取大幅度的转向行动。鉴于这些情况,当航行在浅窄水域时,应适当降低船速,以适应航行安全的要求。

(二)对备有可使用的雷达的船舶,还应考虑的因素

1. 雷达设备的特性、效率和局限性

雷达作为一种导航设备,在船舶避碰方面也得到了广泛的应用。但雷达设备有其自身的特性和局限性。例如,雷达虽然能在远距离上发现他船,在近距离内却有探测不到小物标的可能性;雷达虽然可提供整个海区的船舶分布情况,却不如视觉提供的情况更直接、信息量更大;通过雷达虽然可获得碰撞危险的早期警报和来船的运动要素,却需要花费一定时间进行雷达标绘,同时,当他船的运动状态发生变化时,雷达对这种变化反应缓慢,驾驶员不易察觉;此外,雷达提供的各种信息均存在不同程度的误差,误差的存在极有可能导致驾驶员作出错误的判断。鉴于上述情况,在决定安全航速时,应当充分考虑雷达设备的特性、效率和局限性。

例如,"江胜"轮与"闽福鼎渔 2319"轮碰撞案,在 1515 时雨雾加浓、能见度变差的情况下,"江胜"轮虽然增加了雷达观察频度(雷达量程固定在 6 n mile 挡),但没有发现物标回波,直到约 1529 时(当时航向 180°,航速 9.6 kn),发现右舷 25°、距离约 100 m 的渔船接近,船长才下令右满舵,接着停车、倒车;1530 时发生碰撞。海事调查处理机关认为,"江胜"轮在能见度不良的情况下,未充分考虑本船雷达探测物标的局限性,以"前进三"的速度行驶,在发现"闽福鼎渔 2319"轮时,无法在适合当时环境和情况的距离以内把船停住,违反了《规则》第六条的规定。

2. 所选用的雷达距离标尺带来的任何限制

在选用雷达远距离标尺时,虽然可及早地发现远距离的船舶并对碰撞危险作出早期警报,但存在物标清晰度不高、分辨率较低、近距离小物标不易探测到等不足;在选用雷达近距离标尺时,虽然可以提高物标清晰度、分辨率,并有利于探测到小物标,但也存在不能及早地发现远

他船并对碰撞危险作出早期警报的缺陷。因此,在决定安全航速时,应当充分考虑所选用雷达距离标尺所带来的限制。

为充分发挥雷达在船舶避碰中的作用,如只有一台可使用雷达,通常在进行雷达观测时采用远、近距离挡交替使用的方法;当船上有两台可使用的雷达时,如情况需要,可分别将其设在远、近距离挡,以方便使用,消除由于雷达距离挡带来的任何限制。例如"娜索(Nassau)"轮与"布罗特(Brott)"轮碰撞案,法官赫森认为,"娜索"轮长时间地使用雷达近距离标尺不是良好船艺的做法,"娜索"轮应当根据当时情况经常地变换距离标尺,以获得对全局的估计。

3. 海况、天气和其他干扰源对雷达探测的影响

海况、天气和其他干扰源对雷达探测的影响,主要是指海浪干扰、雨雪干扰、同频干扰、多次反射回波、间接回波、异常传播等干扰对雷达探测的影响,这些干扰有时是相当严重的,不仅使雷达探测不到小物标,甚至连大型船舶的回波也无法辨认。尽管可以通过调整雷达上有关抑制旋钮,在一定程度上消除干扰,但同时也可能抑制了那些反射能力弱的小物标的回波,这对船舶避碰是十分危险的。当不能排除这种可能时,应采取控制船速的措施,必要时备车航行。例如,1979 年,"大西洋女皇"轮与"爱琴海船长"轮两艘大型满载油船,在特立尼达和多巴哥外碰撞,碰撞点正处于一个热带风暴附近,"大西洋女皇"轮当时正在穿越热带风暴。两船都全速前进,直到相距 2 n mile 才发现对方。海事调查庭发现,"爱琴海船长"轮没有很好地调整雷达雨雪干扰抑制旋钮,以致"大西洋女皇"轮的回波被淹没在暴风雨的干扰回波中;"大西洋女皇"轮没有很好地选择雷达的脉冲宽度(当时用的是 3 cm),也没有发现被暴风雨包围的"爱琴海船长"轮。调查表明:两船均没有有效地使用雷达,并且在当时能见度情况下均以过高的航速行驶。

4. 在适当距离内,雷达对小船、浮冰和其他漂浮物有探测不到的可能性

由于小船、浮冰及一些漂浮物的电磁波反射能力弱,雷达对它们有探测不到的可能性。当雷达受到海况和天气等因素的影响时,这种可能性更大。由此,应认识到,绝不能过分依赖雷达提供的信息,雷达上虽然没有发现回波,但不等于海上没有其他船舶或物标,特别是在经常有小船出现的水域或在高纬度航行可能有浮冰漂流时,更应该注意这一点。例如,1961 年4 月,"南非开拓者"轮从美国南卡罗来纳州查尔斯港驶往纽约,在能见度约 1.5 n mile 时备车,航速减至 10 kn,雷达用 8 n mile 标尺并观察到海浪干扰扩展到离中心 3 n mile 范围,雷达上未发现任何物标,在右前方 10°的方向上却看到了一盏灯,后来被证实是一艘 78 ft 长的木壳渔船"波瓦坦"轮的舷灯,尽管"南非开拓者"轮采取了紧急倒车和大幅度转向措施,但最后也未能避免碰撞。

5. 雷达探测到的船舶数目、位置和动态

雷达探测到的船舶数目反映了当时船舶的通航密度。探测到的船舶数目越多,通航密度越大。船舶在通航密度大的水域中航行时,在判断碰撞危险、避碰决策、采取避碰行动等各方面的难度都将增加,对此应高度重视。就雷达探测到的船舶的位置和动态来说,强调的是他船与本船之间的关系。雷达显示的来船位于正横以前、小舷角、距离近、接近速度快、DCPA 较小则危险性大,来船位于正横或正横以后则危险性较小。对此,应根据来船的运动要素、与本船的会遇形势等情况作出具体的判断,以便在确定航速时给予充分考虑。就他船的动态而言,应特别注意那些动态不清、不按《规则》行动和高速行驶的船舶。

6. 当用雷达测定附近船舶或其他物体的距离时，可能对能见度作出更确切的估计

如上所述，能见度是决定安全航速时应考虑的首要因素，然而能见度情况仅凭视觉难以判断，因此《规则》在此提醒船舶驾驶员要尽可能使用雷达对能见度作出正确的估计。而这一点，对于能见度情况可能发生变化时和夜间更为重要。例如，1965 年 10 月 16 日凌晨，油船"阿尔米扎"轮在阿曼沿海全速驶往波斯湾，当时海面风平浪静，能见度极好。二副在雷达上观察到在正前方有他船回波，因为未看到任何号灯，所以就推定为一艘不点灯的独桅三角帆船。当两船接近到 3 n mile 时，改为手操舵，并令舵工向右转向 40°。随后他才意识到有雾，即通知备车。而事实上，该回波为长 237 m 的油船"约翰帕帕斯"轮，最后两船发生碰撞而造成严重损失。伦敦高等法院裁定两船均有过失，"阿尔米扎"轮进入雾区航速过高而减速太慢，同时雷达瞭望很糟糕，竟把大型油船误认为一艘独桅帆船。

总之，以安全航速行驶是确保航行安全的重要条件，在决定安全航速时，除考虑上述所列的因素外，还应当考虑与船舶航行安全相关的其他因素，如本船的助航设施的情况等，以保证船舶在任何时候均以安全航速行驶。船公司或者船舶承租人的航次指令、船舶班期、经济效益等不应当成为不以安全航速行驶的理由。

第三节　　碰撞危险

一、碰撞危险的含义

从碰撞危险的形成到碰撞发生的整个过程，大致经历了致有构成碰撞危险、存在碰撞危险、形成紧迫局面、导致紧迫局面、紧迫危险、碰撞的过程，如图 3-3-1 所示。

（一）"risk of collision"与"danger of collision"

从图中可以看出，致有构成碰撞危险和存在碰撞危险可以统称为"risk of collision"；而形成紧迫局面、导致紧迫局面和紧迫危险可以统称为"danger of collision"。在《规则》译本中，第二、五、八、十二、十四、十五、十八、十九条均引用了"碰撞危险"这一术语，但在英文原文中，在第二条和第十九条第 5 款后半部分中所使用的是"danger of collision"，我国港、台地区将其译为"碰撞危险"；在其他条款中，则使用的是"risk of collision"，我国港、台地区将其译为"碰撞危机"。根据《规则》条文的含义，"risk"是一种"风险"，当其变得现实化之后，即碰撞可能性大大增加之后，就变成了"danger"。因此，虽然"risk of collision"和"danger of collision"均表明存在碰撞的可能性，但在碰撞可能性的大小上，"danger of collision"要比"risk of collision"的可能性更大一些。而在中文中，"碰撞危险"的含义较宽，可以覆盖"risk of collision"和"danger of collision"两个英文术语的含义，故统一译为"碰撞危险"一词。本书除特别注明外，"碰撞危险"均是指"risk of collision"。

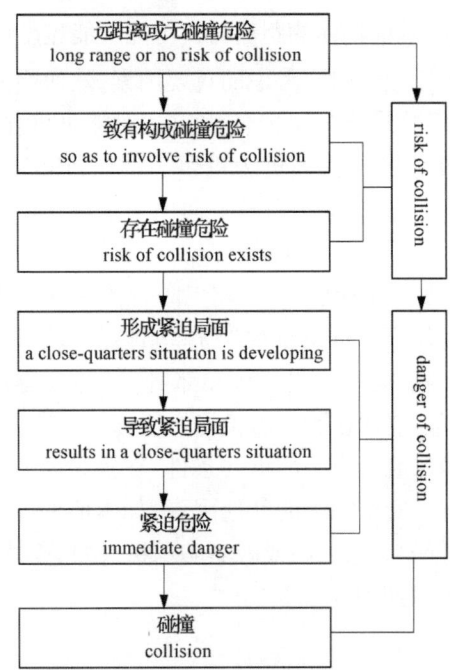

图 3-3-1 碰撞的过程

（二）碰撞危险的含义

1.碰撞危险的基本含义

《规则》并没有给出碰撞危险的定义，但《规则》多次使用了这一术语，且《规则》的很多条款是以构成碰撞危险为前提的。历史上的权威解释认为，"碰撞危险"是一种碰撞的可能性，只不过对这种碰撞的可能性增大到何种程度时才能称之为"碰撞危险"有着不同的理解。在英国，审理 1856 年 Ericsson 案件以及审理 1856 年 Dumfries 案件的法官认为，碰撞危险是一种碰撞的"盖然性（probability：介于 certainty 和 possibility 之间）"；而在 1857 年审理 Ericsson 案件的另一位法官以及审理 1856 年 Cleopatra 案件的法官则将碰撞危险的检验标准确定为碰撞的一个"机会（chance）"或"可能性（possibility）"。

2.判断碰撞危险的主要依据

既然碰撞危险是一种碰撞的可能性，当同一船舶处于不同的环境和条件下，或者不同的船舶处在同一具体条件下时，不同的人对船舶是否存在碰撞危险有着不同的理解和认识。尽管"碰撞危险"与人、船舶、环境等因素有关。但是，总体而言，判断碰撞危险的最主要的因素是两船会遇时的最近会遇距离（DCPA，distance of closest point of approaching）和到达最近会遇距离处的时间（TCPA，time to closest point of approaching）。通常认为，当 DCPA 小于安全会遇距离，且 TCPA 较小时，应当认为两船存在碰撞危险。

（1）最近会遇距离

最近会遇距离表示两船在会遇的过程中最近时的距离，它是衡量两船是否可能发生碰撞的重要标准之一。DCPA 为 0，说明两船若保持航向和航速不变，将同时到达某一点，最终必将发生碰撞；DCPA 大于 0，说明两船之间有一定的通过距离，但这并不意味着可以安全通过，不安全,就意味着仍然存在碰撞危险。只有当两船的最小会遇距离超过安全会遇距离时,才可以认为不存在碰撞危险。安全会遇距离则需要考虑当时的环境和情况、船舶本身的性能和尺度等因素。此外,在判断碰撞危险时,除了考虑最近会遇距离外,还必须考虑到达最近会遇距离处的时间这一因素。安全会遇距离则需要考虑当时的环境和情况、船舶本身的性能和尺度等因素。在 1972 年修订《1960 年国际海上避碰规则》的会议上,也曾建议将"碰撞危险"定义为"当两船的航向和航速延续下去时,它们将同时处于同一位置或接近同一位置,则存在碰撞危险"。这一定义就是从最近会遇距离的角度出发的。但是,正如英国和其他一些国家的法院都认为的那样,在两船的接近速度很慢的情况下,在远距离时不适用于存在"碰撞危险",海员在实际上也是这样理解的。因此,最后否决了这一项建议。所以,在判断碰撞危险时,除了考虑最近会遇距离外,还必须考虑到达最近会遇距离处的时间这一因素。

(2)到达最近会遇距离处的时间

到达最近会遇距离处的时间表示两船在会遇过程中的时间概念。当 DCPA 为 0 或 DCPA 小于安全会遇距离时,TCPA 越小,表明船舶到达最近会遇距离处的时间越短,碰撞危险的程度越大;TCPA 越大,表明船舶到达最近会遇距离处的时间越长,碰撞危险的程度相对越小。TCPA 的大小与会遇形式、两船之间的距离、两船构成的相对速度有直接关系。

在海上船舶避碰的实践中,海员往往更习惯于使用 DCPA 和两船之间的距离及其变化来判断是否存在碰撞危险。当两船的最近会遇距离小于安全距离,且两船距离较近而在相互驶近时,两船构成碰撞危险。

诚然,除考虑两船会遇时的最近会遇距离和到达最近会遇距离处的时间这两个因素外,在判断是否存在碰撞危险时,还应当考虑船舶所航行的水域环境、外界的气象和能见度情况、船舶的尺度以及船舶的操纵性能等多种因素。

(三)紧迫局面的含义

"紧迫局面"(close-quarters situation)一词最早出现在《1960 年国际海上避碰规则》中,《规则》除第八条外,在第十九条第 4、5 款也均提及紧迫局面,但迄今为止,未给出它的定义,各国航海界的专家、学者在定性和定量解释"紧迫局面"一词时意见也不尽相同。我国航海界普遍认为,"紧迫局面"是指当两船接近到单凭一船的行动已不能导致在安全距离上驶过的局面,即此时只有当两船均采取适当的行动且两船的行动是协调的,才可能导致两船在安全距离上通过。

紧迫局面最初适用时的两船间距离,取决于多种因素,包括能见度、会遇态势、两船速度、船舶所处水域、通航密度、船舶尺度等,其中能见度情况是应当考虑的主要因素之一。大海上,通常认为在能见度不良的情况下,紧迫局面最初适用时的两船间距离以 2~3 n mile 为外界,但对互见中的船舶而言,有时 1 n mile 的距离也是可以接受的。

(四)紧迫危险的含义

与紧迫局面相类似,《规则》也未给出紧迫危险的定义,但我国航海界普遍认为,"紧迫危险"是指当两船接近到单凭一船的行动已不能避免碰撞的局面,即此时只有两船均采取适当的行动且两船的行动是协调的,才可能避免碰撞的发生。

同样,紧迫危险最初适用时的两船间距离,取决于多种因素,包括能见度、会遇态势、两船速度、船舶所处水域、通航密度、船舶尺度等,其中能见度情况是应当考虑的主要因素之一。大海上,通常认为在能见度不良的情况下,紧迫危险最初适用时的两船间距离以 1~2 n mile 为外界,在能见度良好的互见中,两船间的距离小于 1 n mile 可以认为已经构成紧迫危险。

二、每一船应用一切有效手段判断碰撞危险

《规则》第七条第 1 款规定:"**每一船都应使用适合当时环境和情况的一切可用手段判断是否存在碰撞危险。**"其措辞与瞭望条款基本相同。保持正规瞭望是正确判断碰撞危险的前提,而判断碰撞危险是瞭望的目的之一;瞭望更强调收集信息,而判断碰撞危险更着重于对所收集到的信息的评估。

(一)适用范围

与瞭望条款的适用范围一样,碰撞危险的判断也适用于每一船、任何时候。

1. 每一船

不论船的用途、种类、大小和所处的状态,只要符合《规则》有关船舶的定义,就有责任和义务遵守本条的规定。因此,不论是机动船还是非机动船,大船还是小船,处于正常状态下的船舶还是"失去控制的船舶"或"操纵能力受到限制的船舶",普通的商船还是执行政府公务或军事任务的船舶,普通的船舶还是工程作业船或者尚未就位的钻井平台,都应当正确判断碰撞危险。

判断碰撞危险的义务不仅适用于在航船(包括对水移动和不对水移动),还适用于锚泊船和搁浅船。锚泊中或搁浅中的船舶应当对驶近的他船是否会与本船构成碰撞危险作出判断,并在必要时鸣放相应的警告信号,以避免碰撞。

2. 任何时候

判断碰撞危险的规定适用于任何时候,即不论是白天还是黑夜,能见度良好还是能见度不良,互见时还是非互见,良好天气还是恶劣天气,航行在大海上还是航行在狭水道和船舶交通密集的沿岸水域,处于良好的工作状态还是失去控制,船舶都要正确地判断碰撞危险。

(二)适合当时环境和情况的一切可用手段

"每一船都应使用适合当时环境和情况的一切可用手段判断是否存在碰撞危险"有两层含义:一是判断碰撞危险的方法、手段必须与当时船舶所处的水域、气象和海况、通航密度、能见度以及船舶本身的条件相适应;二是每一船应当用尽所有可能的手段来判断碰撞危险。

(三)判断碰撞危险的方法

判断碰撞危险的方法主要有雷达标绘判断法、罗经方位判断法、舷角判断法、VHF 通信判断法、AIS 系统判断法等。

与瞭望的手段一样,判断碰撞危险的方法有效与无效或效果好不好是相对的,每一种方法都有其特定的局限性。例如,通过雷达标绘可求得来船的运动要素,并可以通过进一步的标绘求得避让措施,但受到雷达的局限性的影响,同时雷达标绘也需要一定的时间;观测来船真方

位的方法,简单迅速,但不能确定来船的距离;观测来船的相对方位时,还将受到本船航向变化的影响;在分道通航制水域内利用 VHF 通信可以接收到有关他船的动态,特别是有关那些与已确立的分道的交通总流向反向行驶的船舶信息,能及早预报正在逼近的碰撞危险,但 VHF 通信判断法也存在对他船识别错误或者事先协议避让而后又违反协议避让的危险性等;AIS 系统能够自动接收他船的有关信息,有助于判断是否存在碰撞危险,但一些小船上特别是渔船上可能不装设 AIS 系统。正确的做法是充分发挥各种方法的优势,在特定的情况下选择主要的判断方法,并注意采取其他辅助的方法,以消除不利的因素。

近年来,AIS 系统在商船上已经广泛使用,且 AIS 系统的信息能够直接显示在雷达上,因此,在判断碰撞危险过程中应当充分利用。

三、正确使用雷达和雷达标绘判断法

《规则》第七条第 2 款对正确使用雷达以及利用雷达标绘判断碰撞危险作出了具体的规定:"如装有雷达设备并可使用,则应正确予以使用,包括远距离扫描,以便获得碰撞危险的早期警报,并对探测到的物标进行雷达标绘或与其相当的系统观察。"此外,《STCW 规则》第 A-Ⅷ/2 节第 4-1 部分(航行值班中应遵循的原则)第 37、38、39 段也对正确使用雷达作出了规定。

(一)正确使用雷达

正确使用雷达既是保持正规瞭望的一种手段,也是判断碰撞危险的一种手段。正确使用雷达,应当做到如下各点:

(1)充分认识所使用雷达的性能、效率与局限性;熟悉雷达控制面板上每个开关或按钮的功能及作用;熟悉消除各种干扰的方法和措施;能够对雷达存在的误差作出正确的估计。切记,小的或微弱的回波有可能探测不到,或者有回波可能被抑制旋钮抑制掉。

(2)能够根据当时环境和情况的要求选择适当的距离标尺,并以足够频繁的时间间隔进行转换,使得通过雷达观测既能获得对碰撞危险的早期警报,又能够对近距离内的船舶运动状态作出更详细的分析与判断,例如进行雷达标绘。

(3)熟练掌握各种雷达显示方式的特点、长处和不利因素,能够正确选择适合当时情况和需要的显示方式,即正确选择真运动显示方式抑或相对运动显示方式,采用北向上显示方式、航向向上显示方式抑或船首向上显示方式。

(4)能够熟练地使用雷达的辅助设备和显示功能。例如,正确地使用雷达屏幕上的固定距标盘、固定距标圈、活动距标圈、电子方位线等。

根据航海实践,在宽阔水域进行雷达标绘时,距离挡通常设置在 12 n mile 挡,并采用北向上或者航向向上相对运动显示方式。船上有两台可使用的雷达时,可以一台使用相对运动显示方式,而另一台使用真运动显示方式。

(二)利用雷达获得碰撞危险的早期警报

利用雷达远距离的扫描,可以及早地发现来船,特别是在能见度不良的情况下,可以在两船互见以前及时发现来船,以便获得碰撞危险的早期警报,同时可以使用雷达估计该水域的通航情况。船舶不仅应当在能见度不良时使用雷达来判断碰撞危险,而且在能见度良好时也应当使用,特别是在交通密度较大的水域。不使用雷达将被认为是一种疏忽。例如1970年的"自由女神像(Statue of Liberty)"轮与"安杜洛(Andulo)"轮碰撞案①,航海顾问们指出,在葡萄牙沿海处于小角度交叉局面的直航船和让路船均应当使用雷达。又如"弗地(Verdi)"轮和"佩特里康(Pentelikon)"轮碰撞案②,法庭对直航船在直布罗陀海峡这种交通密度大的水域中航行,未使用雷达获得关于视力看到的左前方以不变方位驶来的船舶的运动数据给予责备。

(三)使用雷达标绘判断法判断碰撞危险

所谓进行雷达标绘来判断碰撞危险,是指通过系统连续观测来船雷达回波的距离、方位(三次或三次以上),在专用的雷达标绘纸上或者直接在装有反射作图器的雷达屏幕上作图,求取来船的航速、航向,DCPA 和 TCPA 等信息,从而判断碰撞危险的方法。雷达标绘判断法被认为是在能见度不良情况下判断碰撞危险的最有效方法之一,即使在能见度良好的情况下,也经常被采用。通过雷达标绘,不仅可以得到来船的航速、航向,DCPA 和 TCPA,还可以求得避让措施、避让时机、恢复原来运动状态的时机等船舶避碰信息。此外,雷达标绘还是核查避让效果的有效方法之一。因此,可以认为,雷达标绘应当自始至终贯彻于整个避碰过程,直到最后驶过让清为止。

(四)使用与雷达标绘相当的系统观察判断碰撞危险

《规则》允许用与雷达标绘相当的系统观察来代替雷达标绘,这主要是考虑到,当船舶在通航密度较大的水域中航行时,对观测到的所有物标都进行雷达标绘是不现实的。通常情况下,下列几种方法可以认为是与雷达标绘相当的系统观察:

(1)使用 ARPA(自动雷达标绘仪)或者使用与 ARPA 相连的 AIS 系统进行观测。ARPA 雷达能够随时提供物标的 DCPA 和 TCPA,以便船舶驾驶员判断碰撞危险。如果设定 DCPA 和 TCPA 的报警值,当有物标进入报警值范围时,ARPA 雷达还能够自动报警,以提示驾驶员存在碰撞危险。ARPA 雷达的使用,解决了人工标绘的麻烦,同时提高了标绘精度,是完全可以替代雷达标绘的一种观测方法。

(2)实践证明,对于有经验的驾驶员,熟练地使用机械方位盘、电子方位线对物标进行连续的观测和分析,估计物标的 DCPA 和 TCPA,从而对是否存在碰撞危险作出判断,是一种行之有效的方法。应注意的是,使用这种方法,要对雷达上物标运动的机理有透彻的认识并能熟练使用雷达,这样才能对观测的误差和观测的结果作出正确的估计。

(3)指定专人对雷达提供的信息进行连续观察,并能够根据有关辅助方法(如方位与距离变化表等)对碰撞危险作出判断。这种方法更需要熟练的技巧和丰富的经验,缺乏相应实践和经验的船长和驾驶员不宜采用,而应当进行雷达标绘。

总之,船舶应正确使用雷达,以便获得碰撞危险的早期警报,并通过雷达标绘或与其相当的系统观察对碰撞危险作出准确的判断;否则将被认为是一种判断碰撞危险的过失。

---

① [1968] 1 Lloyd's Rep. 429.

② [1970] U.S.C.

四、罗经方位判断法、舷角判断法

利用视觉判断碰撞危险的方法主要有罗经方位判断法、舷角判断法。

（一）罗经方位判断法

罗经方位判断法是船舶驾驶员在能见度良好时判断是否存在碰撞危险的一种最有效的方法。这种方法是通过观测来船罗经方位的变化情况来判断碰撞危险的，其优点是简单方便、迅速、直观，效果最好，并且不受罗经差和船舶航向改变的影响，其缺点是不能测定来船的距离。

《规则》第七条第4款对此方法作出了如下规定：

"在断定是否存在碰撞危险时，考虑的因素中应包括下列各点：

（1）如果来船的罗经方位没有明显的变化，则应认为存在这种危险；

（2）即使有明显的方位变化，有时也可能存在这种危险，特别是在驶近一艘很大的船或拖带船组时，或是在近距离驶近他船时。"

因此，在采用该方法判断碰撞危险时，应当考虑如下因素：

1. 来船罗经方位没有明显变化，则应认为存在碰撞危险

如果通过连续观测发现来船罗经方位不变，且两船间距离在不断减小，表明两船间 DCPA 为 0，存在碰撞危险，如图 3-3-2 所示。

如果经观测发现来船罗经方位有所变化，但变化幅度不大，在这种情况下，就需要了解和掌握来船方位变化和距离变化之间的关系，以便确定在这种情况下两船会遇的 DCPA 值。

设本船位于 O 点，如图 3-3-3 所示，AC 线为来船相对本船的相对运动线。当来船距本船距离从 D_1 减至 D_2 时，来船的方位变化了 ΔA，此时，两船的最近会遇距离 $DCPA = d$，经推导得到：

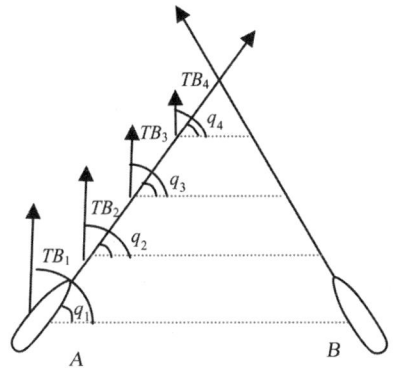

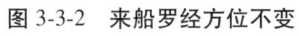

图 3-3-2 来船罗经方位不变

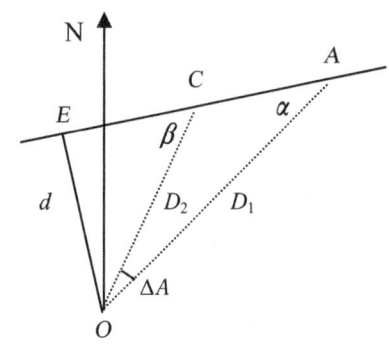

图 3-3-3 来船方位变化和距离变化之间的关系

$$\Delta A = \arcsin \frac{d}{D_2} - \arcsin \frac{d}{D_1}$$

根据上述公式，可列出方位变化与距离变化的关系表，如表 3-3-1 所示。

表 3-3-1　方位变化与距离变化的关系表

距离/n mile　ΔA/°　DCPA/n mile	1~2	2~3	3~4	4~5	5~6	6~7	7~8	8~9	9~10	10~11	11~12	12~13	13~14	14~15
0.25	7.3	2.4	1.2	0.7	0.5	0.3	0.3	0.2	0.2	0.1	0.1	0.1	0.1	0
0.50	15.5	4.9	2.4	1.5	0.9	0.7	0.5	0.4	0.3	0.3	0.2	0.2	0.2	0.1
0.75	26.6	7.5	3.7	2.2	1.4	1.0	0.8	0.6	0.5	0.4	0.3	0.3	0.2	0.1
1.00	60.0	10.5	5.0	3.0	1.9	1.4	1.0	0.9	0.7	0.6	0.4	0.4	0.3	0.3
1.50		18.5	8.0	4.5	3.0	2.1	1.5	1.2	1.0	0.8	0.6	0.5	0.4	0.4
2.00		48.2	11.8	6.4	4.1	2.9	2.1	1.6	1.3	1.0	0.8	0.7	0.6	0.5
2.50			17.7	8.7	5.4	3.7	2.7	2.0	1.7	1.4	1.1	0.9	0.8	0.7

通过表 3-3-1 的分析可知，DCPA 相同的情况下，方位变化率随着两船间距离的减小而增大，这一点对正确判断碰撞危险有时是十分重要的。表 3-3-1 有如下用途：

（1）已知 DCPA，求不同距离的方位变化量，判定是否存在碰撞危险。

例如，若已知 $DCPA \geq 1$ n mile，当来船距离从 6 n mile 减至 3 n mile 时，查表可知，$DCPA = 1$ n mile 时，$\Delta A = 1.9° + 3.0° + 5.0° \approx 10°$。因此，当实际观测到的方位变化 $\Delta A \geq 10°$ 时，则满足 $DCPA \geq 1$ n mile 的要求。

（2）已知不同距离的方位变化量，求 DCPA，判定是否存在碰撞危险。

例如，若观测到一船在距离本船为 6 n mile 时，方位为 045°，距离本船为 3 n mile 时，方位为 042°，两次观测的方位变化 $\Delta A = 3°$。查表可知，当 $DCPA = 0.5$ n mile 时，方位变化应为 $\Delta A = 0.9° + 1.5° + 2.4° = 4.8°$，但实际观测只有 3°，DCPA 将小于 0.5 n mile，因此，通常情况下，应认为存在碰撞危险。

为能在实际工作中使用，建议记住表中的几个常用数据。

当两船距离从 6 n mile 减小到 3 n mile 时：

$\Delta A = 5°$ 时，$DCPA = 0.5$ n mile；

$\Delta A = 10°$ 时，$DCPA = 1.0$ n mile；

$\Delta A = 15°$ 时，$DCPA = 1.5$ n mile；

$\Delta A = 20°$ 时，$DCPA = 2.0$ n mile。

在雾中利用雷达避碰，如要获得 2 n mile 的 DCPA，其方位变化应当达到如下数值：

从 12 n mile 接近到 10 n mile，当方位变化 $\Delta A \approx 2°$ 时，$DCPA = 2.0$ n mile；

从 10 n mile 接近到 8 n mile，当方位变化 $\Delta A \approx 3°$ 时，$DCPA = 2.0$ n mile；

从 8 n mile 接近到 6 n mile，当方位变化 $\Delta A \approx 5°$ 时，$DCPA = 2.0$ n mile；

从 6 n mile 接近到 4 n mile，当方位变化 $\Delta A \approx 11°$ 时，$DCPA = 2.0$ n mile；

从 4 n mile 接近到 2 n mile，当方位变化 $\Delta A \approx 60°$ 时，$DCPA = 2.0$ n mile。

一般来说，来船罗经方位有明显变化，则不存在碰撞危险，当来船罗经方位明显减小时，本船右舷的来船，将从本船的船首前方通过；本船左舷的来船，将从本船的船尾后方通过。当来船罗经方位明显增大时，本船右舷的来船，将从本船的船尾后方通过；本船左舷的来船，将从本船的船首前方通过。

2. 有明显的方位变化，有时也可能存在碰撞危险

即使来船罗经方位有明显的变化，有时也可能存在碰撞危险，通常是指如下几种情况：

（1）在较远的距离上，来船采取了一连串的小角度转向行动

由于来船可能作了一连串小角度的转向，而未能被发现，特别是在能见度不良的情况下使用雷达观测时，就更难对这种行动作出判断。因此，在海上实际观测时，对此要特别警惕。例如"水晶宝石（Crystal Jewel）"轮与"英国飞行员（British Aviator）"轮碰撞案[①]，如图3-3-4所示，"英国飞行员"轮由于从雷达上观察到"水晶宝石"轮的回波从右前方9°、距离9 n mile处慢慢扩展到最后在右前方45°、距离0.75 n mile处，因而认为"水晶宝石"轮在以右舷对右舷驶过让清，但事实上，"水晶宝石"轮已向右作了许多小转向，正期待着两船相互以左舷对左舷驶过，最后发生碰撞。

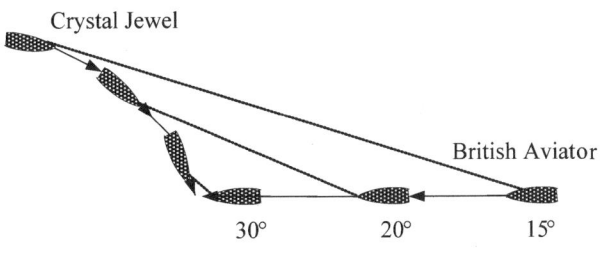

图3-3-4 "水晶宝石"轮与"英国飞行员"轮碰撞案

（2）在驶近一艘很大的船舶或拖带船组时

船舶是有一定尺度的，因此，如把船舶当作点来处理是很危险的，尤其是两船相距较近时。如图3-3-5所示，A船在某一点上在观测B船的某一点时，若其罗经方位有明显的变化，只表明观测点与被观测点处不会发生碰撞，但是由于大型船舶或者拖带船组的长度很大，所以在驶近时，不能表明两船的其他点不会发生碰撞。因此，当船舶驶近一艘超大型船舶或拖带船组时，即使有明显的罗经方位变化，仍然有可能存在碰撞危险。

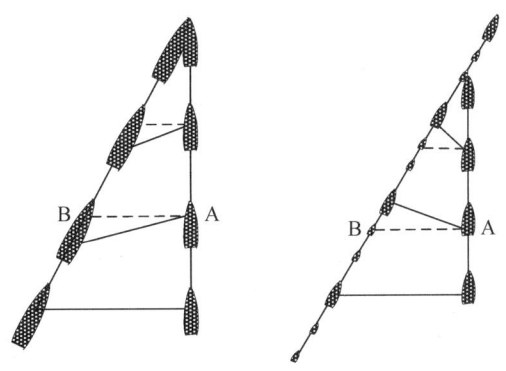

图3-3-5 接近一艘很大的船舶或拖带船组时

（3）当近距离驶近他船时

如前所述，方位变化率随着两船间距离的减小而增大。当近距离驶近他船时，虽然他船的罗经方位有明显的变化，但其DCPA值可能仍然很小，而存在碰撞危险。例如，当来船距离从2 n mile减小到1 n mile时，方位变化即使达到了15.5°，两船之间的DCPA值仍然只有0.5 n mile。因此，但近距离驶近他船时，切不可盲目认为方位有明显的变化就不存在碰撞的危险。

---

① ［1964］2 Llody's Rep. 403，［1965］1 Lloyd's Rep. 271.

（二）舷角判断法

舷角判断法是通过观测来船的舷角的变化来判断碰撞危险的一种方法,也称为相对方位判断法,其原理与罗经方位判断法完全一致。众所周知,他船的罗经方位为本船的航向与他船的舷角之和,如果保持本船的航向不变,则他船的舷角的变化就是他船的罗经方位的变化。在实践中,船舶驾驶员只要在驾驶台上选定船上一点,使驾驶员、选定的点和来船成一直线,来观测来船舷角的变化,即可对是否存在碰撞危险作出判断。因此,这种方法较罗经方位判断法更为简便、迅速、直观,但是这种方法存在的最大缺点是当本船的航向由于各种原因发生变化时,会产生很大的误差,甚至造成错误判断。例如,由于本船航向变化,虽然他船的罗经方位没有发生变化,但是其舷角已经发生了显著的变化,从而被误认为不存在碰撞危险。因此,在风浪较大、船舶首摇运动严重、舵工操舵水平不佳、自动舵性能不佳等本船航向不稳定的情况下或者本船改向时,不宜使用舷角判断法,而应当采用罗经方位判断法。

此外,在实践中,船舶驾驶员有时通过观测来船两盏桅灯的水平张角变化情况来判断是否存在碰撞危险,其原理与舷角判断法相同,且也存在舷角判断法的缺点。经验不足的驾驶员不宜使用该方法,而应当使用罗经方位判断法。

五、判断碰撞危险的注意事项

（一）如有任何怀疑，应认为存在碰撞危险

《规则》第七条第 1 款规定:"**每一船都应使用适合当时环境和情况的一切可用手段判断是否存在碰撞危险,如有任何怀疑,则应当认为存在这种危险。**"

当一船采取了适合当时环境和情况的一切可用手段对是否存在碰撞危险进行了判断,但由于种种原因,仍不能对是否存在碰撞危险作出明确的判断时,该船应假定存在碰撞危险,而不应当假定为不存在碰撞危险。例如,当在本船正前方附近发现一盏白灯,两船的距离又在不断接近,对该白灯究竟是他船的尾灯还是他船的桅灯难以判断时,应当假定是他船的桅灯,与本船构成碰撞危险;又如,发现一船未按规定显示号灯、航向不明、方位变化无规律,两船距离又在减小时,应假定两船已构成碰撞危险。

（二）不应当根据不充分的信息作出判断

判断本船与来船是否构成碰撞危险,应当基于对来船的相对运动状态保持连续和仔细的观测和进行雷达标绘所获得的充分信息。为此,《规则》第七条第 3 款明确规定:"**不应当根据不充分的信息,特别是不充分的雷达观测信息作出推断。**"不应当依据不充分的信息作出推断,既包括实际存在碰撞危险而作出不存在碰撞危险的推断,也包括实际不存在碰撞危险而作出存在碰撞危险的推断。因为无论哪种推断错误,均有可能导致错误的行动,从而造成碰撞事故的发生。例如"托尼(Toni)"轮与"卡多(Cardo)"轮碰撞案[1],当"卡多"轮发现左前方距离 5 n mile 的"托尼"轮时,由于雷达方位似乎在变大,而推断两船左舷对左舷靠近驶过,为了加

---

① [1973] 1 Lloyd's Rep. 79.

大横距,"卡多"轮采取向右转向,而"托尼"轮船长没有保持正规瞭望采取了向左转向,结果导致两船碰撞。当时能见度极好,"卡多"轮在相当远距离上就已经看到"托尼"轮的航行灯,但没有目测其罗经方位。事实上,如两船均保持航速和航向,可能会右舷对右舷通过。该案例说明"卡多"轮没有进行目测罗经方位而利用不充分的雷达方位观测信息作出了错误的推断。

不充分的信息通常是指在下列情况下获得的信息:

1. 瞭望手段不当

所采用的瞭望手段不适合当时环境和情况。例如,在雾中航行时,仅凭他船的雾号作出判断,不进行雷达观测;能见度良好时,放弃视觉瞭望,仅凭雷达观测,而又没有进行雷达标绘或与之相当的系统观测。

2. 判断方法不当

所采用的判断碰撞危险的方法不适合当时环境和情况的要求。例如,由于风浪的原因船舶首摇较大时,采用舷角判断法而不是罗经方位判断法;在使用雷达进行观测时,不进行雷达标绘或与其相当的系统观测。

3. 未进行系统连续观测

在观测时未进行全面的观测或者观测次数太少。例如,对他船的运动状态未能全面了解;观测来船的罗经方位或者进行雷达标绘时仅仅使用 2 次的观测信息或者时间间隔太短等。例如 2003 年 5 月 31 日的 F 轮与 G 轮碰撞案,能见度和海况均良好,G 轮二副在 1154 时上驾驶台,1200 接船长班,船长已经在右舷发现一艘大船,但没有在雷达上进行标绘,估计该船将从本船船尾约 1 n mile 处通过。丹麦和中国海事调查部门均认为,G 轮船长应当在向二副交班前对 F 轮进行标绘,以便二副正式接班后就对会遇局面有全面了解。事后证实,G 轮船长的这种估计是错误的。G 轮二副接班后,对 F 轮回波进行了标绘,1 min 后得到标绘结果,预计在 1208 时本船向右转向 25°后,可以从 F 轮船尾 1 n mile 处通过。而事实上,经调查部门事后调查表明,G 轮只有在 1208 时转向 80°,才能从 F 轮船尾 1 n mile 处通过。这也说明 G 轮二副利用 1 min 作出的雷达标绘是不充分的信息。

4. 未消除误差

直接使用观测数据,未能消除观测中存在的误差,特别是在进行雷达观测时,这种误差将对碰撞危险的判断带来明显的影响。如前所述,来船的方位变化率与两船之间的距离密切相关,因此,在遇到来船的早期所测的距离和方位上的细小误差,或者标绘不精确,都将造成错误的判断。例如,假定把他船看作在本船右前方的一个点,并设该船相对于本船的实际方位保持不变,即 $DCPA = 0$,存在碰撞危险。当利用雷达观测他船方位时,分别在他船距本船 12 n mile 和 10 n mile 时测定两个方位,若第一次方位误差为 -1°,第二次方位误差为 +1°,则测得他船的方位变化为 2°,可以得出该船将在本船右舷约 2.1 n mile 处通过的结论;相反,若第一次方位误差为 +1°,第二次方位误差为 -1°,则得出该船将在本船左舷约 2.1 n mile 处通过的结论。上述例子可以充分说明,在远距离上只做两次观测,不充分的观测次数和方位误差会造成 DCPA 计算结果的不同。同样,观测的距离存在误差也会得出类似的错误结论。

总之,船舶不应当根据不充分的信息对是否存在碰撞危险作出推断,特别是不应当根据不充分的信息作出不存在碰撞危险的推断。需要指出的是,在用尽一切判断手段仍然难以断定是否存在碰撞危险时,应当假定存在碰撞危险。在实际存在碰撞危险的情况下,作出不存在碰撞危险的推断更为危险。

第四节　避免碰撞的行动

一、适用范围

《规则》第八条规定在"船舶在任何能见度情况下的行动规则"一节中,其既适用于互见中,也适用于能见度不良时不在互见中的情况,是对避免碰撞的行动提出了总的要求,并给航海人员在实际采取避碰行动时提供系统全面的技术指导。

该条有关避碰行动的规定适用于任何负有采取避碰行动义务的船舶,而有关核查避碰行动有效性的义务适用于任何构成碰撞危险的船舶。

二、及早地采取行动

《规则》第八条第 1 款规定:"为避免碰撞所采取的任何行动必须遵循本章各条规定,如当时环境许可,应是积极的,应及早地进行和充分注意运用良好的船艺。"

(一)"为避免碰撞所采取的任何行动"的含义

虽然避免碰撞事故的发生是《规则》的最终目的,但本条所指的避免碰撞的任何行动是广义的,包括为避免妨碍他船通行或者安全通行而采取的行动、为避免形成碰撞危险所采取的行动、为避免形成紧迫局面而采取的行动、为避免形成紧迫危险而采取的行动以及在紧迫危险形成后所采取的紧急避碰行动等,具体包括:

(1)当一船根据《规则》其他各条的规定负有不应妨碍或避免妨碍的义务时,不应妨碍或避免妨碍的船舶应当及早采取避让行动,以留出足够的水域供他船通行或者安全通行。

(2)当一船根据《规则》其他各条的规定,负有让路义务时,让路船应当及早采取行动,宽裕地让清他船。

(3)当根据《规则》其他各条的规定两船负有同等避碰责任和义务时,每一船均应及早采取避碰行动,避免紧迫局面的形成。

(4)当两船正在形成紧迫局面或者已经形成紧迫局面时,负有避碰义务的船舶应当立即采取避碰行动,以避免紧迫局面或者紧迫危险的发生;如当时情况需要直航船也采取避碰行动时,直航船也应当及早独自采取避碰行动。

(5)无论由于何种原因,当两船已经形成紧迫危险或者正在形成紧迫危险时,每一船应当立即采取最有助于避免碰撞的行动,如碰撞已经不可避免,每一船应当立即采取最有助于减小碰撞损失的行动。

按照避碰行动的方式,为避免碰撞所采取的行动包括转向、变速以及转向和变速相结合,在某些特定的环境和情况下还应包括备车、备锚、备舵、抛锚等避碰准备和紧急行动。

（二）遵循本章各条规定采取避免碰撞的行动

在"为避免碰撞所采取的任何行动必须遵循本章各条规定"中增添"遵循本章各条规定"是《1972年国际海上避碰规则》2001年修正案对《1972年国际海上避碰规则》第八条第1款的重要修正。这表明船舶在采取避碰的行动时，不仅要求遵守《规则》第八条的规定，还需要遵守《规则》第二章"驾驶和航行规则"中第一节、第二节和第三节的所有规定。换言之，船舶在决策为避免碰撞所采取的行动时，必须按照《规则》"驾驶和航行规则"的要求或者准许采取行动，而不应当违背《规则》的规定或要求采取行动。

（三）如当时环境许可

就船舶所能采取的避碰行动而言，必然受到当时环境和情况的限制。当时的环境和情况主要包括当时的海况、能见度、通航密度、水深、可航水域的宽度、影响航行安全的障碍物以及船舶本身的操纵性能等。"如当时环境许可，应是积极的，应及早地进行和充分注意运用良好的船艺"就意味着：一方面，船舶在采取避碰行动之前必须对当时的环境和情况作出充分的估计，应当避免在对当时的环境和情况作出充分的估计之前盲目地及早采取行动；另一方面，所采取的避碰行动必须适合当时的环境和情况，例如在可航水域宽度十分受限的狭水道中采取大幅度转向显然不适合当时的水域情况，而采用减速、停车、倒车等措施可能更适合当时水域受限的环境和情况。简而言之，船舶及早地采取避碰行动的前提条件是当时的环境和情况许可那么做。

（四）积极地、及早地采取避碰行动

船舶在根据"驾驶和航行规则"的要求采取适合当时环境和情况的避碰行动时，应当积极地、及早地进行。积极地采取行动是对采取避碰行动主观上的要求，"积极（positive）"是指主动地、果断地、毫不犹豫地采取行动，也就是说，一旦决定了所要采取的行动，就应该果敢、干净利落地采取，而绝不应该在决策时优柔寡断。"及早（in ample time）"是指在采取避碰行动时，在时间和距离两个方面都留有充分的余地，不但应当保证在避碰行动完成之后两船能在安全距离上驶过，还应当保证在双方所采取的行动不协调或者有第三船介入时，还有弥补的余地。

从《规则》的要求看，确定"及早"采取行动的时机主要包括以下三种情况：

1. 以避免构成妨碍为标准，确定行动时机

《规则》第九条、第十条、第十八条均涉及有关"不应妨碍"的规定，当《规则》要求一船不应当妨碍另一船通行或者安全通行时，不应妨碍的船舶应当及早采取行动以留出足够的水域供他船通过或者安全通过，也就是要避免与他船构成碰撞危险。

2. 以避免形成紧迫局面为标准，确定行动时机

尽管《规则》最终目的是防止碰撞事故，但要想不发生碰撞事故，首先要避免紧迫局面的形成。要做到这一点，就应根据当时环境和情况下的安全会遇距离、本船的操纵性能在适当的时机采取行动，使他船在安全距离上驶过。

3. 以避让责任与义务的确定或存在碰撞危险为依据，确定行动时机

《规则》有关条款中规定了会遇两船的避让责任与义务，有些条款是以两船构成碰撞危险为前提的,如对遇局面、交叉相遇局面等;有些条款则并不以构成碰撞危险为前提条件,如追越。因此,应当根据这些条款生效的条件,一经判断发现,当时情况已满足这些条款生效条件时,应立即采取行动。在具体的避碰行动时机的确定上,如当时能见度良好,在夜间,看到他船桅灯时就应开始判断碰撞危险,若存在碰撞危险,当看到他船舷灯时就应当立即采取避碰行动;在追越中,在看到被追越船尾灯后应迅速采取行动;在白天,与夜间的情况类似,但可以更早地判断和采取行动。在能见度不良的开阔水域,通常认为,12～8 n mile 为雷达观测阶段,8～6 n mile 是通过雷达标绘判断碰撞危险阶段,对于正横前来船,一般在他船距本船 4～6 n mile 处采取行动;对于正横后的来船,一般在他船距本船 3 n mile 处时采取行动。

（五）注意运用良好的船艺

良好的船艺(good seamanship)即优良的操船技艺,是指航海人员在长期的航海实践中所积累的经验、所形成的优良技艺及通常做法,是海员通常做法的一部分。在船舶避碰中,由于当时的环境和情况千差万别,《规则》不可能对所有的情况作出详尽无遗的规定,《规则》的规定只能是纲领性和原则性的。因此,在实际避碰中,不但应当遵守《规则》的规定,还应当注意运用良好的船艺。采取避碰行动的良好船艺通常可以解释为,但并不限于下列各种做法:

（1）在交通密集区、狭水道或航道航行时,将主机作好随时操纵的准备;在狭水道、航道、其他浅水域、进出港口时,备双锚航行。

（2）熟悉本船的各种操纵性能、船舶条件的限制。

（3）充分了解和掌握各种外界环境因素对操船的影响,特别注意各种可能出现的浅水效应、岸壁效应、船间效应。

（4）采取转向避碰行动时,使用手操舵方式,而不是自动舵方式;转向避让时,下达舵角指令而不是下达航向指令。

（5）在受限水域或交通密集区追越他船时,通常应在前船的左舷追越,并保持适当的间距以防止船吸的发生。

（6）被追越船如条件许可,必要时可减速,以缩短两船的并行时间,如两船间距不够充裕时,适当转向以增大两船间距。

（7）在河道或某些特定水域中航行时,遵循"逆水船让顺水船、轻载船让重载船、进口船让出口船"等地方规则的规定或习惯做法。

（8）遇雾时,如对船舶航行安全无法保证,则应选择锚地抛锚或漂航,至少应将航速减到维持其舵效的最小速度。

（9）在利用 VHF 协调避让时,必须正确识别他船,防止识别错误。

（10）在判断碰撞危险和识别他船的过程中,充分利用 AIS 的信息。

（六）及早采取行动的前提是对局面作出了确切的判断

尽管《规则》强调为避免碰撞的行动应当及早进行,但是,及早采取行动的前提条件是已经对局面和碰撞危险作出了确切的判断。在局面不清、情况不明的情况下,盲目采取行动,尤其是盲目采取转向行动,不仅可能不能避免碰撞,甚至可能导致碰撞。例如"林德(Linde)"轮与"贵族(Aristos)"轮碰撞案①,如图 3-4-1 所示,两船在能见度不足 0.5 n mile 的英吉利海峡航行,在碰撞前 3 min 两船接近至 0.75 n mile 左右时,"林德"轮消失在"贵族"轮雷达海浪干扰抑制中,"贵族"轮下令向左转向约 45°,而"林德"轮下令停车、右满舵,最后由于两船行动不协调而导致碰撞。布莱顿法官在审理该案中认为,在他船的航向尚未完全确定之前,所作的任何转向都不是海员所应有的谨慎做法,两船的转向均存在过失。

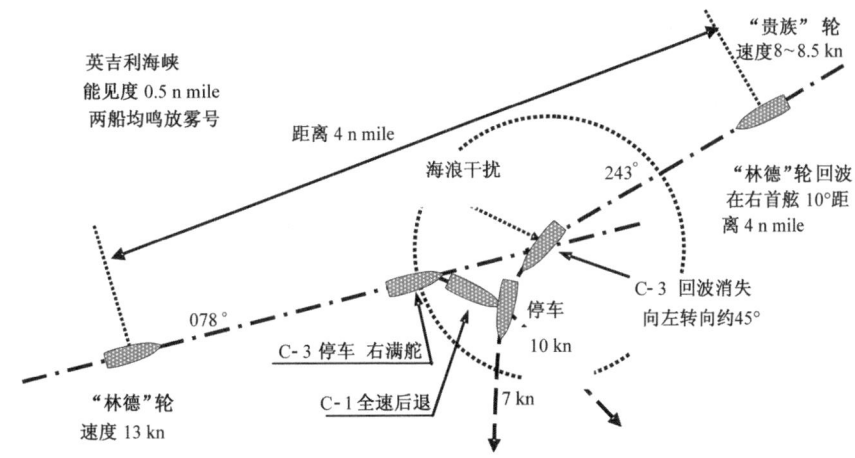

图 3-4-1 "林德"轮与"贵族"轮碰撞案

三、采取大幅度的行动

《规则》第八条第 2 款规定:"为避免碰撞而作的航向和(或)航速的任何变动,如当时环境许可,应大得足以使他船用视觉或雷达观测时容易察觉到;应避免对航向和(或)航速作一连串的小改变。"

(一)大幅度行动的含义

大幅度行动的含义包括两个方面,即所采取行动的幅度大得足以被他船用视觉或雷达观测时容易地察觉到,并且能够使得两船在安全距离上通过。一方面,当本船采取避碰行动时,为了避免他船误解本船的意图和行动,本船所采取的行动应当使他船能够用视觉或者雷达观测时容易察觉到,以有效避免由于两船之间对避让行动意图的误解而采取不协调的行动。另一方面,正如《规则》第八条第 4 款所述,所采取的避碰行动应能导致两船在安全距离上通过,而不仅仅是能够避免真正的碰撞。

采取大幅度避碰行动的先决条件是当时环境许可,例如周围有足够的水域是大幅度转向的前提条件。此外,与及早采取行动必须适合当时的环境和情况一样,行动的幅度并不是越大越好,大幅度的行动也必须适合当时的环境和情况。

在确定大幅度的行动时要考虑的因素很多,但至少要充分考虑能见度、两船船速比、会遇局面、船舶所处的航行环境等。若采用转向避让行动,互见中,转向应当至少 30°,最好 60°~90°,使两船航向分离,或转向对准另一船船尾后方;能见度不良时,对正横前来船在相距

---

① [1969] 2 Lloyd's Rep. 556.

4 n mile 或更远处转向 30°以上,需要时转向 60°~90°。若采用减速避让行动,通常应将速度减为原速度的一半以下;必要时,应先下令停车,以便尽快将速度降下来,然后下令慢速或者微速前进。若采用转向结合变速的避让行动,其行动也应当使得该行动容易被他船用视觉或雷达观察时察觉到。应当特别注意某些转向与变速的行动会使两种行动的效果抵消的情况。例如,对本船右舷正横前来船,本船减速和向右转向的效果是一致的,但对于本船左舷正横前的来船,本船减速与向右转向的效果会相互抵消。

（二）应避免对航向和（或）航速作一连串的小变动

无论是在能见度良好的情况下,还是在能见度不良的情况下,对航向和（或）航速作一连串小变动是采取避碰行动时最忌讳的。一方面,对航向和（或）航速作一连串的小变动不易被他船在用视觉或雷达观察时察觉到,因而不利于他船迅速了解本船的避让意图和正在采取的行动,容易导致他船采取不协调的行动;另一方面,这种小幅度的避碰行动无助于两船迅速摆脱存在的碰撞危险、保证两船在安全会遇距离上驶过。在航海实践中,许多碰撞事故是由于一船采取对航向和（或）航速作一连串小变动而使他船判断错误,导致两船行动不协调造成的。

在航海实践中,往往存在一种错误的观念,认为避让的幅度越大,造成船舶的航程损失越大,说明值班驾驶员的操船水平越差。这种错误观念必须彻底纠正。

四、单用转向避免紧迫局面

在两船形成碰撞危险以后,根据《规则》的相关规定,两船中的一船可能负有让路的义务（另一船为直航船）,或者各船负有同等的避碰责任和义务,如果各船均能按照《规则》的要求采取适当的行动（包括直航船的保速保向）,两船将仍然能够在安全距离上通过。相反,如果某船或者两船没有按照《规则》的规定采取适当的行动,两船就会形成紧迫局面。如前所述,紧迫局面是指两船在相遇过程中接近到单凭一船的行动不能导致在安全距离上通过的情形,也就是说,在紧迫局面形成后,只有两船均立即采取行动,并且其行动是协调的,才能导致两船在安全距离上通过。因此,在形成紧迫局面后,两船碰撞的可能性陡然增加。换言之,导致两船形成紧迫局面的过失行为对碰撞事故原因以及碰撞损害后果的作用力最大。在司法实践中,在碰撞责任认定中,也往往是谁导致紧迫局面,谁对碰撞事故负主要责任。因此,避碰的行动不仅仅要避免碰撞,还要避免紧迫局面的形成。因此,为了防止碰撞事故的发生,首要的一条是避免紧迫局面的形成。

《规则》第八条第 3 款规定:"如有足够的水域,则单用转向可能是避免紧迫局面的最有效行动,只要这种行动是及时的、大幅度的并且不致造成另一紧迫局面。"

（一）形成紧迫局面的原因

通过对大量碰撞事故的分析,形成紧迫局面的原因主要包括:

(1)未保持正规瞭望,以致发现来船太晚而逼近;

(2)未能对碰撞危险作出正确、及早的判断,采取避碰行动太迟或者行动的幅度不够大;

(3)盲目高速行驶,特别是在能见度不良时未使用安全航速;

(4)未能积极、及早地采取避碰行动;

（5）两船所采取的避碰行动不协调。

（二）避免紧迫局面的最有效行动

通常情况下，单用转向是避免紧迫局面最有效的行动。船舶正常航行时，改变船速受到诸多方面的限制（如由于船舶的巨大惯性，船速不可能迅速改变；又如船舶停车、倒车前通常需要备车等），而转向是可以迅速而方便地采取的。同时，变速行动所产生的效果不如转向行动产生的效果迅速、明显，转向行动更容易被他船在用视觉或者雷达观测时察觉到。故在绝大多数情况下，利用转向来避免紧迫局面。

单用转向作为避免紧迫局面的最有效行动，必须同时满足如下四个条件：

（1）有足够的水域。有足够的水域是采取转向行动的先决条件，因为如果没有足够的水域，船舶转向就会造成搁浅、触礁、触碰岸壁等事故。

（2）行动是及时的。

（3）行动是大幅度的。

（4）不致造成另一紧迫局面。不致造成另一紧迫局面是指当一船采取大幅度的转向行动以避免与另一船形成紧迫局面时，不致与第三船形成紧迫局面，或者迫使他船与第三船构成紧迫局面。如图3-4-2所示，当 A 船采取大幅度右转行动避让 B 船时，将与 C 船形成紧迫局面。此时，A 船则不应采取大幅度的转向行动，这一行动已不是避免紧迫局面的最有效行动，而应根据当时的情况采取适当幅度的转向行动或者采取减速行动，以避免与 B 船形成紧迫局面。

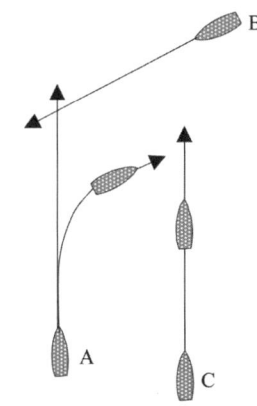

图 3-4-2　与第三船构成紧迫局面

五、在安全的距离驶过与避碰行动有效性的核查

《规则》第八条第 4 款规定："为避免与他船碰撞而采取的行动，应能导致在安全的距离驶过。应细心查核避让行动的有效性，直到最后驶过让清他船为止。"

（一）在安全的距离驶过

"为避免与他船碰撞而采取的行动，应能导致在安全的距离驶过"的要求是 1972 年修订《1960 年国际海上避碰规则》时首次采用的，这对避碰的行动提出了更高的要求，即所采取的行动是否正确并不以避免两船碰撞为标准，而是以两船是否能够在安全距离上驶过为标准。

《规则》并未给出"安全距离（safe distance）"的定义。安全距离的量化需要根据船舶所处的环境和具体条件来确定。专家、学者普遍推荐，在大海上，能见度良好的白天，万吨级船舶会遇时的 DCPA 不应小于 1 n mile，在夜间或风浪天气中时 DCPA 为 2 n mile；在能见度不良的水域中使用雷达进行避让时，万吨级船舶会遇时的 DCPA 应大于 2 n mile。当船舶在受限水域中时，安全距离的数值可适当减小。这些推荐数字留有较大的余地，从海上避碰实践调查的统计分析看，海员实际采用的数值要小一些。

在决定安全距离的数值时，应当考虑如下因素：

（1）能见度情况；

（2）可航水域的宽度、通航密度；

（3）本船的船舶尺度、速度和操纵性能；

（4）来船的相对航速、航向、方位；

（5）他船可能采取的行动；

（6）海况、天气情况；

（7）雷达等助航设施的特性、局限性；

（8）他船的尺度、操纵性能。

应当强调的是，所采取的行动应能导致在安全距离驶过的要求，适用于任何负有采取避碰行动义务的船舶，即互见中负有让路责任和义务的船舶、互见中以及能见度不良水域中不在互见中负有同等避让责任和义务的船舶，但不适用于互见中的直航船。

此外，当两船均负有避碰责任和义务时，"导致在安全的距离驶过"并不意味着两船所采取的避碰行动的综合效果能够导致两船在安全的距离驶过，而是某一船单独的避碰行动即可以导致两船在安全的距离驶过。

（二）避让行动有效性的查核

在避碰过程中，为保证两船在预期的安全距离上驶过，每一船应当细心查核避碰行动的有效性，直到最后驶过让清为止。《规则》提出这一要求的目的是提醒海员，为避免碰撞所采取的行动不一定有效，或者达不到预期的安全距离，或者其效果可能被他船的不协调行动抵消，在碰撞危险解除之前，切不可认为行动一旦采取，碰撞便不会发生。

核查避碰行动有效性的义务，不仅适用于负有避碰责任和义务的船舶，也同样适用于直航船，并且应贯穿于整个会遇过程当中，直到驶过让清为止。"驶过让清（past and clear）"通常是指船舶采取让路或避碰行动后，两船以安全的 DCPA 相互驶过；在恢复原来的航向或航速后，两船仍然能保持在安全距离上驶过，并且不会形成新的碰撞危险。

查核避让行动有效性的方法是根据当时的环境和情况，采取罗经方位判断法、雷达标绘、距离方位变化率等方法，或观测他船的方位的变化情况，或求出两船会遇时的 DCPA，以估计所采取的行动能否达到预期的效果，导致在安全的距离上驶过。

另外，为确保两船的安全通过，在核实两船能在安全的距离驶过之前，每一船应当假定仍然存在碰撞危险。

六、减速、停车或倒车把船停住

《规则》第八条第 5 款规定:"如需为避免碰撞或须留有更多时间来估计局面,船舶应当减速或者停止或倒转推进器把船停住。"

(一)减速、停车或倒车把船停住的目的

《规则》规定,如需为避免碰撞或须留有更多时间来估计局面,船舶应当减速或者停止或倒转推进器把船停住。对该条款的理解必须联系《规则》第六条、第十九条第 2 款和第 5 款的规定。无论是第六条还是第十九条第 2 款和第 5 款的规定,均强调船舶必须以安全航速行驶,以保证船舶在相遇过程中有足够的时间来估计局面和采取避碰行动。同时,减速、停车或者倒车把船停住也是一种避碰行动的方式。

1. 留有更多的时间来估计局面

当船舶无论由于何种原因对来船的动态不清楚或者不能断定是否存在碰撞危险时,为谨慎和戒备起见,船舶应减速、停车,必要时把船停住。这样做既有利于留有更多的时间来对他船的动态和碰撞危险作进一步的分析和判断,也有利于有效缓解所面临的潜在碰撞危险。例如,当在近距离看到一船时,由于能见度不良或者其航行灯灯光微弱而无法断定该船往哪一个方向行驶时,其最佳的行动往往是作大幅度减速。在对碰撞危险以及所处的局面作出确切的判断之前,任何盲目的转向不仅是错误的,有时甚至是很危险的。

2. 避免碰撞的发生

尽管减速或者把船停住的措施不如转向措施那样易于执行、效果明显,但在某些情况下仍是一种行之有效的避碰措施,特别是当由于可航水域宽度受到限制而无法大幅度转向,或者在能见度不良的情况下与正横前的他船不能避免紧迫局面或听到他船的雾号似在本船的正横以前时。因此,虽然转向避让是大海上更常用的避碰方法,但船舶驾驶员在需要的情况下,应毫不犹豫地使用主机,采取减速、停车或倒车等措施,必要时把船完全停住。在《STCW 规则》中,将负责值班的高级船员应毫不犹豫地使用舵、主机和音响信号装置写入强制性规则,这也进一步强调值班驾驶员应当毫不犹豫地减速、停车、倒车,必要时把船完全停住。

(二)减速、停车或者倒车把船停住的时机

根据对船舶碰撞事故的分析和对船舶避碰的成功经验和失败教训的总结得出,在采取避碰行动时,至少在下列情况下船舶应当减速或把船停住:

(1)在能见度不良的水域中航行时,听到他船雾号似在正横以前,且不能断定是否存在碰撞危险,或者与正横以前的他船不能避免紧迫局面时;

(2)在通航密度较大的水域中航行时;

(3)在接近渔区航行时;

(4)驶近有居间障碍物遮蔽他船的航道弯头或地段和有背景亮光等严重妨碍正规瞭望的水域时;

(5)存在雨雪干扰、海浪干扰等因素影响雷达观测时;

(6)当发现他船动态不清、会遇态势不明,难以断定是否存在碰撞危险时;

(7)当发觉两船鸣放的操纵声号不一致或发觉来船采取了不协调行动时;

(8)虽然通过 VHF 达成避让协议,但他船并未采取显著的避让行动时,或者他船所采取的行动与协议不符时;

(9)与他船会遇且船舶的操纵性能受到各种限制时;

(10)作为让路船,采取转向行动的措施受到限制时;

(11)多船相遇且致有构成碰撞危险时;

(12)遇编队航行的军舰、结队从事捕鱼的船舶或其他船队时。

(三)采取减速、停车或倒车把船停住的行动时应注意的问题

在采取减速、停车或倒车把船停住等行动时,应当注意如下问题:

(1)根据当时的环境和情况,及早换油、备车,将机器作好随时可操纵的准备;

(2)减速避让时,应先下令停车,以便迅速达到减速的目的,使他船易于察觉,防止不协调行动的发生,然后慢速或者微速前进;

(3)熟悉主机性能,掌握船舶在各种载况和速度情况下的减速、停车、倒车冲程,以便正确把握行动时机;

(4)注意克服低速和倒车时产生的不利影响,掌握船舶在各种条件下维持其航向的最小速度和倒车时的偏转规律;

(5)不仅应当注意本船减速行动与本船转向行动结合时的避让效果,也应当注意本船采取减速行动而他船可能所采取转向行动而产生的避让效果相互抵消的情况。

七、本船转向与变速的效果

根据转向避让和变速避让的效果,一般而言,对于避让一艘在本船正前方或者接近正前方或者船首小角度方向上驶近的来船,本船采取转向比减速更为有效;但避让一艘从本船正横或正横附近驶近的来船,采取变速将比转向来得更有效。必要时,可以采用改向结合变速进行避让。

来船保向保速,本船采取转向或减速避让后,两船之间的 DCPA 和 TCPA 的变化情况随两船之间的相对方位、两船之间的船速比等情况的不同而不同。总体而言,具有如下规律:

(1)针对本船右舷正横以前的来船,本船向右转向避让后,DCPA 增加,来船将从本船船首通过。

(2)针对本船左舷正横以前的来船,本船向右转向避让后,DCPA 增加,来船将从本船左舷船尾通过。

(3)针对本船正横以前的来船,本船减速避让后,DCPA 增加,来船将从本船船首通过。

(4)针对本船右舷正横以前的来船,本船向右转向结合减速,转向和减速的效果一致,DCPA 增加,来船将从本船船首通过。

(5)针对本船左舷正横以前的来船,本船向右转向结合增速,转向和增速的效果一致,DCPA 增加,来船将从本船的左舷船尾通过。

而本船在转向或变速后,两船间的 TCPA 的变化则需视具体情况而定。应当指出的是,对

于本船左舷正横以前的来船,本船向右转向与减速的效果是相反的,在避碰实践中应当充分注意。

八、不应妨碍

(一)"不应妨碍"的含义

《规则》第八条第 6 款(1)项规定:**"根据本规则任何规定,要求不应妨碍另一船通行或安全通行的船舶应根据当时环境的需要及早地采取行动以留出足够的水域供他船安全通行。"** 该规定实际上是对"不应妨碍他船的船舶"在航行方法上提出的具体要求,负有不应妨碍义务的船舶应根据当时的环境和情况及早采取行动以留出足够的水域供不应被妨碍的船舶通行或安全通行,也就是说,"不应妨碍他船的船"应以不与"不得被他船妨碍的船舶"致有碰撞危险的方法航行。正如《1972 年国际海上避碰规则若干条文的统一运用指南》对"不应妨碍"一词所作的说明那样,"不应妨碍他船的船舶应尽可能采用避免发生碰撞危险的方法航行"。

(二)"不应妨碍"条款的适用对象

《规则》第九条第 2、3 款、第十条第 9、10 款提到了"不应妨碍",而在第十八条第 4 款提到了"避免妨碍",尽管用词上有所不同,但其含义并无实质上的差异,均是不应妨碍条款的适用对象。表 3-4-1 是《规则》有关条款中的不应妨碍的船舶和不应被妨碍的船舶。

表 3-4-1 《规则》各条款中的不应妨碍的船舶和不应被妨碍的船舶

《规则》条款	不应妨碍的船舶	不应被妨碍的船舶
第九条第 2 款	帆船、长度小于 20 m 的船舶	只能在狭水道或航道以内安全航行的船舶
第九条第 3 款	从事捕鱼的船舶	任何其他在狭水道或航道以内航行的船舶
第十条第 9 款	从事捕鱼的船舶	按通航分道行驶的任何船舶
第十条第 10 款	帆船、长度小于 20 m 的船舶	按通航分道行驶的机动船
第十八条第 4 款	除失控船、操纵能力受到限制的船舶外的任何船舶	限于吃水的船舶

应当指出的是,尽管在《规则》第十八条第 5 款和第 6 款也提到了"避免妨碍",但是,其"避免妨碍"的是他船的"航行(navigation)",而不是"通行(passage)"或"安全通行(safe passage)",因而并不是《规则》第八条第 6 款所指的"不得妨碍"的适用对象。有关"避免妨碍"他船"航行"的含义将在后文讨论《规则》第十八条的含义时进一步阐述。此外,《规则》第九条第 4 款规定:**"船舶不应穿越狭水道或航道,如果这种穿越会妨碍只能在这种水道或航道以内安全航行的船舶通行。"** 有学者认为,该条款并不是"不得妨碍"的适用对象,因为该条款规定的是,如果穿越船的穿越会妨碍只能在这种水道或航道以内安全航行的船舶的通行,其义务不是留出足够水域供他船通行或者安全通行,而是不得穿越狭水道或航道。

(三)"不应妨碍"条款适用的能见度

"不应妨碍"条款的规定被写在"船舶在任何能见度情况下的行动规则"中,因此,总体而言,"不应妨碍"条款适用于任何能见度情况,即既适用于能见度良好的情况,也适用于能见度不良的情况。但是,《规则》第十八条第 4 款(1)项规定:"除失去控制的船舶或操纵能力受到限制的船舶外,任何船舶,如当时环境许可,应避免妨碍显示第二十八条规定信号的限于吃水的船舶的安全通行。"显然,这一条款规定的"不应妨碍"义务的适用是以一船能看到限于吃水的船舶所显示的第二十八条规定的信号为条件的,因此,该款的规定仅仅适用于互见中。

(四)"不应妨碍的船舶"与"不应被妨碍的船舶"的责任

《规则》第八条第 6 款(2)项规定:"如果在接近他船致有碰撞危险时,被要求不应妨碍另一船通行或安全通行的船舶并不解除这一责任,且当采取行动时,应充分考虑到本章各条可能要求的行动。"该款(3)项规定:"当两船相互接近致有碰撞危险时,其通行不应被妨碍的船舶仍有完全遵守本章各条规定的责任。"

1. "不应妨碍"的规定不仅适用于两船构成碰撞危险之前,也适用于两船构成碰撞危险之后

(1)不应妨碍的义务开始于两船构成碰撞危险之前。根据《规则》第八条第 6 款(1)项的规定,要求不应妨碍另一船通行或安全通行的船舶应根据当时的环境和情况及早采取行动以留出足够的水域供不应被妨碍的船舶安全通行,也就是要求该船尽可能采用避免与不应被妨碍的船舶致有碰撞危险的方法航行。这说明不应妨碍的义务开始于构成碰撞危险之前。

(2)根据《规则》第八条第 6 款(2)项的规定,不论两船由于何种原因致有碰撞危险时,"不应妨碍他船通行或安全通行的船舶"仍然不得解除其"不应妨碍"的责任和义务。也就是说,不应妨碍的义务既适用于两船构成碰撞危险之前,也适用于两船在构成碰撞危险之后。

(3)不应被妨碍的船可能是一艘让路船,也可能是一艘直航船。虽然,不应妨碍的船舶的"不应妨碍"责任和义务并没有因两船致有碰撞危险而解除,但在采取行动时应充分考虑两船所采取的行动不协调的可能性。因此《规则》在第八条第 6 款的(2)、(3)项分别规定了在两船接近致有碰撞危险时,不应妨碍的船舶和不应被妨碍的船舶应完全遵守《规则》"驾驶和航行规则"各条的规定,不应被妨碍的船舶可能是一艘让路船,也可能是一艘直航船。

2. 两船致有构成碰撞危险时不应妨碍的船舶与不应被妨碍的船舶的行动

不论何种原因致使两船接近致有碰撞危险时,不应妨碍的船舶在采取行动时,如果不应妨碍的船舶构成《规则》其他条款指定的让路船,则其不应妨碍的行动与给他船让路的行动相一致,所采取的行动应符合"驾驶和航行规则"有关条款的规定,以避免紧迫局面的形成;如果不应妨碍的船舶构成《规则》其他条款规定的直航船,其不应妨碍的责任并未解除,不可片面强调直航而继续妨碍他船,但在采取不应妨碍的行动时应注意配合让路船按《规则》规定采取的避让行动,使得两船的行动协调一致。对于不应被妨碍的船舶而言,在两船构成碰撞危险时,其避碰责任和义务仍将由《规则》第二章"驾驶和航行规则"其他条款确定。如果不应被妨碍的船舶构成《规则》指定的让路船或应采取避碰行动的船,则该船应遵守《规则》的有关规定,立即采取避让或者避碰行动,同时,在采取行动时还应注意到他船可能正在采取的不应妨碍的行动,以避免不协调的行动;如果不应被妨碍的船舶构成《规则》指定的直航船,则应遵守"直航船的行动"规定以及《规则》其他有关条款的规定。

第五节 狭水道

一、本条的适用范围

（一）适用的能见度

《规则》第九条是有关船舶在狭水道或航道中航行时的航行规则,适用于任何能见度情况下的任何船舶,但条文另有规定的除外。例如,《规则》第九条第 5 款有关追越声号的规定,仅适用于互见中的追越;《规则》第九条第 6 款有关弯头声号的规定,仅适用于能见度良好的情况,而不适用于能见度不良的情况。

（二）适用的水域

该条的适用水域为狭水道或航道。通常认为"狭水道(narrow channel)"是指可航水域宽度狭窄、船舶操纵受到一定限制的通航水域。航海界普遍认为,宽度为 2 n mile 左右的水道即可被认为是狭水道,而宽度为 4 n mile 的水道则很难再被认为属于狭水道了。"航道(fairway)"通常可以解释为一个开敞的可航水道或者由港口当局加以疏浚并维持一定水深的水道。

（三）分道通航制规定的适用

在狭水道或者航道内,往往制定有特殊规则,还可能设有分道通航制。船舶在狭水道或者航道航行,不但应当遵守本条的规定,而且应当遵守特殊规则的规定。当该狭水道或者航道中设置有分道通航制时,分道通航制的规定应当首先适用。

二、尽量靠近本船右舷的该水道或航道的外缘行驶

《规则》第九条第 1 款规定:**"沿狭水道或航道行驶的船舶,只要安全可行,应尽量靠近其右舷的该水道或航道的外缘行驶。"**

该款是有关船舶在狭水道或航道中航行时航法的规定,适用于在任何能见度情况下沿狭水道行驶的任何船舶。因此,无论是机动船,还是帆船、从事捕鱼的船舶以及操纵能力受到限制的船舶,当其沿狭水道或航道行驶时,只要安全可行,均应当切实可行地尽量靠近本船右舷的该狭水道或航道的外缘行驶,除非《规则》条文另有规定。

"只要安全可行"是尽量靠近船舶右舷的该水道或航道的外缘行驶的前提条件。盲目靠右行驶,以致对船舶航行安全或船舶的正常操作造成影响,不是《规则》所要求的行为。所谓"只要安全可行",通常是指在狭水道或航道航行的船舶在遵守本款规定时,不致发生任何航行危险。如果在遵守本款规定时,将可能发生搁浅、触岸、岸吸岸推现象,或者船舶不得不经常

转向，船舶就不应过分地靠右行驶，而应根据当时的环境和情况适当调整航行方法，以防止不利安全的现象发生。在判断是否安全可行时，应充分考虑船舶当时所处的环境和情况，例如狭水道或航道的地貌、水流、航行危险物、通航密度以及船舶的操纵性能等。

"应尽量靠近其右舷的该水道或航道的外缘行驶"并非指一定保持船舶在狭水道或航道中央线的右侧行驶，即通常所指的"靠右行驶"。不同吃水的船舶应根据其吃水的大小与狭水道或航道的水深的关系，决定其在狭水道或航道中航行的区域。通常情况下，浅吃水的船舶应比深吃水的船舶更靠近其右舷该水道或航道的外缘行驶，一些小型船舶如果能够在深水区以外的水域航行，则不应进入深水区，如图3-5-1所示。

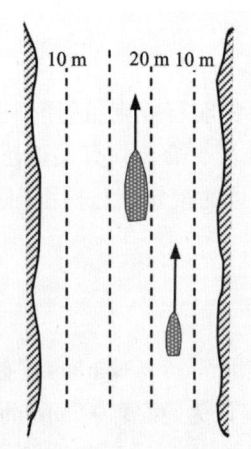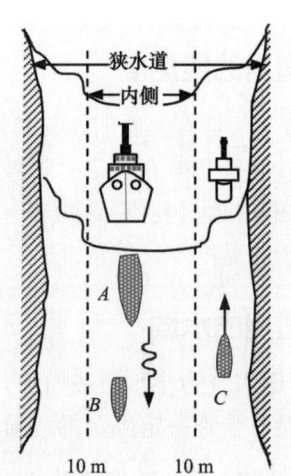

图3-5-1　船舶在狭水道中的航法

此外，"应尽量靠近其右舷的该水道或航道的外缘行驶"要求船舶随时均保持在靠近本船右舷的该水道或航道的外缘行驶，而不仅仅是在有船舶从相反方向驶来时，船舶才移向右侧行驶。因此，在狭水道或者航道中行驶时，船舶应充分利用各种导航、助航设施，勤测船位，纠正偏航，尤其在能见度不良的情况下，更应当充分利用雷达和其他航行设备，保证船舶在狭水道或航道的外缘行驶。

此外，当船舶在狭水道或者航道中行驶，应当充分考虑浅水效应、岸壁效应的影响，充分利用车、舵克服这种影响，以保证船舶在本船右舷的狭水道或航道的外缘行驶。例如"沙特雅帕丹姆（Satya Padam）"轮与"瓦莱丽（Valerie）"轮碰撞案，如图3-5-2所示，由于"沙特雅帕丹姆"轮速度太快使船舶发生偏转，在偏转后又试图控制船速，使得船舶难以控制，致使船舶在碰撞前2 min向左偏转驶入航道南侧，碰撞前半分钟向右偏转折回，碰撞时船首仍然在航道南侧。最后英国皇后分座判定"沙特雅帕丹姆"轮承担全部碰撞责任。

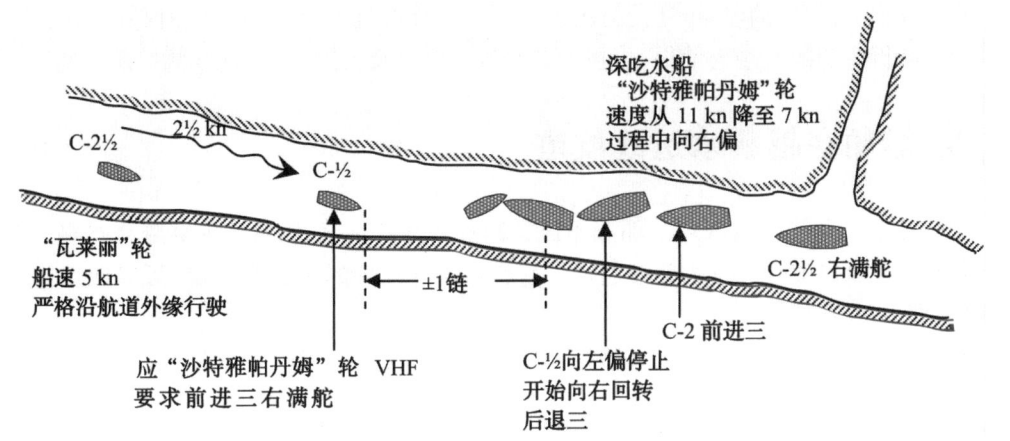

图 3-5-2 "沙特雅帕丹姆"轮与"瓦莱丽"轮碰撞案

三、帆船或长度小于 20 m 的船舶

《规则》第九条第 2 款规定:"帆船或者长度小于 20 米的船舶,不应妨碍只能在狭水道或航道以内安全航行的船舶通行。"

按照本款的规定,帆船或长度小于 20 m 的船舶,除遵守本条第 1 款的规定外,还应当不妨碍只能在狭水道或航道以内安全航行的船舶的通行,即应及早地采取行动以留出足够的水域供他船通过,或者采取不至于与只能在狭水道或航道以内安全航行的船舶构成碰撞危险的方法航行,以避免造成妨碍。因此,在本款中,不应妨碍的义务主体为帆船或长度小于 20 m 的船舶;不应妨碍的对象为只能在狭水道或航道以内安全航行的船舶。

"只能在狭水道或航道以内安全航行的船舶"通常是指由于船舶吃水与可航水域的水深和宽度的关系而致使其偏离所驶航向的能力严重受到限制的船舶,包括但不限于限于吃水的船舶。例如,限于吃水的帆船、限于吃水的操纵能力受到限制的船舶等,均属于"只能在狭水道或航道以内安全航行的船舶"。

此外,虽然《规则》仅仅要求帆船或长度小于 20 m 的船舶履行其不应妨碍的义务,但从良好船艺出发,对于那些船长超过 20 m 但又不属于只能在狭水道或航道以内安全航行的船舶,也应当做到避免妨碍只能在狭水道或航道以内安全航行的船舶的通行。

四、从事捕鱼的船舶

《规则》第九条第 3 款规定:"从事捕鱼的船舶,不应妨碍任何其他在狭水道或航道以内航行的船舶通行。"

该款是有关从事捕鱼的船舶的"不应妨碍"的规定,不应妨碍的义务主体为从事捕鱼的船舶;不应被妨碍的对象为任何其他在狭水道或航道内航行的船舶,包括帆船以及长度小于 20 m 的船舶。

《规则》虽然并不禁止在狭水道或航道内从事捕鱼作业,但船舶在从事捕鱼作业时,无论是作业的方式、所使用的渔具,还是行驶的方法等,都应以满足不妨碍其任何其他在狭水道或航道以内航行船舶的通过为前提,包括不应妨碍帆船以及长度小于 20 m 的船舶的通行。

五、船舶穿越狭水道或航道

《规则》第九条第 4 款规定:"**船舶不应穿越狭水道或航道,如果这种穿越会妨碍只能在这种水道或航道以内安全航行的船舶通行。后者若对穿越船的意图有怀疑,可以使用第三十四条 4 款规定的声号。**"

船舶穿越狭水道或航道通常是指穿越一侧航道进入另一侧航道和穿越整个狭水道或航道等情况,如图 3-5-3 所示。

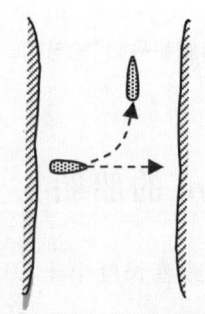

图 3-5-3　穿越狭水道

《规则》第九条第 4 款对穿越狭水道或航道的船舶的行为作出了限制,即如果其穿越狭水道或航道的行为,会妨碍只能在狭水道或航道内航行的船舶的通行,则其不应当穿越狭水道或航道。因此,船舶在穿越狭水道或航道前,应事先了解航道中船舶的交通情况,确认穿越动不会妨碍只能在狭水道或者航道内安全通行的船舶的通行后,才可实施穿越;否则,船舶不应穿越狭水道或航道。制定该款的主要目的是避免穿越船与只能在狭水道或航道以内航行的船舶构成交叉态势,妨碍后者的通行。

该款中所指的"只能在狭水道或航道以内安全航行的船舶",与该条第 2 款中的含义相同,是指由于船舶吃水与可航水域的水深和宽度的关系而致使其偏离所驶航向的能力严重受到限制的船舶,包括但不限于限于吃水的船舶。

当只能在狭水道或航道以内通行的船舶对穿越船的行动持有怀疑时,可以使用第三十四条第 4 款规定的至少五短声警告声号,以警告或提醒穿越船。值得注意的是,至少五短声的警告声号只能在互见中使用。

尽管《规则》规定,如果穿越会妨碍只能在狭水道或者航道以内安全航行的船舶的通行,则船舶不应当穿越狭水道或者航道,但是,当穿越船与只能在狭水道或者航道以内安全航行的船舶致有碰撞危险时,仍然应当根据《规则》其他条款的规定确定双方的避让责任和义务。因此,穿越狭水道或航道的船舶,既可能构成一艘让路船,也可能构成一艘直航船。

六、在狭水道或航道内追越时的声号

《规则》第九条第 5 款规定:

"（1）在狭水道或航道内,如只有在被追越船必须采取行动以允许安全通过才能追越时,则企图追越的船,应鸣放第三十四条3款（1）项所规定的相应声号,以表示其意图。被追越船如果同意,应鸣放第三十四条3款（2）项所规定的相应声号,并采取使之能安全通过的措施。如有怀疑,则可以鸣放第三十四条4款所规定的声号。

"（2）本条并不解除追越船根据第十三条所负的义务。"

（一）本条款适用范围

《规则》第九条第5款规定虽然被写在了"船舶在任何能见度情况下的行动"中,但根据追越条款、追越声号的适用范围,本条款有关追越声号的规定仅仅适用于船舶在互见中的情况。此外,根据《规则》的规定,如果追越船判定,在当时的环境和情况下无须被追越船采取任何行动就可以安全追越,则不必鸣放声号,即可实施追越。因此,该条款追越声号的规定仅仅适用于在狭水道或航道中需要被追越船采取行动才能安全追越的情况,而不适用于在宽阔水域的追越。

（二）追越声号

1. 追越声号

《规则》第九条规定的追越声号如下:

（1）企图从他船左舷追越——"二长声继以二短声";

（2）企图从他船右舷追越——"二长声继以一短声";

（3）被追越船如果同意追越——"一长、一短、一长、一短声";

（4）被追越船不同意追越——"至少五声短而急的声号"。

2. 使用追越声号应当注意的问题

（1）在狭水道或航道中需要被追越船采取行动才能安全追越时,企图追越的船舶才需要鸣放追越声号,以表明其追越的企图。企图追越的信号应当在实施追越前鸣放。

（2）被追越船如果同意追越,除应当鸣放"一长、一短、一长、一短声"的声号表示其同意追越外,还应当采取让出航道、降低船速等措施,以利于追越船安全追越通过。

（3）如被追越船对是否能够安全追越有怀疑,则其可鸣放至少五声短而急的警告声号。尽管《规则》仅仅规定了被追越船对是否能够安全追越有怀疑时"可（may）"鸣放至少五声短而急的警告声号,但根据海员的通常做法和良好船艺的要求,如被追越船不同意追越,应当鸣放至少五声短而急的警告声号,以明确告知企图追越的船舶不应当追越。

（4）对于追越船而言,即使是被追越船鸣放了同意追越的声号,仍然应在对被追越船是否已经采取了相应的行动作出判断并认为可以安全追越后,才可以实施追越。

（5）在企图追越的船鸣放了追越声号后,如被追越船没有鸣放任何的信号,追越船应当假定被追越船不同意追越,切忌强行追越。

3. 追越声号与避碰责任

《规则》明确规定,尽管有鸣放追越声号的规定,但追越船始终负有让清被追越船的责任和义务,直到最后驶过让清为止。

（三）在狭水道或航道内追越的一般注意事项

在狭水道或者航道中，由于水域狭窄、水深受限，同时追越过程中两船的相对速度小、两船平行所持续的时间较长，极易发生激烈的岸壁效应、浅水效应、船间效应等现象。例如"海外阿拉斯加（Overseas Alaska）"轮与"新头丸（Shinto Maru）"轮碰撞案，"海外阿拉斯加"轮在追越"新头丸"轮的过程中船速过高、横距过小，导致两船发生激烈的船间效应而发生碰撞，如图3-5-4所示。因此，无论是否需要被追越船采取行动，在狭水道或者航道中追越应当注意以下几点：

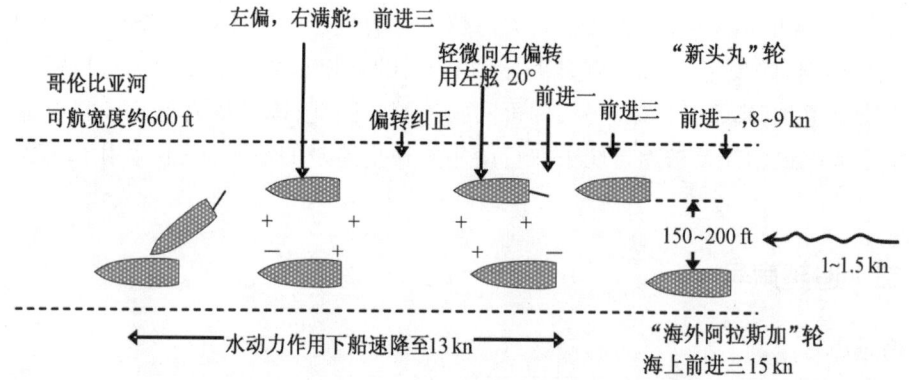

图 3-5-4 "新头丸"轮与"海外阿拉斯加"轮碰撞案

（1）船舶不宜在能见度不良时、通航密度较大的地段、航道的弯曲地段等不适合追越的环境和情况下追越。

（2）船舶在追越时，通常应在被追越船的左舷追越，并注意保持两船航向平行，消除航向交角，尽可能留有较大横距，以防止船吸现象发生。

（3）追越的过程中，密切注意被追越船动态，对被追越船可能采取的行动保持高度戒备。

（4）当大船追越小船时，当大船船首接近小船船尾时，容易使小船出现内转而横在大船的进路上；当两船船长较为接近，两船接近平行时，两船容易出现船吸现象。追越中应对此予以充分的注意。

（5）一旦可能出现明显的船间效应而有碰撞危险时，追越船应当减速、停车或者倒车，并用相应的舵角抑制偏转，必要时抛锚制速。

七、船舶驶近狭水道或航道弯头

《规则》第九条第 6 款规定："船舶在驶近可能有其他船舶被居间障碍物遮蔽的狭水道或航道的弯头或地段时，应特别机警和谨慎地驾驶，并鸣放第三十四条 5 款规定的相应声号。"

（一）本条款的适用范围

本款是有关船舶在被居间障碍物遮蔽的狭水道或航道的弯头或地段时的航法和声号的规定。虽然本款被写在"船舶在任何能见度情况下的行动规则"中，但考虑到鸣放声号规定的适用以船舶驶近"居间障碍物"为条件，因此，弯头声号的规定仅是对船舶在能见度良好情况下作出的规定。

（二）特别机警和谨慎地驾驶的含义

居间障碍物会使视觉瞭望受到限制,无法用视觉直接看到居间障碍物后方是否存在他船,同时雷达探测也可能受到限制。因此,船舶应当加强瞭望,并做到特别机警和谨慎地驾驶。特别机警和谨慎地驾驶是要求船舶在接近该水域时保持高度的戒备,例如,充分考虑被居间障碍物遮蔽所带来的对环境和情况估计的影响;充分考虑有其他来船驶近该弯头或地段的可能性;严格控制船速,根据过弯操纵的要求正确操纵船舶,并保持船舶尽量靠近其本船右舷的狭水道或航道外缘行驶;将主机、锚做好随时操纵的准备;及时从 VTS 中心或者 VHF 上获得他船的信息,避免在该水域会船;按照《规则》的要求鸣放相应的弯头声号等。

（三）弯头声号

根据本款的规定,船舶在驶近可能有其他船舶被居间障碍物遮蔽的狭水道或航道的弯头或地段时,应鸣放一长声弯头声号;当听到他船一长声弯头声号时,也应当回答一长声。

（四）过弯头时交叉相遇局面条款适用的例外

当两船在狭水道或航道弯头附近相互接近时,即使是在互见中,尽管两船的航向出现"交叉",但是,由于两船的航向均是不稳定的,不应当适用交叉相遇局面条款,而应当适用狭水道条款,每一船均应当沿着本船右舷的该水道的外缘行驶以安全通过。

八、避免在狭水道内锚泊

《规则》第九条第 7 款规定:"**任何船舶,如当时环境许可,都应避免在狭水道内锚泊。**"

狭水道是船舶的航行通道,且水域有限,如船舶在狭水道内锚泊,就会妨碍他船安全航行,影响狭水道内船舶正常的航行秩序。因此,本款规定,任何船舶,如当时环境许可,都应避免在狭水道内锚泊。借助雷达行驶已经成为许多船舶的通常做法,因此浓雾就不可再作为在狭水道内锚泊的一个正当理由。只有在某些紧急的情况下,如当时浓雾而船舶雷达又不能使用时,才可以在狭水道内锚泊,然而,即便如此,也应当尽力在不致妨碍船舶通航的地方锚泊。

九、案例分析

图 3-5-5 是"闽燃供 2"轮与"东海 209"轮于 1999 年 3 月 24 日在能见度不良情况下在广州港伶仃水道发生碰撞的示意图。

1999 年 3 月 22 日,"闽燃供 2"轮从厦门港起航驶往广东东莞沙田港。3 月 23 日 2400 时,该船航行至广州港外伶仃岛附近水域时,将两部雷达的量程分别设置为 1.5 n mile 和 3 n mile 挡;二副上驾驶台接替船长指挥,航向 270°,前进三航行,航速 10 kn。3 月 24 日 0100 时,该船过鸡翼角灯柱,开始遇雾,能见度下降,视程小于 1 n mile;0140 时,左舷过马友石灯塔,进入广州港伶仃水道;0205 时,右舷过 3#灯浮,改向 330°,前进三航行;0214 时,过 5#、6#灯浮,航向 327°,船速 10.5 kn;0223 时,航向 330°,航速 10.5 kn,该船拟在 7#、8#灯浮处向右转

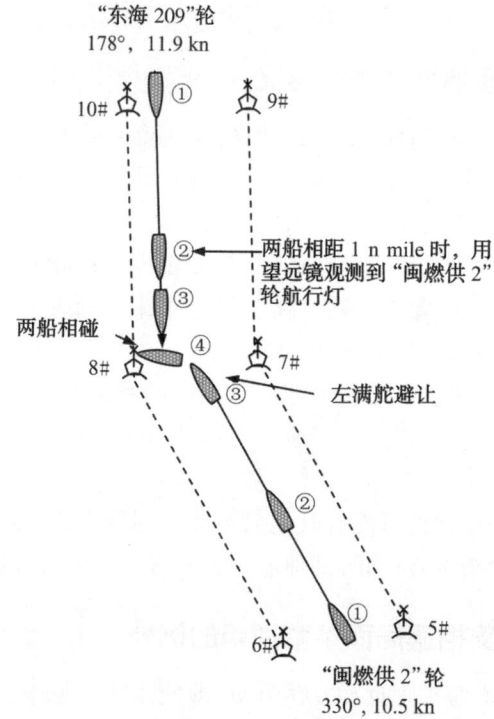

"东海209"轮
178°, 11.9 kn

两船相距 1 n mile 时,用望远镜观测到"闽燃供 2"轮航行灯

两船相碰

左满舵避让

"闽燃供 2"轮
330°, 10.5 kn

图 3-5-5 "闽燃供 2"轮与"东海 209"发生碰撞的示意图

至 353°,并从雷达发现右前方有一回波正快速向本船靠近;0224 时,目视发现来船左舷舷灯及前桅灯,"闽燃供 2"轮立即采取停车、全速倒车、左满舵进行避让;0226 时与"东海 209"轮在伶仃水道 7#、8#灯浮附近水域发生碰撞。

"东海 209"轮于 1999 年 3 月 23 日 2355 时离开广州港虎门电厂码头驶往上海港。离港时船长负责指挥,遇雾,视程小于 1 n mile,将雷达量程设置在 3 n mile 挡。二副在船舶离码头后,上驾驶台接替三副协助船长指挥。3 月 24 日 0106 时,过 26#灯浮,前进三,航速 11.9 kn;0128 时,过 22#灯浮;0151 时,过 16#灯浮;0200 时,过 13#灯浮;0216 时,过 10#灯浮,航向 178°与一进港船左舷会遇并在雷达上发现 5#~7#灯浮间有一进港船,距离约 3 n mile;0223 时,通过 VHF 9 频道呼叫进港船,但无回答,该船继续保向保速航行。当距离来船约 1 n mile 时,船长通过望远镜观察到来船显示绿舷灯及前、后桅灯,推断来船过 7#、8#灯浮后将会右转向顺航道航行。两船继续逼近,"东海 209"轮突然发现来船过了 7#、8#灯浮后并未向右转向而是向左转向,该船立即采取向左转向、倒车、正舵措施但无效果。0226 时,"东海 209"轮船首与"闽燃供 2"轮右舷中部 2、3 舱处发生碰撞,碰撞夹角约 90°,随即"闽燃供 2"轮大量货油溢出并向右倾斜。24 日 1200 时,"闽燃供 2"轮侧倾沉没,造成珠江口水域严重污染。

经事故调查,海事调查处理机关认为:

1. "闽燃供 2"轮过失

(1)瞭望严重疏忽。该船在能见度不良的情况下,未能采取适合当时环境和情况的一切有效手段(包括 VHF)保持正规的瞭望,以便及早发现来船,对局面和碰撞危险作出充分的估计,违反了《规则》第五条之规定。

(2)未靠右航行,且采取措施不当,该船在狭水道航行中未能尽量靠近本船右舷的该水道或航道的外缘行驶,当两船逼近时采取了向左转向的不当措施,违反了《规则》第九条第1款之规定。

(3)未使用安全航速。在能见度不良情况下,该船仍以全速在狭水道航行,没有使用安全航速,未能采取适当和有效的避碰行动,违反了《规则》第六条之规定。

(4)未能避免在航道转弯处会船。该船在位于伶仃水道7#、8#灯浮航道转弯处与对方会船,并未能采取有效、协调的避碰行动,造成紧迫局面,违反了《黄埔港船舶安全航行规定》第11条之规定。

(5)船长未能履行职责。该船雾中在狭水道航行时,船长未能履行职责上驾驶台指挥,违反了《海上雾中航行规则》第八条和《中华人民共和国海船船员值班规则》第三十九条之规定。

(6)未能按规定鸣放雾号。该船在雾中航行时,未能按规定鸣放雾号,违反了《规则》第三十五条第1款之规定。

2."东海209"轮过失

(1)未使用安全航速。在能见度不良的情况下,该船仍以全速在狭水道航行,没有使用安全航速,未能采取适当和有效的避碰行动,违反了《规则》第六条之规定。

(2)未能对局面作出正确判断。该船发现来船后,仍保持全速航行,并错误地推断来船将向右转向后顺航道航行,未能正确判断局面并及早采取避让行动,违反了《规则》第七条第1款之规定。

(3)未能避免在航道转弯处会船。该船在位于伶仃水道7#、8#灯浮的航道转弯处与对方会船,并未能采取措施等待顺水船先行通过,违反了《黄埔港船舶安全航行规定》第11条之规定。

(4)未能按规定鸣放雾号。该船在雾中航行时,未能按规定鸣放雾号,违反了《规则》第三十五条第1款之规定。

综合以上分析,海事调查处理机关最终判定:"闽燃供2"轮应承担本次事故的主要责任,"东海209"轮应承担次要责任。

第六节 船舶定线制和分道通航制

一、船舶定线制

(一)船舶定线制及其目的

船舶定线制是一条或数条航路的任何制度或定线措施,旨在减少海难事故。它包括分道通航制、双向航路、推荐航线、避航区、禁锚区、沿岸通航带、环形道、警戒区及深水航路等。

1. 船舶定线制的目的

船舶定线制的目的在于增进船舶汇聚区域和交通密集区域以及由于水域有限、存在碍航物、水深受限或气象条件较差而使得船舶的行动自由受到限制的水域中的航行安全，并防止或减少由于船舶在环境敏感区域或其附近发生碰撞、搁浅或锚泊而对海洋环境造成污染或其他损害的危险。其具体目的包括下列各项或其中的几项：

（1）分隔相反的交通流，以减少对遇局面/态势的发生；

（2）减少穿越船与航行在已建立的通航分道内的船舶之间的碰撞危险；

（3）简化船舶汇聚区域内交通流的形式；

（4）在沿海开发或勘探集中的区域内组织安全的交通流；

（5）在对所有船舶或对某些等级的船舶航行有危险或不理想的水域中或其周围组织安全的交通流；

（6）在水深不明或水深接近吃水的区域对船舶提供特殊指导，以减少搁浅的危险；

（8）指导船舶避开渔场或组织船舶通过渔场。

2. 强制定线制

1995 年 IMO 大会第 A. 827(19)号决议附则 3 通过的对《关于船舶定线的一般规定》的修正案引进了"强制定线制"的概念，其是指 IMO 根据 SOLAS 公约第 V/8 条的要求，通过强制要求所有船舶、特定类型船舶或载运特定货物的船舶使用的定线制。

（二）船舶定线制种类

船舶定线制包括分道通航制、环形道、沿岸通航带、双向航路、推荐航路、推荐航线、深水航路、警戒区、避航区、禁锚区等定线措施，可根据实际需要单独或组合使用。

（1）分道通航制（traffic separation scheme）：通过适当方法和建立通航分道，以分隔相反的交通流的一种定线措施。

（2）环形道（roundabout）：由一个分隔点或圆形分隔带和一个规定界限的环形通航分道所组成的一种定线措施。在环形通道内，通航船舶环绕分隔点或分隔带按逆时针方向航行而实现分隔。

（3）沿岸通航带（inshore traffic zone）：由一个指定区域构成的一种定线措施，该区域位于分道通航制向岸一侧边界与邻近的海岸之间，并按照《规则》第十条第 4 款规定使用。

（4）双向航路（two-way route）：在规定的界限内建立双向通航，旨在为通过航行困难或危险水域的船舶提供安全通道的一种措施。

（5）推荐航路（recommended route）：为方便船舶通过而设置的未规定宽度的一种航路，往往以中心线浮标作为标志。

（6）推荐航线（recommended track）：经过特别选择以尽可能保证无危险存在并建议船舶沿其航行的一种航路。

（7）深水航路（deep water route）：在规定的界限内，海底及海图上所标志的水下障碍物已经精确测量适于深吃水船舶航行的航路。深水航路主要是预期给那些由于其吃水与有关区域的可用水深的关系而需要使用这一航路的船舶使用，在海图上标明最大吃水；浅吃水的船舶应尽量避免使用深水航路。

（8）警戒区（precautionary area）：由一个规定界限的区域构成的一种定线措施，该区域可能有推荐的交通流方向，船舶航行时必须特别谨慎地驾驶。

（9）避航区（area to be avoided）：由一个规定界限的区域构成的一种定线措施，在该区域内航行特别危险或对于避免海难事故特别重要,所有船舶或某些等级的船舶应避开该区域。

（10）禁锚区（no anchoring area）:由一个规定界限的区域构成的一种定线措施,该区域内船舶锚泊是危险的或可能对海洋环境造成无法接受的损害。除非是在船舶或人员面临紧迫危险的情况下,所有船舶或特定类型船舶应避免在禁锚区内锚泊。

（三）船舶定线制构成成分

一个实际采用的船舶定线制通常由下列成分构成:

（1）分隔带或分隔线（separation zone or line）:分隔交通流方向相反或接近相反的通航分道,或通航分道与邻近的海区,或分隔为同一航向的特殊级别船舶而设定的通航分道的带或线。

（2）通航分道（traffic lane）:在规定界限内建立单向通航的一种区域,该区域即是船舶通航的航路,其边界可以由分隔带或可能由自然碍航物构成。

（3）交通流方向（established direction of traffic flow）:指示分道通航制内规定的交通运行方向的一种交通流图式,一般用实线空心箭头表示。

（4）推荐的交通流方向（recommended direction of traffic flow）:在规定交通流方向不可行或不必要的地方,指示推荐交通运行方向的一种交通流图式,一般用虚线空心箭头表示。

（四）船舶定线制的使用方法

IMO 制定的《船舶定线制的一般规定》第 8 条规定了船舶定线制的使用方法。除非另有说明,船舶定线制推荐给所有的船舶使用;而且可以强制要求所有船舶、某些类型的船舶或者载运特定货物或特定类型和数量燃油的船舶使用。在非冰冻区域或者在冰情轻微不需要特别操纵或破冰协助的水域,船舶应当在任何天气条件下遵守船舶定线制的规定。在使用船舶定线制时,应注意如下事项:

（1）除特殊情况外,船舶均应当按指定的航路、规定的航行方法驾驶船舶;

（2）在 IMO 采纳的分道通航制水域或其附近航行时,应当严格遵守《规则》第十条的规定;

（3）船舶在地方主管当局制定的定线制或其附近航行时,应当严格遵守地方规则的规定;

（4）无论船舶在何种定线制或其附近航行,在避碰中并不享有任何特权,船舶仍有责任和义务遵守《规则》的各项规定,特别是《规则》第二章第二、三节的规定;

（5）航道完全分隔是不可能的,在船舶汇聚处应特别谨慎地驾驶;

（6）船舶在双向航路上应尽可能靠右行驶;

（7）当船舶不利用警戒区或进出附近港口时,应当尽可能远离该区域;

（8）海图上标明的与船舶定线制相关的箭头仅仅指示规定的或推荐的交通总流向,船舶在航道中行驶时,其航迹向应与规定的或推荐的交通流方向尽可能一致,而不是严格地按照箭头设定其航向。

二、船舶在分道通航制中航行

(一)适用范围

《规则》第十条"分道通航制"第 1 款规定:"**本条适用于本组织所采纳的分道通航制,但并不解除任何船舶遵守任何其他各条规定的责任。**"因此,《规则》第十条"分道通航制"仅仅适用于被 IMO 所采纳的分道通航制水域。

凡是被 IMO 所采纳的分道通航制,均刊登在 IMO 出版的《船舶定线制》一书中。该书为一本活页资料,附有简明示意图,并根据修订情况出版活页以更新资料。此外,在英国水道测量局出版的《英版航海通告年度摘要》(Annual Summary of Admiralty Notice to Mariners)的第十七部分刊列了全球各分道通航制的名称和大概地理坐标,凡是在名称左上角标注有☆者,说明其是被 IMO 采纳的分道通航制。

在未被 IMO 采纳的分道通航制区域内,《规则》第十条不适用。但无论被 IMO 采纳与否,船舶均应遵守主管机关为该分道通航制水域制定的特殊规定。

(二)本条与《规则》其他条款的关系

本条第 1 款规定"并不解除任何船舶遵守任何其他各条规定的责任",是强调在 IMO 采纳的分道通航制区域内,仍然适用《规则》其他条款关于船舶的避让责任或行动的规定。在 IM-CO 的 MSC/Circ322 号通函(1972 年国际海上避碰规则若干条文的统一运用指南)和《船舶定线制》的一般规定第 8 节(定线制的使用)中,对这一点也有明确的说明:"在 IMO 采纳的分道通航制区域内或其附近航行的船舶,特别应遵守《1972 年国际海上避碰规则》第十条的规定,以减少与他船构成碰撞危险。如果认为与他船存在碰撞危险,则《1972 年国际海上避碰规则》的其他规定,特别是第二章第二节、第三节的规定全都应予以遵守。"

根据上述规定,在 IMO 采纳的分道通航制区域内,船舶应当遵守特殊规则和包括《规则》第十条在内的《规则》各条;在未被 IMO 采纳的分道通航制区域内,船舶应当遵守特殊规则和《规则》第十条除外的《规则》其他各条。

(三)分道通航制内的避碰责任

《规则》第十条规定了使用分道通航制水域的准则,船舶间的避让责任或行动仍然应当根据《规则》的其他条文加以确定。遵守分道通航制区域规则的船舶,不因遵守分道通航制而享有被让路的权利。例如,互见中,甲机动船在通航分道内行驶,乙机动船从甲船右舷穿越分道,且构成碰撞危险,甲船仍然应给乙船让路。又如甲机动船驶错分道与正确沿着分道交通总流向行驶的乙机动船构成对遇局面,两船仍然应按《规则》第十四条的规定采取行动,而绝不能把走错航道的船舶当作让路船。

(四)在分道通航制水域航行的准则

《规则》第十条第 2 款规定:
"使用分道通航制的船舶应:

110

（1）在相应的通航分道内顺着该分道的交通总流向行驶；

（2）尽可能让开通航分隔线或分隔带；

（3）通常在通航分道的端部驶进或驶出，但从分道的任何一侧驶进或驶出时，应与分道的交通总流向形成尽可能小的角度。"

1. 使用分道通航制船舶的航行准则

根据本条规定，"使用分道通航制的船舶"是指在通航分道中顺着交通总流向行驶的任何船舶。在分道通航制区域的外界行驶、穿越分道通航制区域、在分隔带内捕鱼、在沿岸通航带内行驶的船舶，则不属于"使用分道通航制的船舶"。使用分道通航制水域的船舶，应当遵守下列航行规则。

（1）在相应的通航分道内沿船舶的总流向行驶

分道通航的主要目的就是分隔航向相反的船舶。因此，任何使用分道通航制的船舶，包括帆船和在通航分道内从事捕鱼的船舶，都应按照相应通航分道内海图上标示的交通总流向行驶，如图 3-6-1 所示。此处要求船舶沿相应通航分道内的交通总流向行驶，并不要求船舶的船首向与总流向完全一致，而仅仅要求其航迹向与总流向大体一致。

根据 IMO MSC/Circ322 号通函的说明，"一艘船在使用通航分道时，可以在分道的一侧转移到另一侧，但在进行这种转移时，应与分道的交通总流向形成尽可能小的角度"。因此，当船舶需要从分道的一侧转移到分道的另一侧时，也应采取与分道的交通总流向形成尽可能小的角度的方法航行，如图 3-6-2 所示。

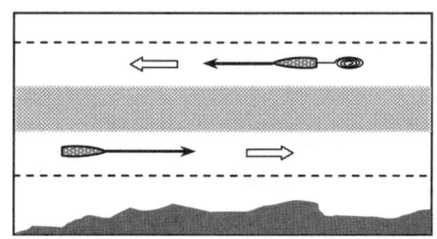

图 3-6-1 沿船舶的总流向行驶

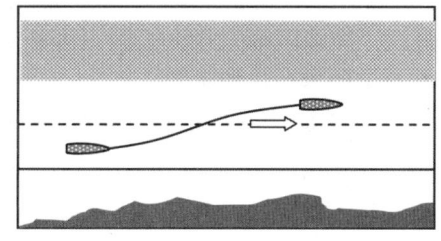

图 3-6-2 在分道的一侧转移到另一侧

（2）尽可能让开分隔线或分隔带

尽可能让开分隔线或分隔带，意味着船舶应保持在通航分道的中心线或其附近航行，如图 3-6-3 所示。"尽可能"一词包含着船舶应充分考虑到水域的自然情况、定位条件、海况和天气、通航密度、船舶的操纵性能等情况，做到使船舶让开分隔线或分隔带。《规则》这样规定的目的在于保证交通流的秩序，避免船舶因为定位的误差或避让行动造成交通局面的混乱。

（3）在通航分道的端部驶进或驶出

船舶在驶入或驶出通航分道时，通常应在通航分道的端部进行。如果分道通航制的区域较大，船舶距离其端部较远，《规则》允许船舶从分道的任何一侧驶入或驶出。如从一侧驶进或驶出，应与分道的交通总流向成尽可能小的角度，其中包括穿越一个分道驶入另一个分道或者驶出一个分道穿越另一个分道的情况，如图 3-6-4 和 3-6-5 所示。

2. 穿越通航分道

《规则》第十条第 3 款规定："船舶应尽可能避免穿越通航分道，但如不得不穿越时，应尽

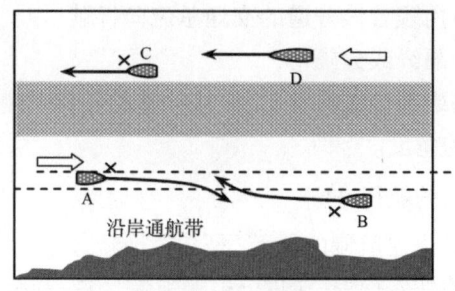

图 3-6-3　尽可能让开分隔线或分隔带

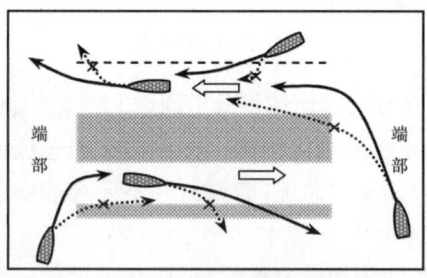

图 3-6-4　驶进或驶出通航分道

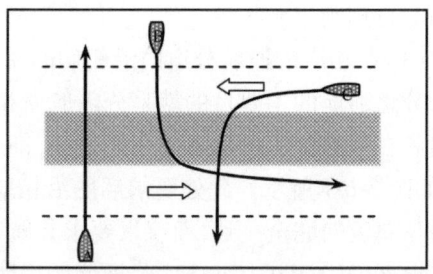

图 3-6-5　穿越通航分道

可能以与分道的交通总流向成直角的船首向穿越。"

(1)穿越通航分道的船舶

通常,穿越整个通航分道制区域的船舶、穿越一条通航分道进入或者驶离另一通航分道的船舶被称为"穿越通航分道的船舶",如图 3-6-5 所示。

(2)尽可能避免穿越通航分道

船舶穿越通航分道有可能与分道内行驶的船舶构成交叉相遇局面,形成碰撞危险,故应尽可能避免。特别是对在江、河、港口处或岬角附近建立的通航分道,船舶更应尽可能避免穿越。

(3)穿越航法

对于不得不穿越通航分道的情况,《规则》对穿越船提出了"应尽可能以与分道的交通总流向成直角的船首向穿越"的要求。《规则》要求穿越船应以与分道交通总流向成直角的船首向穿越,其目的在于缩短穿越的时间和便于他船发现该船的穿越意图。

穿越船在受横风、流影响时,如图 3-6-6 所示,在穿越时,船舶仍然应当以与交通总流向成直角的船首向穿越,而不应以与交通总流向成直角的航迹向穿越。穿越船以与总流向成直角的船首向穿越时,其航迹向可能与总流向并不成直角。

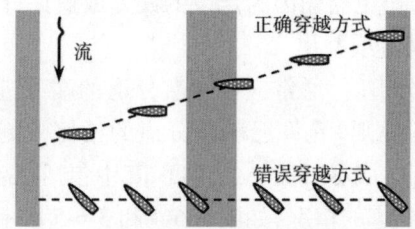

图 3-6-6　横风流时穿越通航分道

当船舶穿越一通航分道而驶进或驶出另一通航分道时,船舶在穿越时,应当保持与总流向成直角的船首向穿越,而在驶进或驶出另一通航分道时应尽可能与总流向成较小的角度。

3. 使用沿岸通航带

《规则》第十条第 4 款规定:

"(1)当船舶可安全使用邻近分道通航制区域中相应通航分道时,不应使用沿岸通航带。但长度小于 20 米的船舶、帆船和从事捕鱼的船舶可使用沿岸通航带。

"(2)尽管有本条 4(1)规定,当船舶抵离位于沿岸通航带中的港口、近岸设施或建筑物、引航站或任何其他地方或为避免紧迫危险时,可使用沿岸通航带。"

设立沿岸通航带是为了分隔沿海航行和过境航行的船舶,改善船舶航行秩序,保证船舶航行安全和沿岸国家的环境安全。在沿岸水域,沿岸通航带往往与分道通航制结合起来使用,因此,《规则》要求凡可安全使用分道通航制的船舶,不应使用沿岸通航带。但下列船舶可使用沿岸通航带:

(1)长度小于 20 m 的船舶;

(2)帆船;

(3)从事捕鱼的船舶;

(4)抵离位于沿岸通航带中的港口、近岸设施或建筑物、引航站或任何其他地方的船舶;

(5)为避免紧迫危险的船舶。

上述船舶尽管可以使用沿岸通航带,但如果在通航分道内行驶对其安全无影响时,应尽量使用相应的通航分道。

4. 进入分隔带或穿越分隔线

《规则》第十条第 5 款规定:

"除穿越船或者驶进或驶出通航分道的船舶外,船舶通常不应进入分隔带或穿越分隔线,除非:

(1)在紧急情况下避免紧迫危险;

(2)在分隔带内从事捕鱼。"

分隔带或分隔线的作用是分隔相反方向行驶的船舶,如果船舶进入分隔带或穿越分隔线,将可能破坏分隔带或分隔线分隔船流的作用,导致通航分道内船舶交通的混乱。因此,本条第 5 款规定,船舶应避免进入分隔带或穿越分隔线。但在下列情况下,船舶可以穿越分隔线或进入分隔带:

(1)在分隔带内从事捕鱼;

(2)为避免紧迫危险;

(3)穿越分道通航制区域;

(4)驶进或驶出相应的通航分道。

在分隔带内从事捕鱼时,捕鱼船可以根据需要朝任意方向行驶,但在靠近通航分道从事捕鱼时,应顺着该邻近通航分道的交通总流向行驶,以避免与分道内的船舶形成接近对遇的态势,同时还应该注意所用的渔具不致影响通航分道内船舶的航行。在为避免紧迫危险而进入分隔带或穿越分隔线时,在紧迫危险消除之后,船舶应迅速返回相应的通航分道,顺着该通航分道的交通总流向行驶。

5. 在分道通航制的端部行驶

《规则》第十条第 6 款规定:"**船舶在分道通航制端部附近区域行驶时,应特别谨慎。**"

分道通航制的端部是驶进或驶出相应通航分道的通道,船舶将在此处汇聚或分散。因此,在分道通航制的端部,船舶密度大、会遇态势复杂,且可能出现多船会遇的情况,如图 3-6-7 所示。鉴于这种情况,《规则》要求船舶在分道通航制端部附近行驶时应特别谨慎地驾驶。所谓特别谨慎地驾驶,是指船舶应当全面遵守《规则》各条的规定,包括通过正规瞭望对当时的环境和情况保持高度的戒备,还包括对多船会遇、他船突然转向等特殊情况保持高度的戒备,防止碰撞事故的发生。

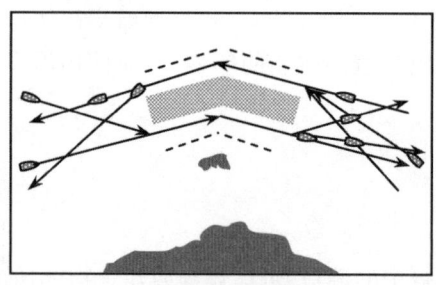

图 3-6-7　在分道通航制端部行驶

6. 避免锚泊

《规则》第十条第 7 款规定:"**船舶应尽可能避免在分道通航制内或其端部附近区域锚泊。**"因此,船舶应当尽可能避免在通航分道内、分隔带内以及分道通航制的端部附近锚泊。当船舶遇到诸如主机、舵机故障,或在能见度不良时雷达故障等特殊情况而不得不锚泊时,也应尽可能采取措施,选择在分隔带内或者其他不影响他船正常航行的地点锚泊。

7. 不使用分道通航制

使用分道通航制的规定不是强制性的,允许船舶不使用分道通航制。但《规则》第十条第 8 款规定:"**不使用分道通航制的船舶,应尽可能远离该区域。**"制定本款的目的是使在分道内行驶的船舶尽可能不受到干扰,以便在分道通航制区域中建立良好的水上交通秩序。

8. 在通航分道内从事捕鱼

《规则》并不禁止船舶在通航分道内从事捕鱼,但是从事捕鱼的船舶在通航分道内捕鱼时,应顺着交通总流向行驶;并且《规则》第十条第 9 款进一步规定:"**从事捕鱼的船舶,不应妨碍按通航分道行驶的任何船舶的通行。**"因此,从事捕鱼的船舶在通航分道捕鱼时,不仅其船舶本身不应妨碍按通航分道行驶的任何船舶的通行,其所采用的捕鱼方式、使用的渔具也不应妨碍按通航分道行驶的任何船舶的通行。其不应妨碍的对象,不仅包括按通航分道行驶的机动船,还包括按通航分道行驶的帆船和长度小于 20 m 的船舶,如图 3-6-8 所示。

9. 帆船或长度小于 20 m 的船舶

《规则》第十条第 10 款规定:"**帆船或长度小于 20 米的船舶,不应妨碍按通航分道行驶的机动船的安全通行。**"帆船和长度小于 20 m 的船舶只要安全可行即可使用分道通航制。在使用分道通航制时,除应遵守有关在分道内航行的规定之外,还应避免妨碍按通航分道行驶的机动船的安全通行。此处所指的不应被妨碍的机动船包括按通航分道行驶的除从事捕鱼的船舶

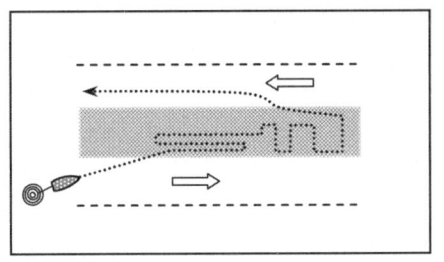

图 3-6-8　在分隔带内从事捕鱼

之外的船长大于等于 20 m 的用机器推进的任何船舶。

10. 免受本条规定约束的操纵能力受到限制的船舶

《规则》第十条第 11 款规定："操纵能力受到限制的船舶,当在分道通航制区域内从事维护航行安全的作业时,在执行该作业所必需的限度内,可免受本条规定的约束。"第 12 款规定："操纵能力受到限制的船舶,当在分道通航制区域内从事敷设、维修或起捞海底电缆时,在执行该作业所必需的限度内,免受本条规定的约束。"

根据上述规定,在分道通航制区域内从事维护航行安全的作业及从事敷设、维修或起捞海底电缆的操纵能力受到限制的船舶,在执行该作业所必需的限度内免受分道通航条款约束。上述两种操纵能力受到限制的船舶,在执行其作业所必需的限度内,其航向可以与通航分道内的交通总流向不一致,甚至相反,也可以在分道通航制水域内锚泊进行作业。

此处所指的从事维护航行安全的作业的船舶包括从事疏浚、清除水雷等作业的船舶,但不包括从事维护、监督航行安全秩序的非作业船舶。

应当指出的是,上述两种操纵能力受到限制的船舶,虽然可以在执行其作业的限度内免受分道通航制条款的约束,但并不解除遵守《规则》其他各条的责任。

（五）船舶在分道通航制区域中航行的注意事项

如前所述,在 IMO 所采纳的分道通航制区域内或其附近航行的船舶,除应遵守《规则》第十条之外,还应遵守《规则》其他条款的规定,特别是《规则》第二章第二节和第三节的规定。针对分道通航制的特殊要求,船舶在分道通航制区域航行,应当注意如下几点:

1. 遵守船舶报告制度

在某些分道通航制水域,如多佛尔海峡、马六甲海峡以及我国的成山角分道通航制水域等,有关主管当局要求船舶在指定地点向有关部门报告诸如船名、船位、航向、航速、吃水、货物种类和性质、目的港等情况,以便有关部门对船舶实施动态安全管理。船舶在这种水域航行时,应遵守报告制的规定,及时准确地向有关部门报告。

2. 保持 VHF 守听

在分道通航制区域,一般建有监测站或航海信息服务中心。因此,船舶在分道通航制区域航行时,应保持 VHF 16 频道的守听,以便获得关于本船航行情况、通航情况、航海警告等有益信息。

3. 注意接收"YG"信号

"YG"信号的含义是"你船似未遵守分道通航制"。因此,当收到"YG"信号时,可能是本船驶入了相反的通航分道,应立即检查本船航向与船位。发现他船没有遵守分道通航制航行规则或在相反的通航分道内行驶,也可使用"YG"信号。

4. 严格遵守《规则》第十条的规定

船舶在 IMO 采纳的分道通航制区域航行,必须严格遵守《规则》第十条的规定。当深水航路设在通航分道内,并作为通航分道的一个组成部分时,船舶也应遵守《规则》第十条的规定。当分道通航制建立在狭水道内,船舶在狭水道中的分道通航制中航行时,应遵守《规则》第十条的规定,狭水道条款尽可能靠右行驶的规定在这种情况下不再适用。除遵守《规则》第十条的规定外,船舶还应当严格遵守主管机关为该分道通航制区域制定的特殊规定。

5. 在采取避让行动时,船舶必须遵守《规则》其他条款的规定

无论他船是否遵守分道通航制的规定,船舶在采取避让行动时均应遵守《规则》其他条款的规定,特别是《规则》第二章第二节和第三节的规定。1977 年在圣文森特角(Cape St. Vincent) 附近"埃斯雀拉(Estrella)"轮(以下简称 E 轮)与"塞图巴尔(Setubal)"轮(以下简称 S 轮)发生的碰撞[①]能够很好地说明这一问题。

如图 3-6-9 所示,2300 时 S 轮以 12.5 kn、135°航向错误地驶在北向的通航分道上。此时,E 轮在 S 轮的右船首,S 轮在 E 轮的左船首,航行灯都已显示,这种局面是有碰撞危险的交叉相遇局面。于碰撞前约 7 min,E 轮在 S 轮右船首相距约 3 n mile,显示绿灯。S 轮向左转向10°,航向由 135°改到 125°。碰撞前 2.5 min,S 轮进一步左转,从 125°转到 085°,左转 40°,此时两船相距 1 n mile 略多。E 轮于碰转前 8 min 见 S 轮航行灯,二副用 15°舵角逐渐右转,碰撞前 2 min 右转了 24°,航向从 302°转到 326°,作为交叉局面中的让路船,以便让路。二副见到 S轮左转,碰撞前 0.5 ~ 1 min,E 轮见碰撞已不可避免,左满舵。两轮以全速、直角碰撞,S 轮沉没。

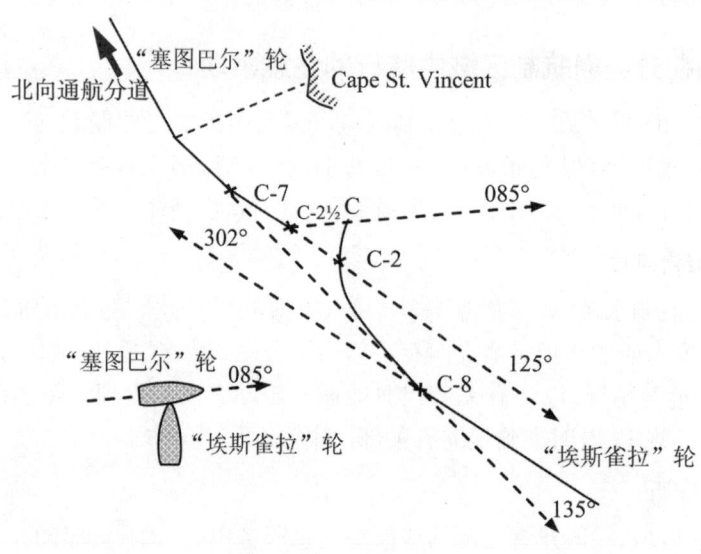

图 3-6-9 "埃斯雀拉"轮与"塞图巴尔"轮的碰撞案

在案件的审理中,布莱顿法官认为,本案中尽管两船中的一船违反了分道通航制的规定,

---

① ［1977］1 Lloyd's Rep. 525.

走错分道而有过失,但这绝不是引起碰撞的过失。碰撞的主要原因是交叉相遇局面中的直航船没有保向保速,而采取了两次向左转向,当相距较远时左转 10°,而后又左转 40°,致使两船靠近发生碰撞。因此判定 S 轮承担 5/8 的碰撞责任,E 轮承担 3/8 的碰撞责任。

第四章
船舶在互见中的行动

　　"船舶在互见中的行动"是《规则》第二章"驾驶和航行规则"第二节的内容,共八条。《规则》第十一条"适用范围"规定:**"本节条款适用于互见中的船舶。"**即《规则》第十二条至第十八条仅适用于互见中的船舶。互见的含义已在第一章中阐述,包括能见度良好时的互见和能见度不良时的互见两种情况。本节所阐述的船舶之间的避让关系以及有关追越、对遇局面、交叉相遇局面、让路船与直航船等概念等仅在互见中的避碰中适用。

　　在帆船、追越、对遇局面、交叉相遇局面条款中,《规则》主要是根据两船所构成的几何格局规定了船舶之间的避让关系和避碰责任;在船舶之间的责任条款中,《规则》主要是根据船舶操纵避让能力的优劣规定了两船相遇时的船舶之间的避让关系。

　　特别需要注意的是,在能见度不良的情况下,绝大多数情况会有从相互看不见发展到相互看见(因当时的能见度而定)的过程。在能见度不良情况下会遇两船已经适用《规则》第十九条后,就不再适用互见中有关避让或避碰责任(义务)的条款。但是,在能见度不良情况下两船互见后,仍然应当执行互见中的声号条款。

第一节　帆船

一、两艘帆船之间的避让

《规则》第十二条"帆船"规定:

"1. 两艘帆船相互驶近致有构成碰撞危险时,其中一船应按下列规定给他船让路:

(1)两船在不同舷受风时,左舷受风的船应给他船让路;

(2)两船在同舷受风时,上风船应给下风船让路;

(3)如左舷受风的船看到在上风的船而不能断定究竟该船是左舷受风还是右舷受风,则应给该船让路。

"2. 就本条规定而言,船舶的受风舷侧应认为是主帆被吹向的一舷的对面舷侧;对于方帆船,则应认为是最大纵帆被吹向的一舷的对面舷侧。"

该条规定了两艘帆船相互驶近构成碰撞危险时的避让关系。

(一)适用范围

1.适用条件

《规则》第十二条的适用,应当满足下列条件:

(1)两船在互见中;

(2)相遇并构成碰撞危险的船舶必须均为帆船;

(3)构成碰撞危险;

(4)两艘帆船不在追越中。

2.帆船条款适用的例外

我国在接受《规则》时,对我国的非机动船作出了保留。因此,我国的帆船不受《规则》的约束,也不适用本条,而应当适用《中华人民共和国非机动船舶海上安全航行暂行规则》。

(二)两艘帆船之间的避让关系

根据《规则》第十二条第 1 款的规定,并结合《规则》第十三条的规定,两艘帆船之间的避让责任关系如下:

(1)当一帆船追越另一帆船时,追越的帆船应给被追越的帆船让路;

(2)两船在不同舷受风时,左舷受风的船应给他船让路,如图 4-1-1 所示;

(3)两船在同舷受风时,上风船应给下风船让路,如图 4-1-1 所示;

(4)如左舷受风的船看到在其上风的船而不能断定究竟该船是左舷受风还是右舷受风,则应给该船让路。

如图 4-1-2 所示,当 B 船对 A 船究竟是左舷受风还是右舷受风有怀疑时,B 船应当给 A 船让路。

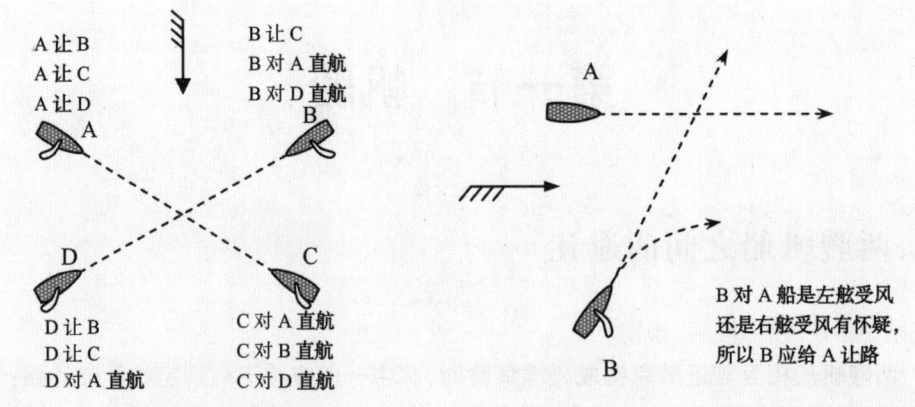

图 4-1-1 两艘帆船间的避让关系   图 4-1-2 对他船何舷受风有怀疑

应当注意的是,该条仅适用于两艘帆船相遇并致有构成碰撞危险的情况。当三艘或者三艘以上帆船相遇并同时致有构成碰撞危险时,上述条款并不适用。图 4-1-1 中表示的是两艘帆船分别相遇时的避让关系。此外,当帆船与机动船相遇,或者当帆船从事捕鱼并构成《规则》所指的"从事捕鱼的船舶"时,上述条款也不适用。

(三)帆船受风舷的确定

根据《规则》第十二条第 2 款的规定,有关帆船受风舷的确认,在白天可以通过观察帆船主帆的位置作出判断;然而,在夜间,很难根据帆船的舷灯作出判断。因此,在夜间,帆船应当根据本船的受风舷以及与他船的相对位置,参照该条第 1 款的规定,采取行动。例如:

(1)左舷受风的帆船当看到上风的另一艘帆船显示绿色舷灯,而无法断定该船何舷受风,则应当假定本船为让路船。

(2)右舷受风的帆船当看到上风的另一艘帆船显示红色舷灯,而无法断定该船何舷受风,则可以假定他船应当给本船让路,因为不论他船何舷受风,他船均负有让路的责任。

(3)左舷受风的帆船,同时又处于上风,无论发现下风船的红舷灯或绿舷灯,也不论能否断定另一艘帆船何舷受风,均应当认为本船为让路船。

二、机动船避让帆船的方法

根据《规则》第十八条的规定,在航的机动船应给帆船让路。机动船在避让帆船时,应根据帆船航行和操纵的特点、当时的风向采取适当的避让行动。机动船避让帆船的方法,通常应遵循以下原则:

(1)帆船顺风行驶时,应从帆船船尾通过,如图 4-1-3(a)所示。

(2)帆船横风行驶时,应从帆船上风侧通过,如图 4-1-3(b)所示。

(3)帆船逆风行驶时,应从帆船船尾通过,如图 4-1-3(c)所示。

(4)对准备掉抢的帆船,一般不宜从其掉抢后的下风舷通过,以防帆船掉抢后失去动力而被压向大船;航道较宽时,一般可从帆船船尾上风侧驶过;航道较窄时,宜减速避让;当几艘帆船同时抢越船头时,应警惕有的帆船认为抢不过去而突然掉抢;应鸣放操纵和警告声号。

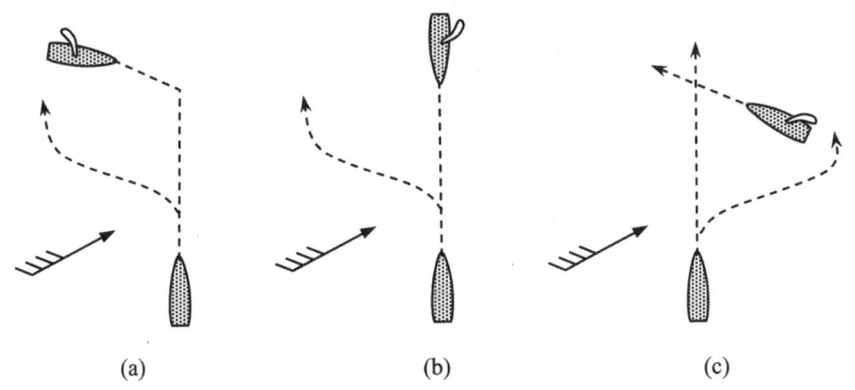

(a)　　　　　　　　　(b)　　　　　　　　　(c)

图 4-1-3　机动船避让帆船的方法

无论是一艘帆船避让另一艘帆船,还是机动船避让帆船,让路船不仅应当严格遵守《规则》第十八条、第八条有关避让行动的规定,做到"早、大、宽、清",还应当注意到被避让的帆船

（直航船）可能由于风向、风速的变化而无法保向保速，进而可能出现掉抢的情况。

第二节　追越

一、追越条款与《规则》其他条款之间的关系

《规则》第二章的第一、二节规定了船舶之间的避让责任关系（如第一节中的不应妨碍与不应被妨碍关系、第二节中的让路与直航的关系等），但各种避让责任关系的适用时机、适用条件并不完全相同，为避免这种责任关系规定的相互冲突，需要确定各条款的优先适用顺序。

《规则》第十三条第 1 款规定："**不论第二章第一节和第二节的各条规定如何，任何船舶在追越任何他船时，均应给被追越船让路。**"这一规定明确了追越条款所规定的避让责任将优先适用。追越条款优先适用具体表现为如下几个方面：

（一）追越条款优先于不应妨碍条款、狭水道条款和分道通航制条款

不论第二章第一节的各条规定如何，"任何船舶在追越任何他船时，均应给被追越船让路"主要是指追越条款优先于不应妨碍条款、狭水道条款和分道通航制条款。换言之，一方面，只要构成追越，追越船就应当给被追越船让路，直到驶过让清为止，而不论被追越船是否为一艘不应妨碍或者不应被妨碍的船舶；另一方面，无论是在狭水道还是在分道通航制水域内，只要构成追越，追越船均应当给被追越船让路，而不论被追越船是否遵守狭水道或者分道通航制条款。诚然，追越条款并不解除不应妨碍的船舶履行其不应妨碍义务，也不解除船舶遵守狭水道或者分道通航制航行规则的义务。

（二）追越条款优先于帆船条款和船舶之间的责任条款

不论第二章第二节的各条规定如何，"任何船舶在追越任何他船时，均应给被追越船让路"主要是指追越条款优先于帆船条款（第十二条）和船舶之间的责任条款（第十八条）。换言之，两艘帆船构成追越，追越船应当给被追越船让路，而不论被追越船何舷受风；只要构成追越，追越船均应当给被追越船让路，而不论追越船是一艘何种船舶，也不论被追越船是一艘何种船舶。例如，当一艘帆船追越一艘机动船时，帆船仍然应当给机动船让路。又如，即使是一艘操纵能力受到限制的船舶，只要是追越他船，其也应当给他船让路。

二、构成追越的条件

《规则》第十三条"追越"第 2 款规定："**一船正从他船正横后大于 22.5 度的某一方向赶上他船时，即该船对其所追越的船所处位置，在夜间只能看见被追越船的尾灯而不能看见它的任一舷灯时，应认为是在追越中。**"根据该款的规定，除两船处于互见中这一前提条件外，一船构成"追越"另一船必须同时具备如下三个条件：

（一）两船方位

后船应位于前船正横后大于 22.5° 的任一方向上，即后船应当位于前船的尾灯光弧范围内。

（二）两船速度

后船赶上他船就意味着后船速度必须大于前船。对这种两船相对位置的判断可根据方位或距离的变化来判定，可能的情况有：

（1）夜间，后船先看到前船尾灯，后来又看见前船绿舷灯和桅灯（由后船赶上前船引起，而不是前船转向）；

（2）看到他船的势态发生变化（反舷角变小）；

（3）距离逐渐减小；

（4）反舷角及距离均变小。

（三）两船距离

《规则》条文本身并没有直接规定构成追越的距离条件。但从"在夜间只能看见被追越船的尾灯而不能看见它的任一舷灯时，应认为是在追越中"这一规定可以推论出构成追越的条件之一是后船位于前船的尾灯光照距离范围内。实际上，前船的尾灯光照距离随着该船的大小、当时的能见度情况不同而不同。因此，在夜间，应当通过用视觉是否可以看到前船的尾灯来判断是否满足构成追越的距离要件。但是，在白天，这一要件就难以判断。鉴于船长大于等于 50 m 的船舶的法定最小能见距离为 3 n mile，通常认为，当后船赶上前船且距离小于 3 n mile 时，就满足了构成追越的距离要件。

只要满足上述条件，追越条款就适用，而不论构成追越的船舶属于何种类型的船舶，也不论船舶所处的水域是宽敞的水域、狭水道或者分道通航制水域内。换言之，追越条款适用于任何船舶、任何水域。值得注意的是，追越并不以构成碰撞危险为条件。

三、追越的判断

在判断是否构成追越时，可以利用前述构成追越的条件加以判断。然而，在实践中，有时确实存在对两船所处的范围、距离难以判断的情况。例如，在方位的判断上，在夜间，对于相对于前船的方位的判断较容易、直观，可根据看到他船航行灯的情况来判断本船相对他船所处的方位，即在可看到他船的尾灯而看不到桅灯或舷灯时就符合这一方位条件。但在白天，准确判断本船相对他船所处的方位是困难的。另外，根据对号灯的技术细节要求，舷灯（桅灯）、尾灯在正横后 22.5° 方向上将各自向后和向前延伸 5° 才达到切实断光，因此，当后船位于前船正横后大约 22.5° 的方向上时，可能可以同时见到他船的尾灯和舷灯（桅灯）；同时，受船舶首摇运动、操舵不稳定等因素的影响，也可能出现后船偶尔看到他船尾灯、偶尔看到他船舷灯的情况。

为此，《规则》第十三条第 3 款规定："**当一船对其是否在追越他船有任何怀疑时，该船应假定是在追越，并应采取相应行动。**"根据这一规定，当后船利用各种方法仍然难以判断是否构成追越而对是否构成追越有任何怀疑时，后船应当假定构成追越，主动承担避让责任，直到

最后驶过让清为止。后船对是否正在追越前船存在怀疑的情况主要包括:

(1)夜间赶上他船,有时看到他船尾灯而有时又看到舷灯;

(2)夜间赶上他船,能同时看见他船的舷灯和尾灯;

(3)白天赶上他船,本船位于他船正横后约22.5°的方位上,且距离较近,对两船构成交叉相遇局面或追越有怀疑;

(4)白天赶上他船,本船位于他船正横后大于22.5°的方位上,但对两船的距离是否构成追越尚不能确定;

(5)任何其他对是否构成追越有怀疑的情况。

四、追越中的避让责任

(一)追越中两船的避让责任

《规则》第十三条第1款"不论第二章第一节和第二节的各条规定如何,任何船舶在追越任何他船时,均应给被追越船让路"的规定,明确指出了追越船为让路船,而被追越船为直航船。《规则》之所以把让路的责任指定给追越船,主要是考虑追越船在避让中始终处于主动地位,无论用舵让还是用车让,通常都不会有任何的困难,并且其可以在对当时两船的会遇态势作出确切的判断以后,再采取避让的行动。因此,在宽敞水域,一旦具备构成追越的条件,追越船就负有让路的责任和义务,主动采取避让被追越船的行动;在狭水道或航道,如需要被追越船采取行动才能安全追越时,则追越船还应当鸣放相应的追越声号,在征得被追越船的同意并确认被追越船已经采取了相应的行动使得能够安全追越时,才能实施追越,否则就不应当实施追越。

(二)追越船责任的解除

《规则》第十三条第4款规定:"随后两船间方位的任何改变,都不应把追越船作为本规则条款含义中所指的交叉相遇船,或者免除其让开被追越船的责任,直到最后驶过让清为止。"该规定说明两船一旦构成追越,追越条款就一直适用,追越船就应当给被追越船让路,直到最后驶过让清为止,即所谓的"一旦追越,永远追越"。

在追越过程中,两船间的方位、距离将发生变化,可能会形成"交叉会遇"格局,如图4-2-1所示,具体的情况可能有三种:其一,两船以收敛的航向逐步地接近,追越船从被追越船正横后大于22.5°的某一方位上赶上并进入被追越船正横后22.5°之前的某一位置,即从被追越船的尾灯的光弧范围进入舷灯的光弧范围;其二,两船以平行的航向或发散的航向处于追越的格局中,当追越船进入被追越船的舷灯光弧范围之后,航向改变,以至于两船航向收敛而处于交叉态势中;其三,两船以平行的航向或发散的航向处于追越的格局中,由于被追越船的航向临时改变,两船各位于他船的舷灯光弧范围内,航向收敛而形成交叉态势。但是,无论是上述哪种情形,一旦前一阶段已经构成追越,追越船均不应将此时的"交叉会遇"态势作为交叉相遇局面而免除其让清被追越船的责任,直到最后驶过让清为止。

所谓"驶过让清",是指追越船已经离开被追越船足够的距离以致不再妨碍被追越船的航行,即使追越船采取不适当的突发行动,被追越船也有足够的时间来判断和应对。

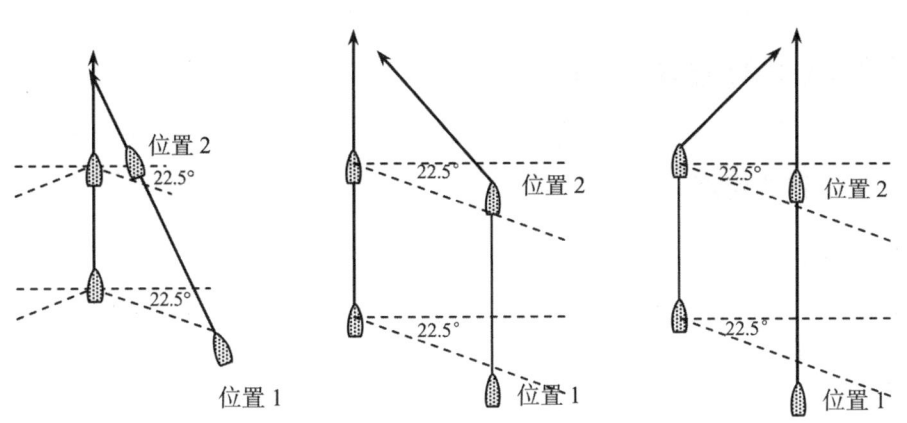

图 4-2-1 追越过程中两船之间的位置关系

在追越船驶过让清被追越船之前,追越船始终负有让路的责任和义务,否则就应当承担相应的责任。例如"克立克斯(Kylix)"轮与"卢斯全根(Rustringen)"轮碰撞案[①],如图 4-2-2 所示,一开始构成"克立克斯"轮追越"卢斯全根"轮,即使在"卢斯全根"轮转向后两船构成"交叉会遇"格局时,"克立克斯"轮仍然负有让清"卢斯全根"轮的义务。在此案中,"克立克斯"轮被判承担 80% 的责任,而"卢斯全根"轮承担 20% 的责任。

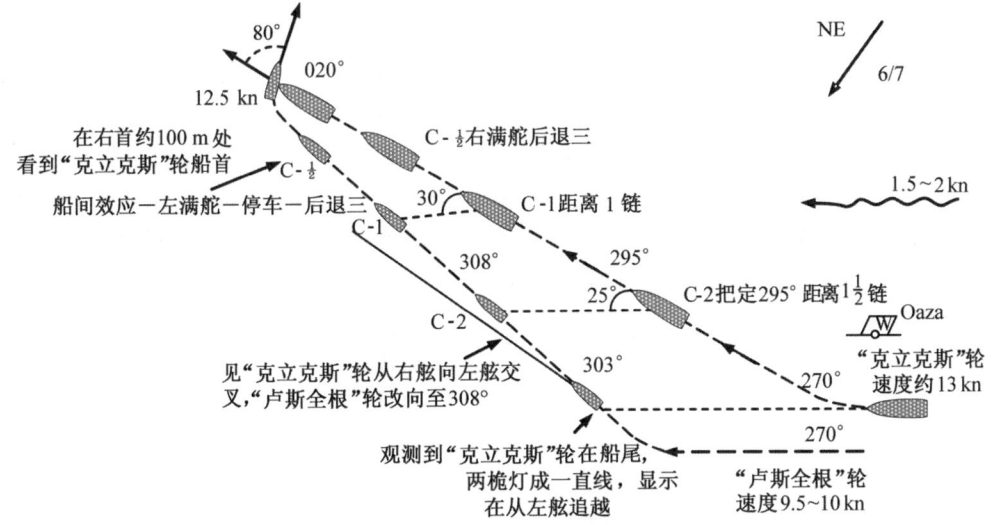

图 4-2-2 "克立克斯"轮与"卢斯全根"轮碰撞案

---

① [1979] 1 Lloyd's Rep. 133.

五、追越中的避让行动

（一）追越的特点

1. 相对速度小，并行或相持时间长

在追越时，两船接近于同向行驶，相对速度小，相持时间长。虽然相持时间长使得可供判断考虑、采取行动的时间比较长，但是若追越中两船的横距较小，可能产生激烈的船间效应，尤其是在狭水道或者航道中追越时，这种船间效应的现象尤甚。根据影响船间效应激烈程度的因素，两船船速越高、相对速度越大、水深越浅、航道宽度越窄、两船的横距越小，则船间效应越显著。因此，当一船在追越另一船时，应当保持足够的横距；在狭水道或者航道中追越应当征得被追越船的同意，使得两船能够保持足够的横距，并有一定的速度差以缩短两船并行的时间。

有关碰撞事故的统计分析表明，在狭水道或者航道中，当一船以较小的横距追越他船时，最容易由于激烈的船间效应而发生碰撞事故。

2. 易与大角度交叉相遇局面相混淆

当后船从前船正横后约22.5°的某一方向上驶近并赶上前船时，后船可能对本船究竟是在追越前船还是与前船构成大角度交叉产生怀疑，如图4-2-3所示。在图4-2-3(a)中，无论A、B两船是构成追越还是交叉相遇局面，A船均属于让路船，因而不容易发生两船行动的不协调；而图4-2-3(b)中，A船可能认为两船构成交叉相遇局面，因而认为B船为让路船而自己仍然保向保速，而B船可能认为两船构成追越，本船为被追越船而保向保速，结果A、B两船均不采取行动而造成紧迫局面，进而发生碰撞。因此，当两船可能构成追越时，从前船的右舷后方追越较从前船的左舷后方追越更为危险。

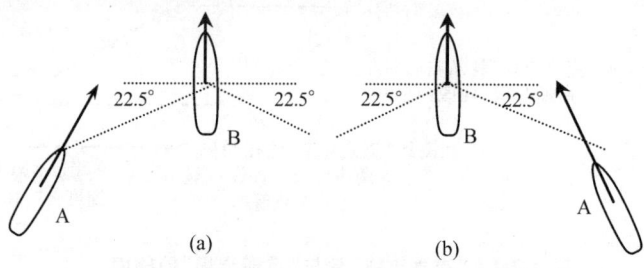

图4-2-3　易与大角度交叉相混淆的追越

针对上述后船从前船右舷正横后约22.5°的某一方向上驶近并赶上前船的情况，为了保证船舶航行安全，后船应当严格遵守《规则》第十三条的规定，对是否构成追越存在任何怀疑时，应当假定本船在追越他船，并采取相应的让路行动；前船应当充分注意到这种容易与交叉相遇局面相混淆的实际情况，保持高度的戒备，运用良好的船艺，在必要时独自采取操纵行动，并且在采取行动时，应当注意到其本身的行动不会与后船可能采取的行动相冲突。

有关的碰撞事故统计表明，在宽敞水域中，一船从另一船右舷正横后22.5°的某一方向上驶近并赶上前船时，最容易发生碰撞事故。例如"奥林匹亚（Olympian）"轮（以下简称O轮）与

"瑙威·沙克兹（Nowy Sacz）"轮（以下简称 N 轮）碰撞案[1]，两船的相遇过程如图 4-2-4 所示。

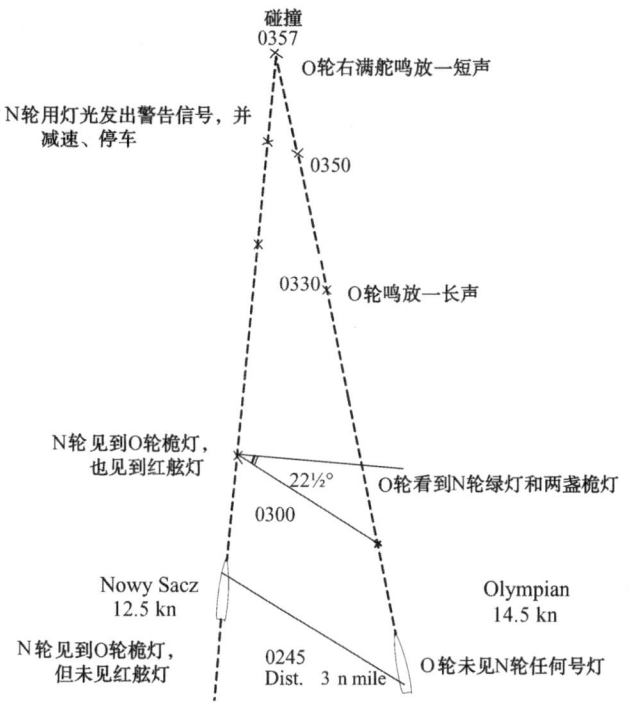

图 4-2-4　O 轮与 N 轮碰撞案

分析两船的会遇过程可知，在两船接近的最初阶段即 0245 时，O 轮应对当时的局面作出正确的判断，如对是否处于追越持有怀疑时，应假定是在追越中并给他船让路，并应按《规则》第八条和第十六条的有关规定及早采取大幅度的行动，宽裕地让清他船，但在 0300 时，O 轮二副看到了 N 轮桅灯和绿舷灯，就认为构成交叉相遇局面而始终保向保速。因此，O 轮没有按照《规则》的规定，在对是否存在追越有怀疑时没有假定为追越并采取让路行动，严重违反了追越条款的规定，是造成碰撞的主要原因。

对于 N 轮而言，尽管《规则》并没有规定在对是否构成交叉相遇局面有任何怀疑时应当假定为交叉相遇局面，但是，在当时的情况下，根据良好船艺的要求，其也应当充分估计到当时两船的实际会遇态势，应当意识到 O 轮可能会认为当时两船构成交叉相遇局面而不采取让路行动的可能性，应当对当时情况保持高度的戒备，但 N 轮也没有这样做。另一方面，N 轮作为追越中的直航船，按《规则》第十七条的规定，首先应该保向保速，但是当发现让路船显然没有采取有效的避碰行动时，为避免紧迫局面也应采取适当的行动，以防止局势进一步恶化，但 N 轮也没能做到这一点。这也是发生碰撞的次要原因。

在该案的上诉中，上诉法院判定 O 轮承担 75% 的碰撞责任，而 N 轮承担 25% 的碰撞责任。

（二）追越船的行动

《规则》第十三条本身并没有规定追越船的具体避碰行动要求。因此，追越船作为让路船在采取避让行动时，应当严格遵守《规则》第八条、第十六条的规定，做到"早、大、宽、清"，并且

---

① ［1977］2 Lloyd's Rep. 91.

应当牢记其让路的义务一直持续到最后驶过让清为止，其后的两船间的任何方位的变化，或者主机、舵机等发生故障而处于失控状态，均不免除其让路的责任和义务。此外，在追越中应当注意如下事项：

（1）在追越时，应当保持足够的横距。

（2）当与被追越船航向会聚时，追越船应适当地改变航向，先从被追越船的船尾驶过，如图 4-2-5 所示。

（3）当追越船追过前船后，不应当立即横越他船船首，而应当确实驶过让清他船后再横越他船船首，如图 4-2-6 所示。

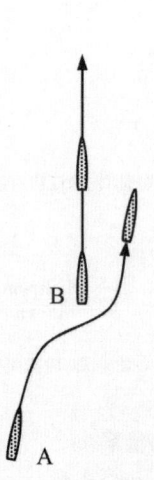
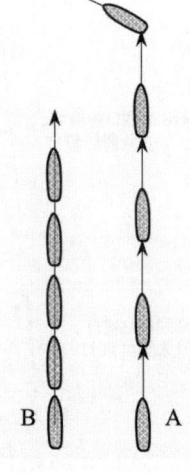

图 4-2-5　航向会聚时的追越　　　　图 4-2-6　追越后的转向

（4）在追越过程中密切关注被追越船的动态，对被追越船可能采取的不利行动予以高度戒备，尤其是当临近被追越船的转向点附近或者发现被追越船可能与另一艘船舶致有构成碰撞危险时。

（5）在狭水道、航道内应当严格遵守狭水道条款的规定，应避免在狭水道的弯头地段、通航密集区、习惯转向点或禁止追越的水域追越。当需要被追越船配合采取行动时，应当鸣放相应的声号，禁止强行追越。在狭水道、航道内实施追越时，应当尽可能避免航向交叉，而应当尽可能并行追越，在追越过程中应保证足够的横距，避免产生激烈的船间效应。

（6）在追越过程中，尽可能与被追越船保持 VHF 通信联系，协调双方行动。

（7）在追越中或者在采取避让行动时，应当特别警惕在近距离有第三船逼近而造成新的紧迫局面的可能性。

（三）被追越船的行动

被追越船作为直航船应当严格遵守《规则》第十七条的规定，在被追越的过程中应当注意如下事项：

（1）当发现有他船追越时，应当检查本船所显示的号灯、号型是否正常，尤其是本船尾灯是否正常显示。

（2）针对从本船右舷正横后约 22.5° 的某一方向上驶近的来船，应当保持高度的戒备，运用良好的船艺，在必要时独自采取操纵行动。

（3）被追越船应密切关注追越船的行动和追越的方式,对可能发生的意外情况,例如船舶失控、激烈的船间效应、激烈的岸壁效应、第三船出现等,做好随时操纵的准备。

（4）在狭水道或航道内,如果同意追越,则应鸣放声号明确表示,并采取让出航道、降低船速等措施,并在整个被追越过程中,充分注意船间效应、浅水效应、岸壁效应的影响;如果不同意追越,则应向企图追越的船立即发出怀疑或警告声号。

（5）被追越船在到达预定转向点附近准备转向时,或者在避让第三船时,应当充分注意到其行动是否可能与追越船的避让行动相冲突。

（6）在被追越过程中,尽可能与追越船保持 VHF 通信联系,协调双方行动。

第三节 对遇局面

一、对遇局面的定义

《规则》第十四条第 1 款规定:"**当两艘机动船在相反的或接近相反的航向上相遇致有构成碰撞危险时,各应向右转向,从而各从他船的左舷驶过。**"根据本款的规定,"对遇局面"是指两艘机动船在相反的或接近相反的航向上相遇致有构成碰撞危险的局面。除需满足互见这一条件外,构成对遇局面应满足以下三个要件:

（一）两艘机动船

"两艘机动船"即相遇的两船均必须为机动船。有关"机动船"的一般定义在《规则》第三条中已经给出。但根据《规则》第十八条的规定,机动船在航时应当给失去控制的船舶、操纵能力受到限制的船舶和从事捕鱼的船舶让路,而不论失去控制的船舶、操纵能力受到限制的船舶和从事捕鱼的船舶是否用机器推进。因此,本条所指的"机动船"是指除"失去控制的船舶""操纵能力受到限制的船舶""从事捕鱼的船舶"之外的用机器推进的船舶,而限于吃水的船舶仍然属于本条所指的"机动船"的范畴。因此,机动船与上述失去控制的船舶、操纵能力受到限制的船舶和从事捕鱼的船舶等三种船舶构成"对遇"的态势时,或者上述三种船舶之间构成"对遇"的态势时,并不构成本条所指的"对遇局面"。

（二）航向相反或接近相反

"meeting on reciprocal or nearly reciprocal courses"被译为"在相反或接近相反的航向上相遇",而从英文的本意看,"reciprocal courses"包含两层意思,一是指两个航向相反(相差180°),二是指两航向线处于一种相反且重叠的状态。因此,"航向相反"是指两船船首向相差180°,且一船位于另一船航向线的前方。"航向接近相反"通常是指两船的交叉角为 6° 左右或半个罗经点,且一船位于另一船船首左右各 6° 或半个罗经点的范围内。例如,A 船航向 180°,B 船航向位于 006°~354° 范围内,且 B 船位于 A 船船首左右各约 6° 的范围内,即可认为是两船航向接近相反,如图 4-3-1 所示。

此外,本条所指的航向通常是指船舶的船首向,而不是船舶的航迹向。

（三）致有构成碰撞危险

致有构成碰撞危险是构成对遇局面的一个重要条件。关于碰撞危险的含义在《规则》第七条中已作了解释,在对遇局面中,判断碰撞危险时应侧重考虑两船之间的横距和两船间的距离。两船之间的横距可用两船间的最小会遇距离来表征。在大海上,若两船间 $DCPA \leq 1$ n mile,则说明两船间的横距不宽裕,存在着碰撞的可能性,在某些情况下 0.5 n mile 的安全会遇距离也是可以接受的。若 $DCPA \geq$ 1 n mile,则可以认为不存在碰撞危险,但是两艘大型船舶之间,则要求横距更大一些。在 $DCPA \leq 1$ n mile 而存在碰撞可能性的情况下,两船之间的距离实际上决定到达最小会遇距离处的时间(TCPA)的大小,通常认为,当一船可以用视觉看到他船桅灯时,对遇局面开始适用。对于 $L \geq 50$ m 的机动船而言,其最小的法定能见距离为 6 n mile,因此,可以认为两船相距 6 n mile 时,对遇局面开始适用。而对于 $L <$ 50 m 的机动船而言,该距离可以根据其装设的桅灯的最小法定能见距离予以适当的考虑。

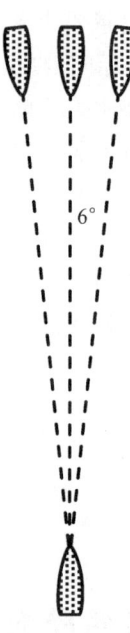

图 4-3-1　对遇两船
之间的航向关系

二、对遇局面的判断

《规则》第十四条第 2 款规定:"当一船看见他船在正前方或接近正前方,在夜间能看见他船的前、后桅灯成一直线或接近一直线和(或)两盏舷灯;在白天能看到他船的上述相应形态时,则应认为存在这样的局面。"第 3 款规定:"当一船对是否存在这样的局面有任何怀疑时,该船应假定确实存在这种局面,并应采取相应的行动。"根据上述两款的规定和对遇局面的构成条件,在实践中,通常可采用下列方法来判断是否构成对遇局面。

（一）根据两船之间的相互位置予以判断

当两艘机动船相互位于各自的正前方或接近正前方,以相反的航向或者接近相反的航向相互逼近时,即可认为对遇局面正在形成。

所谓"正前方",是指一船位于另一船船首向的延长线上。所谓"接近正前方",通常是指一船位于另一船首向左右各 6°（或各 5°或各半个罗经点）范围内。之所以取左右各 6°,主要是基于:

(1)根据号灯的技术细节,两盏舷灯的水平光弧在朝船首方向上分别向另一舷侧延伸 1°～3°才切实断光,因此,在本船正前方左右各 3°的范围内,他船均可以同时看到本船的两盏舷灯。

(2)考虑到船舶操舵不稳,以及风、流和波浪的影响,都可能导致船舶首摇而出现船首左右摇摆的现象。

（二）根据见到他船显示的号灯或者相应的形态予以判断

在两机动船各自位于他船正前方或者接近正前方的前提下，在夜间，如果发现他船的两盏桅灯成一直线或者接近成一直线和两盏舷灯，则两船构成对遇局面。对于 $L \leqslant 50$ m 的船舶有可能只显示一盏桅灯，此时，则可以根据同时发现他船的两盏舷灯来判断对遇局面，如图 4-3-2 所示。在白天，两机动船看到他船的上述相应形态，即当来船位于本船的正前方或者接近正前方，见到他船的前、后桅杆成一直线或接近一直线，或者看到他船的驾驶台正面对着或者接近正面对着本船，即可判断两船将形成对遇局面。

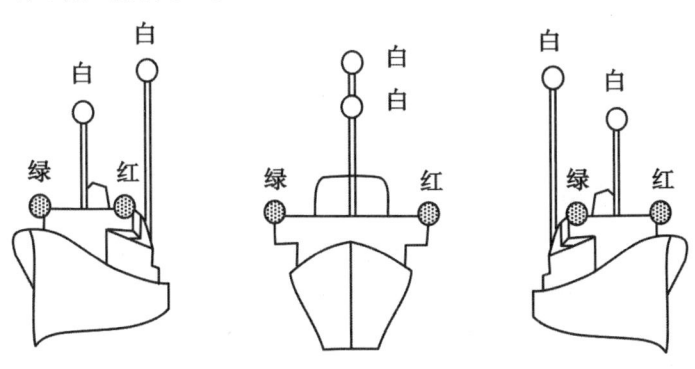

图 4-3-2　见到对遇船的形态

（三）当对是否构成对遇局面有任何怀疑时应当假定存在对遇局面

根据《规则》第十四条第 3 款规定，当一船对是否存在对遇局面有任何怀疑时，该船应假定确实存在对遇局面，并按《规则》要求采取相应的行动。对是否属于对遇局面容易产生怀疑的情况，通常有以下几种情况。

1. 对他船是否位于本船的正前方或接近正前方有怀疑

例如，对正前方附近小角度方向上的他船，是属于构成对遇局面还是交叉相遇局面难以断定。特别是当他船位于本船左舷小角度方向上时，切忌将本船作为小角度交叉相遇局面中的直航船。

2. 对两船是否为航向相反或者接近相反有怀疑

（1）在正前方或接近正前方发现他船的两盏桅灯，但对两盏桅灯是否属于接近一直线难以断定；

（2）在正前方或接近正前方只发现他船的一盏白灯，难以断定该灯是桅灯还是尾灯；

（3）在正前方或者接近正前方时而看到他船的红灯，时而看到他船的绿灯；

（4）在白天，对看到的他船的前、后桅杆是否接近一直线，或者看到他船的驾驶台是否正面对着或者接近正面对着本船有怀疑。

3. 对两船是否致有构成碰撞危险难以断定

对两船是否致有构成碰撞危险难以断定，特别是当两船以较小的 DCPA 右舷对右舷对驶时，切忌假定不存在碰撞危险。

4. 对他船是否属于机动船有怀疑

对位于本船正前方或接近正前方且航向相反或接近相反的他船是否属于本条所指的机动船难以断定。

三、对遇局面中的避让行动

(一)对遇局面的特点

对遇局面中两船航向相反或接近相反,因此两船的相对速度快,可供判断考虑以及采取避让行动的时间短。因此,要求处于对遇局面中的船舶必须对局面作出迅速、准确的判断,并及早地采取大幅度的行动。

(二)船舶的避碰责任

根据《规则》第十四条第1款的规定,对遇局面中的两船,应当各自向右转向,从而从他船的左舷驶过。可见,在对遇局面中,两船负有采取相同的避碰行动的责任和义务,而不存在让路船和直航船的关系,也不存在互为让路船的关系。

(三)对遇局面中的避让行动

根据对遇局面的特点和《规则》的要求,对遇局面中的每一船应当各自向右转向,从而从他船的左舷驶过。每一船在采取行动时,必须充分考虑《规则》第八条的要求,及早地采取大幅度的避碰行动,宽裕地让清他船,并且应当按照《规则》的要求,在采取行动时,鸣放相应的操纵和警告信号。

(四)对遇局面中采取避让行动的注意事项

在对遇局面中,采取避让行动应当充分注意到以下各点:

(1)《规则》要求两船各自向右转向从而从他船左舷通过,并不意味着两船所采取的行动的综合效果能导致两船在安全距离上通过,而是每一船均必须及早地采取大幅度的右转行动,且每一船的行动均能导致两船在安全的距离上驶过。

(2)当一船能够用视觉看到他船的两盏舷灯时,其应当及早采取避碰行动。在采取向右转向行动的同时,应当鸣放"一短声"操纵信号,在夜间还可以显示"一短闪"予以补充。

(3)当发生对是否处于对遇局面持有怀疑的情况时,应假定确实存在这种局面,并应在更早的时刻采取大幅度的行动,以避免紧迫局面的发生。

(4)当环境和情况不允许一船采取右转行动时,应尽可能与他船建立 VHF 通信,协调两船行动;在采取行动时,其时机应当更早,其行动的幅度应当更大。另一船要对他船可能采取的其他行动保持高度的戒备,以防止两船行动不协调。

(5)限于吃水的船舶与其他船舶构成对遇局面时,应当充分注意到本船偏离所驶航向能力受到限制,谨慎驾驶,并把机器做好随时操纵的准备;而另一船应当充分注意到限于吃水船舶的特殊性,及早采取大幅度的避碰行动。

(6)当两艘从事捕鱼的船舶,或两艘操纵能力受到限制的船舶,或者一艘操纵能力受到限制的船舶与一艘失去控制的船舶,形成对遇态势时,虽然本条规定不适用,但各自向右转向的规定被认为是适用于这些特殊情况的。

(7)在危险对遇中,避让的时机应当更早,避让的幅度应当更大,以便他船及早了解本船的意图和行动,以避免两船行动不协调。

四、危险对遇

当两船处于右舷对右舷通过且 DCPA 不安全的对驶态势下,两船最容易采取不协调的行动而发生碰撞,因而常常被称为"危险对遇"。分析"危险对遇"容易发生碰撞的原因可知,主要是两船对当时的局面有可能存在不同的理解。一船认为是两船存在碰撞危险而构成"对遇局面",因而按照《规则》的要求采取向右转向的行动,另一船可能未保持正规瞭望,发现来船太晚,以至于惊慌失措,采取了不协调的行动;或者对对遇局面的特点认识不足,未能及早采取大幅度的行动;或者虽然其认为两船构成碰撞危险,但其为节约航程或者避免大角度转向而采取向左转向以扩大两船的会遇距离。其结果很可能是两船行动不协调而发生碰撞。

碰撞事故统计表明,两船在对遇、对驶或小角度交叉相遇过程中,以两船构成"危险对遇"态势或类似的态势的情况,最容易发生碰撞事故。

例如"Sea Star"轮(以下简称 S 轮)与"Horta Barbosa"轮(以下简称 H 轮)碰撞案[1],如图 4-3-3 所示,碰撞发生时,天气晴朗,能见度良好。碰撞发生前,两船都在相当远的距离上看到了他船的桅灯,并在相距 8 n mile 时用肉眼或望远镜获知他船的航向。当时两船的航向接近相反,相差 2°~3°。在 0345 时,即碰撞前 15 min,S 轮位于 H 轮的右舷 30°,距离为 3~4 n mile 处。此时,H 轮二副认为两船将以横距为 1 n mile 安全驶过而离开驾驶台。而 S 轮却认为两船构成碰撞危险而采取了向右转向的措施,最终发生碰撞。而实际上,通过事故后的调查得知,如保速保向,两船将以 0.75~1 n mile 右舷对右舷通过。本案是一个典型的本可以右舷对右舷安全通过,最后由于 S 轮的错误判断而造成的碰撞事故。在该案的审理中,法庭判决 S 轮承担 75%的碰撞责任,而 H 轮承担 25%的碰撞责任。

又如 1994 年 8 月 27 日"长亭"轮与"贝尼迪特(Lady Benedikte)"轮碰撞案[2],如图 4-3-4 所示,当时能见度良好、天气良好、海面宽阔。"长亭"轮航向 216°,航速 14.1 kn,"贝尼迪特"轮航向 040°,航速 15.7 kn。"长亭"轮认为两船可以以 1 n mile 的最近会遇距离右舷对右舷对驶通过(事后认定如两船保向保速可以以 0.7 n mile 的最近会遇距离右舷对右舷通过),而"贝尼迪特"轮认为两船构成对遇局面,在碰撞前 10 min 两船相距约 4 n mile 时,用自动舵将航向由 040°改为 060°。"长亭"轮并没有及时发现该轮的这种右转,直到碰撞前 3 min 两船相距约 1.26 n mile 时,才认为有碰撞危险,因其驾驶员原来就认为两船将右舷对右舷通过,在慌乱之中下令用左满舵,最后因两船的行动不协调而发生碰撞。该碰撞事故中,除双方均存在瞭望疏忽外,"贝尼迪特"轮错误判断两船构成对遇局面,并且在采取行动时未考虑自动舵转向较慢的性能限制,采用自动舵转向 20°,致使转向至 060°航向时,两船已经相距约 2.7 n mile,该一连串的小转向不容易被"长亭"轮所察觉。这些疏忽是该次碰撞事故的主要原因。航海专家

① 〔1976〕1 Lloyd's Rep. 115;〔1976〕2 Lloyd's Rep. 477, CA.

② The case was held by Tianjin Maritime Court in 1993.

在对该碰撞事故的碰撞责任比例作出认定时,认定"长亭"轮承担30%的碰撞责任,而"贝尼迪特"轮承担70%的碰撞责任。

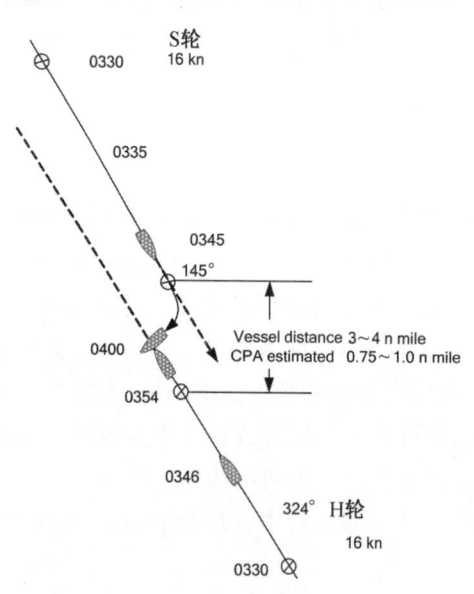

图4-3-3　S轮与H轮碰撞案

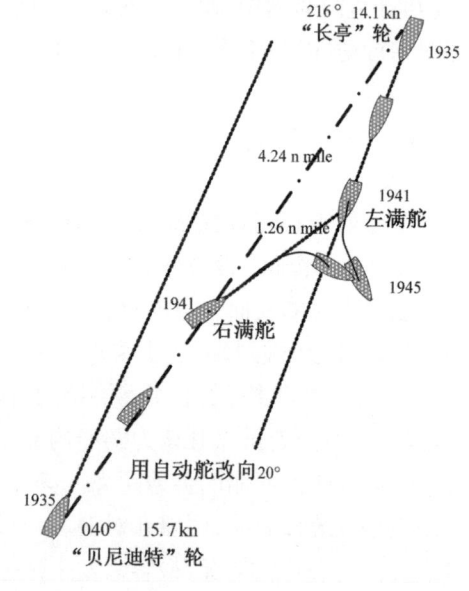

图4-3-4　"长亭"轮与"贝尼迪特"轮碰撞案例

为了避免在危险对遇中由于两船避碰行动的不协调而发生碰撞,一方面两船应当尽可能用 VHF 进行沟通,协调两船的行动;另一方面,在采取避碰行动时,应当做到其行动是及早的、大幅度的,以便他船能够及早地察觉到本船的行动,避免采取不协调的行动。

第四节　交叉相遇局面

一、交叉相遇局面的定义

《规则》第十五条"交叉相遇局面"规定:"当两艘机动船交叉相遇致有构成碰撞危险时,有他船在本船右舷的船舶应给他船让路,如当时环境许可,还应避免横越他船的前方。"根据本条以及《规则》第十三条和第十四条的规定,"交叉相遇局面"是指两艘机动船交叉相遇致有构成碰撞危险的局面。除满足互见这一条件外,构成对遇局面应满足以下三个要件。

（一）两艘机动船

相遇的两船必须均为机动船。本条所指的"机动船"的含义与对遇局面中的"机动船"的含义相同,即除"操纵能力受到限制的船舶""失去控制的船舶""从事捕鱼的船舶"之外的用机器推进的船舶,而限于吃水的船舶仍然属于本条所指的"机动船"的范畴。

（二）交叉相遇

"交叉相遇"是指两船的船首向交叉,即船首向交叉大于6°舷角(左与右),但小于112.5°舷角(左与右),即除追越和对遇局面以外的两船航向或者船首向交叉的情况,如图4-4-1所示。

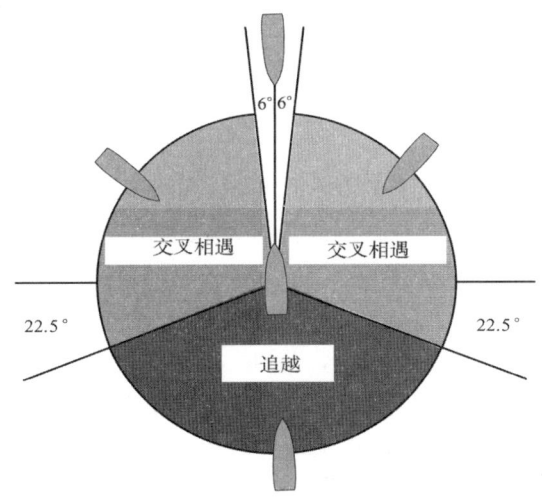

图4-4-1　三种会遇局面的方位关系

在交叉相遇局面中,海员根据以往的习惯做法和船舶避让的特点,根据交叉相遇中两船航向或者船首向交角把"交叉相遇"分成小角度交叉、垂直交叉和大角度交叉三种情况。若一船的航向与另一船航向的反方向的夹角 q 为锐角,则为小角度交叉;若夹角 q 为直角,则为垂直交叉;若夹角 q 为钝角,则为大角度交叉,如图4-4-2所示。

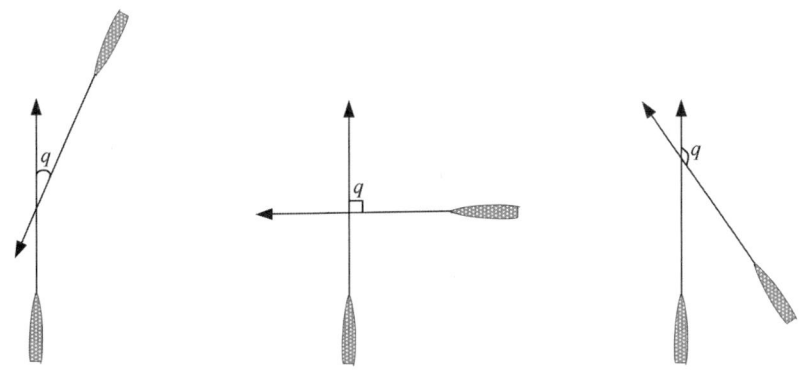

图4-4-2　交叉局面的三种情况

（三）致有构成碰撞危险

致有构成碰撞危险是构成对遇局面的一个重要条件。关于碰撞危险的含义在《规则》第七条中已作了解释。在交叉相遇局面开始适用的距离上,与对遇局面相同,通常认为,当一船可以用视觉看到他船桅灯时,对遇局面开始适用。对于 $L \geq 50$ m 的机动船而言,其最小的法定能见距离为6 n mile,因此,可以认为两船相距6 n mile 时,交叉相遇局面开始适用。而对于 $L < 50$ m 的机动船而言,该距离可以根据其装设的桅灯的最小法定能见距离予以适当的考虑。

二、交叉相遇局面的判断

对是否构成交叉相遇局面应当根据是否满足前述交叉相遇局面的构成要件作出判断。在判断是否构成交叉相遇局面和适用交叉相遇局面条款时,应注意以下几点。

(1)因为在交叉相遇局面中,一船应给另一船让路,为了使让路船能够承担让清直航船的义务,让路船必须能够了解直航船的位置、动态以及是否稳定在某一航向和某一航速上,所以必须以将被定为直航船的船舶的航向是持久的、稳定的并能被他船所理解作为前提条件。

(2)当两艘机动船在岬角、灯船或习惯转向点附近水域,港口的进出口处,江河的交叉口处交叉相遇致有构成碰撞危险时,通常交叉相遇局面仍然适用。但在上述转向点附近航行时,如地方规则有特殊规定,交叉相遇局面条款就不一定适用。例如《大连港大三山水道通航分隔制》第八条规定:"沿通航分道进港直接驶往甘井子、香炉礁码头的船舶,沿交通总流向驶近H2灯浮时转向,驶入甘井子航道;离甘井子、香炉礁码头出港的船舶,亦应在驶近H2灯浮时转向,沿交通总流向出港。"如图4-4-3所示。因此,沿大三山分道通航制相应通航分道航行的进口船,与从甘井子航道出口的出口船交叉相遇时,交叉相遇局面条款并不适用。

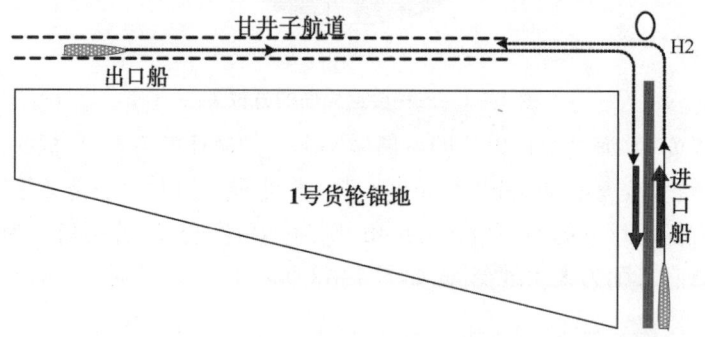

图 4-4-3　船舶进出大连港甘井子航道的航法

(3)在狭水道、航道以及分道通航制区域,如穿越狭水道、航道或通航分道的机动船,与顺着狭水道、航道或通航分道行驶的机动船交叉相遇致有构成碰撞危险,交叉相遇局面仍然适用。

(4)当两艘机动船顺着狭水道或航道的弯曲地段并循着岸形行驶时,两船的船首向始终处于交叉态势,但是两船的航向需要做不断的改变,这时交叉相遇局面条款并不适用,而应适用狭水道条款。

(5)交叉相遇条款仅适用于两艘机动船,当三艘或以上的机动船同时交叉相遇时,本条规定将不适用。

(6)当一船对两船是否构成小角度交叉相遇局面还是对遇局面有怀疑时,应当假定存在对遇局面,并按《规则》第十四条的要求采取相应的行动。

(7)当一船对本船右舷正横后的来船是在追越本船还是与本船构成对大角度交叉相遇局面有怀疑时,应当对他船的行动保持高度的戒备,切忌盲目地将本船作为追越中的被追越船而始终保向保速;并且应在采取行动时充分注意良好船艺的要求,避免本船所采取的行动与他船可能采取的行动不协调。

(8)一艘机动船向后运动以致与另一艘机动船交叉相遇,致有构成碰撞危险的情况,应当作为特殊情况处理,而不应当适用交叉相遇局面条款。

(9)限于吃水的船舶、执行引航任务的机动船、从事普通拖带作业的机动船,当与另一艘机动船交叉相遇致有构成碰撞危险时,仍然应当执行交叉相遇局面条款。除从事拖带作业的船舶构成"操纵能力受到限制的船舶"外,该拖船和被拖船应当视为一个整体,作为一艘机动船执行交叉相遇局面条款。

三、交叉相遇局面中的避让责任

根据《规则》第十五条的规定,在交叉相遇局面中,当有他船位于本船右舷时,本船应给他船让路,本船是让路船,他船是直航船;当有他船位于本船左舷时,本船是直航船,他船应给本船让路。在夜间,当两船交叉相遇时,让路船只能看到直航船的红色舷灯,看不到其绿色舷灯,直航船只能看到让路船的绿色舷灯,看不到其红色舷灯。因此,海员通常称之为"让红不让绿",即看到他船红舷灯的船为让路船,看到他船绿舷灯的船为直航船。

四、交叉相遇局面中的行动

(一)让路船的行动

交叉相遇局面中的让路船在给他船让路时,除应当遵守《规则》第八条、第十六条的规定外,还应遵守《规则》第十五条对其避让行动作出的特殊规定,即在采取让路行动时,应当避免横越他船的前方。根据该项要求,让路船在采取避让行动时只要做到不横越他船的前方即可,其可以采取向右转向、向左转向或者减速等行动。根据海上避让实践和两船所构成的不同交叉会遇态势,通常采用如下避让方法:

(1)通常情况下应采取向右转向的行动,从而从他船的船尾通过。海员通常的做法是让路船采取向右转向的行动,使得本船船首对着他船的船尾后,保持该航向,直到最后驶过让清,再恢复原航向。

(2)避让小角度交叉船时,由于相对速度高,两船接近快,应采取向右转向的行动,并使得他船能够见到本船的红舷灯,使本船从他船船尾后方驶过,如图4-4-4所示。采用向右转向并从他船船尾驶过,通常被认为是避让小角度交叉相遇局面船舶的最好方法;若当时的环境不允许让路船采取大幅度向右转向的行动,例如在其右舷有他船或者存在其他有碍航行的障碍物,则让路船可以采取减速、停车等措施,直航船驶过以后,再恢复原航速。在小角度交叉相遇局面中,让路船应当尽量避免左转,以避免与直航船可能采取的行动不协调。

(3)避让垂直交叉船既可采用上述避让小角度交叉船的方法,采取向右转向从他船的船尾通过;也可以采取减速、停车的方法,让他船先行通过,如图4-4-5所示。

(4)避让大角度交叉船时,不宜在较近距离内右转,通常可适当左转或者减速让他船先行通过,必要时本船可以左转一圈,如图4-4-6所示。

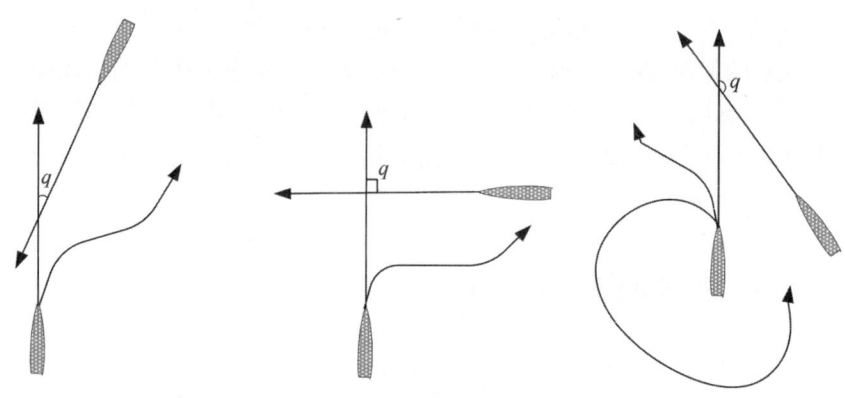

| 图 4-4-4 避让小角度交叉船 | 图 4-4-5 避让垂直交叉船 | 图 4-4-6 避让大角度交叉船 |

（二）直航船的行动

直航船在会遇的过程中，首要的义务是保向保速，其行动应当严格遵守《规则》第十七条的规定。详见本章第六节。

（三）交叉相遇局面发生碰撞事故的原因

交叉相遇局面发生碰撞事故的主要原因有如下几点：

（1）相遇两船未保持正规瞭望，特别是让路船疏忽瞭望；

（2）让路船没有及时、及早采取大幅度的行动，宽裕地让清他船；

（3）会遇双方误将小角度交叉判断为对遇局面，又互相观望，错过避碰良机；

（4）直航船一味强调直航，不顾《规则》其他要求，在紧迫局面形成时，违背《规则》采取向左转向的行动，导致两船行动不协调。

例如"易迅"轮和"延安"轮碰撞案，如图 4-4-7 所示，1989 年 7 月 10 日 1400，本案两船航行经过的海域，天气阴，多云，东南风 3～5 级，能见距离约 10 n mile，海面轻浪，流向 180°，流速 1.5 kn。"易迅"轮船长 79.26 m，事故发生时载货 2519.86 t，自天津新港驶往目的港香港。7 月 10 日 1200，该轮卫星船位为 34°46′N,123°05′E，以真航向 178°、约 9.5 kn 航速航行。当日 1355，该轮值班驾驶员发现本船右舷向东航行的"延安"轮，方位约 80°，距离 4～6 n mile。1405，距离缩小至 1 n mile 左右，"易迅"轮仍未主动采取避让行动。直至 1407，两船间的距离缩小至 0.5～0.6 n mile，碰撞紧迫局面已形成时，才将自动操舵改为人工操舵，在未与"延安"轮联系的情况下，采用了右舵 10°，紧接着再向右 10°。采用右舵约 1 min 后，便开始回舵，仅以小角度右舵避让航行，直至 1408 发生碰撞，未曾改变过航速。"延安"轮船长 135.06 m，事故发生时载货 11571 t，自连云港驶往日本的黑崎。7 月 10 日 1200，该轮船位 34°28′N,122°32′E，以真航向 103°、约 12.5 kn 航速航行。1340，"延安"轮发现本船左舷向南行驶的"易迅"轮，方位约 40°，继续原向原速航行。1408，"延安"轮的船首部碰撞"易迅"轮左舷船尾机舱部位。碰撞地点为 34°22′N,123°02′E。碰撞造成"易迅"轮机舱和住舱进水迅速沉没，"延安"轮首部和左舷船尾及右舷中部船体受损。

经青岛海事法院审理认为，该案为能见度良好时发生的碰撞，两船处于互见中，航向交叉，且构成碰撞危险，故两船构成交叉相遇局面。"易迅"轮为让路船，而"延安"轮为直航船。"易

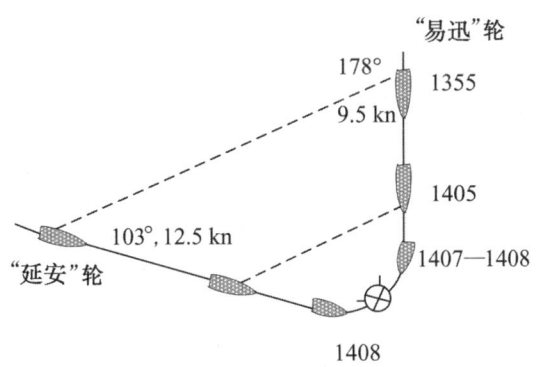

图 4-4-7 "易迅"轮和"延安"轮碰撞案

迅"轮自两船互见至发生碰撞,未能保持正规瞭望,未对两船是否存在碰撞危险作出充分的估计,也未能及早采取让路的行动,在紧迫局面形成之际,又未能采取停车、倒车的避碰措施,仅以小角度转向避让,从而导致碰撞的发生,其应对碰撞承担主要责任。"延安"轮作为交叉相遇局面中的直航船,疏忽瞭望,在发现让路船显然未遵照《规则》采取让路行动时,仍消极等待,在两船逼近到形成紧迫危险时,也没有采取最有助于避碰的行动,应对碰撞承担次要责任。最后,法院认定"易迅"轮承担 60%的碰撞责任,而"延安"轮承担 40%的碰撞责任。

第五节 让路船与直航船的行动

一、让路船与直航船的含义

（一）让路船的含义和种类

1. 让路船的含义

让路船与直航船是相对而言的,即按《规则》规定应给他船让路的船舶即为让路船,而另一船即为直航船。也就是说,当会遇两船中的一船为直航船时,另一船必定是让路船。在理解"让路船"的含义时,应注意到,《规则》规定的"不应妨碍他船的船舶"不是让路船;对遇局面中的两船、能见度不良时不在互见中相遇的两船既不存在让路船与直航船,也不能称之为"互为让路船"。

2. 让路船的种类

根据《规则》的规定,让路船主要有以下几类:

（1）《规则》在第十二条中不同舷受风时的左舷受风的帆船或者同舷受风时处于上风的帆船,或者处于上风而不知下风船为何舷受风的帆船;

（2）《规则》第十三条中的追越船;

（3）《规则》第十五条中有他船在本船右舷的机动船;

（4）《规则》第十八条第1、2、3款中规定的操纵能力较好而须给他船让路的船舶。

（二）直航船的含义和种类

1. 直航船的含义

"直航船"是会遇两船避让关系中与"让路船"相对应的一个概念，即"被让路船"。虽然《规则》将被让路船命名为"直航船"，但其含义并不是指"始终保持航向和航速的船舶"。直航船的名称源于《规则》要求该类船舶首先应当履行保持航向和航速（简称保向保速）即直航的义务。直航船在两船相遇过程中的不同阶段，负有不同的责任和义务，而不仅仅是保向保速的责任和义务。

2. 直航船的种类

与让路船相对应，根据《规则》的规定，直航船主要有以下几类：

（1）《规则》在第十二条中不同舷受风时的右舷受风的帆船或者同舷受风时处于下风的帆船；

（2）《规则》第十三条中的被追越船；

（3）《规则》第十五条中有他船在本船左舷的机动船；

（4）《规则》第十八条第1、2、3款中规定的操纵能力较差的被让路船。

二、让路船的行动

《规则》第十六条规定："**须给他船让路的船舶，应尽可能及早地采取大幅度的行动，宽裕地让清他船。**"其对让路船的行动要求可归纳为"早、大、宽、清"四个字。"早"是对采取避让行动的时机提出的要求；"大"是对采取避让行动的幅度提出的要求；"宽"是对采取避让行动所应达到的安全距离的要求；"清"是对最后避让结果的要求。其含义与《规则》第八条第1~4款的要求几乎一致。制定本条的目的，是再一次专门强调让路船的责任和义务，并与"直航船的行动"的规定相对应，使《规则》作为法规文件更加严密、完整。避免两船形成紧迫局面是让路船的法定责任。

让路船在采取让路行动时，除应当做到"早、大、宽、清"外，还应当遵守《规则》其他条款的规定。例如，对于交叉相遇局面中的让路船，在采取行动时，如果当时环境许可，还应避免横越他船前方。

三、直航船的行动

根据《规则》第十七条的规定，直航船在两船会遇过程中的不同阶段负有不同的责任和义务，即保持航向和航速、独自采取操纵行动和采取最有助于避碰的行动。

（一）保持航向和航速

1. 保持航向和航速的意义

《规则》第十七条第1款（1）项规定："两船中的一船应给另一船让路时，另一船应保持航向和航速。"保持航向和航速是《规则》对直航船提出的一项基本要求,目的在于使让路船准确地掌握其运动状态,对两船的会遇局面作出正确判断,毫不犹豫地采取避让行动。直航船保持航向和航速,既是《规则》赋予直航船的权利,也是其应当履行的责任和义务。

2. 保持航向和航速的适用时间

（1）保持航向和航速的开始适用时间

保持航向和航速的开始适用时间,通常以有关条款开始适用作为其生效的依据。例如,《规则》在第十二条(帆船)和第十五条(交叉相遇局面)中的直航船,其保持航向和航速的起始时间为两船构成碰撞危险时;《规则》第十三条(追越)中的被追越船的保持航向和航速的起始时间为两船构成追越时;《规则》第十八条(船舶之间的责任)中的直航船,虽然《规则》条文没有明确以两船构成碰撞危险为前提条件,但通常认为有关让路的条款仍然是以两船构成碰撞危险为开始适用让路和直航责任和义务的依据。

（2）终止保持航向和航速的时间

终止保持航向和航速的时间,可以分为三种情况。其一是让路船履行了驶过让清的义务,直航船的保持航向和航速的义务也随即解除;其二是当直航船一经发觉让路船显然没有遵照《规则》采取适当行动时,直航船可以终止保持航向和航速的义务,而独自采取操纵行动时;其三是当直航船发觉不论由于何种原因逼近到单凭让路船的行动已不能避免碰撞时,直航船应当立即终止保持航向和航速,而采取最有助于避碰的行动时。

3. 保持航向和航速的含义

保持航向和航速(简称保向保速)通常是指保持初始的罗经航向和主机转速,但并非一定要保持在同一罗经航向和主机转速上,而应当理解为保持一船在当时从事航海操作所遵循的并为他船所理解的航向和航速。直航船在应保持航向和航速的阶段,如无正当理由而未能履行保向和保速的义务,将被认为是一种违反《规则》的行为。然而,如直航船的改变航向和(或)航速的行为,是航海操纵所必需的,也是能够被他船所理解的,则其行为并非为违反直航船保向保速的行为,这些情况包括:

（1）驶往锚地的过程中准备抛锚而采取减速措施;

（2）到达港口前为了安全进港而减速;

（3）接送引航员所做的航向和航速的调整;

（4）由于风浪变大,为防止主机超负荷运转而采取适当降低转速的措施;

（5）被追越船为留出水域和缩短两船的并航时间所作出的改向和减速;

（6）执行引航任务的船舶由于工作需要而作的航速和航向的改变;

（7）因风流条件的变化和调整风流压差的需要而作的改向等。

以上这些变速和变向的行动应该是能被他船所理解的,也是航海操纵所必需的,所以不能被认为是直航船违反了保向保速的义务,而应当被认为是正当的、合理的行为。相反,若直航船在保向保速阶段进行船舶操纵性试验或测定罗经差等操作而对航速和航向作出变动,因其操作并不是航海操纵所必需的,这种对其航向和航速所作的变动是违反《规则》的行为。

(二)独自采取操纵行动

1. 直航船可以独自采取操纵行动的时机

《规则》第十七条第 1 款(2)项规定:"**然而,当保持航向和航速的船一经发觉规定的让路船显然没有遵照本规则条款采取适当行动时,该船即可独自采取操纵行动,以避免碰撞。**"因此,直航船可以独自采取操纵行动的时机为当让路船显然没有遵守《规则》各条的规定采取让路行动时,具体包括以下三种情况:

(1)让路船还没有采取行动,而两船逐步逼近,正在形成紧迫局面;

(2)让路船的行动没有做到"早、大、宽、清"的要求,其行动的效果不能导致两船在安全距离上通过,例如转向的幅度太小、减速的幅度不够等;

(3)让路船违反《规则》规定采取行动,例如交叉相遇局面中的让路船企图强行横越本船的前方。

在避碰实践中,为确定独自采取操纵行动的适当时机,直航船在保向和保速阶段,应密切关注让路船的行动,当发觉两船接近到单凭让路船采取大幅度的行动已不能导致两船在安全的距离上驶过,即将形成紧迫局面或者紧迫局面正在形成时,直航船就可以独自采取行动。通常认为,在海上形成紧迫局面的两船距离为 2~3 n mile。

2. 直航船独自采取的行动

《规则》对直航船独自采取操纵行动的要求是"可以(may)",而不是"应(shall)",表明直航船独自采取操纵行动并不是强制性的,而是授权性的,但按照良好船艺的要求,建议直航船独自采取行动。并且,即使是直航船独自采取了操纵行动,让路船的让路义务并不解除。为了促使让路船立即采取避让行动,在直航船独自采取操纵行动前,应当鸣放相应的警告信号,引起让路船的注意;并在采取行动时,应当充分注意到其独自采取的避碰行动要尽可能与让路船可能采取的行动协调一致。为此,直航船在独自采取操纵行动时,应当注意如下几点。

(1)在采取行动之前,应鸣放至少五声短而急的声号,并可以用五次短而急的闪光信号予以补充,以表示无法理解他船的意图和行动、怀疑他船是否采取足够的避让行动;还可以通过VHF 呼叫他船,争取与他船建立通信联系。

(2)严密注视他船进一步的动态,并做好随时操纵的准备,如改用手操舵、命令主机备车,必要时请船长上驾驶台。

(3)在独自采取行动时,其行动应当是大幅度的并尽可能迅速完成,如转向,其幅度应当至少 30°;如采用减速,可先停车然后再微速前进;同时在采取操纵行动的同时,应鸣放相应的操纵声号和/或显示操纵号灯。

(4)《规则》第十七条第 3 款规定:"**在交叉相遇局面下,机动船按照本条 1 款(2)项采取行动以避免与另一艘机动船碰撞时,如当时环境许可,不应对在本船左舷的船采取向左转向。**"这是对交叉相遇局面中的直航船的行动作出的特别规定。考虑到让路船在多数情况下都是采取向右转向的行动,为防止两船行动不协调,而规定直航船不应向左转向,这是对在交叉相遇中的直航船提出的特殊要求,必须严格遵守。如果由于直航船的左转导致碰撞事故发生,直航船将被指控犯有严重过失。

(5)为避免与让路船的行动不协调,通常情况下,直航船宜采取背着他船转向的行动,在转向时要充分注意到他船穿越船头的情况;对于不同的会遇态势,背着他船转向时,还应采取最有利的转向行动。对于左舷小角度方向上的他船,转向应在较早的时刻进行,如图 4-5-1 所示;对于左舷大角度交叉船、追越船,应采取背着他船转向,使两船航向接近平行,如图 4-5-2 所示。

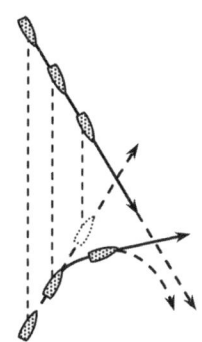
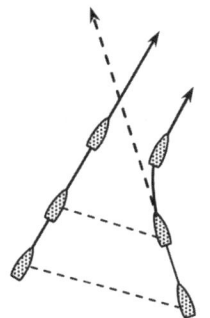
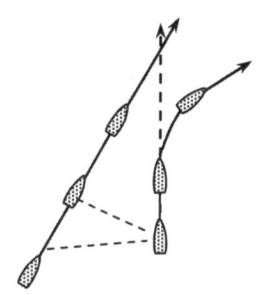

图 4-5-1　避让左舷小角度方向上的他船　　　　图 4-5-2　避让左舷大角度交叉船、追越船

（6）直航船独自采取背着他船转向的操纵行动前,应当充分考虑当时的环境和情况是否允许,如其行动是否会与第三船形成紧迫局面或者招致航行的危险等;若不允许,则不宜采取该行动,但也应当避免对着让路船转向,此时,直航船应当毫不犹豫地采取大幅度减速措施,必要时把船完全停住。

（三）采取最有助于避碰的行动

《规则》第十七条第 2 款规定:"当规定保持航向和航速的船,发觉本船不论由于何种原因逼近到单凭让路船的行动不能避免碰撞时,也应采取最有助于避碰的行动。"因此,当两船不论由于何种原因逼近到单凭让路船的行动已经不能避免碰撞时,直航船应终止保向保速,并采取最有助于避碰的行动。

1. 采取最有助于避碰行动的时机

当两船接近到单凭让路船的行动已不能避免碰撞时,说明此时紧迫局面已经形成,紧迫危险正在形成。此时,无论是作为让路船还是直航船,均应当立即采取最有助于避碰的行动。究竟两船接近到何种程度,才算构成"单凭让路船的行动已经不能避免碰撞",可以以船舶转向避让的临界距离为基础,并根据船舶的会遇态势、相对速度、船舶的操纵性能、船舶长度等具体情况作出判断。通常认为,以两艘万吨级船舶在开阔的洋面上构成交叉相遇局面为例,直航船应当采取最有助于避碰的行动的时机为两船相距 1 n mile;若为大型或者超大型船舶则为 1.5 n mile。

2. 最有助于避碰的行动

根据《规则》的规定和良好船艺的要求,最有助于避碰的行动应当是能够避免碰撞,或者在碰撞不可避免的情况下能够尽量减少碰撞损失的行动,包括转向、停车、倒车、停船等措施。在具体采取最有助于避碰的行动时,如当时环境许可,船舶应当遵守《规则》有关条款的要求去采取相应的行动。如当时环境不许可,直航船可以背离《规则》采取行动,并运用良好的船艺。

3. 直航船采取最有助于避碰的行动,是其一项强制性的义务

与前述直航船"可(may)"独自采取操纵行动不同,当直航船发觉本船不论由于何种原因逼近到单凭让路船的行动不能避免碰撞时,也"应(shall)"采取最有助于避碰的行动,这是《规则》强制性的要求。相应地,如果直航船在发觉单凭让路船的行动不能避免碰撞时,却未能采取最有助于避碰的行动,则需要承担相应的责任。

四、直航船的行动并不解除让路船的让路义务

《规则》第十七条第4款规定:**"本条并不解除让路船的让路义务。"**《规则》允许直航船独自采取避碰行动和应当采取最有助于避碰的行动,完全是一种协调性和弥补性的行动,其根本目的在于减少碰撞事故的发生,而不是解除或减轻让路船的让路义务。作为让路船,绝不可因有第十七条的规定,就抱有只要直航船独自采取行动碰撞就可避免的想法,而放弃其负有的给直航船让路的责任和义务。《规则》第十七条第4款"本条并不解除让路船的让路义务"这一规定,其目的就是提醒让路船充分认识到这一点。

五、碰撞局面中的四个阶段

为进一步阐述让路船和直航船在会遇过程中的责任和义务,现以互见中两船以不变的方位相互接近致有构成碰撞危险的交叉相遇局面为例,对碰撞局面中的四个阶段进行分析。

(一)碰撞局面中的四个阶段

1. 自由行动阶段

在这一阶段,两船在远距离上不存在碰撞危险,《规则》条款尚未开始使用,两船均可以自由采取行动。

2. 让路船及早行动阶段

两船相互驶近致有构成碰撞危险时,让路船应及早采取大幅度的行动,并能导致两船在安全的距离上驶过,此时直航船应保向保速。

3. 直航船可独自采取行动阶段

当让路船显然没有遵守《规则》各条采取适当行动时,按照良好船艺的要求,直航船应鸣放警告声号或警告灯光信号,及时提醒让路船注意;同时,在这种情况下,《规则》准许或授权直航船独自采取行动以避免碰撞。但在交叉局面中,当直航船独自采取操纵行动时,直航船应避免对其左舷的船舶采取向左转向的行动。作为让路船,并不解除其给直航船让路的责任和义务,其应当立即采取大幅度的避让行动。

4. 应采取最有助于避碰行动阶段

不论何种原因,当两船逼近到单凭一船的行动已经不能避免碰撞时,让路船和直航船均应该采取最有助于避碰的行动。

（二）各阶段开始适用的两船间距离

各阶段开始时两船间的距离没有固定的标准，它与两船的航向交角、相对速度、船舶的操纵性能、通航密度、天气海况、水域限制等因素有关。如图 4-5-3 所示为在海上船舶交叉相遇时，各阶段开始时两船之间的距离的推荐数据，以供参考。

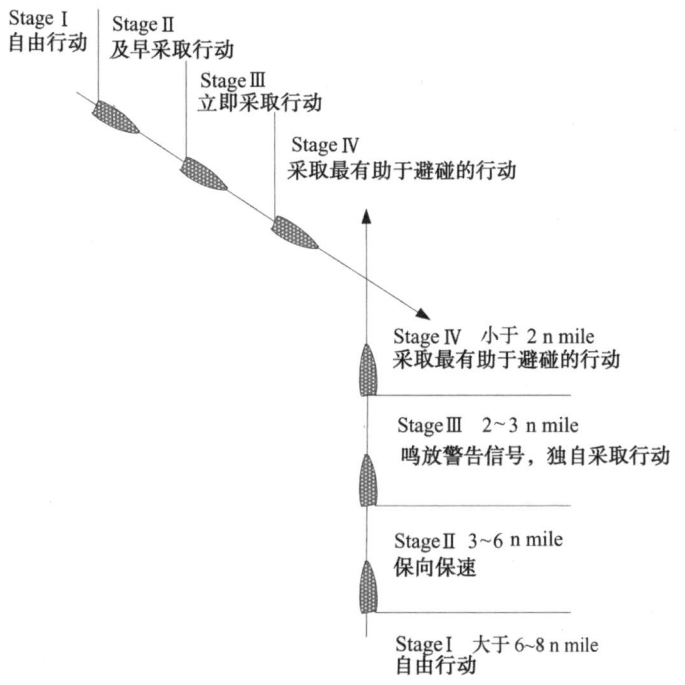

图 4-5-3　碰撞局面中的四个阶段

六、案例分析

2007 年 3 月 17 日 2251 左右，中国香港籍货船"惠荣"轮（总长 154.48 m，14417 总吨，以下简称 H 轮）从天津驶往泰国曼谷途中，在中国浙江舟山浪岗山列岛海域（概位 30°32.5′N，123°15.6′E）与中国籍货船"鹏延"轮（总长 223.0 m，34886 总吨，以下简称 P 轮）发生碰撞。碰撞造成 P 轮船首吃水 13.2 m 处一宽度约 1 m、左侧 7 m 深、右侧 4 m 深的破口，球鼻首严重破裂；造成 H 轮第 3、4 货舱严重破损后进水沉没，29 名船员中，9 名船员死亡，8 名船员失踪。事故海域当时晴天，偏北风 4~5 级，海浪 3~4 级，能见度 7 级，东南流约 1 kn。

根据对 H 轮操舵水手朱某某和其他幸存者的调查询问，H 轮的行动如下：

3 月 17 日 2205 左右，操舵水手朱某某上驾驶台值班，随后应船长要求，离开驾驶台前往主甲板桅房关门。2215 左右，水手朱某某返回驾驶台，站在舵轮处发现左舷有一绿灯船（后证实为 P 轮），距离约 2 n mile，附近没有其他船舶。

2220 左右，船长写好夜航命令后离开驾驶台。

2230 左右，H 轮三副与 P 轮三副在 VHF 16 频道进行了通话，相互询问了动态。

2235 左右,H 轮三副在接到 P 轮三副在 VHF 16 频道中要求 H 轮左舵 10° 避碰的呼叫后,左舵 10° 转向。当时朱某某曾问三副"这样转,距离够了吗?"三副没有回答。左舵 10° 2~3 min 后,P 轮又通过 VHF 16 频道呼叫,要求 H 轮左满舵避碰,随后 H 轮左满舵转向。当 P 轮船首距离 H 轮很近时,H 轮三副用 VHF 16 频道呼叫 P 轮,并告诉 P 轮其已把定,没有办法了,并要求 P 轮快向右转向,但 P 轮没有应答,随后两船就发生了碰撞。

根据 P 轮相关当事人询问笔录、航海日志及电子海图数据,P 轮的行动如下:

3 月 17 日 2130 时,航向 179°,速度 11.7 kn,船位 30°45.6′N,123°19.6′E,改航向为 196° 航行。

2220 时,三副在雷达中第一次发现其右后方的 H 轮,距离 0.5 n mile、真方位 330°。

2250 时(实际应为 2247 时),P 轮三副发现 H 轮在其右前方,并用雷达观察获知 H 轮在其右前方 25°,距离约 0.3 n mile 处。随后,P 轮三副用 VHF 16 频道呼叫 H 轮,并告诉 H 轮左转,其向右转向过 H 轮船尾,H 轮表示同意。随后,P 轮前进一、右满舵。

2252 时(实际应为 2249 时),P 轮三副看到 H 轮右舷对着其船首,距离不明。

2254 时(实际应为 2251 时),P 轮船首以 70°~80° 角撞向 H 轮右舷第 3 与第 4 货舱间。碰撞时,P 轮船位 30°32.5′N,123°15.6′E。

2254 时(实际应为 2251 时),P 轮停车,舵仍处于右满舵位置。

经海事调查机关调查认定,双方的事故经过如图 4-5-4 所示。

3 月 17 日 1200 时,H 轮船位 32°45′N,123°08′E,航向 176°,航速 12.9 kn;P 轮船位 32°35.8′N,123°17.8′E,航向 179°,航速 11 kn。P 轮位于 H 轮左前方 12.3 n mile、横距 8.25 n mile、真方位 137.9° 处。

2130 时,P 轮船位 30°45.45′N,123°19.38′E,航向转为 196°,H 轮推算船位 30°47′N,123°13′E,航向约 176°,两船相距 5.8 n mile。双方构成交叉相遇。

2205 时,H 轮船位 30°40.57′N,123°14.14′E,航向 171°,航速 11.6 kn;P 轮船位 30°40.82′N,123°18.13′E,航向 196°,航速 10.9 kn。P 轮位于 H 轮距离 3.32 n mile、真方位 100.1° 处。

2220 时,H 轮船位 30°37.85′N,123°14.60′E,航向 166°,航速 11.4 kn;P 轮船位 30°37.50′N,123°17.25′E,航向 194°,航速 10.7 kn。P 轮位于 H 轮距离 2.3 n mile、真方位 98.6° 处。

2236 时,H 轮船位 30°34.75′N,123°14.96′E,航向 178°,航速 11.7 kn;P 轮船位 30°34.65′N,123°16.46′E,航向 194°,航速 11.2 kn。P 轮位于 H 轮距离 1.3 n mile、真方位 94.3° 处。

2242 时,H 轮船位 30°33.52′N,123°15.01′E,航向 178°,航速 11.9 kn;P 轮船位 30°33.44′N,123°16.15′E,航向 194°,航速 11.2 kn。P 轮位于 H 轮距离 0.99 n mile、真方位 88° 处。

2243 时,H 轮开始向左转向,2247 时,航向 147°,航速 11.8 kn;2248 时,航向 100° 把定并维持 1 min,航速 10.1 kn;2249 时,航向 100°,航速 10.1 kn,开始大幅度向左转向;2251 时,航向 019°,航速 3.9 kn。

2247 时,P 轮开始向右大幅度转向,2248 时,航向 248°,航速 9.3 kn;2249 时,航向 269°,航速 8.5 kn;约 2251 时,航向 317°,航速 2.8 kn。

2251 时左右,H 轮与 P 轮以 70°~80° 角发生碰撞,碰撞时 P 轮船位 30°32.50′N,123°15.60′E,碰撞后 H 轮在 2306—2311 时沉没。

最后,海事调查机关认定双方过失相当。

H 轮的过失:

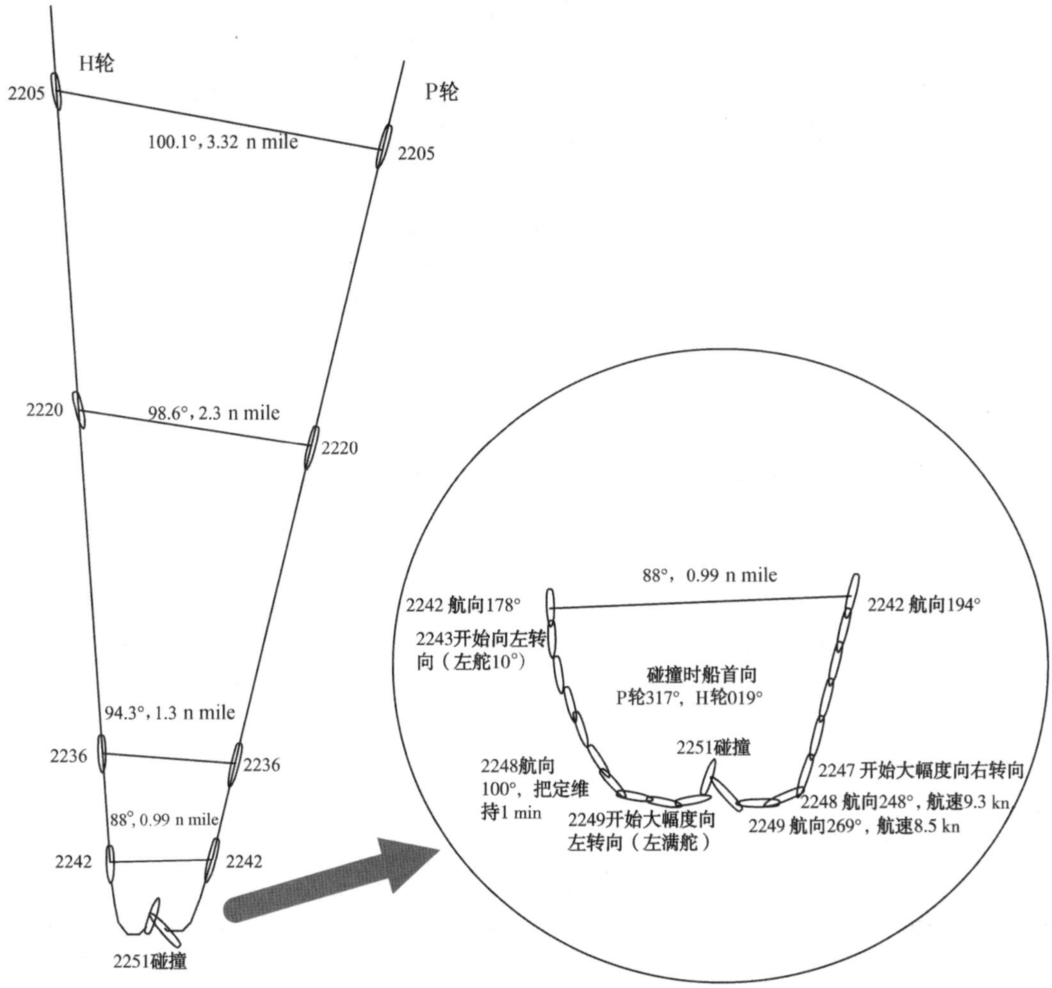

图 4-5-4 "惠荣"轮与"鹏延"轮碰撞示意图

（1）未能采取适合当时环境和情况下一切有效的手段保持正规瞭望,从而未能对当时局面和碰撞危险作出充分的估计,违反了《规则》第五条的规定。

（2）没有采取适合当时环境和情况的一切有效手段判断碰撞危险,从而未能及早发现双方碰撞危险,违反了《规则》第七条各款规定。

（3）在与 P 轮形成交叉相遇致有碰撞危险时,H 轮作为直航船,不仅没有保向保速,反而在 2243 时采取了向左转向行动,并在 2247 时,盲目采取了左满舵的避碰行动,完全抵消了 P 轮向右转向避碰的行动,违反了《规则》第八条第 1 款、第十五条和第十七条第 1、2、3 款的规定。

P 轮的过失:

（1）没有运用适合当时环境和情况下一切有效手段保持正规瞭望,从而对当时的局面和碰撞危险作出充分的估计,违反了《规则》第五条的规定。

（2）没有采取适合当时环境和情况的一切有效手段判断碰撞危险,并及早、大幅度地采取避让行动,违反了《规则》第七条和第八条的规定。

（3）在与 H 轮形成交叉相遇局面后,P 轮作为让路船,没有及早采取大幅度避让行动,宽裕地让清他船,违反了《规则》第十六条的规定。

分析事故原因可知,事故双方没有保持正规瞭望、未能及时判断碰撞危险,在双方形成紧迫危险时,采取的避让措施不当是导致碰撞事故发生的直接原因。其中,P 轮作为交叉局面的让路船,未能及早地采取大幅度的避让行动,而是通过 VHF 联系违反《规则》规定地让 H 轮采取向左转向的行动,是造成紧迫局面的主要因素;而 H 轮作为交叉相遇局面中的直航船,在发现让路船 P 轮显然未采取适当而有效的避碰行动时,未按照《规则》第十七条第 3 款的规定采取行动,反而按照与 P 轮达成所谓的"背离"协议盲目采取了向左转向的行动,严重违反了《规则》第十七条第 3 款"若当时环境许可,不应对本船左舷的船采取向左转向"的规定,完全抵消了 P 轮在紧迫危险形成后所采取的向右转向的避让行动,最终导致碰撞的发生。

第六节　船舶之间的责任

一、确定船舶之间责任的原则

(一)适用范围

1.适用船舶情况

《规则》第十八条的标题是"船舶之间的责任(responsibilities between vessels)",但从英文本身的字面上可以看出,该条所指的船舶之间的责任是指两船之间的避让责任,即相遇两船中的一船对另一船应当承担的避让责任,而不包括三艘及以上船舶相遇同时构成碰撞危险的情况。

2.适用能见度

该条规定在"船舶在互见中的行动规则"这一节中,因此,该条以两船处于互见中为前提条件。

3.适用条件

在适用该条时,应当满足下列两个条件:

(1)当事船舶满足《规则》第三条的"一般定义";

(2)有关船舶,尤其是不首先承担避让责任的船舶,已经按照《规则》的规定显示了相应的号灯或号型。

另外,该条的适用并不以两船构成碰撞危险为前提条件。

(二)船舶之间的责任条款与《规则》其他条款之间的关系

在《规则》各条款中,由于各条款的适用条件不同、确定船舶责任的原则有异,所以存在某些条款交叉的现象。因此,在解释和执行《规则》时,必须注意责任条款与《规则》其他条款之间的关系,正确地运用《规则》。根据《规则》的有关规定,涉及船舶之间避让责任的条款的适

用顺序如下:

(1)第十三条(追越);

(2)第九条第 2、3 款,第十条第 9、10 款,第十八条第 4 款(不应妨碍);

(3)第十八条(不同类船舶之间的避让责任);

(4)第十二条、第十四条、第十五条(同类船舶之间的避让责任)。

(三)船舶之间避让责任的种类

纵观《规则》各条的规定,船舶之间的避让责任可以分为如下两类:

(1)一船不应妨碍另一船的通行或安全通行

第九条第 2、3 款,第十条第 9、10 款以及第十八条第 4 款对船舶所提出"不应妨碍"的要求,实际上就规定了两船之间的责任是一船负有不应妨碍另一船安全通行的责任。

(2)一船应给另一船让路

第十二条、第十三条、第十五条和第十八条中提出两船相遇时一船应给另一船让路,实际上就规定了两船之间的责任是一船负有给另一船让路的责任。一船应给另一船让路的责任只适用于互见中。

除此之外,会遇中的两船还可能负有相同的避碰责任和义务。例如,在互见中,《规则》第十四条规定的对遇局面中的两艘机动船负有同等的避碰责任和义务,各自应当向右转向从而从他船的左舷通过。在能见度不良的水域中或其附近航行的船舶,只要两船不在互见中,任何一船与任何他船相遇均负有同等的避碰责任和义务。

三艘或三艘以上船舶相遇同时构成碰撞危险的情况,属于《规则》未做具体规定的特殊情况,前述追越、对遇局面、交叉相遇局面及本条条款均将不适用,不再存在让路船和直航船,每一船应当根据《规则》第二条规定的精神,运用良好的船艺采取最有助于避碰的行动。

(四)确定船舶之间责任的原则

《规则》在划分船舶之间的责任时,主要采用了等级制和几何制两个原则。所谓等级制原则,是指根据船舶的避让操纵能力的优劣来划分船舶之间的避让责任的原则;而几何制原则,是指根据两船所处相对几何位置关系来划分船舶之间的避让责任的原则。

《规则》第十八条"船舶之间的责任"条款基本是根据等级制原则确定避让责任的,要求避让操纵能力相对较好的船舶应当尽可能给避让操纵能力相对较差的船舶让路。《规则》第十八条在规定某些船舶避免妨碍限于吃水的船舶的安全通行以及水上飞机、地效船避免妨碍所有船舶的航行时,其采用的也是等级制原则。

《规则》第十二条(帆船)、第十三条(追越)、第十四条(对遇局面)、第十五条(交叉相遇局面)基本上均是相遇两船的操纵能力基本相同的情况下,根据两船所处的相对几何位置关系,确定两船之间的避让责任,采用的基本是几何制原则。

也有学者认为,《规则》第十二条规定的上风船应当给下风船让路,第十三条规定的追越船应当给被追越船让路,主要是基于位于上风的帆船、追越船的避让能力相对较好而规定的,因而其采用的是等级制原则。

(四)《规则》未明确规定船舶之间责任的情况

对于《规则》条款并未明确规定避让责任关系的,如三艘或者三艘以上船舶相遇同时致有构成碰撞危险的情况,或者当两艘从事捕鱼的船舶、两艘失去控制的船舶、两艘操纵能力受到限制的船舶相遇致有构成碰撞危险时,一艘失去控制的船舶与一艘操纵能力受到限制的船舶相遇致有构成碰撞危险时,每一船均负有同等的避碰责任和义务,每一船均应按照《规则》第二条规定的精神并运用良好的船艺采取行动,以避免碰撞。在采取行动时,应遵循以下原则:

(1)操纵能力稍好的船舶应尽可能给操纵能力更差的船舶让路。例如,操纵能力受到限制的船舶应尽可能给失去控制的船舶让路;从事拖带作业的操纵能力受到限制的船舶应给正在发射或收回航空器的船舶让路等。

(2)相遇两船均有责任尽最大努力采取行动,以避免碰撞事故发生,在避免碰撞方面两船负有同等的责任。

(3)在采取具体行动时,在条件允许的情况下,应遵循《规则》所确定的行动原则。均应当运用良好的船艺,及早采取避让行动,以保证船舶之间能够在安全距离上通过。

二、各类船舶之间的责任

《规则》第十八条规定:

"除第九、十和十三条另有规定外:

"1.机动船在航时应给下述船舶让路:

(1)失去控制的船舶;

(2)操纵能力受到限制的船舶;

(3)从事捕鱼的船舶;

(4)帆船。

"2.帆船在航时应给下述船舶让路:

(1)失去控制的船舶;

(2)操纵能力受到限制的船舶;

(3)从事捕鱼的船舶。

"3.从事捕鱼的船舶在航时,应尽可能给下述船舶让路:

(1)失去控制的船舶;

(2)操纵能力受到限制的船舶。

"4.(1)除失去控制的船舶或操纵能力受到限制的船舶外,任何船舶,如当时环境许可,应避免妨碍显示第二十八条规定信号的限于吃水的船舶的安全通行。

(2)限于吃水的船舶应全面考虑其特殊条件,特别谨慎地驾驶。

"5.在水面的水上飞机,通常应宽裕地让清所有船舶并避免妨碍其航行。然而在有碰撞危险的情况下,则应遵守本章条款的规定。

"6.(1)地效船在起飞、降落和贴近水面飞行时应宽裕地让清所有其他船舶并避免妨碍它们的航行;

(2)在水面上操作的地效船应作为机动船遵守本章条款的规定。"

因此,除第九、十和十三条另有规定外,船舶应当按照如下规定承担避让责任。

（一）在航机动船与其他船舶之间的责任

机动船在航时,当与下列一艘船舶相遇时,应当给其让路:

（1）失去控制的船舶;

（2）操纵能力受到限制的船舶;

（3）从事捕鱼的船舶;

（4）帆船。

这里所指的"机动船在航"一词包括机动船在航对水移动和在航不对水移动两种状态。对于从事拖带作业的机动船,当偏离其所驶航向的能力没有受到严重限制时,则适用本款规定。对于限于吃水的船舶,尽管《规则》第十八条第4款将其规定为"不应被妨碍的船舶",但在与上述4种船舶相遇时,仍应遵守本款的规定。

（二）在航帆船与其他船舶之间的责任

帆船在航时,当与下列一艘船舶相遇时,应当给其让路:

（1）失去控制的船舶;

（2）操纵能力受到限制的船舶;

（3）从事捕鱼的船舶。

帆船在给上述船舶让路时,应当根据其自身的操纵特点,按照《规则》对让路船提出的要求,及早采取大幅度行动让清他船。

（三）在航从事捕鱼的船舶与其他船舶之间的责任

从事捕鱼的船舶在航时,当与下列一艘船舶相遇时,应当尽可能给其让路:

（1）失去控制的船舶;

（2）操纵能力受到限制的船舶。

考虑到从事捕鱼船舶的作业特点以及所使用的渔具,某些从事捕鱼的船舶很难做到给失去控制的船舶和操纵能力受到限制的船舶让路。因此,本款规定使用了"尽可能"一词,对此,失去控制的船舶和操纵能力受到限制的船舶应予以充分注意。

（四）限于吃水的船舶与其他船舶之间的责任

考虑到限于吃水的船舶偏离其所驶航向的能力严重地受到限制,不能采取大幅度的转向行动避让他船,《规则》将其规定为"不应被妨碍的船舶",要求除失去控制的船舶和操纵能力受到限制的船舶外,任何船舶应避免妨碍限于吃水的船舶的通行。

对于限于吃水的船舶,应全面考虑其操纵特点,在享有"不应被妨碍"权利的同时,还应注意到与他船相遇时可能要承担的让路责任与义务。而且,无论如何,应充分注意其特殊条件,特别谨慎驾驶。

（五）水上飞机与其他船舶之间的责任

在水面上的水上飞机,鉴于其具有优越的机动性能,必要时还可飞离水面,可以做到不与他船形成碰撞危险,《规则》对其作出了特别的规定,即在水面上的水上飞机(如在水面上滑行或在水面上漂浮时)通常应宽裕地让清所有船舶并避免妨碍其航行。"宽裕地让清(keep well clear of)",英语字面意思为"远离",即要求水上飞机在会遇局面构成之前,履行远离他船的义务,以避免与其他船舶形成会遇局面;"避免妨碍其航行"是指水上飞机在水面上航行时应当远离其他船舶,使得其他所有船舶的航行状态不受影响,即其他船舶不会因水上飞机的驶近而需要变速或者变向,而不仅仅是要求其避免妨碍其他船舶"通过或安全通过"。

但是,当水上飞机与其他船舶相遇致有构成碰撞危险时,则应遵守《规则》"驾驶与航行规则"一章的有关规定。根据这一规定,在水面上水上飞机既有可能构成《规则》规定的让路船,从而应当履行给他船让路的责任和义务;也有可能构成直航船而应继续履行直航船的责任和义务。

(六)地效船与其他船舶之间的责任

地效船在起飞、降落和贴近水面飞行时,应宽裕地让清所有其他船舶并避免妨碍它们的航行。这主要是考虑到地效船在起飞、降落和贴近水面飞行时具有良好的机动操纵性能,能够做到避免与其他船舶形成碰撞危险和妨碍他船航行。要求地效船"宽裕地让清"所有其他船舶并"避免妨碍它们的航行""宽裕地让清"和"避免妨碍它们的航行"的含义与《规则》第十八条第5款的含义相同,但是,对于地效船而言,这一要求不仅适用于地效船与他船构成碰撞危险之前,也适用于地效船与他船构成碰撞危险之后。简而言之,地效船在起飞、降落和贴近水面飞行时,其负有一种"超局面"义务,要求地效船宽裕地让清所有其他船舶并避免妨碍它们的航行。

在水面上操作(即除在起飞、降落和贴近水面飞行外)的地效船应当与机动船一样遵守《规则》各条的规定。此时,其也不负有宽裕地让清所有其他船舶并避免妨碍它们的航行的责任和义务。

(七)气垫船和水翼船与其他船舶之间的责任

《规则》本身并未对气垫船、水翼船与其他船舶之间的责任作出特别的规定。因此,气垫船、水翼船即使是处于非排水状态下航行时,也应按照机动船确定他们的责任和义务。考虑到这些船舶具有良好的操纵性能,按照良好船艺的要求,在高速行驶时,通常应当及早采取行动,宽裕地让清他船;在低速行驶时,则应当作为普通的机动船执行《规则》的各项规定。

气垫船在非排水状态下航行时受风的影响比较大,严重时其偏航角度可以达到40°~50°,因此,当在海上发现显示一盏黄色闪光灯的气垫船时,应注意观测其实际运动方向,切实掌握其运动状态,以免由于其显示的舷灯和实际运动方向的差别造成误解。

第五章
船舶在能见度不良时的避碰

船舶航行在能见度不良的水域或其附近时,不易及早发现来船和正确地识别来船,即使使用助航仪器,其信息也较间接、抽象,需要航海人员进一步处理、分析,可靠性也有一定的限度,远远达不到视觉瞭望的直观、形象,因此获得的判断局面和碰撞危险所需要的信息要比能见度良好时少。同时,船舶所采取的避碰行动也不能被他船用视觉发现,而需要通过雷达标绘等手段才能判别。为此,《规则》第十九条对船舶在能见度不良时的行动规则作出了专门的规定。

第一节　适用范围

《规则》第十九条第 1 款规定:"**本条适用于在能见度不良的水域中或在其附近航行时不在互见中的船舶。**"

一、适用水域

能见度不良时的行动规则适用于在任何能见度不良的水域中或在其附近航行时。

"能见度不良的水域中",是指船舶业已进入能见度受到限制的水域;而"在其附近",是指船舶虽然处于能见度良好的水域中,但在其附近水域能见度不良。

二、适用船舶

能见度不良时的行动规则适用于在上述水域航行的任何船舶。无论是普通的机动船、帆船,还是失去控制的船舶、操纵能力受到限制的船舶、从事捕鱼的船舶等,在能见度不良的水域中或在其附近航行,均应当遵守本条的规定。

"航行"可以理解为在航,既包括在航对水移动,也包括在航不对水移动。

三、适用的能见度

根据《规则》第三条的规定,"能见度不良"是指由于雾、霾、下雪、暴风雨、沙暴或任何其他类似原因而使能见度受到限制的情况,即"能见度受到限制的情况"。

从定量解释上,对能见度下降到何种程度时本条开始适用的问题,航海界、司法界历来存在不同的认识。通常认为,当能见度下降到 5 n mile 时,本条开始适用。

在实践中,各船公司的雾航规定略有不同,大多规定:当能见度下降到 5 n mile 时,船舶应当进入一般雾航戒备状态,应做好雾航的准备工作,即报告船长,通知机舱备车,开启雷达,加强瞭望等;当能见度下降到 2 n mile(或者 3 n mile)时,船舶应当进入高度雾航戒备状态,除做好雾航戒备的准备工作外,还应当按章鸣放雾号,船长上驾驶台操纵船舶,加派瞭头,改自动舵为手操舵等。

四、适用条件

从《规则》第十九条第 1 款的规定本身看,本条适用的条件之一是两船不在互见中。但是,纵观本条各款的规定,本条所规定的行动规则大致可分两个方面:

(1)第 2 款和第 3 款规定了船舶保持戒备行动的原则;

(2)第 4 款和第 5 款则规定了避碰(行动)的原则。

一船的戒备行动所面对的是其周围能见度不良水域中可能存在的所有其他船舶,而非某一特定的船。当与来船互见后,并不排斥也不能中断戒备行动,因为周围仍可能存在其他船舶。

因此,本条第 2 款和第 3 款的规定并不以两船不在互见中为条件。

此外,在能见度不良的水域,当两船接近到互见时,原则上应当适用船舶在互见中的行动规则;但是,若两船在接近到互见以前,船舶在能见度不良时的行动规则(第十九条第 4 款和第 5 款)已经适用,即两船中的一船已经按照能见度不良时的行动规则(第十九条第 4 款和第 5 款)采取相应行动,则不能片面强调适用船舶在互见中的行动规则。

第二节　船舶在能见度不良水域航行的戒备

一、执行任何能见度情况下的行动规则时的戒备

《规则》第十九条第 3 款规定:"**在遵守本章第一节各条时,每一船应充分考虑到当时能见度不良的环境和情况。**"因此,船舶在能见度不良水域或其附近航行时,应当在保持正规瞭望、以安全航速行驶、正确判断碰撞危险、采取避免碰撞的行动等方面保持高度的戒备。

《STCW 规则》第 A-Ⅷ/2 节 4-1 部分(航行值班中应遵循的原则)第 45、80 段对能见度不

良时的值班作出了特别的规定。

第 45 段规定：

"遇到或预料到能见度不良时，负责航行值班的高级船员的首要职责是遵守经修订的《1972 年国际海上避碰规则》的相应条款，特别是有关鸣放雾号、以安全航速航行并使主机处于立即可操作的准备状态的条款。此外，负责航行值班的高级船员还应：

1. 通知船长；

2. 布置正规的瞭望；

3. 显示航行灯；并且

4. 操作和使用雷达。"

第 80 段规定：

"负责轮机值班的高级船员应确保提供鸣放声号所使用的持久的空气或蒸汽压力，并随时执行驾驶台的有关变速或换向的任何命令。此外，还应保证操纵用的辅机随时可用。"

（一）能见度不良时的准备

根据《STCW 规则》和《海船船员值班规则》的有关规定，当遇到或预料到能见度不良时，应当做好如下准备工作：

（1）通知船长；

（2）布置瞭望人员，舵工改用手动操舵；

（3）显示航行灯；

（4）及时通知机舱将机器做好随时操纵的准备；

（5）开启雷达使之处于正常工作状态，并注意观测和标绘；

（6）如可能，在能见度变坏前测定船位；

（7）按照《规则》的规定鸣放雾号，并打开驾驶台门窗，守听雾号；

（8）检查 VHF、AIS 等助航设备正常可用，并注意守听和观测等；

（9）谨慎驾驶；

（10）将安全措施载入航海日志。

（二）瞭望及判断碰撞危险

能见度受到限制会给船舶瞭望带来许多不利的影响。因此，能见度不良时，保持正规瞭望是保障航行安全的首要因素。船舶在瞭望人员的数量、位置以及瞭望手段等方面需要根据能见度不良的情况加以妥善的安排。

能见度不良时，瞭望人员应该做到：

（1）瞭望人员是专门负责或承担对船舶周围的情况进行全面观察的航海人员，能见度不良时，专职的瞭望人员应尽量安排在船头。

（2）驾驶台瞭望人员应该具备合理使用雷达、AIS、电子海图、GPS、VHF、望远镜等仪器、设备的能力。

（3）专职瞭望人员应该做到实时地、不间断地与驾驶台保持联系。

在能见度不良的水域中航行，船舶更多地依赖于雷达、AIS、VHF 等助航设备获得他船信息。与互见中不同，在无法用视觉看到他船时，雷达或其他设备所提供的信息无法通过视觉信息加以校正,不仅存在时间上的滞后,还可能出现误识别造成的错误判断。

因此,当雷达测得他船时,应当严格遵守《规则》第七条(碰撞危险)的规定,认真进行雷达标绘或与其相当的系统观察,判定是否正在形成紧迫局面和/或存在碰撞危险,并注意不得使用不充分的信息尤其是不充分的雷达信息作出推断。

在能见度不良的水域中航行时,声号可作为判断碰撞危险的观测信息,但他船的声号的方位有明显的变化不能作为判断不存在碰撞危险的依据。考虑到声号的可听距离较小,当一船听到他船的雾号显似在本船的正横以前时,两船往往已不能避免紧迫局面。在能见度不良的水域航行时,应当及早发现来船,并对是否存在碰撞危险作出判断。通常认为,使用 12 n mile 距离标尺的船舶,应当在 10~12 n mile 发现他船,在两船相距 6~8 n mile 之前完成雷达标绘,以便船舶能够及早采取行动。

（三）避碰行动的时机和幅度

在能见度不良的水域中或其附近,当两船不在互见中时,应充分注意到所采取的避让行动不能被他船利用视觉瞭望容易地察觉到。因此,在能见度不良的水域中或其附近采取避让行动时,不仅要求船舶在更早的距离上采取行动,而且要求幅度更大,效果更明显,并能在更大的安全距离上通过。如经过判断,两船存在碰撞危险,为避免紧迫局面的形成,若当时环境许可,对正横以前的来船通常应当在两船相距 4~6 n mile 时采取行动;对于正横后的来船,则要求两船相距 3 n mile 左右时采取行动。

在采取行动的幅度上,除满足《规则》第八条(避免碰撞的行动)的要求外,还应当导致两船能够在适合当时能见度不良的环境和情况的安全距离上通过,该安全距离在宽敞水域的两艘大船之间,通常被认为是 2 n mile 左右。

此外,及早采取避让行动的先决条件是判明当时的情况,能见度不良时尤其应避免盲目行动。在情况不明时,应将航速减到能维持舵效的最小速度,必要时把船停住。

二、安全航速、将机器做好随时操纵的准备

《规则》第十九条第 2 款规定:"每一船应以适合当时能见度不良的环境和情况的安全航速行驶,机动船应将机器作好随时操纵的准备。"

（一）以安全航速行驶

能见度情况是决定安全航速应当考虑的首要因素。本条再一次强调了航速的规定,并且强调在决定安全航速时,应当充分考虑当时能见度不良的环境和情况。

通常,在能见度不良的水域或其附近航行,应当适当减速。

降低船速可以留有更多时间来获得必要的信息以便对局面和碰撞危险作出充分的估计,并可在必要时能迅速把船停住。

值得注意的是,能见度不良时船舶采取的低航速未必是安全航速,但高速行驶往往会受到指责。

（二）将机器做好随时操纵的准备

除以安全航速行驶外，《规则》要求机动船将机器做好随时操纵的准备，即要求机动船备车航行。备车是能够随时操纵船舶的准备工作，也是随时减速、停车或倒车的基础。

将机器做好随时操纵的准备，既是《规则》的要求，也是《STCW 规则》的强制性要求。

根据《STCW 规则》的规定，将机器做好随时操纵的准备，不仅应当将主机做好随时操纵的准备，而且也要保证操纵用的辅机随时可用。

第三节 能见度不良时的避碰行动

一、能见度不良时船舶的避碰责任

当一船航行在能见度不良的水域中或其附近，与不在互见中的来船正在形成紧迫局面和（或）存在着碰撞危险时，通过瞭望获得信息受到限制，无法根据操纵能力和相对几何位置关系确定船舶的避碰责任，因而两船负有同等的避碰责任和义务，均应果断地采取避碰措施，而不存在让路船和直航船之分。

二、仅凭雷达测到他船时的避碰行动

《规则》第十九条第 4 款规定：

"一船仅凭雷达测到他船时，应判定是否正在形成紧迫局面和（或）存在着碰撞危险。若是如此，应及早地采取避让行动，如果这种行动如果包括转向，则应尽可能避免如下各点：

（1）除对被追越船外，对正横前的船舶采取向左转向；

（2）对正横或正横后的船舶采取朝着它转向。"

（一）适用条件

1. 本款规定的避让行动适用于仅凭雷达发现来船

本款规定的避让行动适用于仅凭雷达发现来船，并且正在形成紧迫局面和（或）存在着碰撞危险的情况。"一船仅凭雷达测到他船"实际上排除了通过视觉或听觉发现来船时对该款的适用。如果用视觉看到来船，则两船可以被视为在互见中，通常应当适用船舶在互见中的行动规则；如果仅凭雾号发现来船，或者虽然使用雷达发现来船但紧迫局面已经形成，则应遵守第十九条第 5 款的规定采取避碰行动，本款不再适用。

应当注意的是，在能见度不良的情况下，当两船接近至互见时，一般应执行互见时的行动规则。

重要的是，能见度不良时的规则通常先于互见中的规则生效，会遇的船舶根据规则要求以及从良好船艺的角度出发，应当在看到来船之前就在对当时的局面作出充分估计的基础上及早地采取行动,而不是消极等待互见规则的生效,否则将被视为疏忽。

2.本款规定的适用以两船正在形成紧迫局面和（或）存在着碰撞危险为条件

该款有关避碰行动的适用,是以两船正在形成紧迫局面和(或)存在着碰撞危险为前提条件的。因此,当一船仅凭雷达发现他船时,应当正确使用雷达,通过雷达标绘或者与其相当的系统观察,断定本船是否与他船正在形成紧迫局面和(或)存在碰撞危险。

若不存在碰撞危险,则无须采取避碰行动,但应当做到谨慎驾驶;若存在碰撞危险,或者两船正在形成紧迫局面,或者既存在碰撞危险又正在形成紧迫局面,则应当及早地采取避碰行动。

（二）仅凭雷达测到他船时应采取的避碰行动

在能见度不良的情况下,船舶可以采取的避碰行动包括转向避碰、变速避碰以及转向与变速结合的避碰。

1.转向避碰

在有足够水域的情况下,单凭转向通常是最有效的避碰行动,其优点是时间短、效果明显、操作简单、不依赖于备车。因此,转向避碰是最常用的避让方法。

（1）避让正横前来船

《规则》第十九条第4款(1)项规定,除对被追越的船外,应避免对正横前的船舶采取向左转向。因此,无论来船是在本船的右正横以前(如图5-3-1所示)还是左正横以前(如图5-3-2所示)或是在正前方,本船均应向右转向避让。

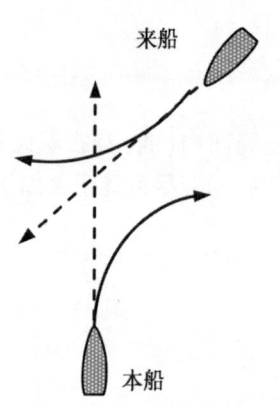

图 5-3-1　避让右前方来船

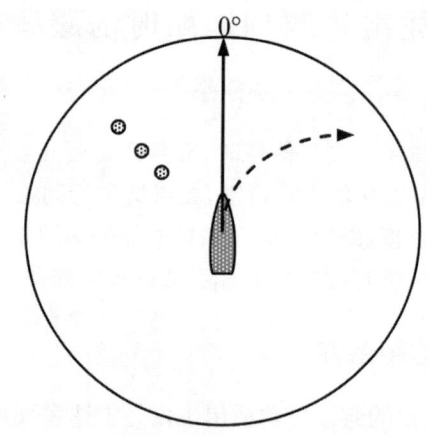

图 5-3-2　避让左前方来船

《规则》第十九条第4款(1)项禁止船舶向左转向是为了保证两船之间转向避碰行动的协调性。当他船位于本船正横之前时,实际上本船也位于他船的正横之前,《规则》规定两船均应当避免左转,可以有效避免由于两船中因一船右转、另一船左转造成的避碰行动的不协调。

《规则》第十九条第4款(1)项所指的"被追越船"不属于《规则》第十三条所指的追越中具有法定含义的"被追越船",而仅仅是指在相对位置上逐渐被本船赶上的船。对于正横以前的被追越船,《规则》并没有明确规定必须左转或者右转,船舶可以根据当时的环境和情况选择向左或向右转向避让。

（2）避让正横和正横后来船

对于从本船正横和正横后驶近的来船,如果朝着它转向,由于转向时航速的下降使朝着他船转向的效果极差,并且因为采取了驶近他船的行动,两船的接近速度急剧加快,使两船处于不协调的境地,比转向前更危险。为此,《规则》第十九条第 4 款（2）项规定,应避免对正横或正横以后的来船采取朝着它转向。因此,对右正横或右正横以后的来船应采取向左转向避让(如图 5-3-3 所示);对左正横或左正横以后的来船应采取向右转向避让(如图 5-3-4 所示)。总之,本船背向他船转向,达到远离的效果,是保证安全的重要措施。

《规则》第十九条第 4 款对于转向避让的规定如图 5-3-5 所示。

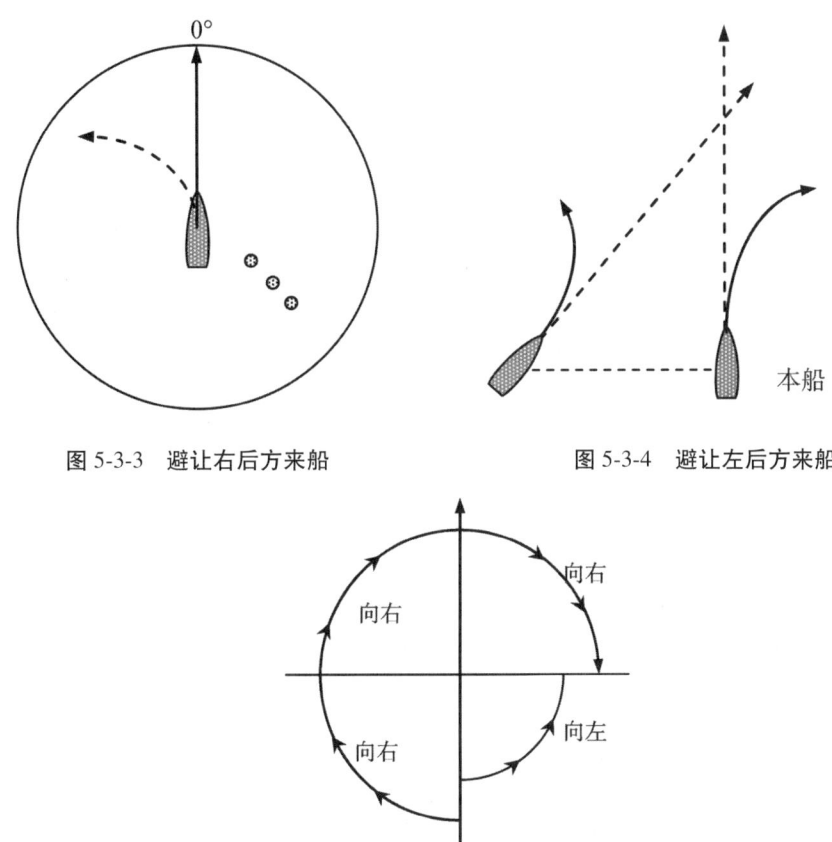

图 5-3-3 避让右后方来船　　　　　图 5-3-4 避让左后方来船

图 5-3-5 《规则》转向避让图解

（3）雷达避碰转向示意图

英国航海学会于 1970 年成立了一个工作组,讨论修改《规则》,该工作组运用雷达标绘方法和数学方法研究雷达避碰问题,并根据《规则》第十九条第 4 款的规定和良好船艺的要求,考虑了船舶之间的协调问题,绘制了雷达避让转向示意图,向航海人员推荐使用,如图 5-3-6 所示。该雷达避让转向示意图长期以来在国际航海界颇有影响,可以认为是对第十九条第 4 款关于转向避让要求的一个补充。

①对左舷 30°到右舷 30°之间的来船:向右转向 60°~90°。

——对左舷来船可转向 60°,对右舷来船可转向 90°。

——相距较远时转向 60°,相距较近时转向 90°,这样可增大 DCPA。

——来船速度比本船快时可转向 90°,比本船慢时可转向 60°。

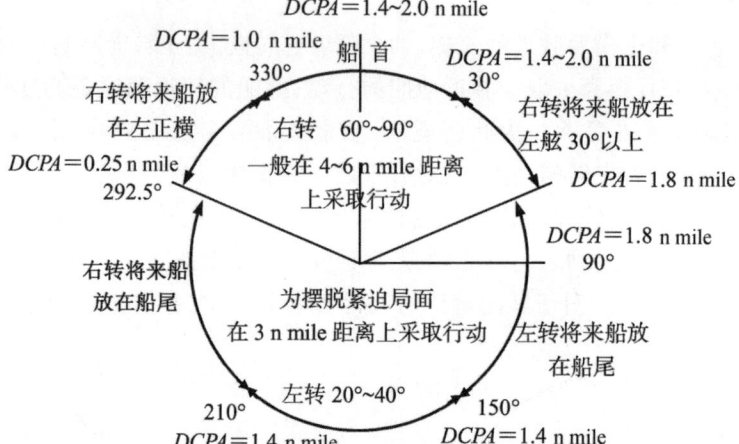

图 5-3-6　雷达避碰转向示意图

②对右舷 30°~90°之间的来船:向右转向直到来船处于左舷 30°以上,对于接近正横的来船,在相距较近的时候,例如 2 n mile 左右,则应把船停住。

③对左舷 330°~292.5°之间的来船:向右转向直到来船处于左舷正横。

——对于偏近 330°方位的来船,DCPA 较大,或对偏近 292.5°的来船,DCPA 偏小时,要么把船停住让来船先通过,要么在转向的同时增加船速提早越过来船。

——本船处于来船右舷,它很有可能向右转向,因此切勿向左转向以免交叉相碰。

④对于 292.5°~210°之间的来船:向右改向直到来船处于本船船尾。

——本船如处于来船的右首舷,它很可能向右转向 60°~90°,就避让效果来说,彼此是分离的。

——如本船向左转向就是横越来船或与来船右让相碰,故切勿向左转向。

——对正横以前的来船亦可将船停住让来船通过。

⑤对于 210°~150°之间的追越船:向左转向 20°~40°。

——转向 40°比转向 20°的效果好。

——处于右尾舷的来船,除它左转过本船尾的情况外,向左转向是利于增大 DCPA 的。

——处于左尾舷的来船,如本船处于来船左或右较小舷角时,来船很可能右转过本船尾。

——在此尾舷角内减速对增大 DCPA 的效果不大。

⑥对于 150°~090°之间的来船:向左转向直到来船处于船尾。

——本船处于来船的左舷角上,它可能向右转向 60°~90°。要提防它向左转向过船尾,但即便如此,因几乎同向航行,有足够余地进行继续观测和避让。

——减速效果对尾舷角小的不如尾舷角大的显著。

2. 变速避碰

采取大幅度转向避让的前提条件是要有足够的水域,并不致造成另一紧迫局面。因此,在没有足够水域或存在第三船致使无法大幅度转向避让的情况下,船舶应考虑采用变速的避让措施。在采取变速避让措施时,应当注意如下事项:

(1)对右正横前的来船,本船的减速行动和来船可能采取的向右转向措施和(或)增速措施效果一致(本船追越他船的情况除外);但对于左正横前的来船,本船的减速行动会与来船可能采取的的右转向措施和(或)减速措施效果相互抵消。

(2)对于正横附近来船,变速行动可以改变两船"齐头并进"的局面,让来船超前或滞后,避让效果比较明显。变速措施短时间内效果不明显,不易被来船察觉,因此应及早地、大幅度地进行。

(3)船舶在能见度不良的水域所采用的变速措施通常是减速措施。如采取增速措施,必须要考虑增速的余地和安全航速的要求。

3. 转向、变速结合避碰

在转向、变速结合同时进行时,转向的方向仍应遵守本款对转向避让的要求。在采取转向、变速结合避让措施时,应当注意:

(1)在避让本船右正横前来船时,本船宜采取右转结合减速的措施,本船右转和减速的效果是一致的。

(2)在避让左正横前来船时,在安全航速许可的范围内,可以采取右转结合增速的措施。一般而言,本船向右转向与增速效果一致,并且与来船可能采取的右转和(或)减速措施效果一致。但应当注意,如他船的相对运动航向线与转向不变线平行或者重合,则转向不一定有效果。

(3)在避让左正横后的来船时,本船通常应当以右转为主,同时也可以结合增速。

(4)在避让右正横后的来船时,本船宜采取左转并结合增速的措施。

三、听到他船的雾号显似在本船正横以前,或者与正横以前的他船不能避免紧迫局面时的行动

《规则》第十九条第5款规定:"除已断定不存在碰撞危险外,每一船当听到他船的雾号显似在本船正横以前,或者与正横以前的他船不能避免紧迫局面时,应将航速减到能维持其航向的最小速度。必要时,应把船完全停住,而且,无论如何,应极其谨慎地驾驶,直到碰撞危险过去为止。"

(一)已断定不存在碰撞危险时,本船可以不采取行动,但应当做到谨慎驾驶

所谓"已断定不存在碰撞危险",是指虽然听到来船的雾号显似在本船正横以前,但已确认该船正在驶离或者能够保证在足够安全会遇距离上通过。此时,《规则》第十九条第5款的规定不适用,该船无须采取避让行动,但应当做到谨慎驾驶。若一船虽然经过系统观测,但仍然无法确定是否存在碰撞危险时,应当根据《规则》第七条第1款的规定,假定存在碰撞危险,并按《规则》第十九条第5款的规定采取相应的行动。

(二)将航速减到能维持其航向的最小速度

根据《规则》第十九条第5款的规定,本船应将航速减到能维持其航向的最小速度的情况包括"当听到他船的雾号显似在本船正横以前"和"与正横以前的他船不能避免紧迫局面时"两种情况。

雾号的可听距离通常只有2 n mile左右,因此听到来船的雾号显似在本船正横以前时,两

船已不能避免紧迫局面的形成。同时,雾号在雾中传播时可能发生折射现象,所以仅凭雾号很难正确判断该船的方位和距离,因而,不应当仅仅根据雾号来判断是否存在碰撞危险。通常认为,当听到他船的雾号显似在本船的正横以前时,应当假定他船与本船不能避免或者已经形成紧迫局面。此外,将正横附近传来的雾号当作来自正横以前的雾号也是一种谨慎的做法。

实践证明,在与正横以前的来船不能避免紧迫局面时,盲目转向往往会使局面更加恶化。在当时的局面不明了时,减速或停船有利于缓解紧迫性,为判明情况保留一定余地;或当时情况已经十分危险,减速或停船有利于降低碰撞的危险性。当然,减速对于正横后的来船反而是更危险的,所以《规则》强调的是正横以前。

若将航速降低到不能控制航向的程度,则船舶失去舵效,那么,将使得在必须转向时船舶无法及时转向,也是不利的。因此,《规则》第十九条第5款提出"将航速减到能维持其航向的最小速度"。这一速度,对于万吨级船舶而言,一般为2~4 kn。

（三）必要时把船完全停住

如果将航速降低到能够维持其航向的最小速度仍然不足以应对当时的紧迫局面或者紧迫危险,船舶应立即停车、倒车把船完全停住。所谓"必要时",通常指以下几种情况:

1. 对不备有可使用雷达的船舶

（1）在邻近处初次听到他船的雾号时;

（2）听到有雾号显似在本船正前方附近时;

（3）听到他船的雾号显似在首前方的角度逐渐减小时;

（4）看到一船从雾中隐隐出现,但其动态还未能判断清楚时;

（5）听到帆船的雾号显似在本船的正横以前时;

（6）听到本船正前方附近有锚泊船的雾号时。

2. 对备有可使用雷达的船舶

（1）当与正横前的他船不能避免紧迫局面时,尤其是他船从正前方或本船船首左右各30°左右的舷角以内驶来时;

（2）当遇到有任何船舶用较高速度径直驶来,但对来船究竟从本船哪一侧驶过存在怀疑时;

（3）听到他船鸣放的雾号但在雷达的众多回波中无法确定鸣放雾号的船舶时;

（4）发现位于正横以前的雷达回波消失在雨雪或海浪的干扰杂波之中,无法确定其动态,但又听到他船鸣放的雾号显似在正横以前时;

（5）当发现他船正在采取与本船不协调的行动,紧迫局面即将形成时;

（6）浓雾中发现一船正在雾中隐隐出现,但无法判断其动态时。

（四）谨慎驾驶

《规则》第十九条第5款规定,每一船当听到他船的雾号显似在本船正横以前,或者与正横以前的他船不能避免紧迫局面时,均应极其谨慎地驾驶,直到碰撞危险过去为止。

所谓谨慎地驾驶,其含义是十分广泛的,不仅包括保持正规瞭望、及时备车并以安全航速行驶、以适合当时环境和情况的一切有效手段判断碰撞危险等方面;而且包括对当时可能发生的特殊情况保持应有的戒备,如多船会遇同时构成碰撞危险的情况、他船背离《规则》或者违背《规则》采取行动的情况等;也包括避免盲目转向、及时将航速减小到能维持其航向的速度,必要时把船完全停住的行动。

总之,谨慎驾驶的内容十分广泛,从加强瞭望、戒备到采取行动,从《规则》的要求到良好船艺的要求,从避免盲目转向到减速、停车、停船等,均是谨慎驾驶的要求。

四、能见度不良情况下碰撞原因分析

通过分析船舶在能见度不良时的碰撞案例,可以总结出在能见度不良时发生碰撞事故的主要原因如下:

(1)疏忽瞭望。碰撞事故原因分析表明,大多数碰撞船舶存在瞭望的疏忽,包括瞭望人员的数量不足、瞭望人员的位置不合适,如未加派瞭头、未使用适合当时环境和情况的一切可用手段保持正规瞭望,如有的船舶在能见度不良时仅仅保持雷达瞭望而未保持视觉瞭望,又如有的船舶未正确使用雷达或者没有对探测到的物标进行系统观察等;未正确使用 VHF 保持及时有效的沟通;未对船舶周围的环境和情况作出充分的估计,例如未对本船的船位进行核实等。

(2)未以适合当时环境和情况的安全航速行驶。有关的统计表明,在能见度不良情况下违反《规则》有关安全航速规定的事故占全部事故的 70% 以上,主要表现为在能见度不良的情况下仍然以高速行驶,没有及时备车、减速,以致不能对碰撞危险作出及时的判断以及不能在适合当时环境和情况的距离以内把船停住等。

(3)未对碰撞危险作出充分的估计和判断,未按照《规则》及早地采取大幅度的避碰行动,或者避碰行动迟缓,错过最佳的避让时机。在很多碰撞事故中,由于瞭望的疏忽以致发现来船太晚,或者没有对发现的来船进行雷达标绘或与其相当的系统观察从而正确判断碰撞危险,导致在采取避碰行动前两船已经构成紧迫局面甚至紧迫危险;或者所采取的行动违反《规则》第八条的规定,没有做到"早、大、宽、清",以致所采取的行动不能被他船用视觉或雷达观察时发现,从而导致两船的避碰行动不协调。

(4)两船的避碰行动不协调。两船的避让行动不协调是导致碰撞事故的重要原因之一,主要表现为船舶在没有准确判断当时环境和情况以及碰撞态势的情况下盲目采取行动,或者违反《规则》第十九条第 4 款的规定,对正横前的来船采取向左转向,从而与来船的避碰行动不协调而导致碰撞。

(5)未能及时减速、停船。主要表现为在两船形成紧迫局面时,船舶未能按照《规则》第十九条第 5 款的规定及时将航速降低到能够维持其舵效的最小速度,并在必要时将船完全停住。

(6)未按《规则》的要求鸣放雾号,以致不能被他船通过听觉瞭望发现。

(7)未能对周围环境和情况的突然变化保持应有的戒备。例如对能见度突然变差缺乏戒备,对他船违背或者背离《规则》采取行动缺乏戒备,以致在关键时刻惊惶失措,盲目采取行动,最终导致碰撞的发生。

第六章

责任

《规则》的"驾驶和航行规则"规定了一般情况下的航行和避碰原则,然而,船舶在实际营运中遇到的环境和情况是千变万化的,无论是从戒备的角度,还是从采取行动的角度,《规则》条款不可能将所有的要求详尽无遗地列出,即使能够详尽列出,其列出的具体要求也可能不适合当时的环境和情况。因此,在遵循《规则》时必须充分考虑海员通常做法所要求的戒备和各种特殊情况的要求。同时,在有特殊规则的水域或者针对适用特殊规则的船舶,必须优先执行特殊规则。

本章主要介绍《规则》第二条(责任)、《中华人民共和国内河避碰规则》、《中华人民共和国非机动船海上安全航行暂行规则》(以下简称《非机动船暂行规则》)以及船舶在各种特殊情况下的避碰。

第一节　疏忽条款和背离条款

一、责任条款概述

(一)责任条款的内容

《规则》第二条共两款,第 1 款规定:"**本规则条款不免除任何船舶或其所有人、船长或船员由于遵守本规则条款的任何疏忽,或者按海员通常做法或当时特殊情况所要求的任何戒备上的疏忽而产生的各种后果的责任。**"该款通常称为疏忽条款,该条款的核心内容是:《规则》不免除任何船舶、船舶所有人、船长或船员由于疏忽而产生的各种后果的责任。

该条第 2 款规定:"**在解释和遵行本规则条款时,应充分考虑一切航行和碰撞的危险以及包括当事船舶条件限制在内的任何特殊情况,这些危险和特殊情况可能需要背离规则条款以**

165

避免紧迫危险。"该款通常称为背离条款。背离条款的核心内容是:在遵循《规则》时,应当充分考虑到在某些危险和特殊情况下需要背离《规则》条款采取行动,以避免紧迫危险。

(二)责任条款的作用

纵观《规则》第二章"驾驶和航行规则"的条文,其规定的内容包括了船舶应当保持的戒备和应当采取行动的准则。这些戒备条款包括瞭望、安全航速、判断碰撞危险等;应当采取行动的准则包括了船舶航行的准则,如狭水道条款、分道通航制条款等,以及船舶采取避让行动的准则,如避免碰撞的行动、让路船的行动等。然而,船舶在海上航行时,其所遇到的环境和情况是千变万化的,无论是从戒备的角度,还是从采取行动的角度,《规则》条款都不可能将所有的要求详尽无遗地列出,即使是能够详尽地列出,其列出的具体要求也可能不适合当时的环境和情况。故此,《规则》条款的规定只能是原则性的,船舶在任何时候均应当根据当时的环境和情况保持应有的戒备,并采取适合当时环境和情况的行动。因此,责任条款常常被称为"兜底条款"。一方面,《规则》要求船舶除严格遵守《规则》的明文规定外,还应当运用良好的船艺,保持对海员通常做法或者特殊情况可能所要求的戒备。另一方面,《规则》要求船舶在采取行动时,不能机械地理解《规则》条文的规定,而应当切实理解《规则》条文的内涵,并根据当时的具体环境和情况采取航行或者避碰的行动。总之,责任条款是对《规则》其他条款的有力的补充和解释,其目的同样是防止海上事故的发生,保持船舶的航行安全。

二、疏忽条款

(一)疏忽的含义

《规则》的第二条中的"疏忽(neglect)"一词,汉语词典对"疏忽"的解释是"粗心大意;忽略";英汉词典对"neglect"的解释是"未注意到;未考虑或考虑不充分;未做应该做的事"。因此,"疏忽"可以理解为"应当为而不为,不应当为而为"的行为。在海上避碰实践中,"疏忽"包括应当戒备而未戒备或戒备不足、应当预见而未预见或预见不准、应当判断而未判断或判断有误、应当行动而未行动或行动不当(时机不当、地点不当、场合不当、方式不当等)、不应当行动而盲目行动等。

《规则》第二条第1款列出的疏忽包括对遵守《规则》的疏忽和保持戒备上的疏忽,而保持戒备上的疏忽可进一步分解为对海员通常做法所要求的任何戒备上的疏忽和对当时特殊情况所要求的任何戒备上的疏忽。

(二)疏忽的主体和由此产生的责任

根据《规则》第二条第1款的规定,疏忽的主体包括船舶或其所有人、船长或船员。在大陆法系国家,船舶本身是"物",一般不能作为承担责任和义务的主体;然而,在英美法系国家,在法律上存在"对物诉讼"的规定,因此,船舶本身也可以作为承担责任和义务的主体。《规则》第二条中所指的船舶所有人是广义的船舶所有人,既包括船舶的实际所有人,也包括船舶光船承租人、船舶经营人等。

《规则》第二条虽然规定为"本规则条款不免除任何船舶或其所有人、船长或船员由于遵守本规则条款的任何疏忽,或者按海员通常做法或当时特殊情况所要求的任何戒备上的疏忽而产生的各种后果的责任",但实际上该款的含义为:如果任何船舶或其所有人、船长或船员对遵守本《规则》,或者对海员通常做法所要求的戒备,或者对特殊情况所要求的戒备产生了疏忽,就要对这种疏忽所产生的后果承担责任。这种责任是广义的责任,不仅包括由于船舶碰撞造成的民事赔偿责任,也包括船舶或其所有人、船长或船员应当承担的行政责任甚至刑事责任。

(三)对遵守《规则》条款的任何疏忽

"遵守本规则条款的任何疏忽"是指《规则》条款有明确规定或明确要求,但船舶、船舶所有人、船长或者船员未遵守《规则》的规定或要求,违反了《规则》规定的情况。对遵守《规则》条款的疏忽既包括主观上的疏忽,如工作责任心不强、麻痹大意,执行《规则》不认真、不严格;也包括客观上的疏忽,如对《规则》条款错误理解或片面理解、缺乏航海经验而导致在避碰实践中对《规则》执行得不好等。对遵守《规则》条款的疏忽包括但不限于:

1.船舶或者船舶所有人对遵守本规则的疏忽

(1)船舶所有人、经营人向船长、船员施加压力,要求船舶达到一定的航速,使得船长、船员不能遵守安全航速的规定;

(2)对船舶主机或者燃油的使用作出硬性规定,例如规定船舶驾驶员不得使用主机、除进出港航行外必须使用重油等;

(3)配备的船员尤其是负责航行值班的船员不符合《STCW公约》的要求,对船员未遵守《规则》的规定听之任之等。

2.船长、船员对遵守本规则的疏忽

(1)对保持正规瞭望的疏忽。如在夜间航行时,未保持夜视眼,从而未及时发现来船;在雾中航行时,仅保持雷达观测,而放弃视觉瞭望;船舶在航行中,值班驾驶员忙于定位,在海图室停留时间太长,以致发现来船太晚而避让不及。

(2)对使用安全航速的疏忽。如船舶在狭水道或者能见度不良的水域以过高的速度行驶。

(3)对正确判断碰撞危险的疏忽。如在雾中航行,未进行雷达标绘或与其相当的系统观察;在雾中,仅把雷达放在12 n mile挡,而未发现近距离来船等。

(4)对正确采取避让行动的疏忽。如在采取避让行动时,没有做到"早、大、宽、清",或者对航向作了一连串的小变动的做法;直航船发觉规定的让路船显然没有遵照《规则》采取适当的行动时仍保速保向消极等待。

(5)违反《规则》要求的航行规则的行为。如一船在狭水道航行时,没有靠近本船右舷的该水道或者航道外缘行驶;在分道通航制水域内没有沿着相应的通航分道行驶等。

(6)对《规则》所要求的戒备的疏忽。如船舶在能见度不良的水域航行,没有及时将主机做好随时操纵的准备。

(7)违反《规则》对显示号灯、号型或者鸣放声号的要求的行为。如在能见度不良水域中航行或者锚泊的船舶没有鸣放相应的雾号;直航船在独自采取操纵行动前,没有鸣放相应的警告信号,或者在互见的操纵中没有鸣放行动声号等。

（8）其他违反《规则》明确规定的行为或者疏忽。

（四）对海员通常做法所要求的任何戒备上的疏忽

1.海员通常做法的含义

"海员通常做法"是指广大海员在长期的航海实践中积累起来形成的一种习惯的、经常性做法,并且这些习惯的、经常性做法是被航海实践所证明能够确保航行安全、有助于避碰的。

与海员通常做法相近的一个概念是良好船艺。在本意上,良好船艺主要是指海员根据当时环境和情况的需要,适当而充分地运用船舶操纵手段来有效控制船舶运动状态、避免海上危险的技艺。海员通常做法更强调在某种情况下通常应采取的措施,良好船艺则更注重这些措施的具体实施技能。随着《规则》的发展,上述两者的内涵和外延都有所变化,其区分已不严格。《规则》第二条第1款中的"海员通常做法"应当扩充解释成包括良好船艺。

2.对海员通常做法所要求的任何戒备上的疏忽

因海员通常做法所要求的戒备的内容十分广泛,难以全部列出。对海员通常做法所要求的戒备上的疏忽,包括但不限于以下各种情况:

（1）对舵令、车钟令不复诵,不核对。

（2）驾驶员在避让过程中进行交接班,或者在不了解周围环境的情况下进行交接班。

（3）船舶在狭水道航行或在进出港时未备车、备锚。

（4）在避让中使用自动舵进行避让;在近距离避让他船时不采用下舵令的方式而采用下航向命令的方式。

（5）不了解本船的船舶操纵性能;不了解外界风、流、浪等因素对操船的影响;没有充分地注意到可能出现的浅水效应、船间效应、岸壁效应。

（6）在高纬度海区航行,对发现冰山缺乏戒备。

（7）在强风、强流中没有远离他船抛锚,或者在大风浪中锚泊没有备车。

（8）在狭水道中追越时盲目从他船右舷追越。

（9）没有做到逆水船让顺水船、进口船让出口船、单船让拖带船组。

（10）在狭水道狭窄地段或者弯头会船等。

（五）对特殊情况所要求的任何戒备上的疏忽

特殊情况即异乎寻常的情况。构成特殊情况的原因包括船舶条件的突变、自然条件的突变、交通条件的突变、他船所采取行动的突变等。特殊情况所要求的戒备,就是针对可能出现的特殊情况而应当保持的应有的戒备,包括事先应预见而未预见到会出现的特殊情况出现时,未采取该情况所要求的任何戒备措施;事先预见到可能会出现特殊情况而没有任何戒备或虽有戒备但采取的戒备措施不充分;出现特殊情况后未采取任何戒备措施或戒备措施不当。对特殊情况所要求的任何戒备上的疏忽,包括但不限于以下各种情况:

（1）对船舶突然遇雾、暴风雨等缺乏戒备。

（2）对他船可能背离《规则》采取行动缺乏戒备。

（3）对为避让一船而与另一船构成紧迫局面缺乏戒备。

（4）对多船同时构成碰撞危险或者紧迫局面的情况缺乏戒备。

（5）对主机、舵机、操舵系统等突然故障缺乏戒备。

（6）对他船意外采取行动使得两船陷入紧迫危险的情况缺乏戒备。

三、背离条款

（一）背离规则条款的沿革

"背离规则"的提法第一次出现在英国 1954 年《商船航运法》(The Merchant Shipping Act)第 296 节中，反映出英国议会在避碰立法中认可了英国航运界总结的海上避碰的经验和教训。海上避碰会遇到各种复杂的情况，在首先强调所有船舶都应遵守规则的同时，也应考虑到例外情况，即在"当时情况达到如此程度，致使为避免紧迫危险而背离规则是必要的"的条件下，应允许船舶背离规则条款。在 1893 年英法商定并随后被世界主要航运国家接受的海上避碰规则中，背离规则的规定成为独立的条款。

在几次修订《国际海上避碰规则》时，对背离规则条款的个别措辞也作了修改，以适应海上避碰实践的需要。例如，在讨论制定第一个国际海上避碰规则的华盛顿会议上，将背离规则条款中"一切航行危险"修改为"一切航行和碰撞危险"，以表明不仅"航行危险"可能致使背离规则是必要的，"碰撞危险(danger of collision)"也可能使得背离规则成为必要。在 1948 年修改《国际海上避碰规则》时，又在背离规则条款中"特殊情况"一词之后增添了"包括当事船舶条件的限制在内"这一短语，以表明可能致使背离规则成为必要的特殊情况也应包括当事船舶条件限制这一情况。

（二）可能需要背离规则的情况

在我国早期的《规则》正式译文中，将背离条款译为："在解释和遵循本规则各条时，应适当考虑到，为避免紧迫危险而须背离本规则各条规定的一切航行和碰撞危险，以及任何特殊情况，其中包括当事船舶条件限制在内。"该译文没有确切地反映原文所表达的含义，导致在理解和运用背离条款时产生歧义，其中最主要的是有关背离规则的条件，如有人认为只要存在紧迫危险即可背离规则，有人认为只有存在构成紧迫危险的特殊情况方可背离规则，有人认为紧迫危险和特殊情况必须同时存在方可背离规则。在最新的《规则》译文中，则将背离条款翻译为**"在解释和遵行本规则条款时，应充分考虑一切航行和碰撞的危险以及包括当事船舶条件限制在内的任何特殊情况，这些危险和特殊情况可能需要背离本规则条款以避免紧迫危险。"**该译文更确切地反映了原文所表达的含义。

根据本款的规定，可能需要背离《规则》的情况包括三种：一种是存在航行的危险(dangers of navigation)；一种是碰撞的危险(dangers of collision)；一种是特殊情况，这种特殊情况包括当事船舶的条件限制在内。

存在航行的危险而需要背离《规则》的情况是指，当船舶按照《规则》的要求航行或者采取避碰行动时，就会产生触礁、搁浅等航行的危险。例如，《规则》狭水道条款要求船舶如安全可行应当靠近本船右舷的该水道或者航道的外缘行驶，如该狭水道右侧的水域水深受限，船舶如仍然靠右行驶就可能存在搁浅的危险，而可能需要背离《规则》在航道中心线上行驶。

存在碰撞的危险而需要背离《规则》的情况是指，当船舶按照《规则》航行或者采取避碰行动,就会产生与他船碰撞的危险。例如,两艘构成对遇局面的船舶,当一船突然向左转向时,另一船如仍然依据《规则》的规定而采取向右转向,则就会构成碰撞的危险。

由于存在特殊情况而需要背离规则的情况,包括由于自然条件受到限制而构成的特殊情况,如两艘机动船对遇,其中一船右舷邻近浅滩、暗礁或沉船而不能向右转向的情况;由于多船出现所构成的特殊情况,如两艘机动船构成对遇局面,而又有另一艘机动船与该两船均构成交叉相遇局面,此时,三船既不适用对遇局面条款,也不适用交叉相遇局面条款,而是一种特殊情况,每一船必须运用良好的船艺采取避让行动;由于当事船舶条件受到限制构成的特殊情况,如一艘限于吃水的船舶在狭水道或者航道内与另一船构成对遇局面,因限于吃水的船舶偏离其所驶航向的能力受到限制,而不能向右转向;由于他船背离规则采取行动所构成的特殊情况;由于地方规则的特殊要求所构成的特殊情况等。

(三)背离规则的条件和目的

背离规则受严格的条件限制,并不是任何存在航行的危险、碰撞的危险的情况或者在任何特殊情况下均可以背离规则。背离规则必须同时满足:

(1)危险是客观存在的,而不是主观臆断的。

(2)这种危险即将构成紧迫危险,即如果遵守规则会造成一船或者两船的紧迫危险,而背离规则就有可能避免这种紧迫危险。应当指出的是,在该条款中,"紧迫危险"并非仅仅指碰撞格局中两船间所形成的紧迫危险,同时也包括可能存在的航行上的紧迫危险。

(3)背离规则是必需的、合理的,即当时的客观事实表明遵守规则不能避免碰撞或航行的紧迫危险,而背离规则可能避免碰撞和航行的紧迫危险。所以,只有当时的危险局面不允许船舶继续遵守规则时,才可以背离规则。只要还存在机会遵守规则,就不应当背离规则。

背离规则的目的是避免紧迫危险。"方便"不能成为背离规则的借口。

总之,背离规则仅仅是在全面实现《规则》的根本目的即避免碰撞危险和避免碰撞的基础上对遵守规则的补充。正当地背离规则是《规则》所允许的,也是《规则》所期望和要求的。但是,允许背离规则并不是《规则》灵活性的体现,背离规则是有严格的条件限制的,只有满足背离的条件,才能背离规则采取行动。"协议背离规则"并不是背离规则的行为,应当禁止。

(四)可以背离的条款

背离规则并不是指背离《规则》所有条款的规定,而仅仅是指背离《规则》所适用的某些或某一条款的具体规定。可以背离的条款通常仅仅是《规则》中有关船舶航行规则和采取避碰行动规则的具体规定,例如《规则》第九条第1款规定的"狭水道右行规则"和第十四条第1款规定的"对遇局面右转规则"等条款。在背离某些或者某一条款的具体规定时,对《规则》其他条款的规定仍然必须严格遵守,诸如保持正规瞭望、以安全航速行驶、正确判断碰撞危险、显示相应的号灯号型和正确鸣放声号等条款,在任何情况下均不得背离。

(五)背离规则的时机

根据前述的分析,可能需要背离《规则》的情况包括三种,而根据第三章第三节对"碰撞危险"的含义分析可知,形成紧迫局面、导致紧迫局面和紧迫危险可以统称为"danger of collision"。

而根据背离《规则》的目的看,背离的目的是避免紧迫危险。

综合上述分析可知,准许某一船背离《规则》的时机应当是该船与另一船临近到即将构成紧迫危险之时或正在形成紧迫危险之时。

（六）背离的注意事项

1. 背离《规则》是一项义务

《规则》准许船舶在必要时背离《规则》采取行动,但每一船不能将这种准许仅仅视为一种授权,而应当将其看作一种避碰义务。船舶在应当背离规则采取行动而没有背离规则采取行动而导致碰撞的,也将被认为是一种对遵守《规则》的疏忽。

2. 背离《规则》采取行动必须符合良好船艺的要求

船舶在背离《规则》采取行动时,其所采取的行动必须符合良好船艺的要求。如采取的背离《规则》的行动不能避免碰撞,则该行动应当能够减轻碰撞或者减少碰撞损失。

3. 不能借口《规则》准许背离而随意违背《规则》

如前所述,背离《规则》是有严格的条件限制的,不能借口《规则》准许背离而随意违背《规则》。在不具备背离《规则》的条件下,协议背离也是不符合《规则》要求的。例如,对遇局面中的两船协议各自向左转向也是违反《规则》的行为。但是,协议避碰并不等于协议背离,在很多情况下,《规则》对两船的具体避碰行为未作明确规定。此时,两船在《规则》准许的框架内协调两船之间的具体避碰行动,属良好船艺的做法,并不违背《规则》。

第二节　《中华人民共和国内河避碰规则》简介

一、概述

1991 年 2 月 8 日,交通部颁布了《中华人民共和国内河避碰规则（1991）》（《91 内规》）,并于 1992 年 1 月 1 日零时起正式执行。它的颁布和实施,对维护船舶航行秩序,保障人民生命财产的安全,促进内河水运事业的发展起着十分重要的作用。为适应内河船舶避碰的需要,交通部于 2003 年 9 月 2 日通过《中华人民共和国内河避碰规则修正案》,对《91 内规》进行了修正,新增“渡船”“船舶定线制、分道通航制”条款。“渡船”规定的纳入,有利于渡船航行与避让安全;“船舶定线制、分道通航制”规定的纳入,使其增加了水上交通管理新成分。现行有效的内河避碰规则是经 2003 年修正后的《中华人民共和国内河避碰规则》（以下简称《内规》）。

《内规》分为五章共四十九条和三个附录,其内容结构如下:

中华人民共和国海船船员适任考试培训教材

第一章　总则
（共五条）
- 第一条　宗旨
- 第二条　适用范围
- 第三条　责任
- 第四条　特别规定
- 第五条　定义

第二章 航行和避碰
（共二十二条）

第一节　行动通则
（共四条）
- 第六条　瞭望
- 第七条　安全航速
- 第八条　航行原则
- 第九条　避碰原则

第二节　机动船相遇，存在碰撞危险时的避碰行动(共十一条)
- 第十条　　机动船对驶相遇
- 第十一条　机动船追越
- 第十二条　机动船横越和交叉相遇
- 第十三条　机动船尾随行驶
- 第十四条　在长江干线航行的客渡船与其他顺航道或河道行驶的机动船相遇
- 第十五条　机动船在干、支流交汇水域相遇
- 第十六条　机动船在叉河口相遇
- 第十七条　机动船与在航施工的工程船相遇
- 第十八条　限于吃水船的海船相遇
- 第十九条　快速船相遇
- 第二十条　机动船掉头

第三节　机动船、人力船、帆船、排筏相遇，存在碰撞危险时的避碰行动（共两条）
- 第二十一条　机动船与人力船、帆船、排筏相遇
- 第二十二条　帆船、人力船、排筏相遇

第四节 船舶在能见度不良时的行动及其他（共五条）
- 第二十三条　船舶在能见度不良时的行动
- 第二十四条　靠泊、离泊
- 第二十五条　停泊
- 第二十六条　渔船捕鱼
- 第二十七条　失去控制的船舶

第三章　号灯和号型
（共十四条）
- 第二十八条　一般定义
- 第二十九条　在航的机动船
- 第三十条　　在航的船队
- 第三十一条　在航的人力船、帆船、排筏
- 第三十二条　工程船
- 第三十三条　掉头
- 第三十四条　停泊
- 第三十五条　搁浅
- 第三十六条　装运危险货物
- 第三十七条　要求减速
- 第三十八条　渔船
- 第三十九条　失去控制的船舶
- 第四十条　　船舶眠桅
- 第四十一条　监督艇和航标艇

二、《内规》总则

（一）《内规》适用范围

《内规》第二条"适用范围"规定：

"在中华人民共和国境内江河、湖泊、水库、运河等通航水域及其港口航行、停泊和作业的一切船舶、排筏均应当遵守本规则。

"船舶、排筏在国境河流、湖泊航行、停泊和作业，应按照中国政府同相邻国家政府签有的协议或者协定执行。

"船舶、排筏在与中俄国境河流相通的水域航行、停泊和作业不适用本规则。"

由于中俄国境河流的特殊性和历史原因，船舶、排筏在与中俄国境河流相通的水域航行、停泊和作业时，如在黑龙江、乌苏里江、额尔古纳河、松阿察河及兴凯湖等与中俄国境河流相通的水域航行、停泊和作业时，遵守执行《中苏国境河流航行规则》，而不适用本《内规》。

（二）责任条款

《内规》第三条借鉴和参照了《规则》第二条"责任"的规定。

《内规》第三条第1款规定："船舶、排筏及其所有人、经营人以及船员应当对遵守本规则的疏忽而产生的后果以及对船员通常做法所要求的或者当时特殊情况要求的任何戒备上的疏忽而产生的后果负责。"这与《规则》疏忽条款基本一致。

《内规》第三条第2款规定："不论由于何种原因，两船已逼近或者已处于紧迫局面时，任何一船都应当果断地采取最有助于避碰的行动，包括在紧迫危险时而背离规则，以挽救危局。"该款规定与《规则》背离条款在措辞上有所区别，但其真正的含义相差不大。

《内规》第三条第3款规定："不论由于何种原因，在长江干线航行的客渡船都必须避让顺航道行驶的船舶。"这一款特别强调了在长江干线航行的客渡船具有绝对的避让责任。

（三）内河水域内的特别规定

《内规》第四条规定："本规则授权各省、自治区、直辖市海事机构，长江、黑龙江海事局及辖区内有内河的沿海海事机构根据辖区具体情况，制定包括分道通航等有关交通管制在内的特别规定,报交通部批准后生效。"该条授权相关的主管机关可以在内河水域制定相应的"特别规定",且这些"特别规定"优先适用。

（四）《内规》中的相关定义

《内规》第五条"定义"给出了快速船、限于吃水的海船、对驶相遇等定义：

"'快速船'是指静水时速为35公里以上的船舶。"

"'限于吃水的海船'是指由于船舶吃水与航道水深的关系,致使其操纵、避让能力受到限制的船舶。限于吃水的海船的实际吃水在长江定为7米以上,珠江定为4米以上。"

"'对驶相遇'是指顺航道行驶的两船来往相遇,包括对遇或者接近对遇、互从左舷或者右舷相遇、在弯曲航道相遇,但不包括两横越船相遇。"

"'感潮河段'是指沿海各省、自治区、直辖市海事机构及长江海事局划定的受潮汐影响明显的河段。"

"'干、支流交汇水域'是指不与本河(干流)同出一源的支流与本河的汇合处。"

"'叉河口'是指与本河同出一源的叉河道与本河的分合处。"

"'平流区域'是指水流较平缓的运河及水网地带。"

"'渡船'是指内河Ⅰ级航道内,单程航行时间不超过2小时,或单程航行距离不超过20公里,其他内河通航水域单程航行时间不超过20分钟的用于客渡、车渡、车客渡的船舶。"

应当注意的是,《内规》第五条"定义"中的一些定义与《规则》第三条的"一般定义"有所区别。

三、行动通则

（一）戒备通则

《内规》第二章"航行和避让"第一节"行动通则"是内河航行和避让的总原则,也是第二章其他条款的基础和前提。

《内规》第六条"瞭望"与《规则》第五条"瞭望"的含义相同。

《内规》第七条"安全航速"与《规则》第六条"安全航速"的含义几乎一样,但在"决定安全航速时应考虑各种因素"上,《内规》针对内河航行以及避碰的特点,增加了"机动船经过要求减速的船舶、排筏、地段和船舶装卸区、停泊区、鱼苗养殖区、渡口、施工水域等易引起浪损的水域,应当及早控制航速,并尽可能保持较开距离驶过,以避免浪损。本身防浪能力或者防浪措施存在缺陷的,不能因本款规定而免除责任"。

（二）机动船的航行原则

《内规》第八条"航行原则"规定了相反交通流的机动船的航路。机动船航行时,上行船应当沿缓流或者航道一侧行驶,下行船应当沿主流或者航道中央行驶,但在感潮河段(指明显受潮汐影响而人为划定的河流某一特定河段,如长江江阴以下划为感潮河段)、湖泊、水库、平流区域(指水流较平缓的运河及水网地带),任何船舶应当尽可能沿本船右舷一侧航道行驶。设有分道通航、船舶定线制的水域,必须按照有关规定航行和避让,两船对遇或者接近对遇应当

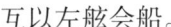

互以左舷会船。

（三）避让原则

《内规》第九条"避让原则"规定：

"船舶在航行中要保持高度警惕，当对来船动态不明产生怀疑，或者声号不统一时，应立即减速、停车，必要时倒车，防止碰撞。采取任何防止碰撞的行动，应当明确、有效、及早进行，并运用良好驾驶技术，直至驶过让清为止。

"船舶在避让过程中，让路船应当主动避让被让路船；被让路船也应当注意让路船的行动，并按当时情况采取行动协助避让。

"在任何情况下，在长江干线航行的客渡船都必须避让顺航道或河道行驶的船舶。

"两机动船相遇，双方避让意图经声号统一后，避让行动不得改变。"

其中"两机动船相遇，双方避让意图经声号统一后，避让行动不得改变"是《内规》独有的规定。

四、机动船之间的避让行动

（一）机动船对驶相遇

《内规》第十条规定：

"两机动船对驶相遇时，除本节另有规定外：

"（一）上行船应当避让下行船，但在潮流河段，逆流船应当避让顺流船；在湖泊、水库、平流区域，两船中一船为单船，而另一船为船队时，则单船应当避让船队。

"（二）在潮流河段、湖泊、水库、平流区域，两船对遇或者接近对遇，除特殊情况外，应当互以左舷会船。

"（三）机动船驶近弯曲航段、不能会船的狭窄航段，应当按规定鸣放声号，夜间也可以用探照灯向上空照射以引起他船注意。遇到来船时，按本条（一）、（二）项规定避让，必要时上行船（潮流河段的逆流船）还应当在弯曲航段或者不能会船的狭窄航段下方等候下行船（潮流河段的顺流船）驶过。"

根据上述规定，在感潮河段以上航段，上行船应当避让下行船；但在感潮河段，逆流船应当避让顺流船。简而言之，在内河水域机动船对驶相遇时，顶流航行的船舶应当避让顺流航行的船舶。

（二）机动船追越

《内规》第十一条规定：

"一机动船正从另一机动船正横后大于 22.5 度的某一方向赶上、超过该船，可能构成碰撞危险时，应当认定为追越，并应当遵守下列规定：

"（一）在狭窄、弯曲、滩险航段、桥梁水域和船闸引航道禁止追越或者并列行驶。

"（二）在可以追越的航道中，追越船必须按规定鸣放声号，并取得前船同意后，方可以追越。

"(三)在追越过程中,追越船应当避让被追越船,不得和被追越船过于逼近,禁止拦阻被追越船的船头。

"(四)被追越船听到追越船要求追越的声号后,应当按规定回答声号,表示是否同意追越。在航道情况和周围环境允许时,被追越船应当同意追越船追越,并应当尽可能采取让出一部分航道和减速等协助避让的行动。"

根据上述规定,《内规》中构成"机动船追越"应同时满足下列四条:

(1)双方都是机动船;

(2)后船在前船的尾灯光弧范围内;

(3)后船速度快;

(4)可能构成碰撞危险。

(三)机动船横越和交叉相遇

《内规》第十二条规定:

"机动船在横越前应当注意航道情况和周围环境,在确认无碍他船行驶时,按照规定鸣放声号后,方可以横越。除本节另有规定外,机动船横越和交叉相遇时,应当按下列规定避让:

"(一)横越船都必须避让顺航道或河道行驶的船,并不得在顺航道行驶的船前方突然和强行横越。

"(二)同流向的两横越船交叉相遇,有他船在本船右舷者,应当给他船让路。

"(三)不同流向的两横越船相遇,上行船应当避让下行船,但在潮流河段逆流船应当避让顺流船。

"(四)在平流区域两横越船相遇,上行船应当避让下行船;同为上行或者下行横越船时,有他船在本船右舷者,应当给他船让路。

"(五)在湖泊、水库两船交叉相遇,有他船在本船右舷者,应当给他船让路。"

本条款的主要精神是机动船在横越前应当注意航道情况和周围环境,在确认无碍他船行驶时,按照规定鸣放声号后,方可以横越。同时,在机动船横越构成交叉相遇时,应当按照下列规定避让:

(1)横越船避让顺航道或河道行驶的船舶。

(2)在河流中,同流向的两横越船交叉相遇,居左船让居右船;不同流向的两横越船交叉相遇,顶流船应当避让顺流船。

(3)在平流区域两横越船交叉相遇,上行船避让下行船。

(4)同为上行或下行横越船时,居左船让居右船。

(5)在湖泊、水库两船交叉相遇,居左船让居右船。

(四)机动船尾随行驶

《内规》第十三条规定:"机动船尾随行驶时,后船应当与前船保持适当距离,以便前船突然发生意外时,能有充分的余地采取避免碰撞的措施。"

（五）在长江干线航行的客渡船与其他顺航道或河道行驶机动船相遇

《内规》第十四条规定:"在长江干线航行的客渡船与其他顺航道或河道行驶的机动船相遇,客渡船都必须避让顺航道或河道行驶的船舶,并不得与顺航道或河道行驶的船舶抢航、强行追越或者强行横越或掉头。两渡船相遇时,应当按本节各条规定避让。"

（六）在干、支流交汇水域相遇

《内规》第十五条规定:

"机动船驶经支流河口,在不违背第八条规定的情况下,应当尽可能地绕开行驶。除在平流区域外,两机动船在干、支流交汇水域相遇时,应当按下列规定避让:

"（一）从干流驶进支流的船,应当避让从支流驶出的船。

"（二）干流船同从支流驶出的船同一流向行驶,干流船应当避让从支流驶出的船。

"（三）干流船同从支流驶出的船不同流向行驶,上行船应当避让下行船,但在潮流河段逆流船应当避让顺流船。

"两机动船在平流区域进出干、支流交汇水域相遇时,有他船在本船右舷者,应当给他船让路。"

（七）船舶在叉河口相遇

《内规》第十六条规定:"两机动船在叉河口相遇,同一流向行驶时,有他船在本船右舷者,应当给他船让路;不同流向行驶时,上行船应当避让下行船,但在潮流河段逆流船应当避让顺流船。"

（八）机动船与在航施工的工程船相遇

《内规》第十七条规定:"不论本节有何规定,机动船与在航施工的工程船相遇,机动船应当避让在航施工的工程船。""不论本节有何规定",说明本条优先适用,机动船与在航施工的工程船相遇,无论任何水域、任何会遇方式,机动船均应当避让在航施工的工程船。

（九）限于吃水的海船相遇

《内规》第十八条规定:

"在长江干线航行的客渡船都必须避让限于吃水的船舶。

"限于吃水的海船遇有来船时,应当及早发出会船声号。除第十七条外,不论本节有何规定,来船都必须避让限于吃水的船舶并为其让出深水航道。两艘限于吃水的船舶相遇时,应当按本节各条规定避让。"

根据上述规定,如果限于吃水的海船与在航施工的工程船相遇,则应遵守《规则》第十七条规定,限于吃水的海船应当避让在航施工的工程船;如果限于吃水的海船与其他来船相遇,则来船都必须避让限于吃水的海船并为其让出深水航道,之所以这样规定,是因为限于吃水的海船进入内河后,避让操纵性能受到限制。

（十）快速船相遇

《内规》第十九条"快速船相遇"规定："快速船在航时，应当宽裕地让清所有船舶。两快速船相遇时，应当按本节各条规定避让。"

（十一）机动船掉头

《内规》第二十条"机动船掉头"规定：

"机动船或者船队在掉头前，应当注意航道情况和周围环境，在无碍他船行驶时，按规定鸣放声号后，方可以掉头。

"过往船舶应当减速等候或者绕开正在掉头的船舶行驶。"

五、机动船、非机动船的避让行动

《内规》第二章第三节规定了机动船、人力船、帆船、排筏相遇，存在碰撞危险时的避让行动。

（一）机动船与人力船、帆船、排筏相遇

《内规》第二十一条"机动船与人力船、帆船、排筏相遇"规定：

"除快速船外，机动船与人力船、帆船、排筏相遇时，船舶、排筏均应当遵守下列规定：

"（一）机动船发现人力船、帆船有碍本船航行时，应当鸣放引起注意和表示本船动向的声号。人力船、帆船听到声号或者见到机动船驶来时，应当迅速离开机动船航路或者尽量靠边行驶。机动船发现与人力船、帆船距离逼近，情况紧急时，也应当采取避让行动。

"（二）人力船、帆船除按当地主管部门规定的航线航行外，不得占用机动船航道或航路。

"（三）人力船、帆船不得抢越机动船船头或者在航道上停桨流放，不得驶进机动船刚刚驶过的余浪中去，不得在狭窄、弯曲、滩险航段、桥梁水域和船闸引航道妨碍机动船安全行驶。

"（四）人工流放的排筏见到机动船驶来，应当及早调顺排身，以便于机动船避让。"

根据该条的规定，机动船与人力船、帆船、排筏相遇时，其主要避碰责任划分如下：

（1）人力船、帆船不应妨碍机动船顺航道行驶。

（2）人力船、帆船与机动船相遇存在碰撞危险，通常情况下，机动船是让路船，因为其避让操纵的能力强。

（3）人工流放的排筏顺流而下，航行阻力大，虽然排筏前后都有"梢"来控制，但人工控制十分困难，避让操纵能力极差，且避让效果不好。所以，本条要求人工流放的排筏见到机动船驶来，应当及早调顺排身，不能横在航道中，以便于机动船采取避让行动、有安全通过的余地，机动船则应当避让人工流放的排筏。

（二）帆船、人力船、排筏相遇

《内规》第二十二条"帆船、人力船、排筏相遇"规定：

"帆船、人力船、排筏相遇，按下列规定避让：

"（一）两帆船相遇，顺风船应当避让抢风船；两船都是顺风船或者抢风船，左舷受风船应

当避让右舷受风船;两船同舷受风,上风船应当避让下风船。

"(二)帆船应当避让人力船。

"(三)帆船、人力船都应当避让人工流放的排筏。"

上述规定是根据帆船、人力船、人工流放的排筏的避让操纵优劣而确定的。显然,帆船比人力船的避让操纵性能好,而帆船、人力船又比人工流放的排筏的避让操纵性能好。

六、船舶在能见度不良时的行动

《内规》第二章第四节第二十三条,对"船舶在能见度不良时的行动"作出如下规定:

"船舶在能见度不良的情况下航行,应当以适合当时环境和情况的安全航速行驶,加强瞭望,并按规定发出声响信号。

"装有雷达设备的船舶测到他船时,应当判定是否存在着碰撞危险。若是如此,应当及早地与对方联系并采取协调一致的避让行动。

"除已判定不存在碰撞危险外,每一船舶当听到他船雾号不能避免紧迫局面时,应当将航速减到能维持其航向操纵的最低速度。无论如何,每一船舶都应当极其谨慎地驾驶,直到碰撞危险过去为止,必要时应当及早选择安全地点锚泊。"

上述规定与《规则》第十九条的规定基本类似,其含义也基本相同。

七、其他行动规则

《内规》第二章第四节第二十四条至第二十七条对船舶靠泊、离泊、停泊和锚泊,渔船捕鱼,失去控制的船舶、非自航船舶的行动作出了规定。

(一)船舶靠泊、离泊

《内规》第二十四条"靠泊、离泊"规定:"机动船靠、离泊位前,应当注意航道情况和周围环境,在无碍他船行驶时,按规定鸣放声号后,方可以行动。正在上述水域附近行驶的船舶,听到声号后,应当绕开行驶或者减速等候,不得抢档。"

(二)停泊和锚泊

《内规》第二十五条"停泊"规定:

"船舶、排筏在锚地锚泊不得超出锚地范围。系靠不得超出规定的尺度。停泊不得遮蔽助航标志、信号。

"船舶、排筏禁止在狭窄、弯曲航道或者其他有碍他船航行的水域锚泊、系靠。

"除因工作需要外,过往船舶不得在锚地穿行。"

(三)渔船捕鱼

《内规》第二十六条"渔船捕鱼"规定:"渔船捕鱼时,不得阻碍其他船舶航行,在航道上不得设置固定渔具。"

（四）失去控制的船舶

《内规》第二十七条"失去控制的船舶"规定："失去控制的机动船、非自航船应当及早选择安全地点锚泊，严禁非自航船舶自行流放。"

八、号灯、号型与声响信号

《内规》第三章（号灯和号型）、第四章（声响信号）及附录一（号灯和号型的技术要求）和附录二（声响信号设备的技术要求），与《规则》的相应规定及附录在基本原则和基本原理上相同或类似。内河船舶的号灯和号型要比海船多且复杂，但内河船舶的信号设备的技术要求则略低于海船。《内规》第四十六条（甚高频无线电话）对使用甚高频无线电话协助避碰作出了明确规定。

第三节 《中华人民共和国非机动船舶海上安全航行暂行规则》简介

1957 年我国宣布接受《1948 年国际海上避碰规则》时，对国际海上避碰规则有关非机动船舶的规定做了保留，并于 1958 年 8 月 16 日颁布了《中华人民共和国非机动船舶海上安全航行暂行规则》（以下简称《非机动船暂行规则》），规范我国非机动船舶的海上避碰事宜。该暂行规则至今仍未被废止。

一、适用范围

《非机动船暂行规则》第一条规定：

"凡使用人力、风力、拖力的非机动船，在海上从事运输、捕鱼或者其他工作，都应当遵守本规则。

"在港区内航行的时候，应当遵守各该港港章的规定。"

《非机动船暂行规则》是我国政府在接受《规则》时对我国的非机动船做了保留而制定的，因此，仅适用于我国的非机动船，且适用的水域为任何的水域。当非机动船在港区航行时，还应当遵守各该港港章的规定。应当注意的是，《非机动船暂行规则》所规定的非机动船，并不与《规则》所规定的机动船相对应，其还包括使用拖力的非机动船。

二、避碰信号

我国多数海上非机动船结构简陋、设备有限，不能完全遵守《规则》有关显示信号的规定，因此《非机动船暂行规则》依据我国非机动船的实际情况规定了简而易行的避碰信号。

1．非机动船号灯

《非机动船暂行规则》第二条规定：

"非机动船在夜间航行、锚泊的时候，应当在容易被看见的地方，悬挂明亮的白光环照灯一盏。如果因为天气恶劣或者受设备的限制，不能固定悬挂白光环照灯，必须将灯点好放在手边，以备应用；在与他船接近的时候，应当及早显示灯光或者手电筒的白色闪光或者火光，以防碰撞。

"非机动船已经设置红绿舷灯、尾灯或者使用合色灯的，仍应继续使用。"

非机动船的号灯视距较小，有些非机动船通常不显示号灯，而仅"在与他船接近的时候"临时显示，甚至临时显示的仅是手电筒或火光。这一点须引起机动船尤其是超大型机动船的重视，必须加强瞭望。

2．非机动渔船信号

《非机动船暂行规则》第三条规定："非机动渔船，在白昼捕鱼的时候，应当在容易被看见的地方，悬挂竹篮一只，当发现他船驶近的时候，应当用适当信号指示渔具延伸方向；使用流网的渔船，还要在流网延伸末端的浮子上，系小红旗一面；在夜间捕鱼的时候，应当在容易被看见的地方，悬挂明亮的白光环照灯一盏，当发现他船驶近的时候，向渔具延伸方向，显示另一白光。"

由此可知，非机动渔船捕鱼时不仅应显示表明船舶存在的信号，还应"当发现他船驶近的时候"用信号表明渔具延伸的方向。但是，非机动渔船所显示的信号很简单，在夜间不易被及时发现，船舶驾驶员应当予以充分重视。

3．非机动船雾号

《非机动船暂行规则》第四条规定：

"非机动船在有雾、下雪、暴风雨或者其他任何视线不清楚的情况下，不论白昼或者夜间，都应当执行下列规定：

（一）在航行的时候，应当每隔约一分钟，连续发放雾号响声（如敲锣、敲梆、敲煤油桶、吹螺、吹雾角、吹喇叭等）约五秒钟；

（二）在锚泊的时候，如果听到来船雾号响声，应当有间隔地、急促地发放响声，以引起来船注意，直到驶过为止；

（三）在捕鱼的时候，也应当依照前两项的规定执行。"

由于非机动船的雾航声号强度小，可听距离短且发声不够规范，大型船舶在非机动船经常出没的水域雾航时，需按要求打开门窗并认真倾听雾号并充分考虑到本船的噪声可能会影响对非机动船雾号的正确识别。此外，针对锚泊时的非机动船，《非机动船暂行规则》仅要求其在听到来船雾号时才鸣放相应的声号，因此，大型船舶在接近可能有非机动船存在的水域，必须严格按照《规则》的要求正确鸣放雾号。

4．非机动船的遇险信号

《非机动船暂行规则》第九条规定：

"非机动船在海上遇难，需要他船或者岸上援救的时候，应当显示下列信号：

（一）用任何雾号器具连续不断发放响声；

（二）连续不断燃放火光；

（三）将衣服张开,挂上桅顶。"

由此可见,《非机动船暂行规则》规定的"非机动船的遇险信号"与《规则》的规定有所差异,特别是"将衣服张开,挂上桅顶"表示遇险需要援助,作为大型船舶的值班驾驶员在值班中应认真予以识别。

三、避碰责任

1. 帆船间的避碰责任

《非机动船暂行规则》第五条规定:

"两艘帆船相互驶近,若有碰撞的危险,应当依照下列规定避让:

（一）顺风船应当避让逆风打抢、掉抢的船;

（二）左舷受风打抢的船应当避让右舷受风打抢的船;

（三）两船都是顺风,而在不同的船舷受风的时候,左舷受风的船应当避让右舷受风的船;

（四）两船都是顺风,而在同一船舷受风的时候,上风船应当避让下风船;

（五）船尾受风的船应当避让其他船舷受风的船。"

该规定与《规则》的规定相当,只是更具体,更易于执行。

2. 非机动船与非机动渔船间的避碰责任

《非机动船暂行规则》第六条规定:"在航行中的非机动船,应当避让用网、曳绳钓或者拖网进行捕鱼作业的非机动渔船。"

3. 非机动船与机动船间的避碰责任

《非机动船暂行规则》第八条规定:"非机动船与机动船相互驶近,如有碰撞危险,机动船应当避让非机动船。"

而第七条规定:"非机动船应当避让下列的机动船:

（一）从事起捞、安放海底电线或者航行标志的机动船;

（二）从事测量或水下工作的机动船;

（三）操纵失灵的机动船;

（四）用拖网捕鱼的机动船;

（五）被追越的机动船。"

这两条规定明确了非机动船与处于各种状态和从事各种工作性质的机动船间的避碰责任,其基本原则和《规则》的基本原则是一致的,主要包括:

（1）任何追越船应避让任何被追越船。

（2）通常情况下,应当是机动船主动避让非机动船。

（3）但是,非机动船应当避让操纵能力较差的或操纵能力受到限制的机动船及失控船等。

第四节　特殊情况下的避碰

一、渔区航行时对渔船的避碰

根据《规则》第十八条的规定,机动船、帆船在航时应当给从事捕鱼的船舶让路。为了做好避让从事捕鱼的船舶的工作,防止碰撞事故的发生,必须首先了解从事捕鱼的船舶的特点,认真识别其显示的号灯和号型,及时辨别出其捕鱼作业的方式,正确判明其动向,并按《规则》的规定及早采取避让行动。

（一）渔船在捕鱼作业时的特点

1. 聚集性和季节性

由于渔场的固定性和鱼汛期的集中性,大量渔船常常集中出现在沿海某一通航水域,尤其是拖网渔船更是如此。在鱼汛期间渔船群集渔场,其范围有时可达方圆数十海里。

2. 号灯不易识别

从事捕鱼的船舶除按《规则》规定显示相应的号灯或号型外,当它们邻近在一起捕鱼时,还将显示额外的信号或者它们自定的相互联系的信号。因此,在渔船群集的渔场内,灯光闪烁,比比皆是,有的情况下甚至使其号灯混乱、不易识别。再加上受作业现场照明用的强光灯干扰,有时很难依据号灯的显示来判断渔船的动态。

3. 渔具种类多,伸出方向和长度难以确定

常见的渔具有拖网、流网、围网、张网、绳钓等。这些渔具的尺度相差大,使用方式不同,其他船舶往往难以识别渔具伸出的方向和作业的方式。

4. 动态不规律,不易预测。

因捕鱼作业的需要,渔船的航向和航速缺少定常性,有时甚至突然掉头,加速冲向驶近的大船。

5. 不易被及早发现。

小型渔船尺度小,尤其是木质渔船,雷达反射性能差,难以及早用视觉和雷达观察到。

6. 难以用 VHF 沟通。

渔船使用的 VHF 的频率与商船所使用的 VHF 的频率不同,因此,商船与渔船之间难以用 VHF 沟通。

（二）在驶近渔区时的避碰戒备

在通过渔区时,尤其是在鱼汛季节通过渔区时,应当事先做好航次计划,尽量避开渔船密集区域。进入渔区时,应当做好如下避碰戒备。

（1）在驶入渔区之前,应了解渔区周围的情况,掌握水域的水文资料,认真观测渔区内渔船的范围和分布情况,避免驶入渔船密集的地方,一旦误入渔船密集区,应备车、减速行驶。

（2）进入渔区之前要了解渔区周围渔船的密集程度、作业方式和分布情况等。接近渔区时要用视觉和雷达观测渔船的集聚范围。如果渔船密集程度大,在可航水域许可时,大船应当绕过渔区,避免驶入渔船密集水域。如果不得不穿越渔区,应酌情选择渔船相对较少的水域穿越,必要时备车航行。

（3）进入渔区时应当合理安排值班,加强瞭望,必要时加派瞭头;改用手操舵;必要时将机器做好随时操纵的准备。

（4）备好 VHF 以及声响和灯光信号设备,需要时,积极使用。

（三）各类渔船的作业特点及其避让方法

船舶在驶近渔船时,应当尽可能地依据渔船种类和作业方式避让渔船及其渔具。

1.拖网渔船作业特点及避让方法

（1）拖网渔船的作业特点

拖网是一种移动的过滤性渔具,其作业方式是利用渔船前进时的拖曳移动,迫使鱼类进入网具,以达到捕捞的目的。拖网的方式通常有双船拖网和单船拖网两种。

①双船拖网

双船拖网方式也称为对拖方式,拖网时两渔船中间保持一定距离合拖一个渔具进行捕捞作业。这种捕捞方式主要是捕捞水中底层和中层的鱼,作业水深在 100 m 之内,拖网时的船速为 3 kn 左右。天气较好、风力在 3~5 级时,渔船多顺流拖网。风浪较大时,则采取顺风拖网的方法。在对拖的两艘渔船中,一艘为主船,或称为头船;另一艘为副船,也称为二船。主船上的船长负责这两船的指挥、联络等工作。双船拖网的方式、两船的间距、网长和收放网步骤,如图 6-4-1 所示。

②单船拖网

单船拖网是由一艘渔船单独拖曳网具捕捞鱼类的作业方法。拖网在船尾的称尾拖,在船一舷的称舷拖。

尾拖是单船拖网作业的主要形式,它不受潮流的限制,拖网时的船速约为 4 kn,最大速度可达 6 kn,适用于在远洋深水 100 m 以上的区域进行捕捞作业。拖网的方式、网具的结构,如图 6-4-2 所示。

拖网渔船在收、放网时,船员群集在甲板上,夜间甲板灯全部打开。

（2）避让拖网渔船的要点

避让双船拖网渔船应在其船尾或两船外舷不少于 0.5 n mile 外驶过,不得从两船中间穿过。当发现两船背向行驶准备放网时,应从两船上风流一侧驶过。

避让单船拖网渔船时,应从其船尾 1 n mile 之外通过。应注意单船舷拖渔船放网的一舷,如果发现其航向不定,则是在放网或收网。

2.流网渔船作业特点及避让方法

（1）流网捕鱼作业船的特点

流网又称流刺网,由若干长方形网片连接而成,网片长 10~15 m,高 1~6 m。网具依靠浮

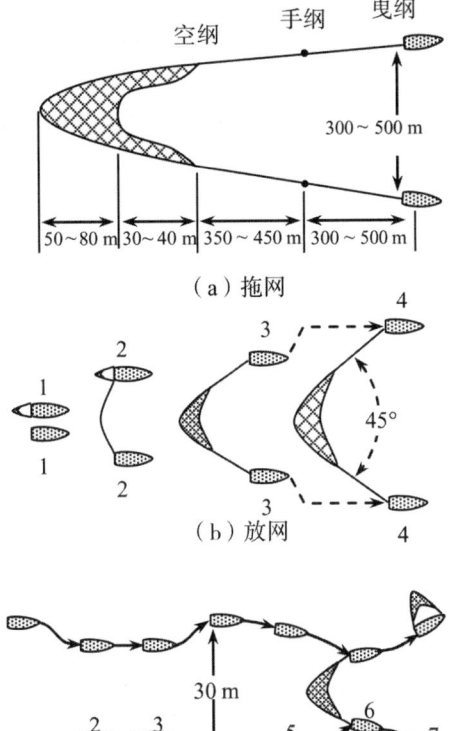

空纲　手纲　曳纲

300～500 m

50～80 m　30～40 m　350～450 m　300～500 m

（a）拖网

45°

（b）放网

30 m

（c）收网

图 6-4-1　双船拖网捕鱼作业过程

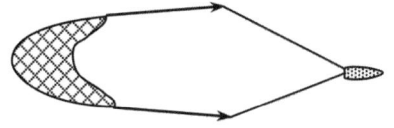

图 6-4-2　单船拖网捕鱼作业

沉子的作用直立于水中。当鱼群洄游时,缠上网具而被捕获。这种捕鱼方式多用于捕捞水中中上层鱼。

　　流网船收、放操作通常在早晨或傍晚进行。放网多数是在采用偏顺风或偏顺流时进行,放网结束后,使网列方向与主流成 75°～90°角。大型流网可伸出 2 n mile 以上,在白天可以看到泡沫塑料或玻璃的浮子和许多小浮标,并在一定间隔插有小旗,夜间在网端部的杆子上挂有闪光电池灯或煤油灯。

　　流网船放网结束后,网绳固定在船首端,船和网随风、流漂移,网在船首方向,如图 6-4-3 所示。

（2）避让流网捕鱼作业船的要点

　　流网渔船带网漂流时,网在其船首方向,避让时应从其船尾通过,绝不应在其船首和网上通过。如果想从其船首网的端部通过时,应在认清网端标杆后,再绕行。当流网船正在放网时,不要在其船首或船尾处通过,最好与他船保持一定距离,从其船侧平行驶过。

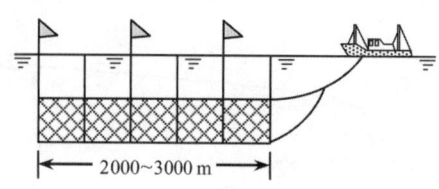

图 6-4-3 流网捕鱼作业

3. 围网渔船作业特点及避让方法

（1）围网捕鱼船的作业特点

围网捕鱼是利用巨大的长带形网具围捕水中中上层鱼的捕鱼方式，通常用灯光诱集鱼群后进行围网捕鱼作业。白天视线良好时，可在水面上看到网具的浮子。围网捕鱼方式通常有大型围网、风网和围缯网几种形式。

①大型围网

大型围网由 2~3 艘机动船一起进行作业。开始时，三船呈三角形分散，灯光船把水上、水下灯光全部打开诱鱼，当鱼群被诱集后，由网船放网把鱼群和灯光船全部围起来。然后，灯光船将灯熄灭驶到围网外，最后开始收网，如图 6-4-4 所示。

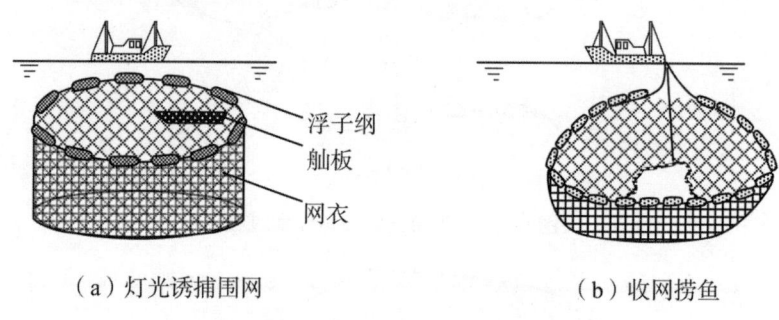

（a）灯光诱捕围网　　　　　　　　　　（b）收网捞鱼

图 6-4-4 大型围网作业

围网船放、收网时，渔船及舢板分别在围网的附近，围网长 800 ~ 1000 m，有的长达 1200 m。这种捕鱼方式适合于 60~80 m 水深的渔场。

单船围网作业多为左舷放网，船首方向选择的基本原则是：当放网结束后，使围网船左舷受风右舷受流。放网时一般用慢、中速，很少用快车。捕鱼作业时，起放网约需 1 h，灯光诱鱼约需 3 h。

②风网

风网多用于木帆船，网呈带状，长约 300 m，纲绳长 150 m。由单船或双船作业，一般顺风逆流放网，放网后渔船和网皆随风漂流，如图 6-4-5 所示。

③围缯网

围缯网多用于机帆船，用于围捕小黄鱼和带鱼。网长约 400 m，纲绳长 150 m。由双船作业，分张口、包围和拖曳 3 个步骤。起网时由副船在主船左舷横向拖带，如图 6-4-6 所示。

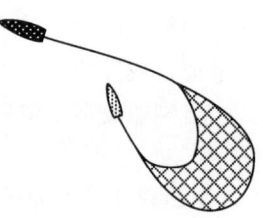

图 6-4-5 风网作业

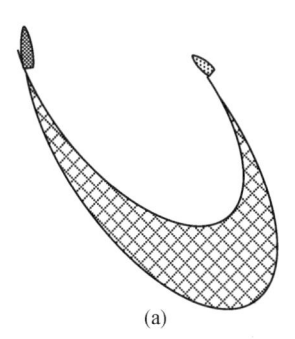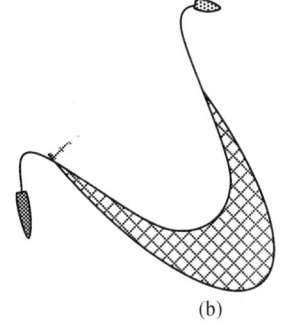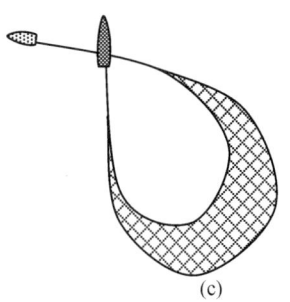

(a)　　　　　　　　(b)　　　　　　　　(c)

图 6-4-6　围缯网捕鱼作业

（2）避让围网渔船的要点

避让灯诱围网渔船时应从其上风流侧不少于 0.5 n mile 外驶过,避让围缯网渔船时离渔船也应不小于 0.5 n mile。

4. 张网渔船作业特点及避让方法

（1）张网渔船的作业特点

张网捕鱼属于定置渔具的捕鱼方式,在近岸浅水急流区域作业。网架用桩或以渔船拖锚来固定,利用潮汐急流使网张开,鱼虾随急流冲入网内,水流速度转缓时收网,如图 6-4-7所示。

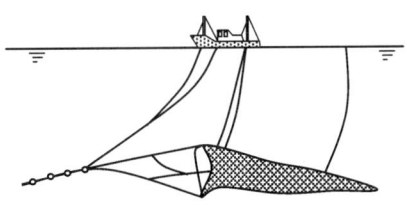

图 6-4-7　张网捕鱼作业

（2）避让张网渔船的要点

发现张网渔船时,应与其保持一定距离驶过。

5. 延绳钓渔船的作业特点及避让方法

（1）延绳钓渔船的作业特点

延绳钓具是由干线、支线和钩组成,每一干线上结附一定数量等距离的支线。每一支线末端系有带饵的钓钩,利用浮子和沉子将其悬浮于一定水层,如图 6-4-8 所示。干线的长度一般为 100~500 m,支线的长度和间距为 0.5~4 m。延绳钓渔船到达渔场后,由母船放下舢板,敷设延绳钓进行作业。浮延绳钓具随着潮流漂移,定置延绳钓具用锚或沉石固定。

（2）避让延绳钓渔船的要点

避让延绳钓渔船时,其钓具从船尾放出,故应从其船尾 1 n mile 外通过。

6. 捕鲸船作业特点及避让方法

（1）捕鲸船的作业特点

捕鲸船的船首特别高,装有捕鲸炮,炮座前盘有随炮发射的曳绳,捕鲸时发炮击中鲸并用曳绳与鲸挂连。被击中的鲸将带着捕鲸船在海上随意行驶直至鲸无力游动而被捕获。捕鲸船

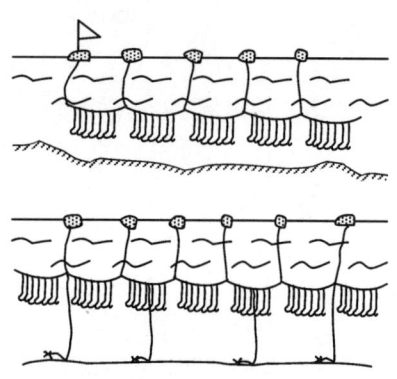

图 6-4-8　延绳钓捕鱼作业

速度较快,在它的桅杆上设有瞭望台以便搜寻鲸。有时为了避免机器噪声惊跑鲸,采用停车靠近并伺机发炮射击。

（2）避让捕鲸船的要点

避让捕鲸船时,应密切注视其动态,尽可能保持较大的间距,必要时采取减速的行动。

（四）中国沿海航行船舶防范商渔船碰撞安全指引[①]

1. 航行方法

（1）进入渔船密集区水域之前

① 船长应严格审核计划航线,尽量使用推荐公共航路合理制定航线,尽可能避开渔船集中作业水域,减少与渔船相遇的机会。

②对雷达、电子海图、AIS、VDR、VHF、航行灯和声号等设备进行检查和测试,确保正常可用。

③合理安排驾驶台航行值班人员,任何时候驾驶台应保持至少 2 名航行值班和瞭望人员。

④应在驾驶台显著位置标识渔区航行安全注意事项及相应行动对策。

（2）经过或邻近渔船密集区水域期间

①驾驶人员谨记:安全第一、宁可绕行、不要冒险! 尽可能避免冒险进入渔船密集区域航行!

②合理安排值班人员,根据周围渔船密集程度和航行值班强度增加必要的航行值班人员,必要时应毫不犹豫立即呼叫船长上驾驶台指挥。

③船长应针对夜间渔区航行的特殊戒备要求制定和发布夜航命令。

④航行值班人员应加强瞭望,开启多台雷达工作,加强远近距离配合观测。勿过度依赖单一助航设备,每一船舶均应经常用视觉、听觉以及适当时环境和情况下一切有效的手段保持正规瞭望。

⑤使用安全航速航行。

⑥确保 AIS 信息正确且工作正常。

⑦杜绝疲劳驾驶、酒后驾驶。

---

① 摘自交通运输部海事局《中国沿海航行船舶防范商渔船碰撞安全指引》。

（3）应特别注意的事项

①每年伏季休渔结束后，是中国沿海渔船活动密度最高的时段。

②夜间23时至次日凌晨4时是商渔船碰撞事故高发时段，应予以特别关注。

③应特别注意部分夜间锚泊渔船可能未按要求值班、显示号灯和开启AIS。还要特别注意大量渔网网位仪对AIS、雷达回波和电子海图的使用干扰。

④若观测到渔船船速3 kn左右，通常说明该渔船正在捕鱼作业中，操作能力受限，需要及早协调避让，最好保持1 n mile以上距离通过。

⑤商船与渔船即使发生轻微擦碰也可能造成渔船受损或翻沉，并且商船上的人员可能不容易察觉。因此，当近距离驶过渔船时，应仔细观察，确保未发生擦碰、浪损或船吸。

⑥建议从南海南部水域前往日本或韩国港口、不停靠中国沿海港口的船舶从中国台湾岛东侧水域航行，并尽量远离中国沿海水域。

2. 避让行动

（1）应遵守避碰规则，避让时坚持"早、大、宽、清"。

尝试提前通过VHF16频道呼叫渔船，协调避让行动。若数次呼叫无应答，可能该渔船VHF未在守听状态。沟通时要充分考虑口音、语言表达等方面的局限，确保双方互相清楚对方意图。

（2）警惕因渔船近距离的不协调行动而发生碰撞。发现需紧急避让的渔船，可用探照灯闪烁至少5次，或用连续声号引起渔船注意。

（3）紧急避让时，除用舵避让外，应同时考虑减速停车避让。

（4）避让行动要充分考虑周围环境，以免造成与其他船舶的紧迫局面。

3. 应急救助

（1）在碰撞不可避免时，应尽可能避免本船船首与渔船正面撞击。

（2）发生碰撞事故后应立即停船，将人命救助置于首位，全力实施救助。全部遇险人员脱险前，只要不严重威及自身安全，严禁放弃搜救擅自驶离现场。在海上该行为意味着对他人生命的放弃，将面临法律的严惩！切莫心存侥幸，借助当前的技术手段，肇事逃逸船舶很容易被追踪查获。

（3）立即呼叫周边船舶参与救助。

（4）通过一切有效途径，立即向就近的主管机关报告，报告内容包含事故发生位置、遇险船舶名称、人员伤亡情况、船舶受损情况、天气海况、救助需求等。

（五）避让从事捕鱼的船舶的注意事项

在避让从事捕鱼的船舶时，在让清渔船的同时，还应让清渔船所使用的渔具。在避让中，应当注意如下事项：

（1）在渔区行驶时应特别注意渔船的动向和其网具的伸展方向，避让渔船的同时让过渔具，以免渔船为保护渔具突然朝大船冲来，大船躲避不及造成碰撞。

（2）在雾中应加强雷达瞭望，即使雷达上没有发现渔船，也应按章鸣放雾号。应特别注意在沿岸夜间不点灯的渔船，或者所显示的号灯不符规定的渔船。

（3）浙、闽、粤沿海一带的渔船受其风俗习惯的影响，常欲抢过大船的船头，在避碰中应予以充分注意。

（4）一旦误入渔网或穿过渔网时，应立即停车淌航，以免渔网缠入螺旋桨。

（5）对于未从事捕鱼作业的机动渔船，尽管不属于"从事捕鱼作业的船舶"，也不享有直航的权利，但应注意渔船上的驾驶员对此并不一定有清楚的认识，必要时应主动避让。

（6）渔船在使用国际信号简语时，单字母旗的意义如下：

G——"我正在收网。"

Z——"我正在放网。"

P——"我的网已紧紧地挂在障碍物上。"

T——"我正在从事成对底拖捕鱼作业，避开我。"或者用一长声表示。

二、分道通航制水域中的避碰

（一）分道通航制水域的特点

分道通航制一般设置在交通密度大的沿岸水域，以分隔相反的交通流。分道通航制水域往往具有如下特点：

（1）船舶的交通密度大。

（2）主要的交通流为顺着通航分道总流向的交通流，但不排除有进出、穿越通航分道的交通流；此外，一些船舶特别是小船和渔船，常常不能严格地遵守有关分道通航制的航法而违规航行。

（3）分道通航制水域往往制定有特殊规定，并且通常设立了船舶报告制，要求进入一定区域的船舶须向交管中心（VTS）报告船舶的相关信息。交管中心也会适时指导船舶的航行和避碰。

（4）在分道通航制的端部附近，交通流往往十分复杂。

（二）分道通航制水域中的避碰要点

（1）在抵达分道通航制水域前，查阅有关的航海图书资料，如《船舶定线制》《英版航海通告年度摘要》等，确定该分道通航制是否业已被 IMO 采纳，以便确定《规则》第十条是否适用；熟悉和掌握该分道通航制的特殊规定、习惯航法和通航情况，注意守听有关航行警告和指示。

（2）严格遵守船舶报告制度。在某些分道通航制水域，如多佛尔海峡、马六甲海峡以及我国的成山角分道通航制水域等，有关主管当局要求船舶在指定地点向有关部门报告诸如船名、船位、航向、航速、吃水、货物种类和性质、目的港等情况，以便对船舶实施动态安全管理。船舶在这种水域航行时，应遵守船舶报告制的规定，及时准确地向有关部门报告。

（3）在驶进、驶出相应通航分道或者穿越通航分道时，应当严格遵守特殊规则或《规则》第十条的规定；在相应通航分道行驶时，应与相应分道内的分隔线或分隔带保持明显可辨的距离。

（4）在分道通航制的端部及其附近的警戒区，船舶交会杂乱、频繁，需特别谨慎。在此水域追越他船时，要预先确认他船驶出分道后的可能转向情况，以决定从哪一舷追越。例如，若他船驶出分道后欲向右转向，则应避免从其右舷追越。

（5）尽管《规则》要求从事捕鱼的船舶、帆船和长度小于 20 m 的船舶负有不应妨碍的义务,但不能过分依赖这些船舶会及早地采取不妨碍行动,尤其是当存在碰撞危险时,每一船仍需积极地履行本船的避碰义务。

三、狭水道和岛礁区水域中的避碰

（一）狭水道和岛礁区的通航特点

（1）狭水道内,航道狭窄弯曲,水浅滩多,甚至还有暗礁、沉船或渔栅等碍航物,水文气象条件多变,船舶交通密集。

（2）由于受到岛屿或其他船舶等遮挡,往往难以在较远距离发现来船,同时由于水域狭窄,航道复杂,船舶的操纵行动频繁,及早地判断相遇局面较为困难。

（3）船舶正常航行时相互间的距离相对较近,不允许在较远的距离采取避碰行动。并且可航水域小,转向避碰操纵可能受到限制。

（4）船舶驾驶人员在值班时,既要保持船舶行驶在计划航线上,又要避让附近的船舶,定位和避碰存在一定的矛盾。

（二）狭水道和岛礁区水域中的避碰要点

（1）在进入狭水道、岛礁区之前,应进行全面调查,掌握相关的信息。全面的水道调查应从大比例尺海图、航路指南出发,结合潮汐表、气象资料以及船员实际操纵经验进行。一般应掌握狭水道水域附近的地形地貌,包括两岸山形岛屿岬角、岸滩、弯头角度、居间障碍以及航行障碍物等;掌握狭水道内可航水域的水文情况,包括水流、流向、水深、可航宽度、最大可偏航距离,以及潮汐、潮流甚至洪峰等;掌握狭水道助航标志系统;掌握狭水道附近的风浪等自然情况,并配以适当风压差;掌握狭水道内的船舶交通状况,包括狭水道内航行船舶和锚地船舶的动态等。

（2）在进入狭水道、岛礁区之前,应当加强戒备,保持正规瞭望,使用安全航速,必要时备车、备锚航行。

（3）在航行过程中,尽量使船舶保持在计划航线上,以减少为避免航行危险所耗费的精力,以便留有足够的注意力发现和避让来船。

（4）在狭水道和岛礁区水域中存在推荐航线、推荐航路或双向航路等定线制措施时,应当充分利用并注意遵守相应的航法。

（5）在狭窄水道航行时要靠右行驶并注意当地的特殊规定。在来船违章等紧急情况下,若有必要应当果断背离《规则》。

（6）在采取避碰行动上,要充分考虑水域受限的环境和情况,必要时及时停车、倒车。在避碰过程中,既要注意避碰其他船舶,又要注意避免发生航行危险。

四、多船同时会遇时的避碰

在多船同时会遇时,多艘船舶彼此之间形成了多重复杂的会遇关系,《规则》条款难以适用。因此,在多船同时会遇时,每艘船舶均应当审时度势,运用良好的船艺,谨慎采取避碰行动,化解复杂会遇局面,驶过远离。

《规则》对具体会遇局面的规定基于一船与另一船会遇的态势,不能针对性地适用于一船同时与多船会遇的情况。因此,在一船同时与多船会遇时,无法完全适用《规则》有关会遇局面的具体规定。在此情况下,应当特别注意遵守下列各项:

(1)多船会遇并同时构成碰撞危险时,是一种特殊情况,每一船均应运用良好的船艺,及早采取行动,避免与他船形成紧迫局面。

(2)在采取行动时应当遵照《规则》中的原则性避碰要求,例如第八条第 5 款有关为了留有更多时间估计局面而减速、停车或倒车将船停住的规定;遵循良好船艺中的避碰协调原则,不仅要考虑与某一艘来船的协调,更要注重与多艘来船整体上的协调;遵循《规则》对具体会遇局面的规定所体现的海员通常做法,例如避碰前方驶来的船舶时通常向右转向避碰。

(3)针对其他多船相对于本船具有整体一致性的情况,可以将其他多艘船舶看成一艘船舶,进而简化局面并参照《规则》对相应局面的规定作出避碰决策,一次性让清。

(4)针对其他多船相对于本船不具有整体性的情况,应当根据各艘来船的碰撞危险度,确定一艘重点船,按照先避碰重点船的原则进行避碰。

第七章

船舶值班

为了加强海船船员值班安排与管理,防止船员疲劳操作,为船员提供切实有效的值班标准和指导,对保障海上人命与财产安全,做好船舶保安工作,保护海洋环境,有着非常重要的意义。本章阐述《STCW 公约》《STCW 规则》《中华人民共和国海船船员值班规则》有关船舶驾驶人员值班的公约法定要求、强制性标准和建议性指南以及我国对海船船员值班的标准和要求。保持连续有效的船舶值班,是保证船舶避免海难事故的重要措施,对此各国政府、有关国际组织、航运公司都给予了高度的重视,制定了相应的值班规定,为促进船舶的航行安全起到了积极的作用。

《STCW 规则》适用于有权悬挂缔约国国旗的海船上工作的船员,《中华人民共和国海船船员值班规则》(2020 年修订)适用于 100 总吨及以上中国籍海船上工作的船员,但都不包括在军用船舶、渔业船舶、游艇和构造简单的木质船上工作的船员。

第一节　适于值班

一、适于值班的条件

（一）保持安全值班的目的

1.避免船舶发生海难事故

船舶航行时,保持驾驶台安全值班,对于避免碰撞事故的发生、防止船舶发生航行危险是至关重要的。在船舶装备不断现代化的今天,海难事故仍然接连不断,主要是人为因素、人的过失造成的。只有在提高值班人员的技术水准的同时,加强船舶安全值班,提高值班人员的责任意识,在各种情况下严格按照驾驶台工作程序所确立的原则操作船舶,才能使船舶更安全,海上人命、财产和海洋环境更有保障。

2. 保证船舶随时处于适航状态

保持驾驶台有效的值班，及时发现船舶的不正常情况并立即处理解决，使船舶随时处于良好的适航状态。只有这样才能使船舶先进的装备与优良的操船技艺完美地结合在一起，才能有效地防止船舶发生碰撞、搁浅、触礁等事故。

3. 保证船舶所装货物得到妥善保管

妥善保管货物是保持船舶安全值班的又一项重要任务。特别是在装有危险货物时，货物完好和船舶安全，两者相互制约、相互依赖。通过保持安全值班，对货物进行必需的照料，必将使船舶的安全更有保证。

4. 保护海洋环境

船长、高级船员和普通船员应了解操作性或事故性的海洋环境污染的严重后果，并应采取一切可行的预防措施防止这类污染事故发生，特别是有关国际规则和港口规章规定范围内的污染。

5. 履行船舶保安职责

每一个被指定履行包括防海盗和防武装抢劫相关活动的保安职责的海员应表明承担《STCW 公约》中所列的任务、职责和责任的适任能力，并足以使每个证书申请人能够履行船上指定的保安职责，能使船舶在不同的内外部环境下实施各类保安等级。

（二）有关值班人员值班时间的强制性标准

为了能切实保证值班人员适于值班，在《STCW 规则》第 A-Ⅷ/1 节中，对值班人员的休息时间作了详细的规定：

"1　主管机关应考虑海员，特别是涉及船舶安全和保安工作职责的海员，由于疲劳所引发的危险。

"2　为所有负责值班的高级船员或参与值班的普通船员以及涉及指定的安全、防污染和保安职责的人员提供的休息时间应不少于：

.1　任何 24 小时内最少 10 小时；以及

.2　任何 7 天内 77 小时。

"3　休息时间可以分为不超过 2 个时间段，其中一个时间段至少要求有 6 小时，连续休息时间段之间的间隔不应超过 14 小时。

"4　在紧急或在其他超常工作情况下不必要保持第 2 段和第 3 段规定的关于休息时间的要求，紧急集合演习、消防和救生艇演习，以及国家法律与规则和国际文件规定的演习，应以休息时间的干扰最小且不导致船员疲劳的形式进行。

"5　主管机关应要求将值班安排表张贴在易显见处。该值班安排表应按照标准格式使用船上工作语言和英语编制。

"6　在海员处于待命情况下，例如机舱处于无人看守时，如该海员因被召去工作而打扰了正常的休息时间，则应给予充分的补休。

"7　主管机关应要求使用船上工作语言和英语按照标准格式保持对船员每天休息时间的记录，以监督和核实是否符合本节的规定。海员应得到一份由船长或船长授权的人员和海员签注的有关其休息情况的记录。

"8　本节任何规定并不妨碍船长因船舶、船上人员或货物出现紧急安全需要,或出于帮助海上遇险的其他船舶或人员的目的,而要求海员从事长时间工作的权利。为此,船长可暂停执行休息时间制度,要求海员从事必要的长时间工作,直至情况恢复正常。一旦情况恢复正常,只要可行,船长就应确保在原定休息时间内完成工作的任何海员获得充足的休息时间。

"9　缔约国可以允许对上文第 2.2 段和第 3 段中所规定的休息时间有例外,但在任何 7 天内休息时间不得少于 70 小时。

"第 2.2 段规定的每周休息时间的例外,不应超过连续两个星期。在船上连续两次例外时间的间隔不应少于该例外持续时间的两倍。

"第 2.1 段规定的休息时间可以分成为不超过 3 个时间段,其中之一至少为 6 个小时,而另外两个时间段均不应少于 1 个小时。连续休息时间间隔不得超过 14 个小时。例外在任何 7 天时间内不得超过两个 24 小时时间段。

"例外应尽可能考虑到在 B-Ⅷ/1 节里关于防止疲劳的指导。

"10　为防止酗酒,主管机关应对正在履行安全、保安和海洋环境职责的船长、高级船员和其他海员设定血液酒精浓度(BAC)不高于 0.05% 或呼吸中酒精浓度不高于 0.25 mg/L,或可以导致该酒精浓度的酒精量的限制。"

(三)适于值班的指导性意见

在《STCW 规则》B 部分第 B-Ⅷ/1 节中,对防止疲劳和滥用药物和酗酒作出了如下指导性建议:

"1　在遵守休息时间的要求时,'超常工作情况'应解释为仅指由于安全或防止污染原因而不能延误的或在航次开始时不能合理预料的至关重要的船上工作。

"2　虽然疲劳尚没有普遍接受的技术性定义,但每一个参与船舶工作的人应警惕能导致疲劳的因素,其中包括但不仅限于那些本组织已明确的因素,并应在决定船舶工作时加以考虑。

"3　在运用规则第Ⅷ/1 条时,应考虑以下各项:

.1　所制定的防止疲劳的规定应确保不采取过多的和不合理的整段工作时间,特别是第 A-Ⅷ/1 节规定的最少休息时间不应解释为暗示所有其他时间可用于值班或履行其他职责;

.2　休息时段的次数和长短以及准予的补休是一段时间内防止疲劳的关键因素;以及

.3　对短航次的船舶,只要作出特殊的安全方面的安排,可以有不同的规定。

"4　第 A-Ⅷ/1 节第 9 段所列的例外规定应解释为系指国际劳工组织 1996 年(第 180 号)《海员工作时间和船舶配员公约》或生效后的《2006 年海事劳工公约》所列的例外规定。适用该例外规定的情况应由缔约国确定。

"5　主管机关应以从海上事故调查结果所获得的信息为基础,对其防止疲劳的规定进行审核。

"6　滥用药物和酗酒直接影响到船员履行值班职责或有关安全、防污染和保安值班职责的健康和能力。当船员被发现受到药物或酒精的影响时,应不允许其履行值班职责或有关安全、防污染和保安值班职责,直至他们履行这些职责的能力不再受到影响为止。

"7　主管机关应确保采取适当措施以防止药物或酒精影响值班人员或履行安全、防污染

和保安值班职责人员的能力,并应根据需要制定甄别计划:

.1 鉴别滥用药物和酗酒;

.2 尊重有关个人的尊严、隐私、秘密和基本的法定权利;以及

.3 考虑相关的国际指南。

"8 公司应考虑通过纳入公司质量体系或船员提供足够的信息和教育方法,实施明文规定的防止滥用药物和酗酒的政策,包括禁止值班人员在值班前4小时内饮酒。

"9 参与制定防止滥用药物和酗酒方案的人员应考虑 ILO 出版的可能会被修正的《海运业防止滥用药物和酗酒方案(设计人员手册)》中的指南。"

二、疲劳及其预防疲劳的方法

国际海事组织海上安全委员会在第 100 届会议(2018 年 12 月 3 日至 7 日,MSC. 1/Circ. 1598 通函)上批准了《疲劳指南》。《疲劳指南》对疲劳(fatigue)的定义是:"疲劳是指因睡眠不足、失眠、工作/休息时间与生物节律不同步,以及体力劳动、脑力劳动或情绪波动等导致的体力和(或)脑力的损害状态,从而影响其警觉性、船舶安全操作能力或行使相关安全职责的能力。"

疲劳是人们在经过体力或脑力劳动后,全身机能下降的一种现象。疲劳的发生,除身体有劳累的感觉外,还将在不同程度上表现出工作能力降低,注意力和记忆力减弱,听觉和视觉以及思维变得迟钝,动作不灵活,对外界事态的变化和发展判断不准确。

1. 导致疲劳的原因

疲劳由一系列的因素导致,但主要受下列因素影响:

(1)缺乏睡眠或睡眠和休息质量差

良好的睡眠须具有如下三个有效特征:

①数量:一般建议每人在 24 h 的期间内平均要有 7~8 h 的优质睡眠。

②质量:人需要深度睡眠,深度睡眠是一个非常重要的睡眠恢复阶段。

③持续性:睡眠质量取决于不间断的周期性睡眠,睡眠期间不应被打断以保持睡眠的恢复状态。睡眠时间越片段化,恢复性睡眠就越少,这将会使人持续性地感到疲倦并经常影响其履职和决策。

睡眠不足是指多个连续的 24 h 周期内积累的不充足睡眠。睡眠不足会影响一个人的警觉性和履职能力;长期睡眠不足也可能导致健康问题;久而久之,睡眠不足的人可能较少意识到其疲劳程度,且不能判断其履职水准。

(2)工作或睡眠时间与生物钟(生理节律)不同步

工作时间是确定疲劳的一个关键风险因素。人在生理上遵循日出而作、日落而息的规律,生物钟使人们按照固定的节律睡眠或醒着。但是,由于工作时间不可能完全按照生物钟或生理节律来安排,从而使人在工作时间与生物钟不同步时感到疲劳。通常,在清晨 3—5 时疲劳感最为严重,该期间习惯上被称为昼夜节律的低谷期;另一个明显的低谷期发生在下午 3—5 时,称之为午餐后低谷期。

(3)处于过长的醒着状态

人们醒着时间的长短影响睡意,进而影响疲劳程度。在醒着的开始阶段,可能未注意到对

睡眠的渴望,但如果持续不睡觉接近 16 h,将会感到极迫的睡眠需求。人们醒着时间越久,其履职能力越差。

(4)压力

压力(stress)可简单地定义为生活造成的身体系统的损耗。船上导致压力的常见原因大致可分为:物理环境、组织原因和其他原因。物理环境指船员所处的生活环境或工作条件等给船员造成的压力,如空间不够宽敞,处于噪声环境等。组织原因指驾驶台组织结构、管理方式、文化背景和工作风格等对船员造成的压力,如粗暴的领导方式,呆板的工作程序等。其他原因包括操纵程序不熟练、不自信,缺乏相关知识,恐惧感和危险感等。

(5)过度的工作负荷(长时间的脑力和/或体力活动)。

工作负荷涉及履行职责的类型和强度。工作负荷非常高或非常低,均会产生疲劳。

①高体力工作负荷或高脑力工作负荷(例如要求注意力过度集中的工作)可能导致疲劳。船上常规高工作负荷的事例包括但不限于:拥挤和危险水域中航行,频繁停靠港口,能见度不良和/或恶劣天气条件下航行,进出港口,不得不完成多个工作任务以及洗舱和货物装卸等。

②单调乏味的工作如监控机舱显示器虽然是低工作负荷,但也会导致失去兴趣和厌倦,同样会增加疲劳感。

2. 疲劳的征兆和症状

与疲劳相关的征兆和症状通常有三种类型:认知上的、身体上的和行为上的。

(1)认知上的征兆和症状

①只关注微不足道的问题,而忽略一些更重要的问题;

②对常规、异常或紧急状况反应迟缓或没有反应;

③注意力无法集中;

④对距离、速度、时间等的判断力差;

⑤忘记从事的任务或部分任务;

⑥难以集中注意力和保持清晰的思维。

(2)身体上的征兆和症状

①不能保持清醒(例如不由自主地瞌睡或睡眠);

②手和眼睛无法协调(例如无法选择正确的开关);

③言语困难(可能发音含糊、语速变慢或表达混乱);

④更加频繁地掉落工具或零件等物品;

⑤消化问题。

(3)行为上的征兆和症状

①容忍度下降和/或攻击他人;

②无规律/非典型的情绪变化(例如易怒、疲劳和/或抑郁);

③忽视常规检查和/或程序;

④更多的遗漏、错误和/或更加粗心大意。

长期睡眠缺失的影响可能会导致心脑血管疾病、肠胃疾病、心理健康问题和压力。

3. 培养良好睡眠习惯

(1)如果可能的话,保持睡眠时间的定时性,比如试着每天在同一时间上床睡觉。

（2）培养并保持睡觉前促进睡眠的一项常规习惯,比如洗个热水澡、阅读舒缓的书籍或睡前的小仪式。

（3）在预见可能无法得到充足睡眠之前,睡一个好觉。

（4）避免睡前令人兴奋的活动,比如锻炼、看电视和看电影。

（5）让睡眠环境有利于睡眠(黑暗、安静和凉爽的环境以及一张舒适的床,均会促进睡眠);如有用的话,可使用白噪声发生器或耳塞;尽可能地遮光(如使用遮光帘、百叶卷帘、厚重的窗帘或黑色塑料制品,也可以使用睡眠眼罩)。

（6）尽可能确保在睡觉期间没有任何干扰。

（7）睡觉之前避免饮用酒精、咖啡因和其他兴奋剂(请牢记咖啡、茶、可乐、巧克力和一些药物,包括感冒药和阿司匹林都含有酒精和/或咖啡因),至少避免在睡前 4 h 内服用咖啡因。

（8）放松自己,比如,可能有用的冥想。

（9）如果在睡觉期间有睡眠困难,平时不要打盹。

（10）睡前避免饮食。

（11）睡前限制使用发出蓝光的电子设备。

4. 降低和管理疲劳风险的措施

（1）确保至少满足休息的最少时长和/或工作的最长时长。

（2）让精力充沛的人员代替经过长途跋涉接班的新船员,比如给新船员留出适当的时间以克服疲劳和熟悉船舶。

（3）对船员在持续的一段时间内从事体力和脑力工作的时间加以管理,例如液舱清洗、拥挤水域航行。

（4）确保船上提供可供选择的营养食物,船员始终可获得饮用水。

（5）为值夜班的人员提供适当的夜宵选择。

（6）就船上疲劳意识和预防措施,岸上与船舶管理双方应保持互动。

（7）创建一个坦率沟通的环境,向船员清楚说明,当疲劳影响自身或他人履职能力时,报告管理者是非常重要的,并且确保不会因这类报告而受到任何报复。

（8）确保选派的船员可以完成指定的任务,以避免给其他船员带来潜在疲劳的可能性。

（9）改善船上条件,以确保有睡眠机会时,船员可以利用这一机会进行免打扰的睡眠,比如:计划的演练和常规的维护保养,应以最大限度减少对休息/睡眠干扰的方式进行安排。所有相关船员均应知晓这些受保护的睡眠机会。

（10）加强船上管理,更有效地安排船上工作和休息时间,以及实际工作和本职工作。

（11）如果可行,在布置工作任务时做到混合搭配,以打破工作的单调性,并将高强度的体力和脑力工作与简单的任务相结合(工作转换)。

（12）如可行,在船员生理节律处于低谷期时,避免安排可能会造成危险的工作。

（13）为船员提供认知和处理疲劳影响的技能支持,包括船上培训。

（14）强调休息期间睡觉是船员的责任,以确保获取充足的睡眠。

（15）投入精力监督所有人员都获得了充足的睡眠。

（16）确保影响船员能力的船上环境维持在良好的状态,例如保持按时取暖、通风和提供空调,更换灯泡,及时处理异常噪声等。

（17）重新评价船上的工作模式和职责范围,以便实现资源的最有效利用,例如所有驾驶员共同承担长时间的货物作业以取代传统模式,让精力充沛的人员代替经过长途跋涉抵船的新船员。

（18）在船上提倡互帮互助的船员关系(昂扬士气),公正处理船员间的冲突。

（19）建立应对疲劳事件的船上实战演练,并从中吸取经验,并作为安全会议的一部分。

（20）增进了解诸如运动、放松和营养均衡等健康生活方式的益处。

（21）及时协调公司、管理级船员和其他相关利益方之间的活动计划。

（22）为值班/工作移交留出沟通的时间。

三、防止滥用药物和酗酒的标准和方法

（一）强制性要求

1. 防止酗酒（prevent alcohol abuse）

如前所述,《STCW 规则》第 A-Ⅷ/1 节对酒精的控制作出了强制性规定,要求主管机关对正在履行安全、保安和海洋环境职责的船长、高级船员和其他海员设定血液酒精浓度(BAC)不高于 0.05% 或呼吸中酒精浓度不高于 0.25 mg/L,或可导致该酒精浓度的酒量的限制。

2. 防止滥用药物（prevent drug abuse）

影响正常值班的药物种类繁多且影响的程度不同,故《STCW 公约》无法做出定量的限制,仅在《STCW 公约》附则(规则Ⅷ/1 适于值班)中作出"防止滥用药物"的原则性要求。

影响海员正常值班的药物主要有以下几类:

（1）感冒药

复方感冒药中通常含有扑尔敏等抗过敏药,这类成分会导致头晕、嗜睡、倦怠。

（2）中枢性止咳镇痛药

中枢性止咳镇痛药会产生幻觉,精神松懈,平衡感减弱等不良反应。

（3）降糖药

在服用降糖药不当或者剂量过大时,会引起低血糖,产生头晕、头昏、四肢乏力等不良反应。

（4）抗过敏药

抗过敏药服后可引起嗜睡、困倦、视力模糊、头痛、头晕等症状。

（5）镇静、抗抑郁药

镇静催眠类药物也会产生催眠、嗜睡等症状,引起一些中枢神经系统的不良反应。

（6）抗心律失常药

抗心律失常药物若服用剂量过大,同样会引起头晕、眼花、耳鸣等症状,严重的还会因为低血压反应导致昏厥。

（二）建议和指导

除上述强制性规定外,《STCW 规则》第 B-Ⅷ/1 节对防止滥用药物和酗酒作出了如下建议和指导:

"1. 滥用药物和酗酒直接影响到船员履行值班职责或有关安全、防污染和保安值班职责的健康和能力。当船员被发现受到药物或酒精的影响时,应不允许其履行值班职责或有关安全、防污染和保安值班职责,直至他们履行这些职责的能力不再受到影响为止。

"2. 主管机关应确保采取适当措施以防止药物或酒精影响值班人员或履行安全、防污染和保安值班职责人员的能力,并应根据需要制订甄别计划:

.1 鉴别滥用药物和酗酒;

.2 尊重有关个人的尊严、隐私、秘密和基本的法定权利;以及

.3 考虑相关的国际指南。

"3. 公司应考虑通过纳入公司质量管理体系或向船员提供足够的信息和教育的方法,实施明文规定的防止滥用药物和酗酒的政策,包括禁止值班人员在值班前 4 h 内饮酒。

"4. 参与制定防止滥用药物和酗酒方案的人员应考虑 ILO 出版的可能会被修正的《海运业防止滥用药物和酗酒方案(设计人员手册)》中的指南。"

(三)《中华人民共和国海船船员值班规则》的有关规定

《中华人民共和国海船船员值班规则》第 125 条至第 127 条对船员滥用药物和酗酒做了如下规定:

(1)船员不得酗酒。值班人员在值班前 4 h 内禁止饮酒,且值班期间血液酒精浓度(BAC)不高于 0.05%或呼吸中酒精浓度不高于 0.25 mg/L。

(2)船员不得服用可能导致不能安全值班的药物。

(3)航运公司应当制定相应的措施防止船员滥用酒精和滥用药物。船员履行值班职责或者有关安全、防污染和保安值班职责的能力受到药物或酒精的影响时,不得安排其值班。

(四)《2006 年海事劳工公约》的有关规定

国际劳工组织(ILO)于 2014 年通过的《实施〈2006 年海事劳工公约〉海事职业安全与健康条款导则(草案)》对防止酗酒和滥用药物提供了指导,规定主管当局应确保船东:

(1)制定方针和程序防止在船上滥用药物和酗酒;

(2)就未经许可持有及滥用药物和酒精的有害影响和后果对海员进行教育;

(3)就安全和理性地饮用酒精向海员提供指导;

(4)及早辨认出会滥用药物或存在与酒精有关的问题的海员;

(5)清除船上出现的未经许可的药物;

(6)对已知存在与药物或酒精有关的问题的海员提供私密的建议、支持和协助;

(7)对负责实施药物和酒精方针的岸基雇员和海员提供指导。

第二节 值班安排和应遵循的原则

一、值班安排的总体要求

《STCW 规则》第 A-Ⅷ/2 节中对值班安排和应遵循的原则提出了如下总体要求：

（1）主管机关应使公司、船长、轮机长和全体值班人员注意到《STCW 规则》中应遵守的要求、原则和指南，以确保在所有海船上始终保持安全、连续并适合当时环境和条件的值班。

（2）主管机关应要求每船船长在考虑船舶当时环境和条件的情况下，确保其值班安排足以保持安全值班，并且在船长全面领导与监督下：

①负责航行值班的高级船员在值班时间内始终在驾驶台或与之直接相连的场所，如海图室或驾驶台控制室，对船舶航行安全负责。

②当船舶锚泊或系泊时，为安全起见，应随时保持适当和有效的值班。如果船上载有有害货物，值班安排应充分考虑到有害货物的性质、数量、包装、积载，以及当时船上、水上或岸上的任何特殊情况。

二、值班安排和应遵循的原则

《STCW 规则》第 A-Ⅷ/2 节中对航行或甲板值班的值班安排和应遵循的原则作出了基本规定：

（一）发证

负责航行和甲板值班的高级船员的资格应完全符合第Ⅱ章或第Ⅶ章有关航行或甲板值班的职责的相应规定。

每一艘海船，不得以低于主管机关颁布的船舶最低安全配员证书所列数目和级别配备船员。

负责航行或甲板值班的高级船员的资格应完全符合《STCW 公约》中所规定的强制性最低要求或可供选择的发证标准，使负责航行和甲板值班的高级船员的资格与其担任的职责相适应。

参加值班的船员必须是符合主管机关规定的合格船员，并应完全符合《STCW 公约》中所规定的强制性最低要求或可供选择的发证标准。

（二）航次计划

1. 一般要求

（1）对预定的航次，应在研究有关资料后事先作出计划，并应在航次开始前对设定的任何航线进行核实。

（2）轮机长应与船长协商，预先确定计划航次的需要，并考虑对燃料、淡水、润滑油、化学品、消耗品和其他备件、工具、供应品的需要以及任何其他需要。

2. 每一航次前的计划

每一航次前，各船船长应充分并恰当地运用本航次所必需的海图和其他航海出版物，对自出发港至第一停靠港的预定航线作出计划。所使用的海图和航海出版物应包含永久性的或可预测的以及涉及船舶航行安全的航行限制和危险的准确、完整和最新的资料。

3. 计划航线的核实和标绘

在考虑了所有有关信息并核实了航线设计后，计划航线应清晰地标绘在相应的海图上，并在航行期间供值班高级船员随时使用，值班驾驶员应在使用之前核实将采用的每一航线。

4. 偏离计划航线

如果在航行期间决定改变计划航线的下一停靠港，或者因其他原因船舶需要大幅度地偏离计划航线，应在大幅度地偏离原计划航线之前设计出新的计划航线。

（三）值班的一般原则

值班应基于下列驾驶台和机舱的资源管理原则：

（1）应确保根据情况合理地安排值班人员；

（2）在安排值班人员时应考虑人员的资格或适任能力的局限性；

（3）应使值班人员理解其个人角色、责任和团队角色；

（4）船长、轮机长和负责值班的高级船员应保持适当的值班，并最有效地使用可用资源，如信息、装置/设备和其他人员；

（5）值班人员应理解装置/设备的功能和操作，并熟练使用；

（6）值班人员应理解信息及如何回应来自每一工作站/装置/设备的信息；

（7）所有值班人员应适当地共享来自工作站/装置/设备的信息；

（8）值班人员在任何情况下应保持适当的相互交流；

（9）对为安全而采取的行动产生任何怀疑时，值班人员应毫不犹豫地通知船长/轮机长/负责值班的高级船员。

（四）海上值班

1. 适用于值班的一般原则

为确保能始终保持安全值班，缔约国应指示公司、船长、轮机长和值班人员注意遵守下列原则：

（1）各船船长必须确保值班的安排足以保持安全航行值班或货物值班。

（2）在船长的统一指挥下，负责航行值班的高级船员在他们的值班期间，特别是在避免碰撞和搁浅时，负责船舶的安全航行。

（3）各船轮机长必须与船长协商，确保值班的安排足以保持安全的轮机值班。

2. 保护海洋环境

船长、高级船员和普通船员应了解操作性或事故性的海洋环境污染的严重后果，并应采取一切可能的预防措施防止这类污染,特别是有关国际规则和港口规章规定范围内的污染。

（五）驾驶、轮机联系制度

1. 开航前

（1）船长应当提前 24 小时将预计开航时间通知轮机长,如停港不足 24 小时,应当在抵港后立即将预计离港时间通知轮机长;轮机长应当向船长报告主要机电设备情况、燃油、润滑油和炉水存量;如开航时间变更,应当及时更正。

（2）开航前 1 小时,值班驾驶员应当会同值班轮机员核对船钟、车钟、试舵等,并分别将情况记入航海日志、轮机日志及车钟记录簿内。

（3）主机试车前,值班轮机员应当征得值班驾驶员同意。待主机备妥后,机舱应当通知驾驶台。

2. 航行中

（1）每班交班前,值班轮机员应当将主机平均转数和海水温度等参数告知值班驾驶员,值班驾驶员应当回告本班平均航速和风向风力,双方分别记入航海日志和轮机日志;每天中午,驾驶台和机舱校对时钟并互换正午报告。

（2）船舶进出港口,通过狭水道、浅滩、危险水域或抛锚等情况下需备车航行时,驾驶台应当提前通知机舱准备。如遇雾或暴雨等突发情况,值班轮机员接到通知后应当尽快备妥主机。判断将有恶劣天气来临时,船长应当及时通知轮机长做好各种准备。

（3）因等引航员、候潮、等泊等需短时间抛锚时,值班驾驶员应当将情况及时通知值班轮机员。

（4）因机械故障不能执行航行命令时,轮机长应当组织抢修,通知驾驶台报告船长,并将故障发生和排除时间及情况记入航海日志和轮机日志。停车应当先征得船长同意。但情况危急,不立即停车会威胁人身安全或者主机安全时,轮机长可以立即停车并及时通知驾驶台。

（5）因调换发电机、并车等需要暂时停电时,值班轮机员应当事先通知驾驶台。

（6）在应变情况下,值班轮机员应当立即执行驾驶台发出的信号,及时提供所要求的水、气、汽、电等。

（7）值班驾驶员和值班轮机员应当执行船长和轮机长共同商定的主机各种车速,另有指示的除外。

（8）船舶在到港前,应当对主机进行停、倒车试验,当无人值守的机舱因情况需要改为有人值守时,驾驶台应当及时通知轮机员。

（9）抵港前,轮机长应当将本船存油情况告知船长。

3. 停泊中

（1）抵港后,船长应当告知轮机长本船的预计动态,以便安排工作,动态如有变化应当及时更正;机舱若需检修影响动车的设备,轮机长应当事先将工作内容和所需时间报告船长,取得同意后方可进行。

（2）值班驾驶员应当将装卸货情况随时通知值班轮机员,以保证安全供电。在装卸重大件、特种危险品或者使用重吊之前,大副应当通知轮机长派人检查起货机,必要时应当派人值守。

（3）因装卸作业造成船舶过度倾斜,影响机舱正常工作的,轮机长应当通知大副或者值班驾驶员采取有效措施予以纠正。

（4）驾驶和轮机部门应当对船舶压载的调整,以及可能涉及海洋污染的各种操作,建立起有效的联系制度,包括书面通知和相应的记录。

（5）添装燃油前,轮机长应当将本船的存油情况和计划添装的油舱以及各舱添装数量告知大副,以便计算稳性、水尺和调整吃水差。

第三节　航行值班

一、航行值班安排

在决定可能包括合格的普通船员在内的驾驶台值班组成时,应特别考虑下列因素:

（1）在任何时候,驾驶台不许无人值守;

（2）天气情况、能见度以及是否白天或黑夜;

（3）接近航行危险物可能需要负责航行值班的高级船员执行额外的航行职责;

（4）助航仪器,如电子海图显示与信息系统（ECDIS）、雷达或电子定位仪以及任何其他影响船舶安全航行的设备的使用和工作状态;

（5）船上是否装有自动操舵装置;

（6）是否履行无线电职责;

（7）装备在驾驶台上的无人机舱（UMS）控制装置、警报和指示器及其使用程序和局限性;

（8）特殊的操作环境可能导致对航行值班的出乎寻常的任何要求。

二、航行值班人员的法定职责

（一）瞭望的要求

1. 瞭望目的

应遵照《规则》第5条随时保持正规的瞭望,并应达到下列目的:

（1）针对操作环境中发生的任何重大变化,利用视觉和听觉以及所有其他可用的手段保持连续戒备状态;

（2）全面评估碰撞、搁浅和其他航行危险的局面和风险;

（3）探明遇险的船舶或飞机、遇难船舶人员、沉船、残骸和其他航行危险物。

2. 瞭望人员

瞭望人员必须全神贯注地保持正规瞭望,不得从事或分派给会影响瞭望的其他工作。

瞭望人员和舵工的职责是分开的,舵工在操舵时不应视为瞭望人员,除非在某些小船上,操舵位置具有四周无遮挡的视野并且没有夜视障碍或其他保持正规瞭望的妨碍。夜间航行时应当至少有一名值班水手协助驾驶员瞭望。

在下列情况下，负责航行值班的高级船员在白天可以是唯一的瞭望人员：

（1）对局面作了充分估计，确信无疑这样做是安全的。

（2）充分考虑了包括但不限于下列一切相关因素：

①天气情况；

②能见度；

③通航密度；

④邻近的航行危险物；

⑤航行在分道通航制内或附近时必要的注意。

（3）当局面发生任何变化而需要时，能立即召唤人员到驾驶台协助。

3. 保持正规瞭望值班安排应考虑的因素

在判断航行值班的组成是否足以保证能连续保持正规瞭望时，船长应考虑所有的相关因素，其中包括 STCW 规则中有关决定驾驶台值班组成时所应考虑的因素和以下因素：

（1）能见度、天气状况和海况；

（2）通航密度，以及发生在船舶航行区域内的其他活动；

（3）当航行在分道通航制或其他定线制水域内或附近时必要的注意；

（4）由船舶功能的性质、即时操纵要求和预期操纵所引起的额外工作量；

（5）应召并被指定为值班人员的任何船员适于值班的情况；

（6）对船舶高级船员和普通船员专业适任能力的了解和信心；

（7）每个负责航行值班的高级船员的经验和对船舶设备、程序和操纵能力的熟悉程度；

（8）任何特定时刻船上发生的活动，包括无线电通信活动和必要时召唤人员立即到驾驶台给予协助的可能性；

（9）驾驶台的仪器和操纵装置（包括报警系统）的工作状况；

（10）舵和推进器的控制以及船舶操纵特性；

（11）船舶尺度和指挥位置的视野；

（12）驾驶台的结构，这种结构可能对值班人员利用视觉或听觉探测外部情况所造成的妨碍程度；

（13）国际海事组织及主管机关通过的涉及值班安排和适于值班的任何其他有关标准、程序或指南。

（二）驾驶台交接班的要求

负责航行值班的高级船员，如果有理由相信来接班的高级船员不能有效地履行其职责，则不应向其交班，在这种情况下应通知船长。

接班的高级船员应确保本班人员完全能履行他们的职责，特别是他们夜视的适应性。接班的高级船员在其视力未完全调节到适应光线条件以前不应该接班。

接班的高级船员在接班前，应彻底搞清本船的推算船位或真船位，并核实本船的计划航向和航速以及无人机舱控制装置（如有的话），还应注意在他们值班期间预计可能遇到的任何航行危险。

交、接班驾驶员应当清楚地交接下列情况:

(1)船长对船舶航行有关的常规命令和其他特别指示。

(2)船位、航向、航速和船舶吃水。

(3)当时和预报的潮汐、潮流、气象和能见度以及这些因素对航向和航速的影响。

(4)当在驾驶台控制主机时操纵主机的程序和方法。

(5)航行局面,包括但不限于:

①正在使用或在值班期间有可能使用的所有航行和安全设备的工作状况;

②陀螺罗经和磁罗经的误差;

③看到或知道附近船舶的位置及动态;

④在值班期间可能会遇到的有关情况和危险;

⑤船舶横倾、纵倾、水的密度及船体下坐而可能对龙骨下富余水深的影响。

负责航行值班的高级船员交班时,如果正在进行船舶操纵或其他避免危险的行动,则该高级船员的交班应推迟到这种操纵完成之后再进行。

(三)对船舶航行、操纵和避让行动的要求

(1)负责航行值班的高级船员应:

①在驾驶台保持值班,不得离开驾驶台;

②在正式交班之前,任何情况下均不得离开驾驶台;

③即使船长在驾驶台,也要继续对船舶安全航行负责,直至被明确告知船长已承担此责任并且彼此领会为止。

(2)在值班期间,应使用任何可用的、必要的助航仪器,以足够频繁的时间间隔对所航行的航向、船位和航速进行核对,以确保本船沿着计划航线航行。

(3)负责航行值班的高级船员应充分了解船上所有安全和航行设备的放置地点和操作方法,并应知道和考虑这些设备在操作上的局限性。

(4)负责航行值班的高级船员,不应被分派或担负任何妨碍船舶安全航行的职责。

(5)在使用雷达时,负责航行值班的高级船员应切记,有必要在任何时候均应遵守经修订的有效的《1972年国际海上避碰规则》载明的对使用雷达的规定。

(6)值班驾驶员应当使用安全航速。在需要时,负责航行值班的高级船员应毫不犹豫地使用舵、主机和音响信号装置,但如可能,应及时通知拟进行主机变速,或者按照适用的程序有效地使用装配在驾驶台的无人机舱主机控制装置。

(7)航行值班的高级船员应知晓包括冲程在内的本船操纵性能,并应意识到其他船舶可能有不同的操纵性能。

(8)值班期间应保持对与航行有关的动态和活动的正规记录。

(9)特别重要的是,负责航行值班的高级船员要确保随时保持正规瞭望。在具有单独海图室的船上,必要时,为了履行必需的航行职责,该负责航行值班的高级船员可以短时间进入海图室。但是,他应首先确信这样做是安全的,并保持正规瞭望。

(10)在条件允许和可行的情况下,特别是在危险状况预计影响航行之前,应对船上的航行设备在海上进行频繁的操作性测试。适当时应对这些测试做好记录。这种测试还应在到港前、出港前和可预见的影响航行安全的危险情况发生之前进行,并应当对上述测试做好记录。

（11）值班驾驶员应当经常和精确地测定驶近船舶的罗经方位和距离，及早判断有无碰撞危险。必要时使用甚高频无线电话，与他船协调避让措施。

（12）负责航行值班的高级船员应作定期检查，以确保：

①舵工或自动舵正操作在正确的航向上；

②标准罗经误差每班至少测定一次，如可能，在任何大幅度转向后也测定，标准罗经和陀螺罗经经常核对，罗经复示仪与主罗经同步，如发现误差变化较大，应当及时报告船长；

③自动舵至少每班手动测试一次；

④航行灯和信号灯及其他航行设备正常工作；

⑤无线电设备按照无线电值班职责的规定正常工作；

⑥无人机舱（UMS）控制装置、报警和指示器工作正常。

（13）负责航行值班的高级船员应切记始终遵守 SOLAS 公约中有效要求的必要性。航行值班的高级船员应考虑到：

①使舵工就位并及时改为手动操舵以使潜在的危险局面转危为安的必要性；

②使用自动舵的船舶，如让局面发展到使负责航行值班的高级船员得不到帮助以致不得不中断瞭望而采取紧急措施是非常危险的。

手动操舵和自动操舵的转换应当由值班驾驶员决定。

（14）负责航行值班的高级船员应完全熟悉所装备的所有电子助航仪器的使用方法，其中包括其性能及局限性，以恰当的时间间隔对所驶的航向、船位和航速进行核对，确保本船沿着计划航线行驶；适当时，应使用每一种助航仪器并应切记回声测深仪是一种很有价值的助航仪器。

（15）遇到或预料到能见度不良时，以及在拥挤水域的全部时间里，负责航行值班的高级船员应使用雷达，并注意其局限性。使用雷达时应当遵守《规则》中对使用雷达的规定。

（16）负责航行值班的高级船员应确保所使用雷达的量程以足够频繁的时间间隔进行转换，以便能及早地发现回波，应切记小的或微弱的回波有可能探测不到。

（17）每当使用雷达时，负责航行值班的高级船员应选择适当的量程，仔细观察显示器，并应确保有充分的时间进行标绘或进行系统的分析。天气良好时，如可能，值班驾驶员应当进行雷达使用方面的操练。

（18）在下列情况下，负责航行值班的高级船员应立即通知船长，船长接到报告后应当尽快上驾驶台，必要时由船长直接指挥：

①遇到或预料到能见度不良时；

②对交通状况或他船的动态产生疑虑时；

③对保持航向感到困难时；

④到预定时间未能看到陆地、航行标志或测不到水深时；

⑤意外地看到陆地、航行标志或水深突然发生变化时；

⑥主机、推进机械的遥控装置，舵机或者任何重要的航行设备、警报或指示仪发生故障时；

⑦无线电设备发生故障时；

⑧在恶劣天气中，怀疑可能有天气危害时；

⑨船舶遇到任何航行危险时，诸如冰或海上弃船；

⑩其他紧急情况或感到怀疑时。

(19)尽管在上述情况下要求立即通知船长,但在情况需要时,负责航行值班的高级船员为了安全,应毫不犹豫地采取果断行动。

(20)负责航行值班的高级船员应给予全体值班人员一切适当的指示和信息,以确保包括正规瞭望在内的安全值班得以保持。

第四节　在不同条件下和不同水域内的值班

一、良好天气下的值班

负责航行值班的高级船员应以频繁地测定驶近船舶的精确罗经方位作为及早发现碰撞危险的方法,并应切记有时方位虽然变化明显但碰撞危险依然可能存在,特别是在驶近大型船舶或拖带船队时或是在近距离接近他船时,负责航行值班的高级船员还应按《规则》及早采取积极的行动,随后还应检查此种避碰行动是否取得预期的效果。

天气良好时,只要有可能,负责航行值班的高级船员应进行雷达操练。

二、能见度不良条件下的值班

遇到或预料到能见度不良时,负责航行值班的高级船员的首要职责是遵守《规则》的相应条款,特别是有关鸣放雾号、以安全航速航行并使主机处于立即可操作的准备状态的条款。此外,负责航行值班的高级船员还应:

(1)通知船长;

(2)布置正规的瞭望;

(3)显示航行灯;

(4)操作和使用雷达。

三、黑暗期间的值班

船长和负责航行值班的高级船员在安排瞭望职责时应充分考虑到可供使用的驾驶台设备和助航仪器及其局限性、当时航区的环境和情况以及所实施的程序和安全措施。

船长应当将航行指示和注意事项或者其他重要安排明确记入船长夜航命令簿,值班驾驶员应当遵照执行。

四、沿海和拥挤水域的值班

应使用船上适合于该地区并依据最新资料改正过的最大比例尺海图,应以频繁的时间间隔测定船位,环境许可时应采取多种方法定位。使用电子海图显示与信息系统(ECDIS),应选择适当使用码(比例尺)的电子海图,并以适当的时间间隔通过独立的定位方法对船位进行核查。

负责航行值班的高级船员应确切地辨认所有相关的航行标志。

五、引航员在船时的值班

尽管引航员有其职责和义务,但他们在船上引航时并不解除船长或负责航行值班的高级船员对船舶安全所负的职责和义务。船长和引航员应交换有关航行程序、当地情况和船舶性能等信息。船长和/或负责航行值班的高级船员应与引航员密切配合,并保持对船舶的位置和动态进行准确的核对。船长对引航员的错误操作应当及时指出,必要时即行纠正。

船长在非危险航段暂离驾驶台时应当告知引航员,并指定驾驶员负责。如果负责航行值班的高级船员对引航员的行动或意图有所怀疑,他应要求引航员予以澄清,如仍有怀疑,应立即报告船长,并在船长到达之前采取必要的行动。

六、锚泊值班

如果船长认为必要,船舶在锚泊时也应保持连续的航行值班。船在锚泊时,负责航行值班的高级船员应:

(1)锚抛下时应当立即测定船位,并在海图上标出锚位和旋回范围,将锚地的潮汐、流向、水深、底质、周围情况及当地气象记入航海日志。

(2)条件允许时,以足够频繁的时间间隔,利用固定航标或岸上容易辨认的物标测定方位,以校核船舶是否安全地保持在锚位上。

(3)保持正规的瞭望,并做到:

①注意周围锚泊船的情况,尤其是位于上风或者上流方向锚泊船的动态,以防他船走锚危及本船安全;

②注意来泊船的锚位是否与本船有足够的安全距离,如过近,应当设法通知对方,并报告船长;

③注意过往船舶或者邻近锚泊船起锚离泊时距本船过近,应当密切关注其动态,若认为对本船有威胁,应当以各种信号警告对方。

(4)确保定时巡视船舶,注意吃水、富余水深以及船舶的状态。

(5)观察气象和潮汐情况以及海况,注意锚位、锚链受力和船首偏荡;在转流时,还应当注意船身回转及周围船舶动向,必要时采取紧急措施,防止因本船或者他船走锚造成紧迫局面或者发生事故。

(6)本船或者他船走锚,或者过往船舶距离过近造成危险局面时,应当果断地采取一切有效措施,以避免或者减少损失,并立即通知船长。

(7)在急流区锚泊或者锚泊时遇大风浪天气,除执行船长指示外,还应当勤测锚位,定时巡视甲板,检查锚链和制链器是否正常,并且应当认真督促值班水手每小时检查锚链、制链器和锚设备一次。

(8)锚泊中进行装卸作业,除应当执行停泊值班中有关装卸业务方面的职责外,还应当注意傍靠船、驳的系缆、碰垫和绳梯以及其他各种安全设施。

（9）根据锚地情况及相关规定,用甚高频无线电话在规定的频道上保持守听。

（10）确保主机和其他机器按照船长指示处于准备状态。

（11）如果能见度恶化,通知船长,并应当认真执行《规则》的有关规定,加强瞭望,鸣放雾号,打开锚灯和各层甲板的照明灯。

（12）确保船舶按照所有适用的规定显示相应号灯、号型并鸣放相应的声号。

（13）采取措施防止船舶污染环境,并遵守适用的防止污染规则。

第五节　在港值班

一、在港值班应当遵循的原则

（一）总则

正常情况下,在港内安全系泊或锚泊的任何船上,出于安全目的,船长应安排保持适当有效的值班。对于具有特殊类型推进系统或辅助设备的船舶以及对于载有有害的、危险有毒的或高度易燃物质或其他特种货物的船舶,有必要予以特殊要求。

（二）值班安排

船舶在港内时,保持甲板值班的安排应始终足以：

（1）确保人命、船舶、港口和环境的安全,以及所有与货物作业有关的机械的安全操作；

（2）遵守国际、国内及当地的规章；

（3）保持船上秩序和日常工作。

船长应根据系泊情况、船舶种类和值班特点,决定甲板值班人员的组成和值班的持续时间。

如船长认为必要,应安排一名合格的高级船员负责甲板值班。为了有效地值班,应安排必要的设备。

（三）交接班

负责甲板值班的高级船员如有任何理由认为接班的高级船员显然不能有效地履行其值班职责,则不应向其交班,应通知船长。接班的高级船员应确保本班人员完全能有效地履行他们的职责。

在进行甲板值班的交接班时,如正在进行重要操作,除非船长另有指示,该操作应由交班的高级船员完成。

二、甲板值班的交接班

在交班前,负责甲板值班的高级船员应告知接班的高级船员下列事项:

(1)泊位水深、船舶吃水、高潮和低潮的水位和时间、系缆情况、抛锚和抛出的锚链情况以及对船舶安全至关重要的其他系泊情况;主机情况和应急使用的可行性。

(2)船上拟进行的所有工作,已装货物或余留货物以及卸后船上残存物的性质、数量及其配置状况。

(3)舱底和压载舱中的水位。

(4)正在显示或鸣放的信号、灯号或声号。

(5)要求在船的船员人数和其他人员的在船情况。

(6)消防设备的情况。

(7)任何特殊的港口规定。

(8)船长的常规命令和特殊命令。

(9)在发生紧急情况或需要援助时,船舶与岸方人员包括与港口当局之间可供使用的通信线路。

(10)有关船舶、船员、货物的安全或防止环境污染的任何其他重要情况。

(11)向有关当局报告由于船舶行为造成环境污染的程序。

接班的高级船员在承担甲板值班任务前应核实:

(1)系泊缆绳或锚链是恰当的;

(2)显示的信号和灯号以及鸣放的声号是正确的;

(3)安全措施和防火规定是维持着的;

(4)已知道正在装卸的有害或危险货物的性质和在发生溢漏或火灾时应采取的相应措施;

(5)外界情况或环境没有危及本船,本船也不危及其他船舶。

三、甲板值班的职责

负责甲板值班的高级船员应:

(1)掌握全船人员动态,经常巡查船的四周、装卸现场及工作场所,关注从事高空、舷外及封闭舱室内工作的人员安全,督促值班人员坚守岗位,保持部门间联系畅通。

(2)特别要注意:

①舷梯、锚链、跳板及安全网或系泊缆绳的状况和固定情况,特别是在转潮时和在有较大潮差的泊位上,必要时采取措施以确保它们处于正常工作状态;

②船舶吃水、富余水深和船舶的一般状态,在装卸货或压载时防止发生危险的横倾和纵倾;

③天气情况和海况;

④遵守所有有关安全和防火方面的规定,在船上进行明火作业及修理工作时,采取必要的预防措施;

⑤舱底和液舱中的水位;

⑥所有在船人员及其所在地点,特别是那些在远处或封闭处所内的人员;

⑦视情况显示的信号、灯号和鸣放的声号。

(3)在坏天气或收到风暴警报时,采取必要措施以保护船舶、船上人员和货物。

(4)不得在系泊区域内排放污油水、垃圾及杂物,并采取措施,防止本船对周围环境造成其他形式的污染。

(5)在危及船舶安全的紧急情况下,鸣放警报,通知船长,采取一切可能的措施以防止对船舶、货物和船上人员造成损害,如有必要,请求岸上当局或附近船舶给予援助。

(6)掌握船舶的稳性情况,以便在失火时能建议岸上消防当局向船上喷水的大致数量而不致危及船舶。

(7)根据船舶种类特点,按照积载计划的要求,负责船港联系和协作,监督装卸操作安全和质量,掌握装卸进度,解决装卸中发生的问题,制止违章作业,注意天气变化及海况,及时开关舱;装卸一级危险品、重大件、贵重货时到现场监督指导。

(8)按照船长、大副的指示或者根据情况需要,通知机舱注入、排出或者调整压舱水,并注意船体平衡;注意检查污水井、压载舱及淡水舱的测量记录;监收加装淡水和物料,加油船来时通知机舱并且注意防火安全。

(9)注意过往船舶,有他船系靠本船或者前、后泊位时应当在现场守望,并采取相应安全措施;发生事故时,应当立即记下该船船名、国籍、船籍港及事故经过,并向船长报告。

(10)向遇险的船舶或人员提供援助。

(11)主机试车应当在确认推进器附近无障碍物,不致碍及他船,不损坏舷梯、跳板、缆绳、装卸属具及港口设施等情况后方可进行,并采取必要的预防措施。

(12)将对船舶有影响的所有重要事项记入相应的日志。

四、载运危险货物船舶的在港值班

载运危险货物船舶的船长,不论货物是否是易爆的、易燃的、有毒的、危害健康的,或是污染环境的,均应确保保持安全值班安排。对载运散装危险货物的船舶,这种值班应由船上一个或几个合格的高级船员(需要时,还包括普通船员)来承担,即使当船舶安全地在港系泊或锚泊也是如此。

对于载运非散装危险货物的船舶,船长应充分注意这些危险货物的性质、数量、包装以及船上、水上和岸上的任何特殊情况。

负责计划和实施货物作业的高级船员应通过对特定风险的控制(包括涉及非船上人员时),确保该作业的安全实施。

载运危险货物船舶在港值班还应注意:

(1)在装载危险货物期间,当班驾驶员要安排水手按港口规定悬挂或显示规定的信号。船长和大副不得同时离船,并应保持足够的留船人员。所有值班人员应按规定进行巡视检查,提高警惕严防火灾。

(2)船舶在装载危险货物过程中,若发生撒落、落水或其他事故,船长应迅速报公司和港口有关主管部门,采取适当有效措施妥善处理。

（3）在港口等待卸货期间,应指定专人定时测量货舱和货物的温度和湿度,进行合理通风,防止汗湿及可燃气体的积聚,并做好记录。

（4）船舶在开舱卸危险货物前,应先进行充分通风。在开舱盖时应有防止摩擦产生火花的措施,必要时应经有关部门检测合格后方可作业。值班驾驶员必须检查督促卸货工人严格按有关操作规程进行卸货,严禁不安全作业。

第六节　船舶内部通信设备及船舶报警系统

一、船舶内部通信概述

船舶内部通信通常指在船舶内部进行的各种必要信息的传递,大体上包括船用程控电话系统、船用声力电话系统、船用指挥电话系统、船令广播系统、通用报警系统、应急传令钟系统、船用子母钟系统、监测报警装置和电视监控系统等。就安放位置和通信方式而言,至少应确保驾驶台和机器控制室之间、驾驶台和舵机舱内操舵装置控制位置之间、驾驶台和无线电室之间、驾驶台和消防集中控制室之间的电话系统随时可用。伴随科技水平的发展,很多大型、超大型船舶上也安装了局域网,从而实现船员间的无纸化办公,局域网也可以划归为船舶内部通信系统。另外通过卫星船站等设施把船内局域网或者电话网络与岸上通信网络衔接,建设船岸间无缝隙网络连接已经成为发展趋势。

二、船舶内部通信系统

1. 船用程控电话系统

根据进出交换机的呼叫流向及发起呼叫的起源,可以将呼叫分为四种基本呼叫任务:本局呼叫、出局呼叫、入局呼叫和转移呼叫。船舶交换机主要完成本局呼叫,如果通过技术手段将其与 SSB(单边带)、VHF 或者 Inmarsat 船站互联,它将具有出局和入局呼叫功能,这是船舶通信的发展趋势。程控电话也称自动电话,是指通过程控电话交换机交换信息的电话系统。程控电话交换机也称为程控数字交换机或数字程控交换机,是利用预先编好的计算机程序来控制电话接续的交换机。使用时,用户端电话的摘机、挂机状态由本地交换机自动检测。用户摘机时,本地交换机立即给用户的话机回送拨号音,并接收用户话机产生的脉冲信号或双音多频拨号信号,随之完成从主叫到被叫号码的接续并保持连接。在交换机检测到通信的双方中有一方挂机时,立即中断接续。与机电式交换机电话系统相比,程控电话系统具有接续速度快、业务功能多、交换效率高、声音清晰、质量可靠等优点。

2. 船用声力电话系统

声力电话系统是船舶必备的内部通信系统。船用声力电话系统采通常用增音技术,因此也称船用增音声力电话系统。

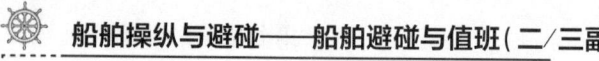

在实际应用中,声力电话机分为直通型和选通型两种。直通型声力电话机的通话音量比一般声力电话大。选通型声力电话机系统由多部话机构成,可进行多路通话。

声力电话是指完全不依赖外部或内部电源,在完全无电的状态下凭借人们讲话的声音,使送话器的振膜随声音而振动,从而改变磁路中气隙的大小,引起磁路中磁通量的变化,进而在送话器线圈中产生感应电流,这个感应电流经线路传输到收话方受话器的线圈中,再次引起其磁通量的变化,最终使受话器的膜振动,并相应地发出声音。从能量转化角度看,从发话端到受话端经历了声能、机械能、磁能、电能、磁能、机械能、声能的转化。声力电话的优点是,当船舶失去电源时仍然可以实现内部通话。

船用声力电话系统已经不是真正意义上的声力电话系统,在其话机中装有内置电池。平时系统处在增音通话状态,外接 24 V DC 电源,在外接电源断电的情况下,能自动转换为声力通话,此时话机由机内电池供电。使用时用呼叫键和声光振铃器来进行联络。只有当进行纯粹意义的声力通话时,才通过传统的手摇发电机产生振铃所需要的能量。

船用声力电话系统是一种三线制通信设备。通常装于各类大、中、小型船舶作为内部通信及应急设备使用,也可为海上石油平台、石油化工企业等有爆炸性气体混合物存在的危险场所提供安全可靠的内部通信。在船舶上一些比较重要的场所,如主机旁、舵机舱、驾控台、集控台、电梯、船首、船尾等,按规定除配备有程控电话外,还要求配置声力电话,用以保证通信的可靠性。

3. 船用指挥电话系统

根据声力电话系统可称作对讲电话系统或指挥电话系统。船用指挥电话系统专用于驾驶台与船内其他重要场所之间进行指挥通话,它包括总机和若干单机。总机安装在驾驶台内,单机容量一般有 4 门、8 门和 12 门三种,分别安装在各重要场所。

船用指挥电话系统具有声力电话直通的特点,可实现总机与单机之间、单机与单机之间以及总机同时与所有单机之间的通话。总机和单机都有双向放大功能,通话质量高。该系统还附带闪光器,以适应机舱等噪声较大的环境。

4. 船令广播系统

在《国际救生设备规则》(LSA)中,IMO 强制要求船舶必须安装通用报警和船令广播设备。船令广播系统的主要用途,是通过扬声器装置向船员或乘客工作、休息或经常活动的所有场所发布有关信息,以便使全体在船人员在特殊情况下服从船舶的整体安排或向船上某处集结。船令广播系统通常允许从广播站直接广播,也可由安装在驾驶台、船首、船尾或主管机关认为必要的船上某处的遥控站进行遥控广播。遥控站比广播站有优先权。进行设备安装时,还应充分考虑到声音的限界条件并无须收听者进行任何个人操作。船令广播系统有严格的使用规定,未经授权严禁擅自使用。船令广播系统可以作为通用报警的补充,但一般不应用其来替代通用报警系统。

船用扩音机有壁式、台式两种,包括放大器、收放音、遥控接口电路、控制电路及电源部分。扬声器分为高音扬声器、嵌入式扬声器及壁挂式扬声器三种,高音扬声器主要用于舱面,嵌入式扬声器及壁挂式扬声器用于舱内。

三、船内通信系统的试验和保养

船内通信装置均应进行效用试验和保养。

（1）对程控电话，检查在通话时是否有串号或串线的现象；检查程控电话系统优先功能、电话转移功能和电话扩展功能；定期对交换机进行除尘处理。

（2）对声力电话，定期对每一个位置的电话进行通话试验；检查电话回铃和增音情况；检查增音电源失电时自动转为声力电话的情况。

（3）对广播系统进行效用试验，其收音、传输信号应良好，没有外部干扰；检查扬声器的工作情况，每个扬声器均应能调节音量和切断收音，一般位置均能听到广播的声音；按扩大机的功能检查其强制功能和扩展功能。

（4）定期检查、保养开放处所，如甲板、船尾等处所话机的防水状况，防止个别话机渗水进而威胁整个系统。

（5）定期检查、保养特殊处所防爆电话状况，必要时更换话机。

四、船舶报警系统

海上航行中，危及船舶和人命安全的紧急事件，多数是人为失误造成的，因此保持驾驶台航行值班显得尤为重要，如何防止安全航行值班中断，便是急需解决的问题。报警系统的作用主要分为驾驶台航行值班报警系统和船舶常用报警系统。

（一）驾驶台航行值班报警系统

在船舶报警系统中，驾驶台航行值班报警系统（Bridge Navigational Watch Alarm System，BNWAS）正是基于这种迫切需求而产生的。该系统用于监视值班驾驶员的警觉性，并具有为值班驾驶员提供紧急支援呼叫的功能。BNWAS旨在监视驾驶台活动并发现由于操作者失去工作能力而可能导致的海上事故。该系统监视值班驾驶员（OOW）的意识，如由于任何原因而使OOW失去履行其职责的能力时，该系统将自动向船长或其他有能力的OOW报警。

驾驶台航行值班报警系统由驾驶台控制单元、主处理器单元、计时复位单元、驾驶员房间报警指示单元、公共舱室报警指示单元及电源部分等组成，如图7-6-1所示。

1. 功能与作用

驾驶台航行值班报警系统主要有两方面功能，一是防止驾驶员在航行值班时不能履行值班职责而使船舶处于无人操纵的危险局面发生，二是为值班驾驶员提供紧急支援呼叫。

系统自动检测驾驶室的活动，当发觉操作人员能力丧失、值班驾驶员意识状态降低或当该值班人员因某种因素未履行值班员职责可能导致航海事故时，可自动通过指示灯和警报声及时提醒船长或其他胜任的值班人员，如大副、二副或三副，避免出现驾驶台长时间无人值守的情况，能明显提高驾驶员的警觉意识而使其避免失职。此外驾驶台航行值班报警系统还配备让值班人员通过应急呼叫得到及时援助的设施。

2. 报警方式

驾驶台航行值班报警系统通常会产生两种性质的报警，一种是航行值班报警，另一种是驾

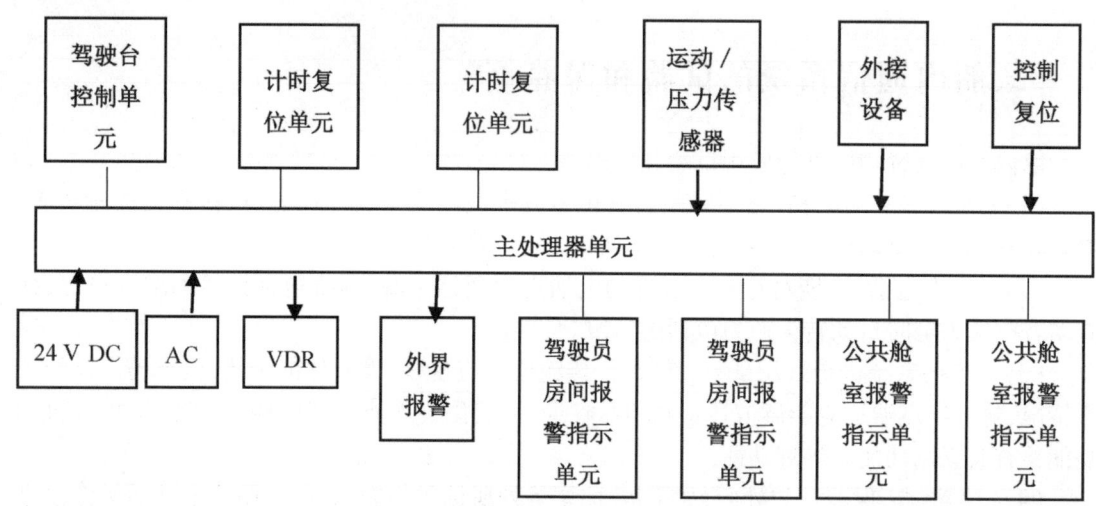

图 7-6-1 驾驶台航行值班报警系统组成部分

驶台设备报警。

(1)航行值班报警

通过设定时间间隔的报警提醒值班驾驶员进行复位操作。如果没有及时复位或者驾驶员不在岗,报警会延伸到其他位置,比如船长室或者其他驾驶员的位置,从而避免出现驾驶室长期无人值守的情况。

BNWAS 的报警通常分为三级,各级报警详细情况如下:

①一级报警

BNWAS 的休眠期时间通常设定为 3~12 min。如果在休眠期内按下复位按钮,复位按钮将重新开始倒计时。如果到达休眠期设定时间而没有复位,就会发出报警。驾驶室值班员需按下复位按钮,使休眠期重新开始倒计时。如果驾驶室值班员没有按下复位按钮,15 s 视觉报警结束后,会触发声光报警,此报警为一级报警。复位按钮通常安装在驾驶台、海图室、驾驶台两翼等区域。复位按钮不允许安装在驾驶台或瞭望区域以外的任何场所。

②二级报警

在一级报警状态下,如果 15 s 内报警没有复位,将发出二级声光报警。二级声光报警延伸到各个房间。二级报警单元通常安装在船长室、轮机长室、大副室、二副室、三副室、餐厅、办公室、娱乐室等区域。

③三级报警

在二级报警状态下,如果 90 s(90~180 s,可调)内报警没有复位,将发出三级声光报警。三级报警时,BNWAS 的所有报警单元全部发出声光报警。

航行值班报警的作用是监视驾驶台值班,即在驾驶台控制单元设置一定的时间间隔(3~12 min),系统开始倒计时,在设置好的时间间隔内,值班驾驶员必须按一下驾驶台里面的复位开关或者操作一下驾驶台内特定的设备,以使系统重新开始倒计时。在设定的时间间隔内如此反复操作,系统不断被复位,报警不会被触发,系统也就不会发出声光报警。

如果值班驾驶员没有在规定的时间间隔内对该系统进行复位,系统就会在驾驶台内发出声光报警(一级报警),报警会持续一段时间,例如 30 s。如果 30 s 内没有响应,则该系统就会把报警转发到设定的值班驾驶员房间(二级报警);如果在设定的时间内,还没有得到响应,系统就会把报警转发到安装报警单元的公共舱室(三级报警),提醒所有人员注意。在驾驶员房间或公共舱室内,不能取消报警,要想取消报警使系统复位,必须按驾驶台主控面板的按钮。

(2)驾驶台设备报警

驾驶台设备报警主要是指系统监视的驾驶台上的设备出现异常情况而产生的报警。这种功能部分设备不具备,也无强制要求,报警的过程与航行值班报警相同,在驾驶台主控单元显示报警发生的具体设备,当问题解决后,系统才能恢复到正常状态。

(二)船舶常用报警系统

船舶常用报警系统还包括机舱检测报警系统、货舱检测报警系统、火灾检测报警系统等。

1.机舱检测报警系统

机舱检测报警系统能够采集主、副机的压力、温度、转速等参数,再由主控制器转换成模拟或数字输出,如果输出值超出设定值,则产生声光报警信号,使值班人员及时处理不正常情况,让设备恢复正常状态。船舶机舱检测报警装置中报警信号通常分为开关量报警和模拟量报警。

2.货舱检测报警系统

货舱检测报警系统通过检测货舱内的气体状况来输出信号。

3.火灾检测报警系统

火灾检测报警系统通过测量传感器周围空间的温度或烟雾浓度来输出信号。船用火灾检测系统主要包括感温式、感烟式、感光式。

(1)感温式

感温式火灾检测报警系统利用火灾前兆的温度效应探测火灾。

(2)感烟式

感烟式火灾检测报警系统利用火灾前兆的烟气浓度探测火灾。

(3)感光式

感光式火灾检测报警系统利用火焰光谱特性、光照强度和闪烁特性探测火灾。

第七节　船舶常规指令

根据船舶驾驶台工作情况,船舶常规指令可分为船长常规命令、舵令、车种令、带缆口令、抛起锚口令等。

一、船长常规命令

船长常规命令由船长发布,驾驶员阅签。船长调动时,由接班船长重新发布,驾驶员阅签;驾驶员调动时,由接班驾驶员重新阅签。船长常规命令仅根据通用情况编制,各船船长应根据本船操纵特性、人员特点和航区等提出适用于本船的具体要求,对船舶驾驶员在航行及锚泊值班中的常规工作做出规定。船长常规命令不取代船舶安全航行及有关须知文件。在船舶工作中,船长将以航行计划、夜间命令簿或其他方式对本命令进行补充。

1. 航行时

航行时的船长常规命令主要是要求值班驾驶员严格遵守《1972 年国际海上避碰规则》及其他地方性规定,严格执行各项安全航行规章制度。常规命令的主要内容包括:

(1)保持正规瞭望、使用安全航速;

(2)注意早让、宽让、大幅度避让;

(3)夜航或能见度不良时应及早并正确使用雷达搜索海面,以便获得碰撞危险的早期警报;

(4)能见度小于 5 n mile 时,值班驾驶员应立即开启雷达和自动雷达标绘装置(如有),进行系统观察,加强瞭望,并作好能见度不良时的航行准备;

(5)能见度小于 2 n mile 时,值班驾驶员应立即执行能见度不良的戒备和行动,包括但不限于备车、使用适合当时环境和情况下的安全航速行驶,必要时减速、停车甚至倒车,把船停住;

(6)改用手操舵;施放雾号、显示航行灯;使用雷达搜索海面;

(7)在 VHF 中通报本船船位和动态;

(8)请船长上驾驶台;

(9)视情况派人瞭头;

(10)需要时应毫不犹豫地使用车/舵和声号。

航行中的船长常规命令还包括:

(1)在任何情况下,未经船长同意或其他驾驶员正式接替,不得擅自离开驾驶台。

(2)认真进行海图作业和记载航海日志,执行船长布置的各项安全航行措施和船长夜航命令。

(3)经常监视航行设备、仪器工作情况。

(4)督促本班水手认真值班,执行驾驶台规则。

(5)遇下列情况应立即报告船长,必要时可先采取措施:

- 能见度低于 2 n mile 时;对通航条件不良或对他船的行动有怀疑时;
- 对本船的船位有怀疑或丢失船位时;
- 维持航向困难时;
- 除避碰以外,当需大幅度改变航向,而此航向与原来的计划航向有较大改变时;
- 预期时间内,未能见到陆地、助航标志、未能测量到相应预期水深时;
- 发现不该有的陆地、助航标志,测量到的水深与预期发生大的变化时;
- 主机故障或主机有其他问题,推进机械遥控系统故障,舵机或任何重要的导航设备故障,报警或指示器故障时;
- 电台设备不正常时;
- 发现超乎寻常的大的罗经误差时;
- 恶劣天气来临或出现危及航行安全的任何情况时;
- 当船舶遇到任何航行危险物,如冰块或遗弃物时;
- 发现海上遇险信号以及各种可疑信号或可疑物时;

- 发生火警、人员落水或船舶进水等紧急情况时;
- 对船长所布置的计划航线、航向及其他安全措施、指示等存有疑问或发现错漏时;
- 当值驾驶员专注某事影响到其他职责的执行时;
- 收到他船需转发或回答的遇难信息时;
- 驾驶员认为应叫船长的其他情况。

(6)船长或引航员在驾驶台指挥时,仍不可疏忽瞭望及其他应尽的一切责任。

2. 锚泊时

(1)保持 VHF 在当地港口规定的频道上守听;

(2)经常核定锚位,防止本船及他船走锚;

(3)除正常巡视外,值班人员保持在驾驶台值班;

(4)在底质差、水流急、风浪大、易走锚或海盗出没水域,应加强值班。

3. 船舶保安

严格执行船旗国和港口国有关保安规定和船舶保安计划。

4. 货物安全

根据发货方提供的化学品安全说明书(MSDS)和租家要求制订适合本船情况的货物操作计划,规范货物的装载、积载、运送、保管、照料以及卸载,并按公司船舶安全管理体系文件(SMS 文件)要求完成相应记录。

5. 船长其他命令

船长的其他命令主要包括:

(1)会遇船舶,在沿岸及大洋航行时,要求红灯船 DCPA 不得小于 0.5 n mile,绿灯会船不得小于 1.0 n mile;在狭水道航行时尽量用 VHF 提前沟通协调好,以策安全。

(2)中国沿海常年有雾,尤其在 2—5 月最为多见,务必严格遵守雾航规定,一般能见距离小于 2 n mile 时,必须立即通知船长。

(3)充分利用本船导航/助航设备,如 GPS/AIS/ECDIS/ARPA/VHF 回放功能等协助船舶避让,但切不可过分依赖,要认真掌握其操纵性能,了解其局限性,正确地使用。

(4)在遭遇渔区时,不得盲目穿越进入,尽量绕开航行,但需要仔细阅读海图,避开浅点和碍航物。

二、舵令

正舵	Midship
左舵 5	Port five
左舵 10	Port ten
左舵 15	Port fifteen
左舵 20	Port twenty
左舵 25	Port twenty-five
左满舵	Hard-a-port
右舵 5	Starboard five

右舵10　　Starboard ten

右舵15　　Starboard fifteen

右舵20　　Starboard twenty

右满舵　　Hard-a-starboard

回到5　　Ease to five

回到10　　Ease to ten

回到20　　Ease to twenty

把定　　Steady

照直走　　Steady as she goes

把……放在左/右舷　　Keep... on port/starboard side

完舵　　Finished with the wheel

走082　　Steer zero eight two

朝……走　　Steer on...

三、车钟令

备车　　Stand by engine

微速前进　　Dead slow ahead

前进一（慢速）　　Slow ahead

前进二（半速）　　Half ahead

前进三（全速）　　Full ahead

停车　　Stop engine(s)

微速后退　　Dead slow astern

后退一（慢速）　　Slow astern

后退二（半速）　　Half astern

后退三（全速）　　Full astern

紧急进三　　Emergency full ahead

紧急退三　　Emergency full astern

用车完毕,完车　　Finished with engine(s)

主机定速　　Ring off engine

首侧推全速向左　　Bow thrust full to port

首侧推全速向右　　Bow thrust full to starboard

首侧推半速向左　　Bow thrust half to port

首侧推半速向右　　Bow thrust half to starboard

首侧推停车　　Bow thrust stop

四、带缆口令

左舷/右舷靠　　Berthing port/starboard side

带……头缆/尾缆/横缆   Send out head/stern/breast lines

带……前/后倒缆   Send out fore/aft spring(s)

准备撤缆   Have heaving lines ready

绞……缆   Heave on...line

……缆/倒缆收紧   Pick up the slack on...line(s)/...spring(s)

绞缆   Heave away

停止绞缆   Stop heaving

松……缆/……倒缆   Slack away...lines/...springs

刹住……缆/……倒缆   Hold on...lines/...springs

慢慢绞   Heave in easy

保持缆绳受力   Keep the lings tight

单绑   Sing up

全部解掉   Let go everything

解……缆   Let go...line

挽牢   Make fast

……缆上车   Put...line one winch

五、抛起锚口令

准备左/右锚/双锚   Stand by port/starboard/both anchor(s)

抛左/右锚/双锚   Let go port/starboard/both anchor(s)

1/2/3 节锚链入水/在锚链管/在甲板   Put one/two/three shackle(s) in water/in the pipe/on deck

放出锚链   Pay out the cable

刹住锚链   Hold on the cable

锚链放松   Slack way chain

准备起锚   Stand by weighing/heaving up

绞锚   Heave aweigh/ heave up port/starboard cable

停止绞锚   Stop heaving

锚链方向?   How is the chain leading?

还有几节?   How many shackles are left?

锚离底   Anchor aweigh

锚清爽   Anchor is clear

锚离水   Anchor is clear of water

锚绞缠   Anchor is foul

锚抓牢   Anchor holding

第八章

驾驶台资源管理

驾驶台资源管理是针对避免人为失误而协调、利用驾驶台所有人员的技能、知识、经验和驾驶台及以外的其他资源,帮助驾驶台班组完成和达到预期的船舶营运的安全性和有效性。驾驶台资源管理在 STCW 78/95 公约中列在 STCW 规则 B 部分(建议和指导),而《STCW 公约》首次将驾驶台资源管理和机舱资源管理课程列为强制性适任标准,并在修正案的 A-Ⅱ/1 和 A-Ⅱ/2 中,分别对操作级和管理级驾驶员提出了"领导和团队工作技能的运用"和"领导力和管理技能的运用"的适任要求。

第一节　驾驶台资源管理概念、目的与作用

一、驾驶台资源管理的概述

(一)驾驶台资源管理的概念

按照 IMO 的定义,驾驶台资源管理(Bridge Resource Management, BRM)是指协调和利用驾驶台所有人员的技能、知识、经验和驾驶台及以外的其他资源,帮助驾驶台班组完成和达到预期的船舶营运安全性和有效性,也称之为船舶驾驶台团队管理(Bridge Team Management, BTM)。其目的是避免船舶在营运过程中因人为失误而发生事故,保证船舶营运的安全性和有效性。

驾驶台资源管理强调的是船舶驾驶人员在团队形成、团队工作、联系与沟通、领导、决策和管理等方面的技术,并将这一技术运用到有组织和有规律的管理之中。驾驶台资源管理着眼于操作性任务、工作压力、工作态度以及实际风险,并贯穿于航行计划的开始、执行和结束的全过程。

（二）驾驶台资源管理的对象

驾驶台资源管理的对象是船舶驾驶台团队和驾驶台团队可利用的资源,目的是安全和效率,围绕这个目的进行管理。BRM 训练的内容围绕人、船舶、环境中的各种因素,其中以人的因素最为重要,主要考虑以下关键性因素:

B——Bridge(驾驶台):船舶驾驶员、舵工、引航员的工作场所。

R——Resource(资源):包括人力资源、物质资源、信息资源和其他资源。

M——Management(管理):协调运用人、船舶、环境中可能利用的一切资源,并对其进行适当分配和排序,以达到管理目标。

（三）驾驶台资源的组成

按照事故原因分析理论,船舶事故因素包括人、船舶、环境、管理等因素,而事故是经过组织因素、不安全监督、不安全行为的前提、不安全行为等一系列过程后才发生的,很难确定某个单独的因素为事故主因。

(1)通常情况下,驾驶台资源按照其重要程度的降序可以分为人力资源、物质资源、信息资源和其他资源等。

①人力资源包括整个驾驶台团队成员,包括船舶船长、驾驶台值班人员、轮机值班人员、在船引航员等,也包括岸基管理人员和操作人员。

②物质资源包括船舶的各种设备、仪器资源,如驾驶台的导助航设施,主、辅机系统,操纵系统,内部、外部的通信系统,航海图书资料,各种机械设备和用品等涉及安全的所有设施与设备,也包括船舶靠离泊位作业过程中所需要的拖船或带缆艇等。

③信息资源是指通过各种手段和方法能够获得的保障船舶安全和营运效率的各种信息和资料,包括航海通告、无线电航行警告、天气预报、冰情预报、VTS、海岸雷达站提供的信息等。

④其他资源是指未包括在上述资源内的资源,如外部救援资源、相关部门提供的支持资源等。

(2)驾驶台资源也可分为内部资源与外部资源。

①内部资源可以认为是船舶本身的资源,主要包括驾驶台团队(驾驶台团队成员包括船长、大副、二副、三副、值班水手、在船的引航员以及值班的轮机员等),驾驶台的导助航设施,主、辅机系统,操纵系统,内部、外部的通信系统,航海图书资料,各种机械设备和用品等涉及安全的所有设施与设备;船舶本身可以获得的信息等。

②外部资源包括陆上信息支援系统、港口支援系统、航运公司支援系统和其他相关部门的支援资源。陆上信息支援系统是指通过船舶 AIS、NAVITAX 接收机、甚高频(VHF)、气象传真接收机、船舶数字气象仪、卫星通信等设备,由陆上定期向航行中的船舶提供海洋水文气象信息、地理信息、气象导航信息等。港口支援系统是指为加强船舶交通管理,保障船舶交通安全,提高船舶交通效率,保护水域环境而由船舶交通管理部门发布的各种信息。公司支援系统是指航运公司航行安全保障人员定期召开船舶航行安全会议,研究保证航行安全的策略、分析总结发生事故的原因及对策,并将相关内容通过通信方式传送至公司管理的每艘船舶。相关部门提供的支援资源包括外界的救援资源,相关应急机构或部门的建议和指导等。

二、驾驶台资源管理的目的与作用

船舶驾驶台资源管理就是驾驶台团队通过对各种资源的有效控制和组织,提高船舶安全管理,减少人为失误,确保船舶及其人员、货物和环境的安全。驾驶台资源管理的作用和目的主要体现在如下各点:

1. 转变思想理念和工作态度,避免疲劳值班

通过有计划、有组织、有控制、有激励、有协调、有创新性的资源管理,将船舶的安全管理水平提升到一个新台阶,改变思想理念、端正工作态度,同时正确处理工作压力和有效使用消除疲劳的方法,避免疲劳值班。

2. 充分利用一切驾驶台资源,发挥团队作用

通过有效的驾驶台资源管理并对资源进行合理的分配和排序,充分利用所有的驾驶台资源,提高人员和团队的知识和技术水平,让每一名团队成员都能充分认识到驾驶台团队工作的必要性,并在明确自己职责和义务的基础上,协调好相互的关系,共同协作做好船舶安全工作。利用驾驶台资源以及如何对驾驶台资源进行分配和排序等。

3. 保持情景意识,及时发现和中止失误链与事故链

通过有效的驾驶台资源管理,能正确认识和了解各种内、外界因素对船舶航行安全的影响,始终保持高度的情景意识,对即将发生的情况或局面作出正确的判断,检查和监督其他驾驶台成员所采取的操作行动,注意这些行动对船舶航行安全的影响;利用集体的智慧和团队合作,避免人为失误和错误的选择和决策,规避风险。

船舶事故大多数是由人为失误造成的。每一事故都是由导致其发生的一系列失误链或事故链而引发的。正确了解船舶周围的情况,认识每一个失误链或事故链的形成过程与迹象,并能采取相应的措施,及时破断失误链或事故链,就可以中止失误链或事件链的发展和避免事故的发生。

4. 注重不同文化意识与背景,保持良好的通信与交流

船舶驾驶人员的实际工作涉及不同国家、不同地域、不同公司的船舶与人员。来自不同国家、不同地域的船员在他们各自的工作中经常体现出多元文化意识的特点,并对船舶安全工作的实际操作产生一定的影响。为此,船舶驾驶人员之间应通过对彼此文化意识的理解与尊重,从而保证船舶航行的正常进行和安全。

船舶之间的通信和人员之间的交流沟通是船舶安全航行的基本保证之一。船舶驾驶人员应理解船舶通信与人员交流沟通的重要性,并通过采取必要的措施进一步防范类似因通信设备与外界条件的局限性和人员之间在不同语言等方面的限制等情况而引发的事故。

5. 改进管理作风,提高操纵决策水平和应变能力

良好的驾驶台资源管理,有利于明确驾驶台团队工作的要求,使各成员在该团队中摆正自己的位置,并充分发挥团队成员的作用,特别是在关键或发生紧急情况的时刻,使得整个团队成员能在船长的统一指挥下,积极果断地采取措施,防止事故的发生。

6. 有效执行规章制度与操作程序,提高船舶应急处理的技能

通过有效的驾驶台资源管理,可以使每一名团队成员充分认识到认真执行规章制度与操作程序的必要性与重要性,确保船舶在航行与靠、离泊等作业中的安全。同时,通过有效的驾驶台资源管理,使每一名团队成员熟悉和掌握各种不同紧急情况与局面下的应急处理方法,提高应对不同紧急情况与局面的能力。

第二节　驾驶台团队及其作用

一、团队形成的基本要素和团队成员的角色

团队(team)是指一种为了实现某一目标而由相互协作的个体所组成的正式群体。许多个体联合成一个团队,为了共同的目标而工作。

(一)团队形成的基本要素

团队是由两个或两个以上的人组成的,通过人们彼此之间的相互影响、相互作用,在行为上有共同规范的一种介于组织与个人之间的组织形态。团队的重要特点是团队内成员间在心理上有一定联系,彼此之间发生相互影响。团队形成的基本要素如下:

1. 各成员有着共同的目标

为完成共同目标,成员的彼此合作是构成和维持团队的基本条件。团队的目标赋予团队一种高于团队成员个人总和的认同感,这种认同感为如何解决个人利益和团队利益的碰撞提供了有意义的标准。正因为团队目标的存在,才使得团队成员能在遇到紧急情况、面临失败风险等情况下全身心地投入,统一思想,形成合力。

2. 各成员之间相互依赖

不论何时何地,成员之间都会相互给予支持,且彼此协作,共同努力完成各项工作。

3. 各成员具有团队意识

团队成员具有归属感,情感上有一种认同感,意识到"我们是这一团队中的人""我是这一群体中的一员"。

4. 成员具有责任心

所有真正的团队,其团队成员都要共同分担他们在达到共同目标中的责任。这既是团队成员对团队的承诺,也是团队对团队成员个体的信任。

(二)团队成员的角色

一个完整的团队是由众多的角色组成的,英国贝尔宾博士通过对数千个团队长时间的研究得出一个结论:优秀的团队由九种角色构成,包括实干者、协调者、推进者、创新者、信息者、监督者、凝聚者、完美者以及技术专家,每个角色在不同领域中均有各自的特长。在团队中,通常创新者首先提出观点,信息者及时提供信息,实干者开始运筹计划,推进者希望散会后赶紧实施,协调者在想谁干合适,技术专家在考虑可行性,监督者开始"泼冷水",完美者"吹毛求

疵",凝聚者润滑调试等。团队的价值就在于通过组合而达到完美。应指出的是,一个人在团队中的角色并不完全是单一的,有时一个人可以充当不同的角色。

二、驾驶台团队的组成、作用和职责

(一)驾驶台团队的组成和特征

1. 驾驶台团队的组成

驾驶台团队由组成或协助驾驶台值班的所有成员构成,通常驾驶台团队由船长、引航员、值班驾驶员、值班水手、值班船机员和值班机工组成,组织结构如图 8-2-1 所示。

《STCW 规则》B-Ⅷ/2 部分中强调了船舶驾驶人员团队工作的重要性,并指出:"参加驾驶台团队工作的人员必须由足够的、称职的和不同职级的航海人员组成,他们必须分工明确、任务到人,各人之间的对话与联系应明确无误,集中精力工作,能随时对环境与局面的变化作出及时反应和采取有效的措施。"

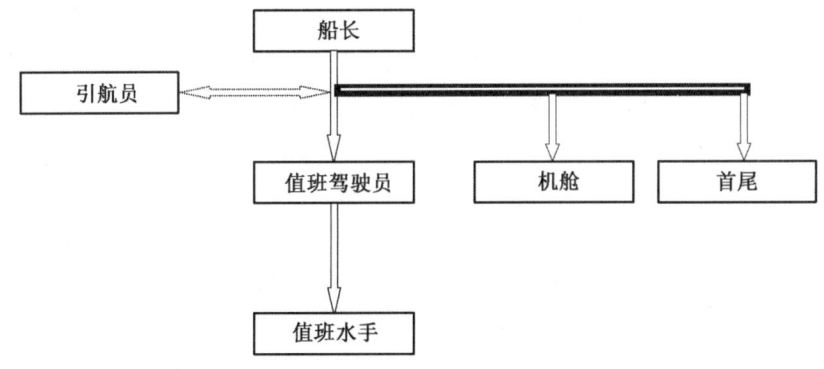

图 8-2-1 驾驶台团队构成

2. 驾驶台团队应当具备的特征

一个成熟的、良好的驾驶台团队应当具备下列特征:

(1)驾驶台团队要有一个共同的目标。驾驶台团队的共同目标就是通过安全操纵和控制船舶,把货物或旅客从一个港口安全、高效地运抵另一港口,大家都是为了这一共同目标而努力工作,从而形成了一个特定的团队。

(2)驾驶台团队工作人员应能临时与第三方进行良好合作。例如,船舶进出港口时需要引航员的引领,船舶靠离泊时需要拖船、带缆工的配合,船舶频繁用车时需要轮机员的操作等。所有这些都表明船舶的安全操纵与控制都需要包括轮机员、引航员、拖船、带缆工等在内的第三方的良好协作。

(3)驾驶台团队工作人员要防止任何人孤立地工作。由于船上工作环境的特殊性,团队各成员之间的工作联系是非常紧密的,即各成员之间的工作既相互依赖又相互影响。因此,驾驶台团队中的任何人孤立地工作是根本行不通的,要完成共同的目标,必须相互协作、相互支持。

(4)每一成员都需要充分利用自己的才能和技巧来完成既定的共同目标。例如船舶在进出港口的航行中,船舶驾驶台团队成员中的船长、引航员、驾驶员和舵工都必须根据分工的安排,充分利用自己的才能和技巧来确保船舶航行的安全。

(5)船长在确定工作目标时应与团队共同讨论和制订详细的计划。作为船舶团队工作第一负责人的船长,有义务和权利根据公司的目标与要求来确定自己船舶的工作目标。但在确定这些工作目标的具体内容时,应安排相关的船舶团队成员加以充分的讨论,并制订出详细的实施计划,以确保工作目标得以顺利实现。

(6)船舶团队工作人员能够提出自己的观点、发表意见与评论。为了真正做好船舶的各项工作,每个船舶团队工作人员应体现出自己作为团队成员的归属感,在工作中,特别是对船舶的安全工作和在关键的时刻,能主动提出自己的观点,并发表有益于船舶团队工作的意见与评论。

(二)驾驶台团队的作用及各成员职责

1. 驾驶台团队的作用

事故统计分析表明,世界上80%以上的船舶事故是由人为因素造成的,而与这些人为因素有关的每一事故,都是由船员的失误导致一系列失误链形成,最后导致船舶事故的发生。为了减少和预防船舶事故的发生,必须减少人为失误的发生,正确认识每一个失误链和事故链的形成过程和迹象,及时采取相应措施减少或破断失误链和事故链的产生与发展,从而避免事故的最终发生。而驾驶台团队的作用就是要利用团队的集体智慧和力量,发挥各个团队成员不同角色的特长,提高安全意识,降低或减少人为失误,从而避免或减少事故的发生。

驾驶台团队的作用包括:

(1)消除由于个人失误而可能造成灾难性局面的危险性;

(2)强调保持良好视觉瞭望的必要性和执行避碰规则的必要性;

(3)鼓励利用所有方法确定船位,以便在一种方法失效的情况下其他方法立即可用;

(4)促使驾驶台团队的每位成员充分发挥自己的能力,竭尽全力履行其职责;

(5)保持驾驶台团队具有良好的情景意识。

2. 驾驶台团队的职责

(1)船长职责

船长作为驾驶台团队的核心,作为领导者、决策者,在驾驶台团队中需要担任协调者、创新者、监督者、凝聚者、完美者以及技术专家等角色,其主要的职责包括:开航前准备、安全航行、到港前准备、进出港口安全操作、应急管理和响应等。

(2)值班驾驶员职责

值班驾驶员作为驾驶台团队的核心成员,是船长的值班代表,在团队中需要担任实干者、协调者、推进者、创新者、信息者、监督者、完美者以及技术专家等角色,其职责包括:航行值班、港内值班、驾驶台管理、人机管理、值班过程中的通信联络等。

(3)引航员职责

引航员引航时,其将作为驾驶台团队的一名主要成员,参与驾驶台团队工作,其在团队中担任实干者、协调者、创新者、信息者、完美者以及技术专家等角色。引航员在船时,船长仍对船舶安全负有责任。在引航员缺乏经验或判断有误的情况下,船长有责任、权利和义务行使船舶的指挥权。

（4）其他人员的职责

驾驶台团队其他人员如机舱值班人员、值班水手、值班机工等，将在团队中担任实干者、推进者、创新者、完美者等角色，并按照其分工职责履行其职责。

第三节　驾驶台团队的沟通与通信

一、沟通与通信的概念和方式

（一）沟通与通信的概念

沟通是为了一个设定的目标，把信息、思想和情感在个人或群体间传递，并且达成共同协议的过程。沟通有三大要素，即要有一个明确目标，达成共同协议，沟通信息、思想以及情感。

通信是指通过某种介质将信息从一个地点、一个人或一台设备传送到另一个地点、另一个人或设备的过程。通信是一种发送和接收信息的方式，是传递者→传达→接收者→反馈→传递者的闭环式通信过程。

（二）船上沟通与通信的方式

船上沟通方式包括船员之间的语言沟通、联络簿的文字沟通、肢体语言沟通等方式。本船与他船、岸上之间的通信主要依靠船上电子设备，包括无线电通信、卫星通信等设备。

1. 语言沟通

语言沟通是人类特有的一种非常好的、有效的沟通方式。语言沟通包括口头语言沟通、书面语言沟通、图片或者图形沟通。

口头语言沟通包括我们面对面的谈话、开会等。书面语言沟通包括信函、广告、传真和E-mail 等。图片或图形沟通包括通过图片、图形文字、幻灯片等媒介而进行的沟通。

在沟通过程中，语言沟通对于信息的传递、思想的传递和情感的传递而言，其更擅长传递信息。

2. 肢体语言沟通

狭义的肢体语言沟通，是指通过头、眼、颈、手、肘、臂、身、胯、足等人体部位的协调活动来传达人物的思想，形象地借以表情达意的一种沟通方式。而广义的肢体语言还包括面部表情、语言声调等。

3. 电子设备通信

人与人之间可借助网络、UHF、VHF、电话、传真、电传或其他电子设备作为媒介交换信息。这是船舶间、船舶与岸站间的主要通信方式，港内操船时驾驶台与船舶首、尾间也采用该方式。

中华人民共和国海船船员适任考试培训教材

二、驾驶台团队的有效沟通和通信

为了保证驾驶台团队高效率运作，保证船舶航行和操纵的安全，驾驶台团队成员应该进行有效的内部沟通与外部通信。

内部沟通包括航前会，驾驶台与机舱的联系制度，驾驶台与船舶首、尾的沟通，船长与驾驶员的信息交换，叫船长，引航员在船时船长与引航员之间的信息交换和沟通，驾驶员交接班等。外部通信主要包括与他船、VTS、引航站、代理、船公司的联系及船舶报告系统等的通信。

任何船上沟通或者船舶通信受到干扰或影响的现象都属于船舶沟通与通信障碍。应采取相应措施防止这种现象发生，否则船舶将面临危险的局面。

为了保证有效的驾驶台沟通与通信，必须明确沟通与通信的目的，选择有效的沟通方式，准确清晰地使用标准词语或短语并遵守标准的沟通与通信程序。

1. 明确驾驶台沟通与通信的目的

明确驾驶台沟通与通信的目的可以确保沟通与通信的充分性和有效性。管理级船员在船内沟通或者船舶通信之前，必须确定本次沟通或者通信想要达到的目的，确定使用什么样的方式，提前做好准备，最好用文字的形式描述清楚。在沟通或者通信当中，尽量言简意赅，使用标准航海用语，提前做好准备，争取短时间内完成，并做好相应记录。

2. 选择有效的沟通方式

使用语言沟通可能出现信息被曲解的情况，因此，船长或引航员的一个良好的习惯是当发出车/舵令时，辅以相应的手势，使值班驾驶员或舵工更易于明确他们的意图，而不致产生误解。他们更应该通过各种反馈来检验沟通的有效性，包括要求值班驾驶员或舵工复述车/舵令及核对车钟和舵角指示器等。

船上的许多操作是特殊性甚至是临界性操作，每项操作都需划分成若干操作步骤，每个步骤都需要各自的操作程序，而文字更适合描述这种工作，因此，驾驶台团队成员间经常使用文字沟通。从符合有关国际规定的安全管理体系角度看，这些文字也是重要的安全管理活动记录。

3. 使用标准词语

为了保证通信内容能够被通信双方理解并不产生歧义，通信使用的语言既要表达清楚，又要言简意赅。为了做到这一点，进行船舶通信时应使用标准用语和大家普遍接受的语言。特别在船舶与船舶间、船舶与岸站间的通信应使用国际海事组织海上安全委员会制定的《IMO标准航海通信用语》，船内沟通与通信应采用团队成员通用的工作语言。

4. 采用正确的通信程序

在船舶通信中应该严格遵守正确的通信程序，以实现通信双方信息的准确交流，特别在船舶间、船舶与岸站间运用 VHF 进行通信时更应如此。

图 8-3-1 是典型的船舶接近引航站时驾驶台团队各成员的信息交流模式。船舶在接近引航站的过程中，船长作为驾驶台团队的总指挥指挥船舶安全行驶，下达航行命令，为值班驾驶员和大副提供决策和行动所需信息。此时，大副一般位于船舶首部备锚和瞭头，向船长提供引航、交通及周围船舶动态信息，服从船长下达的操纵命令和指挥；值班驾驶员作为协助人员，应

及时向船长提供航迹、航向、船速及到达报告点预计时间等信息,并服从船长下达的相关命令和指挥。

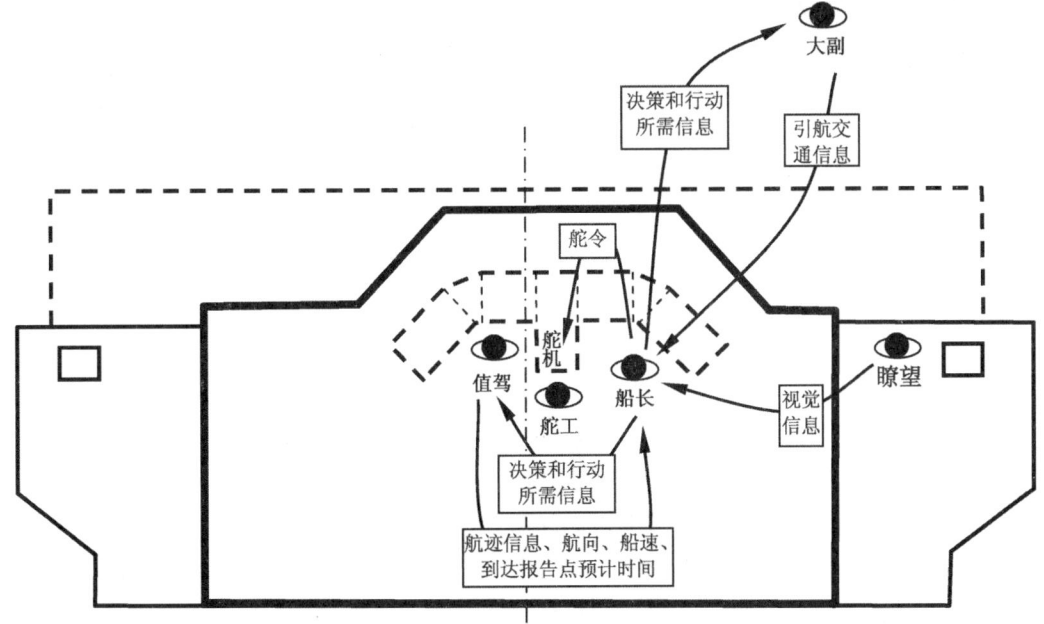

图 8-3-1　驾驶台团队信息交流模式

第四节　领导和决策

为了使驾驶台团队具有良好的情景意识且能随时有效地应对环境和局面的变化,处于指挥位置的船长或值班驾驶员应发挥其领导才能,准确判断船舶所处的环境和情况,对需要采取的行动作出合理决策。因此,船长和驾驶员具有优异的领导力和决策力对驾驶台团队的管理至关重要。

一、领导和驾驶台团队领导

(一)领导的作用和基本素质

所谓"领导(leadership)",就是设定目标,率领和引导组织或个人在一定的时间及条件下,按照一定的计划或方法实现该目标的行为过程;也可以解释为"指挥、带领、引导和鼓励部下为实现目标而努力的过程"。领导者通过运用其知识和技能来实现领导过程。

1.领导的作用

在任何组织或团队中,领导者的言行直接影响到该组织或团队的工作。领导者在带领、引导和鼓舞团队成员为实现团队目标而努力的过程中,要充分发挥指挥、协调和激励等三个方面的作用。

（1）指挥作用

为了帮助团队成员在工作中认清所处的环境和局面,明确行动的目标和达到目标的途径,领导者必须头脑清醒、胸怀全局、高瞻远瞩和运筹帷幄。领导者只有以身作则,用自己的行动带领团队成员为实现团队目标而努力,才能真正起到指挥作用。

（2）协调作用

在许多人协同操作的团队中,团队成员往往会因为个人的才能、理解能力、工作态度、进取精神、性格、作风、地位等不同或外部因素的干扰而导致思想上发生分歧、行动上出现偏离方向的情况,因此,需要领导者来协调团队成员间的关系,使各成员团结起来,统一思想,为实现共同的目标而努力。

（3）激励作用

在团队成员协作过程中,尽管多数成员都具有积极工作的愿望和热情,但是,这种愿望并不能自然地变成现实的行动。这就需要通情达理、关心群众的领导者来为他们排除困难、激发和鼓舞他们的斗志,发掘、充实和加强他们积极进取的动力,以保证每一个成员都能保持旺盛的工作热情,最大限度地调动他们的工作积极性。

2. 领导者具有的基本素质

为了能保证领导的正确性和有效性,领导者应具备一些特定的基本素质。作为一名领导者,要想带领下级去完成本部门的既定目标,就必须建立起自己的领导权威。一个优秀的领导者,能团结与其共同工作的同事和下属,充分调动他们的工作积极性,并通过自己的良好素质与魅力来创建其威信。

领导者应具备:高尚的品德、高深的专业知识、丰富的工作经验、敏锐的观察能力、思考判断能力、沟通影响能力、充沛的精神活力、坚定的意志和公正的品质等。

（二）领导的类型与风格

领导者都会按照自己的经验和风格从事具体的领导工作,因工作要求和具体的实施方式的不同会产生以下多种领导的类型和风格。

1. 领导的类型

（1）民主型

民主型的领导是领导者在工作中常采用民主协商的方式,听取成员或下属的意见,并鼓励他们积极发表改进工作的意见,从而提升自己组织管理上的灵活性和成员的责任感的领导方式。

（2）激励型

激励型的领导是领导者注重成员的个人情感,运用物质激励的管理方式,创造成员积极向上的氛围,不轻易对成员完成自己工作的方式进行不必要的责难,以最有效地调动他们的积极性的领导方式。

（3）制度型

制度型的领导是领导者要求成员一切按规则做,以任务为中心,通过制度来约束成员的行动的领导方式。领导者布置任务也均以制度为依据,要求下属成员必须严格遵守规章制度。

（4）教育型

教育型的领导是以领导者本身为中心,帮助成员制订实现目标的计划,并给予大量的指导和反馈,启迪成员的思想,促使他们自觉采取符合领导者意图的行为的领导方式。

（5）榜样型

榜样型的领导是领导者通过自己以身作则、率先示范的行动来树立自己的权威,依靠个人的人格魅力的影响和职位上的优势来领导和带动下属成员,引导他们仿效的领导方式。

（6）专制型

专制型的领导是领导者独断独行,通过下达命令来要求下属绝对服从的领导方式。这种类型的领导者可能具有一定的工作能力与魄力,敢于承担责任,在面临困境或者碰到危急关头往往非常果断,常能发挥速战速决的作用。

（7）放任型

放任型的领导是领导者一般都会将工作任务与问题交付下属人员处理,自己不愿多加过问,也不想多担负工作责任的领导方式。

领导的类型在实践中是有多种多样的,只有因人、因地、因时、因事而异,实事求是,有的放矢地运用各种领导艺术去指导员工、教育员工、激励员工,领导者自身的水平才能发挥出更大作用,管理工作才能显示出卓越的成效。

2. 领导的风格

鉴于以上不同类型的领导在实际工作中的特点,其领导风格也会各不相同。这些不同的领导风格主要包括:

（1）命令型

具有命令型领导风格的领导者往往采用下达命令的方式给下属安排工作任务,并要求必须完成。

（2）指示型

具有指示型领导风格的领导者往往会向下属提供框架性的指示和要求,并要求下属通过自己的努力去完成相关的任务。

（3）参与型

具有参与型领导风格的领导者往往能在发出指示和布置具体工作任务的同时,主动和下属共同讨论和决定完成工作任务与解决问题的最佳方案。

（4）委托型

具有委托型风格的领导者往往只是向下属发出指示和布置具体工作任务,很少向下属提供完成工作任务或解决问题的具体指导和人员支持,也不愿多承担责任和义务。

以上这些不同类型领导风格与不同类型的领导者本身的性格与特点是密切相关的。但是,这些具有不同性格与特点的领导者在实际工作中也不是完全采用单一的领导风格来办事的。在不同的场合和情况下,他们也会根据实际情况调整或采用混合型的领导风格来适应或满足需要。

（三）驾驶台团队领导

驾驶台团队作为特殊的团队,需要强有力的领导,置身于驾驶台团队环境中的领导活动也越来越多,其所起的作用也越来越重要。

驾驶台团队领导与传统领导不同,驾驶台团队领导更侧重授权驾驶台团队成员来完成各项管理活动。一名优秀的驾驶台团队领导者需要承担不同的角色:

(1)驾驶台团队领导者是对外联络官

驾驶台团队领导者代表整个驾驶台工作团队,他需要保护必要的资源,澄清其他人对团队的期望,从外界收集信息,并与团队成员分享这些信息。

(2)驾驶台团队领导者是困难处理专家

当驾驶台团队成员遇到困难并寻求帮助时,驾驶台团队领导者会出现并帮助他们解决问题。团队领导者处理的难题很少针对技术层面,因为团队成员一般比领导者更了解如何完成具体任务。问题越尖锐,团队领导者的作用越显著,他们帮助团队成员针对困难进行分析和判断,并提供解决困难所必需的资源。

(3)驾驶台团队领导者是冲突管理者

当出现不一致的意见时,驾驶台团队领导者通过分析问题帮助驾驶台团队成员解决冲突。例如:冲突的来源是什么? 谁卷入了冲突? 冲突的本质是什么? 可能的解决方案有哪些? 每种方案的优点和缺点各是什么? 通过这些方式使团队成员针对问题本身进行处理,从而把团队内部冲突的破坏力降到最低。

(4)驾驶台团队领导者是教练员

驾驶台团队领导者明确目标和职责,提供教育与支持,为成功的团队成员喝彩,尽一切努力帮助团队成员保持高水平的工作业绩。

二、决策

决策(decision-making)是管理者在一定的条件下,运用科学的方法对解决问题的方案进行研究和选择的全过程。在船舶上,船长承担着决策船舶重大事务的责任;船上的大副、轮机长承担着对本部门的领导与管理的责任,并承担着决策并解决自己本职工作中所发生事务的责任。

(一)决策的主要类型

1.紧急情况下的决策

在船舶航行过程中因主机、辅机或其他设备故障造成船舶失控或遭遇特殊性天气、海况时,必须作出应急性的决策,并采取相应的措施与行动来保证船舶的安全。由于时间与条件的限制,这种决策必须是及时、果断和正确的,否则就会造成严重的后果。

2.一般情况下的决策

船舶在正常的航行与作业过程中,航道的通航条件、码头等其他因素会导致船舶靠、离泊位的时间与计划不一致,驾驶人员必须根据实际需要对原有的方案和决策加以调整,或作出新的决策。这种决策虽然不属于紧急性决策,但是也必须认真对待,否则会因决策不当而造成事故。

3.日常工作中的决策

船舶航行作业中的许多规章制度都是在日常性决策的基础上制定的。驾驶人员在平时的工作中也都是结合自己实际工作的情况与要求,遵照这些规章制度作出操作性决策的。

（二）决策的过程

决策是在对特定事件进行分析、评价、比较的基础上,对应对的最佳方案的选择;选择的前提是拟定多种可行的方案;而要拟定备选方案,首先要明确决策的必要性和应达到的目标。所以,决策的过程包括了研究现状、明确问题和目标,制定、比较和选择方案等阶段的工作内容,如图 8-4-1 所示。

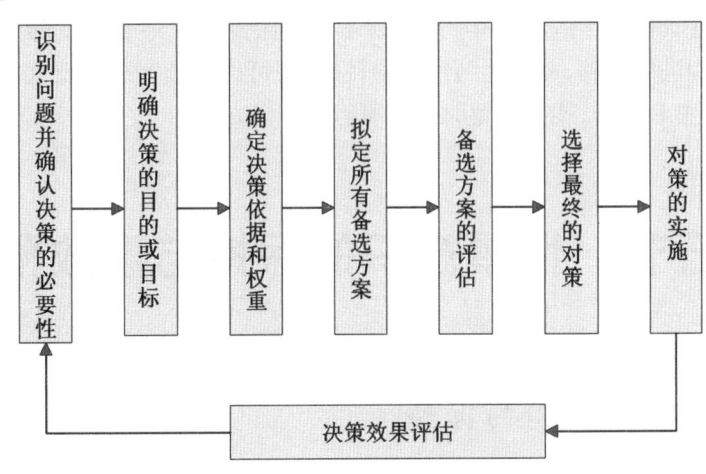

图 8-4-1　决策的一般过程

1. 识别问题并确认决策的必要性

决策是为了解决特定的问题而制定的,决策的目的是实现和达到一定的目标,所以决策首先要识别问题,分析和确定决策的必要性。

2. 明确决策的目的或目标

在分析了决策的必要性后,还要有针对性地研究决策必须达到哪些效果,也就是说要明确决策的目标。

3. 确定决策依据和权重

在明确了决策的目的或目标以后,就必须根据决策的要求,详尽地收集相关的资料与信息,分析决策将要采取的措施应符合哪些要求和标准,也就是要确定决策的依据和权重,以便能在全面了解和掌握真实情况的基础上,有针对性地进行分析研究以做好制定决策的准备工作。

4. 拟定所有备选方案

在全面了解和掌握真实情况的基础上,就可以为实现目标来研究和制定可采取的各种对策及其相应的具体措施和主要步骤,即拟定所有可能的备选方案。在此过程中,要积极调动团队成员的工作积极性,让他们共同参与决策工作,集思广益,各取所长,同时也便于协调以后的工作任务。

5. 备选方案的评估

拟定了所有的备选方案后,决策者必须认真地分析每一种方案,对每一种方案的优点、缺

235

点以及存在的问题逐一按照评价标准进行客观评价。

6. 选择最终的对策

对所拟的多种备选方案进行分析、比较和排列,在多种备选方案中选出最佳的应对方案。

7. 对策的实施

决策者最终选出最佳的应对方案后,就必须根据需要加以实施。

8. 决策效果评估

选择的对策在具体使用的过程中,还需要不断地跟踪和查核它的实际效果,做好评估工作。如果实施过程进展顺利,并能达到预定的目的,则可以继续实施。反之,则应再次分析研究,进行适当的调整和完善,或在必要时采用可行的替代方案。

第五节　情景意识的保持与事故预防

一、情景意识的获得与保持

(一)情景意识的概念

情景意识(situation awareness)是船舶驾驶台团队在特定的时段里和特定的情境中对影响船舶和船员的各种因素、各种条件的准确感知。简而言之,情景意识是船员对自己所处环境的认识,也就是船员要知道自己周围已经发生、正在发生和将要发生什么事情。

情景意识不是一种特定的行为,而是工作态度和思维的产物,它决定着人的行为与动作。同时,情景意识具体指由理解力、注意力、判断力和适应性所组合而成的一种表现。

情景意识与安全密切相关,情景意识越高,事故风险越小;低情景意识产生高风险,高情景意识则产生低风险。丧失情景意识表明一个失误链正在形成。

(二)情景意识的种类及构成

情景意识可以分为个体情景意识和团队情景意识。

1. 个体情景意识

个体情景意识是指某个船员个体对影响航行环境的各种因素和各种条件的感知。

影响个体情景意识的构成因素包括:

(1)知识、经验与训练

情景意识最基本的影响因素是知识、经验与训练。知识和经验越丰富,理解力、判断力和适应性越强,情景意识自然越高;同时,针对性的训练将进一步丰富个体的知识和经验,并增强其技能,从而提高个体的情景意识。

(2)操纵与操作技能

技能是通过实际技术训练获得的操纵船舶或操作设备的实际能力,是构成情景意识的重要因素,操纵与操作技能越强,理解力和适应性也就越强,情景意识就会越高。

（3）生理与心理状态

生理和心理状态是个体情景意识非常重要的构成因素,他们是充分运用自己知识和技能的前提条件。个体不适的生理状态将大大降低感知器官的功能,且容易出现疲劳,大大降低对影响船舶和船员的各种因素、各种条件的准确感知。同样,个体的心理状态也将极大影响个体的理解力、判断力和应急反应能力,从而极大地影响个体情景意识的高低。

（4）对情况的适应与熟悉程度

对情况的熟悉程度越高,认识过程中对局面和条件的感知就会越容易,在思考、分析和判断上容易达成与实际情况相一致的结论,情景意识自然也越高。

（5）领导与管理技能

船舶营运需要多部门、多团队的协调工作,单凭个人的力量不可能保持高水平的情景意识。而团队的领导和管理技能,将直接影响每一团队成员的情景意识的发挥。

2.团队情景意识

团队情景意识,即驾驶台团队的群体情景意识,是指作为一个整体的船舶驾驶台团队所具有的情景意识。船舶航行安全主要取决于这种作为驾驶台团队的整体所能获得的情景意识。而驾驶台团队的群体情景意识又主要取决于船长所能获得的情景意识水平。但绝不是个体情景意识的简单叠加。因此,在驾驶台整体情景意识中,船长的情景意识是起决定性作用的。

与个体情景意识相同,驾驶台团队的情景意识的构成也受很多因素影响,也包括知识、经验与训练、工作态度与责任心、操纵与操作技能、生理与心理情况、适应与熟悉程度、领导与管理技能等因素,如图 8-5-1 所示。

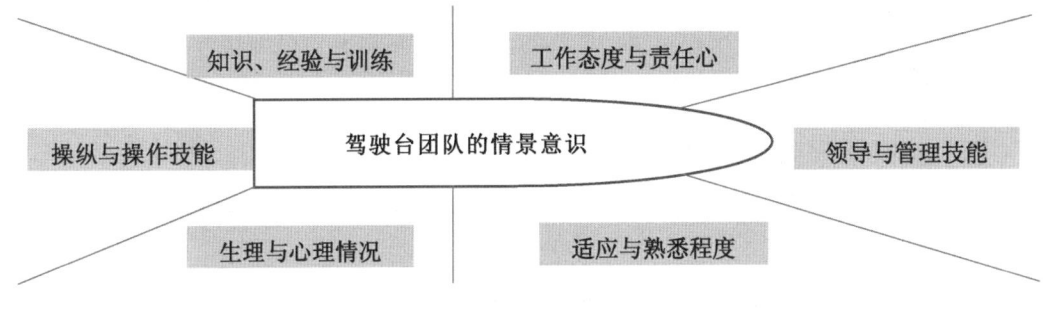

图 8-5-1 团队情景意识的构成

（三）驾驶台情景意识的表现内容

为了确保船舶航行与作业的安全,驾驶人员必须保持良好的情景意识。有关船舶航行和作业的情景意识的内容主要表现在如下四个方面（如图 8-5-2 所示）:

1.敏捷地察觉船舶周围实际情况与变化趋势的注意力

船舶航行中受到周围风、流、浪、涌、能见度、浅水、航道、碍航物及他船的影响,船舶周围情况的变化势必影响船舶的航行和操纵安全,这就需要驾驶员能够敏捷地察觉其驾驶船舶周围实际情况与变化趋势。船舶周围的实际情况包括船舶所处水域的自然条件、航道条件和交通条件等。

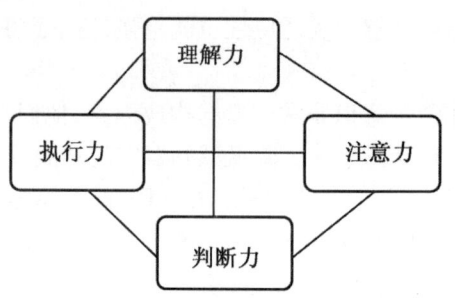

图 8-5-2　驾驶台团队情景意识的表现内容

2. 正确地感知自己船舶实际条件、状态与其变化的理解力

船舶航行中不仅受到周围实际情况的影响,也受到船舶自身实际条件、状态的制约。船舶在一定程度上具备了在预定条件下承受一般风险的能力,但如果船舶的实际条件、状态发生了变化,船舶就会处于不安全状态,因此,船舶驾驶员需要正确地感知自己船舶实际条件、状态与其变化。船舶实际条件、状况包括船舶载态、助航设备及操纵设备的性能和状态等。

3. 全面地了解周围情况和船舶条件、状态变化对船舶运动的影响的判断力

船舶实际条件、状态和周围的实际情况的变化,势必影响到船舶的运动状况和相关设备的性能,进而影响到船舶的安全。因此,要求驾驶员根据船舶周围情况和船舶条件、状态的变化,对可能导致船舶运动状况变化及相关设备性能的影响作出准确预判。

4. 合理地采取有效措施与方法确保船舶安全的执行力

对情况和条件变化对船舶运动的影响作出准确判断后,对于一个驾驶员来说,下一步要做的就是采取有效措施和行动克服此影响,从而保证船舶的安全。因此,情景意识不仅仅是体现在对变化的察觉和变化导致影响的判断,重要的是合理地采取有效措施和行动,消除情况和条件变化对船舶运动的影响,确保船舶的安全。

(四)良好情景意识的保持

良好情景意识的保持关乎船舶的安全,驾驶台团队需要时刻注意提高整个团队和团队每个成员的情景意识。

(1)驾驶台团队的良好的情景意识包括:正确地感知船舶本身的实际情况与变化趋势;敏锐地察觉船舶周围的实际情况与变化趋势;全面地了解周围情况变化对船舶运动的影响;正确地预测船舶即将面临的局面和安全状况。

(2)在平时的工作中最大限度地加强值班驾驶员情景意识的培养。例如,如何去正确感知周围情况、敏感地察觉周围情况的变化、全面了解周围情况变化的影响、正确考虑即将面临的情况和危险等。

(3)充分认识其他驾驶台团队成员的作用。单凭个人的力量是不可能保持高水平的情景意识的,任何个人都需要其他成员的协助。团队成员应认识到承担的任务与发挥的作用,并做好分内的工作。为获得最佳的效果,即使团队成员做得不够,也要鼓励而不应采用批评、训斥等方式提示。

(4)船舶航行安全是动态的,因而情景意识也是动态的。应注意船舶周围的环境和情况的变化,使驾驶台团队及每个团队成员的情景意识适合当时的环境和情况。

（五）情景意识丧失的征兆

情景意识的丧失意味着失误链的产生,表明风险的存在,因此,工作中应注意发现情景意识丧失的征兆,使驾驶台团队始终保持良好的情景意识。情景意识丧失的征兆表现为:

（1）不确定性

不确定性表现为两个或多个独立来源的信息不一致,例如,两个不同的定位系统、测深仪与海图水深不一致,或两个成员观点不一致。不确定性本身也许不危险,但它意味着差异,差异需要证实,不确定性也可能是经验不足或缺乏训练的结果。

（2）精神涣散

发生精神涣散的原因有:超负荷工作、压力、疲劳、紧急情况、注意力不集中、经验不足等;或者,尽管不危险,但意外事件(例如 VHF 呼叫)吸引了其全部注意力,从而忽视了处理其他更紧迫的事件。

（3）感知不全面或混乱

感知不全面或混乱如对局面难以确定、产生混乱的感觉、认识不统一、对面临的即将发生的情况无法判断以及因缺乏经验或训练等。

（4）通信或沟通的中断

内部沟通可能被等物理因素(如噪声)干扰,也可能因缺乏共同语言而中断;外部通信可能由于语言障碍或误解而中断。不正确或不良的沟通与通信将导致指令不能被正确执行、要求重复指示、信息丢失、信息不能完整地被接受和理解等。因此,通信或沟通中断,为过失链形成的迹象,同时也是丧失情景意识的迹象。

（5）指挥或瞭望不当

指挥或瞭望不当,如未能进行正确的控制和指挥、未能安排好瞭望人员等。

（6）偏离计划航线

由于在船舶航行中的指挥或监控不当而造成偏离计划航线,如没有及时修正风流压差而偏航,又如因避让其他船舶而偏航而又未及时定位加以纠正等,这些既是过失链形成的迹象,也是丧失情景意识的迹象。

（7）违反已建立的规则和程序

违反已建立的规则和程序,如违背避碰规则、地方航行规定、公司政策、明确规定的操作规程以及走捷径等。

（8）自满

自满包括过度自信、自认为对从事的工作与业务很熟悉等。

二、人为失误及其预防

事故致因理论证明,造成事故的直接原因不外乎人的不安全行为和物的不安全状态两种因素。在现代社会生产生活中,物的不安全状态具有一定的稳定性,人的不安全行为则由于其自身及社会的影响,具有相当大的随意性和偶然性,是激发事故发生的主要因素。海上事故统计表明,至少有 80% 的海上事故是由人为失误造成的。

(一)人为失误及失误链

人为失误是指在某一特定系统中的操作人员在完成任务的过程中因意识、判断或行为等出现疏忽,从而不能根据当时环境和情况进行适当的操作,最终致使其无法正确处理面临的情况而发生系统运行的失常。

1. 人为失误的原因

(1)疏忽和差错

疏忽或差错导致的失误是最为常见的,它们的产生往往是与人本身对待工作的态度和自己在工作所处环境中的实际情况密切相关的。例如,由于自己对工作掉以轻心而注意力分散,或是对船舶的安全工作重视不够而未能保持高度警惕,或是在实际工作中工作压力太大或过度的疲劳等造成对正常可预见的环境变化不能采取适当而有效的行动而导致失误的发生。

(2)基于知识的失误

基于知识的失误主要是指因本身的无知而犯错,即由于自己缺乏足够的相关知识或错误理解了船舶航行或作业中的一些关键性原则,无法或不能正确应对或处理相关的局面或情况而导致的失误。

(3)基于法规的失误

基于法规的失误主要是指因本身没有正确或充分考虑相应的法规而草率决定并采取行动,或是没有注意到法规的适用性而错误地执行了法规,或是凭主观判断错误地应用被"简化的"法规而导致的失误。

(4)基于技能的失误

基于技能的失误主要是指因本身缺乏从事本职工作的操作技能而在实际工作中发生的失误,它往往是由于缺乏足够的训练或缺少实际工作的经验而发生的,当然,这也和自己与同事间经验交流过少有关。

(5)基于文化制约的失误

基于文化制约的失误主要是指由于团队成员意识与文化背景的不同而造成的局限性所引发的失误。包括团队成员中由于不同语言的使用与理解,或缺乏上下级人员之间的交流与质询,或可能对意图的误解和毫无疑问地服从等具体原因而产生的失误。

(6)基于违反安全惯例的失误

基于违反安全惯例的失误是指未能严格遵守实际工作中形成的通常的安全习惯做法所引发的失误,这类失误的发生常与过于自信或自满,对工作中良好的通常习惯做法与安全之间的关系不够重视,喜欢凭个人经验办事,不注重团队工作的作用,忽视别人的建议,查阅的图书或出版物有误以及背离原定的计划航线有关。

2. 失误链

每一事故都是由导致其发生的一系列失误链或事故链引发的。即一系列失误链(error chain)或事故链的连续发展,将导致事故或灾难的发生。这些失误链或事故链可能是顺序地发展,也可能是无序地发展;它们之间可能有联系,也可能没有联系;它们之间的联系可能是明显的,也可能是不明显的。

正确了解船舶周围的情况,认识每一个失误链或事故链的形成过程与迹象,并能采取相应的措施,及时破断,就可以中止失误链或事故链的发展,避免事故的发生。为此,船舶驾驶人员应对船舶的安全航行作出周全的计划,并加以认真的实施和全程监控,以达到预期的安全目标。

（二）失误链产生的征兆与事故预防

认识每一个失误链或事故链的形成过程与迹象,并采取相应的措施,及时破断,就可以中止失误链或事故链的发展,避免事故的发生。

1. 失误链产生的征兆

如前所述,情景意识丧失就意味着失误链或事故链正在形成,所以情景意识丧失的征兆与失误链形成的征兆大体是一致的。有关情景意识丧失的征兆在前面已经叙述,故失误链产生的征兆不再赘述。

2. 及时识别和破断失误链

为了能及时发现失误链与事故链的存在及其发展过程,船舶驾驶人员必须保持高度的情景意识,了解船舶内、外部的实际情况和变化趋势,掌握和知晓周围环境、条件对本船将产生的影响,从而能在发现失误链与事故链的征兆后及时采取相应的措施来中止它们的发展。

在及时识别失误链与事故链并果断采取措施将其破断的过程中,必须做好一些具体的细节性工作,具体如下:

（1）用心

实践证明,认真能将事情做对,而用心才能将事情真正做好。船舶航行是项系统工程,而作为这项工程的主体,船舶驾驶人员需要充分发挥其适应能力、判断能力、操纵能力、应变能力、应急能力,以及自己的定力和体力。因此,仅有认真的工作态度还是不够的,还必须时时刻刻地用心做好工作。唯有多用心、多动脑才能及时识别失误链与事故链,并将其立即彻底破断。

（2）积累

船舶航行是实践性特别强的技术工作,及时地识别失误链与事故链,并将其彻底破断,需要依靠船舶驾驶人员自身经验的积累和综合能力的提高。事实告诉人们,聪明的船舶驾驶人员不仅仅能够通过自己的工作实践来积累经验与教训,更多的是总结其他人的经验,或从其他人所发生的事故中吸取教训来提高自己的业务水平。这种通过自己的工作实践不断总结经验与教训和通过交流吸纳以承袭别人的间接经验的方式,可以使自己具有更为良好的技术业务素养,拥有及时发现失误链与事故链并有效地破断它们的能力。

（3）勤勉

船舶驾驶人员在长期的值班过程中,枯燥、单一的生活、工作很容易导致他们产生惰性、懈怠和自负等不良心态。而这些不良心态恰恰是失误链与事故链产生的温床。在这方面最为突出的反映便是瞭望疏忽。对潜在危险的不敏感以及自身应急反应不力等导致的船舶事故是客观存在的。为了减少或避免这类事故,就必须勤勉,对工作一丝不苟。在许多情况下勤勉往往是避免最初失误的一大利器。

（4）遵章守法

遵章守法是船舶安全的保证,严格的法律、法规和操作规程,大大限制了船舶驾驶人员的随意和冒进行为。更为重要的是,执行这些相关的规章制度或操作规程,有利于船舶驾驶人员及时做好对失误链与事故链的识别与破断工作。由此可见,作为担负船舶安全航行重任的船舶驾驶人员只有严格遵守规章和操作规程,才能确保船舶航行的安全。

第六节　驾驶台资源管理在值班中的应用

一、强制性的规定

《STCW 规则》A 部分第 A-Ⅷ/2 节中对基于驾驶台管理的值班原则提出了总体要求:

".1　应确保根据情况合理地安排值班人员;

.2　在安排值班人员时应考虑人员的资格或适任能力的局限性;

.3　应使值班人员理解其个人角色、责任和团队角色;

.4　船长和负责值班的高级船员应保持适当的值班,并最有效地使用可用资源,如信息、装置/设备和其他人员;

.5　值班人员应理解装置/设备的功能和操作,并熟练掌握;

.6　值班人员应理解信息及回应来自每一工作站/装置/设备的信息;

.7　所有值班人员应适当地共享来自工作站/装置/设备的信息;

.8　值班人员在任何情况下应保持适当的相互交流;并且

.9　对为安全而采取的行动产生任何怀疑时,值班人员应毫不犹豫地通知船长/负责值班的高级船员。"

二、建议和指导

《STCW 规则》第 B-Ⅷ/2 节进一步规定:

"公司还需向各船的船长和负责航行值班的高级船员发布以下述驾驶台资源管理原则为基础的关于驾驶台值班人员如何配置和使用的持续评估的必要性的指导:

.1　要有足够的合格人员值班,以保证有效地履行各种职责;

.2　所有参与航行值班的人员都需具有相应的资格并适合于充分有效地履行其职责,或者负责航行值班的高级船员在作出航行或操作决定时需考虑到每个当班人员的资格或适合性的局限性;

.3　分派给每个人的职责需正确无误,他们需证实已明白自己的责任;

.4　工作任务必须按明确的先后次序完成;

.5　不要给任何航行值班人员分派其不能有效完成的、过多或过难的工作任务;

.6　任何时候对每个人都需分派其最能充分有效履行其职责的岗位,当情况需要时,需另行分派其岗位;

.7　对航行值班人员,不要分派给不同的职责、任务或岗位,除非负责航行值班的高级船

员确定这种调整能充分有效地完成;

　　.8　职责所必需的仪表和设备需要备妥,使负责航行值班的相关人员随时可用;

　　.9　航行值班人员之间的通话必须清楚、迅速、可靠,并与所从事的业务有关;

　　.10　非紧要的活动和使人分心的活动必须避免、禁止或取消;

　　.11　所有驾驶台设备必须工作正常,否则,负责航行值班的高级船员在做出操作决定时需考虑到可能存在的任何故障;

　　.12　需收集、处理和解释一切重要的信息,并使之便于为履行其职责而需要这种信息的人员使用;

　　.13　驾驶台或任何工作面上不得放置无关的东西;

　　.14　航行值班人员在任何时候均须做好准备以便充分有效地对环境改变做出反应。”

三、基于驾驶台资源管理的值班安排和保持

　　为保持良好的情景意识,预防事故的发生,船舶值班应当充分基于驾驶台资源管理,遵循如下原则安排和保持值班:

　　(1)根据情况合理地安排值班人员,尤其应注意要安排有足够的合格人员值班,以保证他们可以有效地履行各种职责。在值班的安排中,应当合理安排值班时间,让值班人员有足够的休息,保证充足的体力,同时进行严格的酒精、药物监控。

　　(2)安排值班人员时应考虑人员的资格或适任能力的局限性,保证所有参与航行值班的人员都须具有相应的资格并适合于充分有效地履行其职责,或者负责航行值班的高级船员在作出航行或操作决定时需考虑到每个当班人员的资格或适合性的局限性。

　　(3)作为管理级船员,在值班安排上,应使值班人员理解其个人角色、责任和团队角色,分派给每个人的职责需正确无误,他们需证实已明白自己的责任;不要给任何航行值班人员分派其不能有效完成的、过多或过难的工作任务;任何时候对每个人都需分派其最能充分有效履行其职责的岗位,当情况需要时,需另行分派其岗位;对航行值班人员,不要分派给不同的职责、任务或岗位,除非负责航行值班的高级船员确定这种调整能充分有效地完成。

　　(4)每一名值班人员应当严格遵循已建立的规则和程序并严格执行。

　　(5)组成值班的所有人员尤其是船长和负责值班的高级船员应保持适当的值班,并最有效地使用可用资源,这些资源包括:人力资源、物质资源、信息资源和其他资源。为此目的,值班人员应确保各种装置/设备,尤其是各种航海仪器、“四机一炉”和通信设备等一直处于正常的工作状态,并熟练掌握各种装置/设备的功能、操作方法和可以获得的信息以及对相关信息的响应,且所有值班人员应适当地共享来自每一个装置或设备的信息。

　　(6)保持沟通和通信的畅通。值班人员在任何情况下应保持适当的相互交流,航行值班人员之间的通话必须清楚、迅速、可靠,并与所从事的业务有关;航行值班人员与外部(包括与机舱及岸上、他船等的外部通信)的通信必须简短、清楚、明确和畅通。

　　(7)任何值班人员对为安全而采取的行动产生任何怀疑时,应毫不犹豫地通知船长/负责值班的高级船员。

　　(8)船长或负责航行值班的高级船员作为驾驶台团队的领导,更侧重于通过授权于团队成员即每一名值班人员来完成各项管理活动,因此,无论是在值班安排还是值班保持中,必须

调动每一名值班人员的积极性,提高他们的自信心,让他们在能够培养自我激励、自我估价与自信的氛围中工作。

(9)航行值班人员在任何时候均须做好准备以便充分有效地对环境改变做出反应。对已经识别的风险和无法预测的风险应多想几个"假如",多想几个应付对策,做好应急准备。在拟定各种决策方案的过程中,不仅要全面了解和掌握真实情况,而且要积极调动团队成员的工作积极性,让他们共同参与决策工作,集思广益。

附 录

附录 I　1972 年国际海上避碰规则

（经 1981 年、1987 年、1989 年、1993 年、2001 年、2007 年和
2013 年修正案修正后的综合文本）

第一章　总　则

第一条
适用范围

1. 本规则条款适用于在公海和连接公海可供海船航行的一切水域中的一切船舶。

2. 本规则条款不妨碍有关主管机关为连接公海而可供海船航行的任何港外锚地、港口、江河、湖泊或内陆水道所制定的特殊规定的实施。这种特殊规定,应尽可能符合本规则条款。

3. 本规则条款不妨碍各国政府为军舰及护航下的船舶所制定的关于额外的队形灯、信号灯、号型或笛号,或者为结队从事捕鱼的渔船所制定的关于额外的队形灯、信号灯或号型的任何特殊规定的实施。这些额外的队形灯、信号灯、号型或笛号,应尽可能不致被误认为本规则其他条文所规定的任何信号灯、号型或信号。

4. 为实施本规则,本组织可以采纳分道通航制。

5. 凡经有关政府确定,某种特殊构造或用途的船舶,如不能完全遵守本规则任何一条关于号灯或号型的数量、位置、能见距离或弧度以及声号设备的配置和特性的规定,则应遵守其政府在号灯或号型的数量、位置、能见距离或弧度以及声号设备的配置和特性方面为之另行确定的、尽可能符合本规则所要求的规定。

第二条
责任

1. 本规则条款不免除任何船舶或其所有人、船长或船员由于遵守本规则条款的任何疏忽,或者按海员通常做法或当时特殊情况所要求的任何戒备上的疏忽而产生的各种后果的责任。

2. 在解释和遵行本规则条款时,应充分考虑一切航行和碰撞的危险以及包括当事船舶条件限制在内的任何特殊情况,这些危险和特殊情况可能需要背离规则条款以避免紧迫危险。

第三条
一般定义

除条文另有解释外,在本规则中:

1. "船舶"一词,指用作或者能够用作水上运输工具的各类水上船筏,包括非排水船筏、地效船和水上飞机。

2. "机动船"一词,指用机器推进的任何船舶。

3. "帆船"一词,指任何驶帆的船舶,包括装有推进器但不在使用。

4. "从事捕鱼的船舶"一词,指使用网具、绳钓、拖网或其他使其操纵性能受到限制的渔具捕鱼的任何船舶,但不包括使用曳绳钓或其他并不使其操纵性能受到限制的渔具捕鱼的船舶。

5. "水上飞机"一词,包括为能在水面操纵而设计的任何航空器。

6. "失去控制的船舶"一词,指由于某种异常的情况,不能按本规则条款的要求进行操纵,因而不能给他船让路的船舶。

7. "操纵能力受到限制的船舶"一词,指由于工作性质,使其按本规则条款要求进行操纵的能力受到限制,因而不能给他船让路的船舶。"操纵能力受到限制的船舶"一词应包括,但不限于下列船舶:

(1)从事敷设、维修或起捞助航标志、海底电缆或管道的船舶;

(2)从事疏浚、测量或水下作业的船舶;

(3)在航中从事补给或转运人员、食品或货物的船舶;

(4)从事发射或回收航空器的船舶;

(5)从事清除水雷作业的船舶;

(6)从事拖带作业的船舶,而该项拖带作业使该拖船及其拖带物驶离其航向的能力严重受到限制者。

8. "限于吃水的船舶"一词,指由于吃水与可航水域的可用水深和宽度的关系,致使其驶离航向的能力严重地受到限制的机动船。

9. "在航"一词,指船舶不在锚泊、系岸或搁浅。

10. 船舶的"长度"和"宽度"是指其总长度和最大宽度。

11. 只有当两船中的一船能自他船以视觉看到时,才应认为两船是在互见中。

12. "能见度不良"一词,指任何由于雾、霾、下雪、暴风雨、沙暴或任何其他类似原因而使能见度受到限制的情况。

13. "地效船"一词,系指多式船艇,其主要操作方式是利用表面效应贴近水面飞行。

第二章　驾驶和航行规则

第一节　船舶在任何能见度情况下的行动规则

第四条
适用范围

本节条款适用于任何能见度的情况。

第五条
瞭望

每一船在任何时候都应使用视觉、听觉以及适合当时环境和情况的一切可用手段保持正规的瞭望,以便对局面和碰撞危险作出充分的估计。

第六条
安全航速

每一船在任何时候都应以安全航速行驶,以便能采取适当而有效的避碰行动,并能在适合当时环境和情况的距离以内把船停住。

在决定安全航速时,考虑的因素中应包括下列各点:

1. 对所有船舶:

(1)能见度情况;

(2)交通密度,包括渔船或者任何其他船舶的密集程度;

(3)船舶的操纵性能,特别是在当时情况下的冲程和旋回性能;

(4)夜间出现的背景亮光,诸如来自岸上的灯光或本船灯光的反向散射;

(5)风、浪和流的状况以及靠近航海危险物的情况;

(6)吃水与可用水深的关系。

2. 对备有可使用的雷达的船舶,还应考虑:

(1)雷达设备的特性、效率和局限性;

(2)所选用的雷达距离标尺带来的任何限制;

(3)海况、天气和其他干扰源对雷达探测的影响;

(4)在适当距离内,雷达对小船、浮冰和其他漂浮物有探测不到的可能性;

(5)雷达探测到的船舶数目、位置和动态;

(6)当用雷达测定附近船舶或其他物体的距离时,可能对能见度作出更确切的估计。

第七条
碰撞危险

1. 每一船都应使用适合当时环境和情况的一切可用手段判断是否存在碰撞危险,如有任何怀疑，则应认为存在这种危险。

2. 如装有雷达设备并可使用，则应正确予以使用，包括远距离扫描，以便获得碰撞危险的早期警报，并对探测到的物标进行雷达标绘或与其相当的系统观察。

3. 不应当根据不充分的信息，特别是不充分的雷达观测信息作出推断。

4. 在判断是否存在碰撞危险时，考虑的因素中应包括下列各点：

（1）如果来船的罗经方位没有明显的变化，则应认为存在这种危险；

（2）即使有明显的方位变化，有时也可能存在这种危险，特别是在驶近一艘很大的船或拖带船组时，或是在近距离驶近他船时。

第八条
避免碰撞的行动

1. 为避免碰撞所采取的任何行动必须遵循本章各条规定，如当时环境许可，应是积极的，应及早地进行和充分注意运用良好的船艺。

2. 为避免碰撞而作的航向和（或）航速的任何变动，如当时环境许可，应大得足以使他船用视觉或雷达观测时容易察觉到；应避免对航向和（或）航速作一连串的小改变。

3. 如有足够的水域，则单用转向可能是避免紧迫局面的最有效行动，只要这种行动是及时的、大幅度的并且不致造成另一紧迫局面。

4. 为避免与他船碰撞而采取的行动，应能导致在安全的距离驶过。应细心查核避让行动的有效性，直到最后驶过让清他船为止。

5. 如需为避免碰撞或须留有更多时间来估计局面，船舶应当减速或者停止或倒转推进器把船停住。

6.（1）根据本规则任何规定，要求不应妨碍另一船通行或安全通行的船舶应根据当时环境的需要及早地采取行动以留出足够的水域供他船安全通行。

（2）如果在接近他船致有碰撞危险时，被要求不应妨碍另一船通行或安全通行的船舶并不解除这一责任，且当采取行动时，应充分考虑到本章各条可能要求的行动。

（3）当两船相互接近致有碰撞危险时，其通行不应被妨碍的船舶仍有完全遵守本章各条规定的责任。

第九条
狭水道

1. 沿狭水道或航道行驶的船舶，只要安全可行，应尽量靠近其右舷的该水道或航道的外缘行驶。

2. 帆船或者长度小于20米的船舶，不应妨碍只能在狭水道或航道以内安全航行的船舶通行。

3. 从事捕鱼的船舶，不应妨碍任何其他在狭水道或航道以内航行的船舶通行。

4. 船舶不应穿越狭水道或航道，如果这种穿越会妨碍只能在这种水道或航道以内安全航行的船舶通行。后者若对穿越船的意图有怀疑，可以使用第三十四条4款规定的声号。

5.（1）在狭水道或航道内，如只有在被追越船必须采取行动以允许安全通过才能追越时，则企图追越的船，应鸣放第三十四条3款（1）项所规定的相应声号，以表示其意图。被追越船如果同意,应鸣放第三十四条 3 款(2)项所规定的相应声号,并采取使之能安全通过的措施。如有怀疑,则可以鸣放第三十四条 4 款所规定的声号。

(2)本条并不解除追越船根据第十三条所负的义务。

6. 船舶在驶近可能有其他船舶被居间障碍物遮蔽的狭水道或航道的弯头或地段时,应特别机警和谨慎地驾驶,并鸣放第三十四条 5 款规定的相应声号。

7. 任何船舶,如当时环境许可,都应避免在狭水道内锚泊。

第十条
分道通航制

1. 本条适用于本组织所采纳的分道通航制,但并不解除任何船舶遵守任何其他各条规定的责任。

2. 使用分道通航制的船舶应:

(1)在相应的通航分道内顺着该分道的交通总流向行驶;

(2)尽可能让开通航分隔线或分隔带;

(3)通常在通航分道的端部驶进或驶出,但从分道的任何一侧驶进或驶出时,应与分道的交通总流向形成尽可能小的角度。

3. 船舶应尽可能避免穿越通航分道,但如不得不穿越时,应尽可能以与分道的交通总流向成直角的船首向穿越。

4. (1)当船舶可安全使用邻近分道通航制区域中相应通航分道时,不应使用沿岸通航带。但长度小于 20 米的船舶、帆船和从事捕鱼的船舶可使用沿岸通航带。

(2)尽管有本条 4(1)规定,当船舶抵离位于沿岸通航带中的港口、近岸设施或建筑物、引航站或任何其他地方或为避免紧迫危险时,可使用沿岸通航带。

5. 除穿越船或者驶进或驶出通航分道的船舶外,船舶通常不应进入分隔带或穿越分隔线,除非:

(1)在紧急情况下避免紧迫危险;

(2)在分隔带内从事捕鱼。

6. 船舶在分道通航制端部附近区域行驶时,应特别谨慎。

7. 船舶应尽可能避免在分道通航制内或其端部附近区域锚泊。

8. 不使用分道通航制的船舶,应尽可能远离该区域。

9. 从事捕鱼的船舶,不应妨碍按通航分道行驶的任何船舶的通行。

10. 帆船或长度小于 20 米的船舶,不应妨碍按通航分道行驶的机动船的安全通行。

11. 操纵能力受到限制的船舶,当在分道通航制区域内从事维护航行安全的作业时,在执行该作业所必需的限度内,可免受本条规定的约束。

12. 操纵能力受到限制的船舶,当在分道通航制区域内从事敷设、维修或起捞海底电缆时,在执行该作业所必需的限度内,免受本条规定的约束。

第二节　船舶在互见中的行动规则

第十一条
适用范围

本节条款适用于互见中的船舶。

第十二条
帆船

1. 两艘帆船相互驶近致有构成碰撞危险时，其中一船应按下列规定给他船让路：

（1）两船在不同舷受风时，左舷受风的船应给他船让路；

（2）两船在同舷受风时，上风船应给下风船让路；

（3）如左舷受风的船看到在上风的船而不能断定究竟该船是左舷受风还是右舷受风，则应给该船让路。

2. 就本条规定而言，船舶的受风舷侧应认为是主帆被吹向的一舷的对面舷侧；对于方帆船，则应认为是最大纵帆被吹向的一舷的对面舷侧。

第十三条
追越

1. 不论第二章第一节和第二节的各条规定如何，任何船舶在追越任何他船时，均应给被追越船让路。

2. 一船正从他船正横后大于22.5度的某一方向赶上他船时，即该船对其所追越的船所处位置，在夜间只能看见被追越船的尾灯而不能看见它的任一舷灯时，应认为是在追越中。

3. 当一船对其是否在追越他船有任何怀疑时，该船应假定是在追越，并应采取相应行动。

4. 随后两船间方位的任何改变，都不应把追越船作为本规则条款含义中所指的交叉相遇船，或者免除其让开被追越船的责任，直到最后驶过让清为止。

第十四条
对遇局面

1. 当两艘机动船在相反的或接近相反的航向上相遇致有构成碰撞危险时，各应向右转向，从而各从他船的左舷驶过。

2. 当一船看见他船在正前方或接近正前方，在夜间能看见他船的前、后桅灯成一直线或接近一直线和（或）两盏舷灯；在白天能看到他船的上述相应形态时，则应认为存在这样的局面。

3. 当一船对是否存在这样的局面有任何怀疑时，该船应假定确实存在这种局面，并应采取相应的行动。

第十五条
交叉相遇局面

当两艘机动船交叉相遇致有构成碰撞危险时,有他船在本船右舷的船舶应给他船让路,如当时环境许可,还应避免横越他船的前方。

第十六条
让路船的行动

须给他船让路的船舶,应尽可能及早地采取大幅度的行动,宽裕地让清他船。

第十七条
直航船的行动

1.(1)两船中的一船应给另一船让路时,另一船应保持航向和航速。

(2)然而,当保持航向和航速的船一经发觉规定的让路船显然没有遵照本规则条款采取适当行动时,该船即可独自采取操纵行动,以避免碰撞。

2.当规定保持航向和航速的船,发觉本船不论由于何种原因逼近到单凭让路船的行动不能避免碰撞时,也应采取最有助于避碰的行动。

3.在交叉相遇局面下,机动船按照本条1款(2)项采取行动以避免与另一艘机动船碰撞时,如当时环境许可,不应对在本船左舷的船采取向左转向。

4.本条并不解除让路船的让路义务。

第十八条
船舶之间的责任

除第九、十和十三条另有规定外:

1.机动船在航时应给下述船舶让路:

(1)失去控制的船舶;

(2)操纵能力受到限制的船舶;

(3)从事捕鱼的船舶;

(4)帆船。

2.帆船在航时应给下述船舶让路:

(1)失去控制的船舶;

(2)操纵能力受到限制的船舶;

(3)从事捕鱼的船舶。

3.从事捕鱼的船舶在航时,应尽可能给下述船舶让路:

(1)失去控制的船舶;

(2)操纵能力受到限制的船舶。

4.(1)除失去控制的船舶或操纵能力受到限制的船舶外,任何船舶,如当时环境许可,应避免妨碍显示第二十八条规定信号的限于吃水的船舶的安全通行。

(2)限于吃水的船舶应全面考虑其特殊条件,特别谨慎地驾驶。

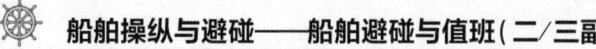
5. 在水面的水上飞机,通常应宽裕地让清所有船舶并避免妨碍其航行。然而在有碰撞危险的情况下,则应遵守本章条款的规定。

6. (1)地效船在起飞、降落和贴近水面飞行时应宽裕地让清所有其他船舶并避免妨碍它们的航行;

(2)在水面上操作的地效船应作为机动船遵守本章条款的规定。

第三节　船舶在能见度不良时的行动规则

第十九条
船舶在能见度不良时的行动规则

1. 本条适用于在能见度不良的水域中或在其附近航行时不在互见中的船舶。

2. 每一船应以适合当时能见度不良的环境和情况的安全航速行驶,机动船应将机器作好随时操纵的准备。

3. 在遵守本章第一节各条时,每一船应充分考虑到当时能见度不良的环境和情况。

4. 一船仅凭雷达测到他船时,应判定是否正在形成紧迫局面和(或)存在着碰撞危险。若是如此,应及早地采取避让行动,如果这种行动包括转向,则应尽可能避免如下各点:

(1)除对被追越船外,对正横前的船舶采取向左转向;

(2)对正横或正横后的船舶采取朝着它转向。

5. 除已断定不存在碰撞危险外,每一船当听到他船的雾号似在本船正横以前,或者与正横以前的他船不能避免紧迫局面时,应将航速减到能维持其航向的最小速度。必要时,应把船完全停住,而且,无论如何,应极其谨慎地驾驶,直到碰撞危险过去为止。

第三章　号灯和号型

第二十条
适用范围

1. 本章条款在各种天气中都应遵守。

2. 有关号灯的各条规定,从日没到日出时都应遵守。在此期间不应显示别的灯光,但那些不会被误认为本规则各条款订明的号灯,或者不会削弱号灯的能见距离或显著特性,或者不会妨碍正规瞭望的灯光除外。

3. 本规则条款所规定的号灯,如已设置,也应在能见度不良的情况下从日出到日没时显示,并可在一切其他认为必要的情况下显示。

4. 有关号型的各条规定,在白天都应遵守。

5. 本规则条款订明的号灯和号型,应符合本规则附录一的规定。

第二十一条
定义

1. "桅灯"是指安置在船的首尾中心线上方的白灯,在 225 度的水平弧内显示不间断的灯光,其安装要使灯光从船的正前方到每一舷正横后 22.5 度内显示。

2. "舷灯"是指右舷的绿灯和左舷的红灯,各在 112.5 度的水平弧内显示不间断的灯光,其装置要使灯光从船的正前方到各自一舷的正横后 22.5 度内分别显示。长度小于 20 米的船舶,其舷灯可以合并成一盏,装设于船的首尾中心线上。

3. "尾灯"是指安置在尽可能接近船尾的白灯,在 135 度的水平弧内显示不间断的灯光,其装置要使灯光从船的正后方到每一舷 67.5 度内显示。

4. "拖带灯"是指具有与本条 3 款所述"尾灯"相同特性的黄灯。

5. "环照灯"是指在 360 度的水平弧内显示不间断灯光的号灯。

6. "闪光灯"是指每隔一定时间以每分钟 120 次或 120 次以上的频率闪光的号灯。

<h1 style="text-align:center">第二十二条
号灯的能见距离</h1>

本规则条款规定的号灯,应具有本规则附录一第 8 款订明的发光强度,以便在下列最小距离上能被看到:

1. 长度为 50 米或 50 米以上的船舶:

——桅灯,6 海里;

——舷灯,3 海里;

——尾灯,3 海里;

——拖带灯,3 海里;

——白、红、绿或黄色环照灯,3 海里。

2. 长度为 12 米或 12 米以上但小于 50 米的船舶:

——桅灯,5 海里;但长度小于 20 米的船舶,3 海里;

——舷灯,2 海里;

——尾灯,2 海里;

——拖带灯,2 海里;

——白、红、绿或黄色环照灯,2 海里。

3. 长度小于 12 米的船舶:

——桅灯,2 海里;

——舷灯,1 海里;

——尾灯,2 海里;

——拖带灯,2 海里;

——白、红、绿或黄色环照灯,2 海里。

4. 不易察觉的、部分淹没的被拖带船舶或物体:

——白色环照灯,3 海里。

<h1 style="text-align:center">第二十三条
在航机动船</h1>

1. 在航机动船应显示:

(1)在前部一盏桅灯;

（2）第二盏桅灯，后于并高于前桅灯；长度小于50米的船舶，不要求显示该桅灯，但可以这样做；

（3）两盏舷灯；

（4）一盏尾灯。

2. 气垫船在非排水状态下航行时，除本条1款规定的号灯外，还应显示一盏环照黄色闪光灯。

3. 除本条1款规定的号灯外，地效船只有在起飞、降落和贴近水面飞行时，才应显示高亮度的环照红色闪光灯。

4.（1）长度小于12米的机动船，可以显示一盏环照白灯和舷灯以代替本条1款规定的号灯。

（2）长度小于7米且其最高速度不超过7节的机动船，可以显示一盏环照白灯以代替本条1款规定的号灯。如可行，也应显示舷灯。

（3）长度小于12米的机动船的桅灯或环照白灯，如果不可能装设在船的首尾中心线上，可以离开中心线显示，条件是其舷灯合并成一盏，并应装设在船的首尾中心线上或尽可能地装设在接近该桅灯或环照白灯所在的首尾线处。

第二十四条
拖带和顶推

1. 机动船当拖带时应显示：

（1）垂直两盏桅灯，以取代第二十三条1款（1）项或1款（2）项规定的号灯。当从拖船船尾至被拖物体后端的拖带长度超过200米时，垂直显示三盏这样的号灯；

（2）两盏舷灯；

（3）一盏尾灯；

（4）一盏拖带灯位于尾灯垂直上方；

（5）当拖带长度超过200米时，在最易见处显示一个菱形体号型。

2. 当一顶推船和一被顶推船牢固地连接成为一组合体时，则应作为一艘机动船，显示第二十三条规定的号灯。

3. 机动船当顶推或傍拖时，除组合体外，应显示：

（1）垂直两盏桅灯，以取代第二十三条1款（1）项或1款（2）项规定的号灯；

（2）两盏舷灯；

（3）一盏尾灯。

4. 适用本条1或3款的机动船，还应遵守第二十三条1款（2）项的规定。

5. 除本条7款所述外，一被拖船或被拖物体应显示：

（1）两盏舷灯；

（2）一盏尾灯；

（3）当拖带长度超过200米时，在最易见处显示一个菱形体号型。

6. 任何数目的船舶如作为一组被傍拖或顶推时，应作为一艘船来显示号灯：

（1）一艘被顶推船，但不是组合体的组成部分，应在前端显示两盏舷灯；

（2）一艘被傍拖的船应显示一盏尾灯，并在前端显示两盏舷灯。

7. 一艘不易觉察的、部分淹没的被拖船或物体或者这类船舶或物体的组合体应显示：

(1)除弹性拖曳体不需要在前端或接近前端处显示灯光外,如宽度小于 25 米,在前后两端或接近前后两端处各显示一盏环照白灯;

(2)如宽度为 25 米或 25 米以上时,在两侧最宽处或接近最宽处,另加两盏环照白灯;

(3)如长度超过 100 米,在(1)和(2)项规定的号灯之间,另加若干环照白灯,使得这些灯之间的距离不超过 100 米;

(4)在最后的被拖船或物体的末端或接近末端处,显示一个菱形体号型,如果拖带长度超过 200 米,在尽可能前部的最易见处另加一个菱形体号型。

8. 凡由于任何充分理由,被拖船舶或物体不可能显示本条 5 款或 7 款规定的号灯或号型时,应采取一切可能的措施使被拖船舶或物体上有灯光,或至少能表明这种船舶或物体的存在。

9. 凡由于任何充分理由,使得一艘通常不从事拖带作业的船舶不可能按本条 1 或 3 款的规定显示号灯,这种船在从事拖带另一遇险或需要救助的船时,就不要求显示这些号灯。但应采取如第三十六条所准许的一切可能措施来表明拖带船与被拖船之间关系的性质,尤其应将拖缆照亮。

第二十五条
在航帆船和划桨船

1. 在航帆船应显示:

(1)两盏舷灯;

(2)一盏尾灯。

2. 在长度小于 20 米的帆船上,本条 1 款规定的号灯可以合并成一盏,装设在桅顶或接近桅顶的最易见处。

3. 在航帆船,除本条 1 款规定的号灯外,还可在桅顶或接近桅顶的最易见处,垂直显示两盏环照灯,上红下绿。但这些环照灯不应和本条 2 款所允许的合色灯同时显示。

4. (1)长度小于 7 米的帆船,如可行,应显示本条 1 或 2 款规定的号灯。但如果不这样做,则应在手边备妥白光的电筒一个或点着的白灯一盏,及早显示,以防碰撞。

(2)划桨船可以显示本条为帆船规定的号灯,但如不这样做,则应在手边备妥白光的电筒一个或点着的白灯一盏,及早显示,以防碰撞。

5. 用帆行驶同时也用机器推进的船舶,应在前部最易见处显示一个圆锥体号型,尖端向下。

第二十六条
渔船

1. 从事捕鱼的船舶,不论在航还是锚泊,只应显示本条规定的号灯和号型。

2. 船舶从事拖网作业,即在水中拖曳爬网或其他用作渔具的装置时,应显示:

(1)垂直两盏环照灯,上绿下白,或一个由上下垂直、尖端对接的两个圆锥体所组成的号型。

(2)一盏桅灯,后于并高于那盏环照绿灯;长度小于 50 米的船舶,则不要求显示该桅灯,但可以这样做。

(3)当对水移动时,除本款规定的号灯外,还应显示两盏舷灯和一盏尾灯。

3. 从事捕鱼作业的船舶,除拖网作业者外,应显示:

(1)垂直两盏环照灯,上红下白,或一个由上下垂直、尖端对接的两个圆锥体所组成的号型;

(2)当有外伸渔具,其从船边伸出的水平距离大于 150 米时,应朝着渔具的方向显示一盏环照白灯或一个尖端向上的圆锥体号型;

(3)当对水移动时,除本款规定的号灯外,还应显示两盏舷灯和一盏尾灯。

4. 本规定附录二所述的额外信号,适用于在其他捕鱼船舶附近从事捕鱼的船舶。

5. 船舶不从事捕鱼时,不应显示本条规定的号灯或号型,而只应显示为其同样长度的船舶所规定的号灯或号型。

第二十七条
失去控制或操纵能力受到限制的船舶

1. 失去控制的船舶应显示:

(1)在最易见处,垂直两盏环照红灯;

(2)在最易见处,垂直两个球体或类似的号型;

(3)当对水移动时,除本款规定的号灯外,还应显示两盏舷灯和一盏尾灯。

2. 操纵能力受到限制的船舶,除从事清楚水雷作业的船舶外,应显示:

(1)在最易见处,垂直三盏环照灯,最上和最下者应是红色,中间一盏应是白色;

(2)在最易见处,垂直三个号型,最上和最下者应是球体,中间一个应是菱形体;

(3)当对水移动时,除本款(1)项规定的号灯外,还应显示桅灯、舷灯和尾灯;

(4)当锚泊时,除本款(1)和(2)项规定的号灯或号型外,还应显示第三十条规定的号灯号型。

3. 从事一项使拖船和被拖物体双方在驶离其航向的能力上受到严重限制的拖带作业的机动船,除显示第二十四条 1 款规定的号灯或号型外,还应显示本条 2 款(1)和(2)项规定的号灯或号型。

4. 从事疏浚或水下作业的船舶,当其操纵能力受到限制时,应显示本条 2 款(1)、(2)和(3)项规定的号灯和号型。此外,当存在障碍物时,还应显示:

(1)在障碍物存在的一舷,垂直两盏环照红灯或两个球体;

(2)在他船可以通过的一舷,垂直两盏环照绿灯或两个菱形体;

(3)当锚泊时,应显示本款规定的号灯或号型以取代第三十条规定的号灯或号型。

5. 当从事潜水作业的船舶其尺度使之不可能显示本条 4 款规定的号灯和号型时,则应显示:

(1)在最易见处垂直三盏环照灯,最上和最下者应是红色,中间一盏应是白色;

(2)一个国际信号旗"A"的硬质复制品,其高度不小于 1 米,并应采取措施以保证周围都能见到。

6. 从事清除水雷作业的船舶,除显示第二十三条为机动船规定的号灯或第三十条为锚泊船规定的号灯或号型外,还应显示三盏环照绿灯或三个球体。这些号灯或号型之一应在接近前桅桅顶处显示,其余应在前桅桁两端各显示一个。这些号灯或号型表示他船驶近至清除水雷船 1000 米以内是危险的。

7. 除从事潜水作业的船舶外,长度小于 12 米的船舶,不要求显示本条规定的号灯和号型。

8. 本条规定的信号不是船舶遇险求救的信号。船舶遇险求救的信号载于本规则附录四内。

第二十八条
限于吃水的船舶

限于吃水的船舶,除第二十三条为机动船规定的号灯外,还可在最易见处垂直显示三盏环照红灯,或者一个圆柱体。

第二十九条
引航船舶

1. 执行引航任务的船舶应显示:

(1)在桅顶或接近桅顶处,垂直两盏环照灯,上白下红;

(2)当在航时,外加舷灯和尾灯;

(3)当锚泊时,除本款(1)项规定的号灯外,还应显示第三十条对锚泊船规定的号灯或号型。

2. 引航船当不执行引航任务时,应显示为其同样长度的同类船舶规定的号灯或号型。

第三十条
锚泊船舶和搁浅船舶

1. 锚泊中的船舶应在最易见处显示:

(1)在船的前部,一盏环照白灯或一个球体;

(2)在船尾或接近船尾并低于本款(1)项规定的号灯处,一盏环照白灯。

2. 长度小于 50 米的船舶,可以在最易见处显示一盏环照白灯,以取代本条 1 款规定的号灯。

3. 锚泊中的船舶,还可以使用现有的工作灯或同等的灯照明甲板,而长度为 100 米及 100 米以上的船舶应当使用这类灯。

4. 搁浅的船舶应显示本条 1 或 2 款规定的号灯,并在最易见处外加:

(1)垂直两盏环照红灯;

(2)垂直三个球体。

5. 长度小于 7 米的船舶,不在狭水道、航道、锚地或其他船舶通常航行的水域中或其附近锚泊时,不要求显示本条 1 和 2 款规定的号灯或号型。

6. 长度小于 12 米的船舶搁浅时,不要求显示本条 4 款(1)项和(2)项规定的号灯或号型。

第三十一条
水上飞机

当水上飞机或地效船不可能显示按本章各条规定的各种特性或位置的号灯和号型时,应显示尽可能近似于这种特性和位置的号灯和号型。

第四章　声响和灯光信号

第三十二条
定义

1. "号笛"一词,指能够发出规定笛声并符合本规则附录三所载规格的任何声响信号器具。

2. "短声"一词,指历时约 1 秒的笛声。

3. "长声"一词,指历时 4~6 秒的笛声。

第三十三条
声号设备

1. 长度为 12 米或 12 米以上的船舶,应配备一个号笛,长度为 20 米或 20 米以上的船舶,除了号笛以外还应配备一个号钟,长度为 100 米或 100 米以上的船舶,除了号笛和号钟以外,还应配备一面号锣。号锣的音调和声音不可与号钟相混淆。号笛、号钟和号锣应符合本规则附录三所载规格。号钟、号锣或二者可用与其各自声音特性相同的其他设备代替,只要这些设备随时能以手动鸣放规定的声号。

2. 长度小于 12 米的船舶,不要求备有本条 1 款规定的声响信号器具。如不备有,则应配置能够鸣放有效声号的其他设备。

第三十四条
操纵和警告信号

1. 当船舶在互见中,在航机动船按本规则准许或要求进行操纵时,应用号笛发出下列声号表明之:

——一短声表示"我船正在向右转向";

——二短声表示"我船正在向左转向";

——三短声表示"我船正在向后推进"。

2. 在操纵过程中,任何船舶均可用灯号补充本条 1 款规定的笛号,这种灯号可根据情况予以重复:

(1)这些灯号应具有以下意义:

——一闪表示"我船正在向右转向";

——二闪表示"我船正在向左转向";

——三闪表示"我船正在向后推进"。

（2）每闪历时应约 1 秒,各闪应间隔约 1 秒,前后信号的间隔应不少于 10 秒;

（3）如设有用作本信号的号灯,则应是一盏环照白灯,其能见距离至少为 5 海里,并应符合本规则附录一所载规定。

3．在狭水道或航道内互见时:

（1）一艘企图追越他船的船应遵照第九条 5 款(1)项的规定,以号笛发出下列声号表示其意图:

——二长声继以一短声,表示"我船企图从你船的右舷追越";

——二长声继以二短声,表示"我船企图从你船的左舷追越"。

（2）将要被追越的船舶,当按照第九条 5 款(1)项行动时,应以号笛依次发出下列声号表示同意:

——一长、一短、一长、一短声。

4．当互见中的船舶正在互相驶近,并且不论由于任何原因,任何一船无法了解他船的意图或行动,或者怀疑他船是否正在采取足够的行动以避免碰撞时,存在怀疑的船应立即用号笛鸣放至少五声短而急的声号以表示这种怀疑。该声号可以用至少五次短而急的闪光来补充。

5．船舶在驶近可能被居间障碍物遮蔽他船的水道或航道的弯头或地段时,应鸣放一长声。该声号应由弯头另一面或居间障碍物后方可能听到它的任何来船回答一长声。

6．如船上所装几个号笛,其间距大于 100 米,则只应使用一个号笛鸣放操纵和警告声号。

第三十五条
能见度不良时使用的声号

在能见度不良的水域中或其附近时,不论白天还是夜间,本条规定的声号应使用如下:

1．机动船对水移动时,应以每次不超过 2 分钟的间隔鸣放一长声。

2．机动船在航但已停车,并且不对水移动时,应以每次不超过 2 分钟的间隔连续鸣放二长声,二长声间的间隔约 2 秒钟。

3．失去控制的船舶、操纵能力受到限制的船舶、限于吃水的船舶、帆船、从事捕鱼的船舶,以及从事拖带或顶推他船的船舶,应以每次不超过 2 分钟的间隔连续鸣放三声,即一长声继以二短声,以取代本条 1 或 2 款规定的声号。

4．从事捕鱼的船舶锚泊时,以及操纵能力受到限制的船舶在锚泊中执行任务时,应当鸣放本条 3 款规定的声号以取代本条 7 款规定的声号。

5．一艘被拖船或者多艘被拖船的最后一艘,如配有船员,应以每次不超过 2 分钟的间隔连续鸣放四声,即一长声继以三短声。当可行时,这种声号应在拖船鸣放声号之后立即鸣放。

6．当一顶推船和一被顶推船牢固地连接成为一个组合体时,应作为一艘机动船,鸣放本条 1 或 2 款规定的声号。

7．锚泊中的船舶,应以每次不超过 1 分钟的间隔急敲号钟约 5 秒。长度为 100 米或 100 米以上的船舶,应在船的前部敲打号钟,并应在紧接钟声之后,在船的后部急敲号锣约 5 秒钟。此外,锚泊中的船舶,还可以连续鸣放三声,即一短、一长和一短声,以警告驶近的船舶注意本船位置和碰撞的可能性。

8．搁浅的船舶应鸣放本条 7 款规定的钟号,如有要求,应加发该款规定的锣号。此外,还应在紧接急敲号钟之前和之后各分隔而清楚地敲打号钟三下。搁浅的船舶还可以鸣放合适的笛号。

9. 长度为 12 米或 12 米以上但小于 20 米的船舶,不要求鸣放本条 7 款和 8 款规定的声号。但如不鸣放上述声号,则应鸣放他种有效的声号,每次间隔不超过 2 分钟。

10. 长度小于 12 米的船舶,不要求鸣放上述声号,但如不鸣放上述声号,则应以每次不超过 2 分钟的间隔鸣放其他有效的声号。

11. 引航船当执行引航任务时,除本条 1、2 或 7 款规定的声号外,还可以鸣放由四短声组成的识别声号。

第三十六条
招引注意的信号

如需招引他船注意,任何船舶可以发出灯光或声响信号,但这种信号应不致被误认为本规则其他条款所准许的任何信号,或者可用不致妨碍任何船舶的方式把探照灯的光束朝着危险的方向。任何招引他船注意的灯光,应不致被误认为是任何助航标志的灯光。为此目的,应避免使用诸如频闪灯这样高亮度的间歇灯或旋转灯。

第三十七条
遇险信号

船舶遇险并需要救助时,应使用或显示本规则附录四所述的信号。

第五章　豁　免

第三十八条
豁　免

在本规则生效之前安放龙骨或处于相应建造阶段的任何船舶(或任何一类船舶)只要符合 1960 年国际海上避碰规则的要求,则可:

1. 在本规则生效之日后 4 年内,免除安装达到第二十二条规定能见距离的号灯。

2. 在本规则生效之日后 4 年内,免除安装符合本规则附录一第 7 款规定的颜色规格的号灯。

3. 永远免除由于从英制单位变换为米制单位以及丈量数字凑整而产生的号灯位置的调整。

4. (1)永远免除长度小于 150 米的船舶由于本规则附录一第 3 款(1)规定而产生的桅灯位置的调整。

(2)在本规则生效之日后 9 年内,免除长度为 150 米或 150 米以上的船舶由于本规则附录一第 3 款(1)规定而产生的桅灯位置的调整。

5. 在本规则生效之日后 9 年内,免除由于本规则附录一第 2 款(2)规定而产生的桅灯位置的调整。

6. 在本规则生效之日后 9 年内,免除由于本规则附录一第 2 款(7)和第 3 款(2)规定而产生的舷灯位置的调整。

7. 在本规则生效之日后 9 年内,免除本规则附录三对声号器具所规定的要求。

8. 永远免除由于本规则附录一第 9 款(2)规定而产生的环照灯位置的调整。

第六章　对符合本公约规定的验证

第三十九条
定义

1. 审核系指为确定达到审核标准的程度而获取审核证据和客观地对其评价的一套系统的、独立的和有文件记录的程序。

2. 审核机制系指本组织制定的国际海事组织成员国审核机制,其中考虑到本组织制定的导则。

3. 文书实施规则系指本组织以第 A.1070(28)号决议通过的《国际海事组织文书实施规则》(简称《文书实施规则》)。

4. 审核标准系指《文书实施规则》。

第四十条
适用范围

各缔约国在按本附则履行其责任和义务时,须使用《文书实施规则》的规定。

第四十一条
符合性验证

1. 每一缔约国均须接受本组织按照审核标准进行的定期审核,以验证其是否符合并实施了本公约的要求。

2. 本组织秘书长须基于本组织制订的导则,负责对审核机制实施管理。

3. 每一缔约国均须基于本组织制订的导则,负责为开展审核提供便利并实施为处理审核结果的行动计划。

4. 对所有缔约国的审核均须:

(1)基于本组织秘书长制订的总体计划,并考虑到本组织制订的导则;和

(2)定期进行,并考虑到本组织制订的导则。

附录一　号灯和号型的位置和技术细节

1. 定义

"船体以上的高度"一词,指最上层连续甲板以上的高度。这一高度应从灯的位置垂直下方处量起。

2. 号灯的垂向位置和间距

(1)长度为 20 米或 20 米以上的机动船,桅灯应安置如下:

①前桅灯,或如只装设一盏桅灯,则该桅灯在船体以上的高度应不小于6米,如船的宽度超过6米,则在船体以上的高度应不小于该宽度,但是该灯安置在船体以上的高度不必大于12米;

②当装设两盏桅灯时,后灯高于前灯的垂向距离应至少为4.5米。

(2)机动船的两盏桅灯的垂向距离应是这样:即在一切正常纵倾的情况下,当从距离船首1000米的海面观看时,应能看出后灯在前灯的上方并且分开。

(3)长度为12米或12米以上但小于20米的机动船,其桅灯安置在舷边以上的高度应不小于2.5米。

(4)长度小于12米的机动船,可以把最上面的一盏号灯装在舷边以上小于2.5米的高度,但当除舷灯和尾灯之外还设有一盏桅灯或者除舷灯之外还设有第二十三条4(1)所规定的环照白灯时,则该桅灯或该环照白灯的设置至少应高于舷灯1米。

(5)为从事拖带或顶推他船的机动船所规定的两盏或三盏桅灯中的一盏,应安置在前桅灯或后桅灯相同的位置。如果该灯装在后桅上,则该最低的后桅灯高于前桅灯的垂向距离应不少于4.5米。

(6)①第二十三条1款规定的桅灯,除本款②项所述外,应安置在高于并离开其他一切灯光和遮蔽物的位置上。

②当在低于桅灯的位置上不可能装设第二十七条2款(1)项或第二十八条规定的环照灯时,这些环照灯可以装设在后桅灯上方或悬挂于前桅灯和后桅灯垂向之间,如属后一种情况,则应符合本附录第3款(3)的要求。

(7)机动船的舷灯安置在船体以上的高度,应不超过前桅灯高度的四分之三。这些舷灯不应低到受甲板灯光的干扰。

(8)长度小于20米的机动船的舷灯,如并为一盏,则应安置在低于桅灯不小于1米处。

(9)当本规则规定垂直装设两盏或三盏号灯时,这些号灯的间距如下:

①长度为20米或20米以上的船舶,这些号灯的间距应不小于2米,而且除需要拖带号灯的情况外,这些号灯的最低一盏,应装设在船体以上高度不小于4米处。

②长度小于20米的船舶,这些号灯的间距应不小于1米,而且除需要拖带号灯的情况外,这些号灯的最低一盏,应装设在舷边以上高度不小于2米处。

③当装设三盏号灯时,其间距应相等。

(10)为从事捕鱼的船所规定的两盏环照灯的较低一盏,在舷灯以上的高度应不小于这两盏号灯垂向间距的2倍。

(11)当装设两盏锚灯时,第三十条1款(1)项规定的前锚灯应高于后锚灯不小于4.5米。长度为50米或50米以上的船舶,前锚灯应装设在船体以上高度不小于6米处。

3. 号灯的水平位置和间距

(1)当机动船按规定有两盏桅灯时,两灯之间的水平距离应不小于船长的一半,但不必大于100米。前桅灯应安置在离船首不大于船长的四分之一处。

(2)长度为20米或20米以上的机动船,舷灯不应安置在前桅灯的前面。这些舷灯应安置在舷侧或接近舷侧处。

(3)当第二十七条2款(1)项或第二十八条规定的号灯设置在前桅灯和后桅灯垂向之间时,这些环照灯应安置在与该首尾中心线正交的横向水平距离不小于2米处。

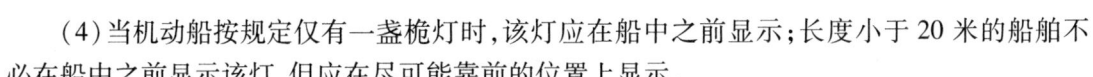
（4）当机动船按规定仅有一盏桅灯时,该灯应在船中之前显示;长度小于 20 米的船舶不必在船中之前显示该灯,但应在尽可能靠前的位置上显示。

4. 渔船、疏浚船及从事水下作业船舶的示向号灯的位置细节

（1）从事捕鱼的船舶,按照第二十六条 3 款（2）项规定用以指示船边外伸渔具的方向的号灯,应安置在离开那两盏环照红和白灯不小于 2 米但不大于 6 米的水平距离处。该号灯的安置应不高于第二十六条 3 款（1）项规定的环照白灯但也不低于舷灯。

（2）从事疏浚或水下作业的船舶,按照第二十七条 4 款（1）和（2）项规定用以指示有障碍物的一舷和（或）能安全通过的一舷的号灯和号型,应安置在离开第二十七条 2 款处,但绝不应小于 2 米。这些号灯或号型的上面一个的安置高度决不高于第二十七条 2 款（1）和（2）项规定的三个号灯或号型中的下面一个。

5. 舷灯遮板

长度在 20 米或 20 米以上的船舶的舷灯,应装有无光黑色的内侧遮板,并符合本附录第 9 款的要求。长度小于 20 米的船舶的舷灯,如需为符合本附录第 9 款的要求,应装设无光黑色的内侧遮板。用单一直立灯丝并在绿色和红色两部分之间有一条很窄分界线的合座灯,可不必装配外部遮板。

6. 号型

（1）号型应是黑色并具有以下尺度:

①球体的直径应不小于 0.6 米;

②圆锥体的底部直径应不小于 0.6 米,其高度应与直径相等;

③圆柱体的直径至少为 0.6 米,其高度应两倍于直径;

④菱形体应由两个本款②所述的圆锥体以底相合组成。

（2）号型间的垂直距离应至少为 1.5 米。

（3）长度小于 20 米的船舶,可用与船舶尺度相称的较小尺度的号型,号型间距亦可相应减少。

7. 号灯的颜色规格

所有航海号灯的色度应符合下列标准,这些标准是包括在国际照明委员会（CIE）为每种颜色所规定的图解区域界限以内的。

每种颜色的区域界限是用折角点的坐标表示的。这些坐标如下:

（1）白色

x	0.525	0.525	0.452	0.310	0.310	0.443
y	0.382	0.440	0.440	0.348	0.283	0.382

（2）绿色

x	0.028	0.009	0.300	0.203
y	0.385	0.723	0.511	0.356

（3）红色

x	0.680	0.660	0.735	0.721
y	0.320	0.320	0.265	0.259

（4）黄色

x	0.612	0.618	0.575	0.575
y	0.382	0.382	0.425	0.406

8. 号灯的发光强度

（1）号灯的最低发光强度应用下述公式计算：

$$I = 3.43 \times 10^6 TD^2 K^{-D}$$

式中：I——在使用情况下，以坎德拉(Candelas)为单位计算的发光强度；

T——阈限系数 2×10^{-7} 勒克斯；

D——号灯的能见距离(照明距离)，以海里计算；

K——大气透射率。用于规定的号灯，K 值应是 0.8，相当于约 13 海里的气象能见度。

（2）从上述公式导出的数值选例如下：

以海里为单位的号灯能见距离 （照明距离） D	以坎德拉为单位的号灯发光强度 （$K = 0.8$） I
1	0.9
2	4.3
3	12
4	27
5	52
6	94

注：航海号灯的最大发光强度应予限制，以防止过度的眩光，但不应该使用发光强度可变控制的办法。

9. 水平光弧

（1）①船上所装的舷灯，在朝前的方向上，应显示最低要求的发光强度，发光强度在规定光弧外的 1~3 度之间，应减弱以达到切实断光。

②尾灯和桅灯，以及舷灯在正横后 22.5 度处，应在水平弧内保持最低要求的发光强度，直到第二十一条规定的光弧界限内 5 度。从规定的光弧内 5 度起，发光强度可减弱 50%，直到规定的界限；然后，发光强度应不断减弱，以达到在规定光弧外至多 5 度处切实断光。

（2）①环照灯应安置在不被桅、顶桅或建筑物遮蔽大于 6 度角光弧的位置上，但第三十条规定的锚灯除外，锚灯不必安置在船体以上不切实际的高度。

②如果仅显示一盏环照灯无法符合本段第（2）①小段的要求，则应使用两盏环照灯，固定于适当位置或用挡板遮挡，使其在 1 海里距离上尽可能像是一盏灯。

10. 垂向光弧

（1）所装电气号灯的垂向光弧，除在航帆船的号灯外，应保证：

①从水平上方 5 度到水平下方 5 度的所有角度内，至少保持所要求的最低发光强度；

②从水平上方 7.5 度到水平下方 7.5 度，至少保持所要求的最低发光强度的 60%。

（2）在航帆船所装电气号灯的垂向光弧，应保证：

①从水平上方 5 度到水平下方 5 度的所有角度内，至少保持所要求的最低发光强度；

②从水平上方 25 度到水平下方 25 度，至少保持所要求的最低发光强度的 50%。

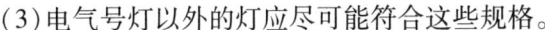
（3）电气号灯以外的灯应尽可能符合这些规格。

11. 非电气号灯的发光强度

非电气号灯应尽可能符合本附录第 8 款表中规定的最低发光强度。

12. 操纵号灯

尽管有本附录第 2 节（6）规定，第三十四条 2 款所述的操纵号灯应安置在一盏或多盏桅灯的同一首尾垂直面上，如可行，并且操纵号灯高于或低于后桅灯的距离不小于 2 米，则操纵号灯应高于前桅灯的垂向距离至少为 2 米。只装设一盏桅灯的船舶，如装有操纵号灯，则应将其装设在与桅灯的垂向距离不小于 2 米的最易见处。

13. 高速船①

（1）高速船的桅灯可装设在相应于船的宽度、低于本附录 2 款（1）①规定的高度上，其条件是由两盏舷灯和一盏桅灯形成的等腰三角形的底角，在正视时不应小于 27 度。

（2）长度为 50 米或 50 米以上的高速船上，本附录第 2 款（1）②规定的前桅灯和主桅灯之间 4.5 米的垂向距离可以修改，但此距离应不少于下列公式规定的数值：

$$y = \frac{(a + 17\psi)C}{1000} + 2$$

式中：y——主桅灯高于前桅灯的高度（米）；

$\quad a$——航行状态下前桅灯高于水面的高度（米）；

$\quad \psi$——航行状态下的纵倾（度）；

$\quad C$——桅灯之间的水平距离（米）。

14. 认可

号灯和号型的构造以及号灯在船上的安装，应符合船旗国的有关主管机关的要求。

附录二　在相互邻近处捕鱼的渔船的额外信号

1. 通则

本附录中所述的号灯，如为履行第二十六条 4 款而显示时，应安置在最易见处。这些号灯的间距至少应为 0.9 米，但要低于第二十六条 2 款（1）项和 3 款（1）项规定的号灯。这些号灯，应能在水平四周至少 1 海里的距离上被见到，但应小于本规则为渔船规定的号灯的能见距离。

2. 拖网渔船的信号

（1）长度等于或大于 20 米的船舶在从事拖网作业时，不论使用海底还是深海渔具，应显示：

①放网时：垂直两盏白灯；

②起网时：垂直两盏灯，上白下红灯；

③网挂住障碍物时：垂直两盏红灯。

---

① 参照 1994 年国际高速客船安全规则和 2000 年国际高速客船安全规则

（2）长度等于或大于 20 米、从事对拖网作业的每一船应显示：

①在夜间，朝着前方并向本对拖网中另一船的方向照射的探照灯；

②当放网或起网或网挂住障碍物时，按附录第 2 款（1）规定的号灯。

（3）长度小于 20 米、从事拖网作业的船舶，不论使用海底或深海渔具还是从事对拖网作业，可视情显示本段（1）或（2）中规定的号灯。

3. 围网船的信号

从事围网捕鱼的船舶。可垂直显示两盏黄色号灯。这些号灯应每秒钟交替闪光一次，而且明暗历时相等。这些号灯仅在船舶的行动为其渔具所妨碍时才可显示。

附录三　声号器具的技术细节

1. 号笛

（1）频率和可听距离

笛号的基频应在 70～700 赫兹的范围内。

笛号的可听距离应通过其频率来确定，这些频率可包括基频和（或）一种或多种较高的频率，并具下文第 1（3）款规定的声压级。对于长度为 20 米或 20 米以上的船舶，频率范围为 180～700 赫兹（±1%）；对于长度为 20 米以下的船舶，频率范围为 180～2000 赫兹（±1%）。

（2）基频的界限

为保证号笛的多样特性，号笛的基频应介于下列界限以内：

①70～200 赫兹，用于长度 200 米或 200 米以上的船舶；

②130～350 赫兹，用于长度 75 米或 75 米以上但小于 200 米的船舶；

③250～700 赫兹，用于长度小于 75 米的船舶。

（3）笛号的声强和可听距离

船上所装的号笛，在其最大声强方向上，距离 1 米处，在频率为 180～700 赫兹（±1%）（长度 20 米或 20 米以上的船舶）或 180～2100 赫兹（±1%）（长度 20 米以下的船舶）范围内的至少每个 1/3 倍频程带宽中，应具有不小于下表所订相应数值的声压。

船舶长度 （米）	1/3 倍频程带宽声压相对值 （距离 1 米，相对于 $2×10^{-5}$ 牛/米²）（分贝）	可听距离 （海里）
200 或 200 以上	143	2
75 或 75 以上但小于 200	138	1.5
20 或 20 以上但小于 75	130	1
小于 20	120① 115② 111③	0.5

注：上表中的可听距离是参考性的而且是在号笛的前方轴线上，在无风条件下，有 90% 的概率可在有一

---

① 当量测频率在 180～450 赫兹时。

② 当量测频率在 450～800 赫兹时。

③ 当量测频率在 800～2100 赫兹时。

般背景噪声(用中心频率为 250 赫兹的倍频程带宽时取 68 分贝,用中心频率为 500 赫兹的倍频程带宽时取 63 分贝)的船上收听点听到的大约距离。实际上,号笛的可听距离极易变化。而且主要取决于天气情况,所订数值可作为典型值,但在强风或在收听点周围有高背景噪声的情况下,可听距离可大大减小。

(4)方向性

方向性号笛的声压值,在轴线 ±45°内的任何水平方向上,比轴线上的规定声压级至多只应低 4 分贝,在任何其他水平方向上的声压级,比轴线上的规定声压值至多只应低 10 分贝,以使任何方向上的可听距离至少是轴线前方上可听距离的一半。声压级应在决定可听距离的那个 1/3 倍频带中测定。

(5)号笛的安装

当方向性号笛作为船上唯一的号笛使用时。其安装应使最大声强朝着正前方。

号笛应安置在船上尽可能高的地方。使发出的声音少受遮蔽物的阻截,并使人员听觉受损害的危险降到最低程度。在船上收听点听到本船声号的声压值不应超过 110 分贝(A)。并应尽可能不超过 100 分贝(A)。

(6)一个以上号笛的安装

如各号笛配置的间距大于 100 米,则应作出安排使其不致同时鸣放。

(7)组合号笛系统

如果由于遮蔽物的存在,以致单一号笛或本节(6)所指号笛之一的声场可能有一个声压值大为减低的区域时,建议用一组合号笛系统以克服这种减低。就本规则而言,组合号笛系统作为单一号笛论。组合系统中各号笛的间距应不大于 100 米,并应作出安排使其同时鸣放。任一号笛的频率应与其他号笛频率至少相差 10 赫兹。

2. 号钟和号锣

(1)声号的强度

号钟、号锣或其他具有类似声音特性的器具所发出的声压值,在距它 1 米处,应不少于 110 分贝。

(2)构造

号钟和号锣应用抗蚀材料制成,其设计应能使之发出清晰的音调。长度为 20 米或 20 米以上的船舶,号钟口的直径应不小于 300 毫米。如可行,建议用一个机动钟锤,以保证敲力稳定,但仍应可能用手操作,钟锤的质量应不小于号钟质量的 3%。

3. 认可

声号器具的构造性能及其在船上的安装,应符合船旗国的有关主管机关的要求。

附录四　遇险信号

1. 下列信号,不论是一起或分别使用或显示,均表示遇险需要救助:

(1)每隔约 1 分钟鸣炮或燃放其他爆炸信号一次;

(2)以任何雾号器具连续发声;

(3)以短的间隔,每次放一个抛射红星的火箭或信号弹;

(4)无线电报或任何其他通信方法发出莫尔斯码···———···(SOS)的信号;

（5）无线电话发出"梅代"（MAYDAY）语音信号；

（6）《国际简语信号规则》中表示遇险的信号 N．C．；

（7）由一个球体或任何类似球体的物体及在其上方或下方的一面方旗所组成的信号；

（8）船上的火焰(如从燃着的柏油桶、油桶等发出的火焰)；

（9）火箭降落伞式或手持式的红色突耀火光；

（10）放出橙色烟雾的烟雾信号；

（11）两臂侧伸,缓慢而重复地上下摆动；

（12）通过数字选择性呼叫（DSC）在以下频道上发送的遇险报警：

（ⅰ）VHF 70 频道,或

（ⅱ）MF/HF,频率为 2187．5 kHz、8414．5 kHz、4207．5 kHz、6312 kHz、12577 kHz 或 16804．5 kHz；

（13）船舶的 Inmarsat 或其他移动卫星业务提供商的船舶地球站发出的船到岸遇险报警信号；

（14）由紧急无线电示位标发出的信号；

（15）无线电通信系统发出的经认可的信号,包括救生艇筏雷达应答器。

2．除为表示遇险需要救助外,禁止使用或显示上述任何信号,并禁止使用可能与上述任何信号相混淆的其他信号。

3．应注意《国际信号规则》和《商船搜寻和救生手册》的有关部分,以及下述的信号：

（1）一张橙色帆布上带有一个黑色正方形和圆圈或者其他合适的符号(供空中识别)；

（2）海水染色标志。

附录 Ⅱ 中华人民共和国非机动船舶海上安全航行暂行规则

（1958 年 4 月 19 日交通部、水产部发布，1958 年 7 月 1 日起施行）

第一条 凡使用人力、风力、拖力的非机动船，在海上从事运输、捕鱼或者其他工作，都应当遵守本规则。

在港区内航行的时候，应当遵守各该港港章的规定。

第二条 非机动船在夜间航行、锚泊的时候，应当在容易被看见的地方，悬挂明亮的白光环照灯一盏。如果因为天气恶劣或者受设备的限制，不能固定悬挂白光环照灯，必须将灯点好放在手边，以备应用；在与他船接近的时候，应当及早显示灯光或者手电筒的白色闪光或者火光，以防碰撞。

非机动船已经设置红绿舷灯、尾灯或者使用合色灯的，仍应继续使用。

第三条 非机动渔船，在白昼捕鱼的时候，应当在容易被看见的地方，悬挂竹篮一只，当发现他船驶近的时候，应当用适当信号指示渔具延伸方向；使用流网的渔船，还要在流网延伸末端的浮子上，系小红旗一面；在夜间捕鱼的时候，应当在容易被看见的地方，悬挂明亮的白光环照灯一盏，当发现他船驶近的时候，向渔具延伸方向，显示另一白光。

第四条 非机动船在有雾、下雪、暴风雨或者其他任何视线不清楚的情况下，不论白昼或者夜间，都应当执行下列规定：

（一）在航行的时候，应当每隔约一分钟，连续发放雾号响声（如敲锣、敲梆、敲煤油桶、吹螺、吹雾角、吹喇叭等）约五秒钟；

（二）在锚泊的时候，如果听到来船雾号响声，应当有间隔地、急促地发放响声，以引起来船注意，直到驶过为止；

（三）在捕鱼的时候，也应当依照前两项的规定执行。

第五条 两艘帆船相互驶近，如有碰撞的危险，应当依照下列规定避让：

（一）顺风船应当避让逆风打抢、掉抢的船；

（二）左舷受风打抢的船应当避让右舷受风打抢的船；

（三）两船都是顺风，而在不同的船舷受风的时候，左舷受风的船应当避让右舷受风的船；

（四）两船都是顺风，而在同一船舷受风的时候，上风船应当避让下风船；

（五）船尾受风的船应当避让其他船舷受风的船。

第六条 在航行中的非机动船，应当避让用网、曳绳钓或者拖网进行捕鱼作业的非机动渔船。

第七条 非机动船应当避让下列的机动船：

（一）从事起捞、安放海底电线或者航行标志的机动船；

（二）从事测量或者水下工作的机动船；

（三）操纵失灵的机动船；

（四）用拖网捕鱼的机动船；

（五）被追越的机动船。

第八条　非机动船与机动船相互驶近,如有碰撞危险,机动船应当避让非机动船。

第九条　非机动船在海上遇难,需要他船或者岸上援救的时候,应当显示下列信号:

（一）用任何雾号器具连续不断发放响声;

（二）连续不断燃放火光;

（三）将衣服张开,挂上桅顶。

第十条　本规则经国务院批准后,由交通部、水产部联合发布施行。

驾驶专业

附录Ⅲ 《1972 年国际海上避碰规则》船舶号灯与号型示意图

一、在航机动船(第二十三条)

1. $L \geqslant 50$ m 右侧视图

2. $L \geqslant 50$ m 正视图

3. $L \geqslant 50$ m 尾视图

4. $L < 50$ m 左侧视图

5. 气垫船非排水状态

6. $L < 20$ m 正视图

7. $L<20$ m 正视图

8. $L<12$ m 正视图

9. $L<7$ m 且 $v\leqslant7$ kn

二、拖带和顶推（第二十四条）

1. 机动船拖带时

（1）$L\geqslant50$ m，拖带长度 $l>200$ m

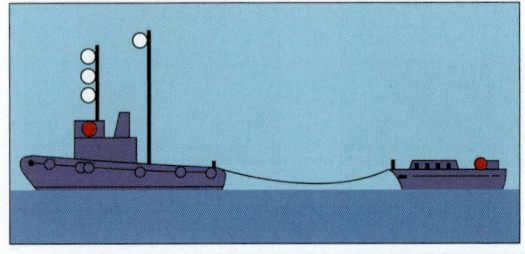

（2）$L<50$ m，拖带长度 $l\leqslant200$ m

（3）拖带长度 $l>200$ m

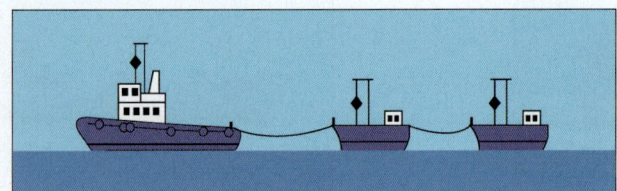

2. 组合体 $L\geqslant50$ m

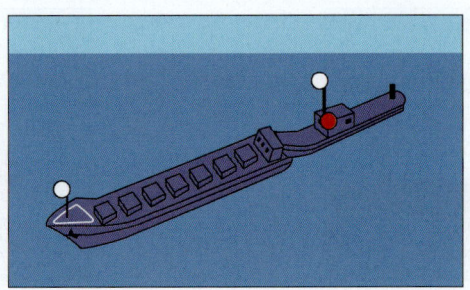

3. 机动船顶推时

（1）$L \geqslant 50$ m

（2）$L < 50$ m

4. 机动船傍拖，$L < 50$ m

5. 一艘通常不从事拖带作业的船从事拖带

6. 一艘不易觉察的、部分淹没的被拖船舶或物体或者这类船舶或物体的组合体

（1）$b_{被拖} < 25$ m

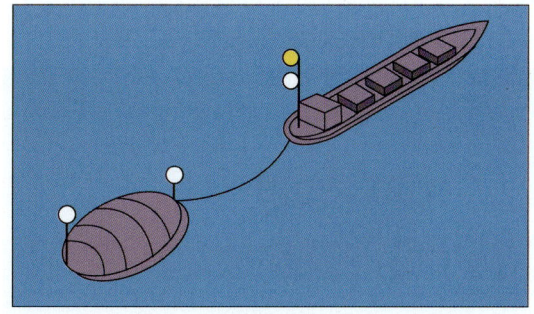

（2）$b_{被拖} \geqslant 25$ m

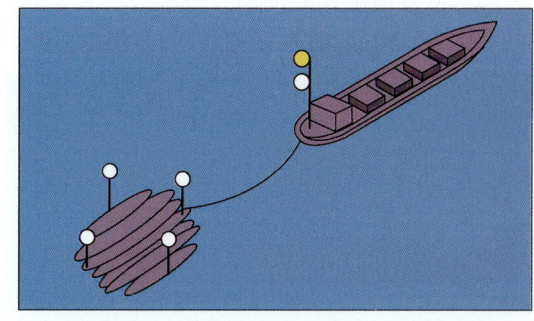

（3）$l > 100$ m，$b_{被拖} \geqslant 25$ m

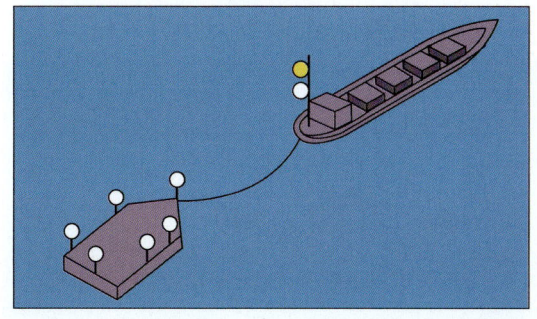

（4）$l > 200$ m

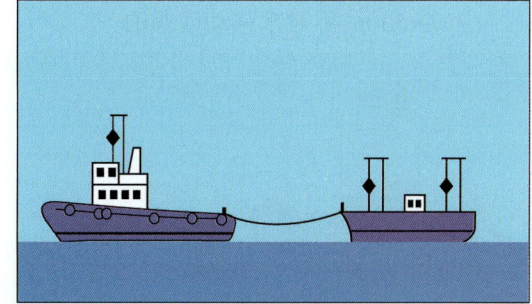

三、在航帆船和划桨船（第二十五条）

1. 在航帆船

（1）$L \geqslant 20$ m   （2）$L \geqslant 20$ m   （3）$L < 20$ m   （4）$L < 7$ m

 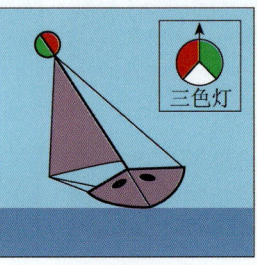 

2. 机帆并用船

3. 划桨船

四、渔船（第二十六条）

1. 从事拖网作业渔船

（1）$L \geqslant 50$ m，对水移动   （2）$L < 50$ m，对水移动

（3）$L < 50$ m，不对水移动或锚泊   （4）$L \geqslant 20$ m，在航或锚泊

2. 从事非拖网作业渔船

（1）$l_{渔具外伸}>150$ m，对水移动

（2）$l_{渔具外伸}\leqslant150$ m，对水移动

（3）$l_{渔具外伸}>150$ m，对水移动

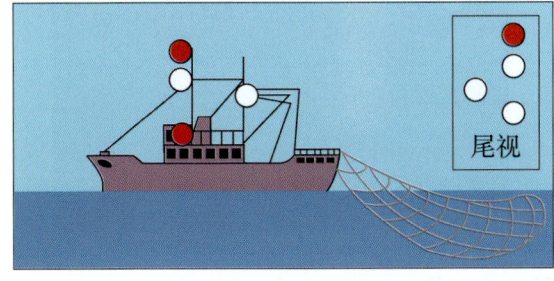

（4）$l_{渔具外伸}\leqslant150$ m，不对水移动或锚泊

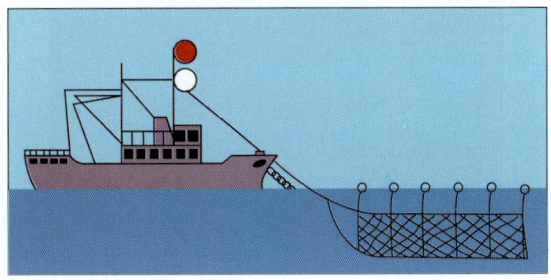

（5）$l_{渔具外伸}>150$ m，在航或锚泊

3. 在相互邻近处捕鱼的渔船额外信号（附录二）

（1）拖网渔船额外信号

① 从事拖网捕鱼放网时，$L\geqslant50$ m

② 从事拖网捕鱼起网时，$L<50$ m

③ 从事拖网捕鱼网挂住障碍物时，L<50 m

④ 对拖

⑤ 对拖放网（起网、网挂住）

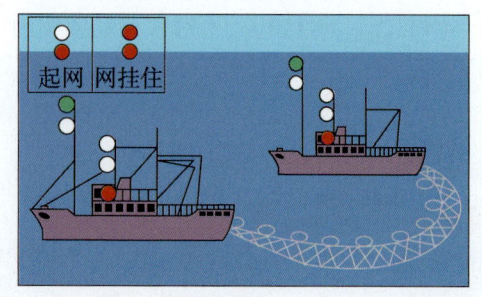

（2）围网渔船额外信号

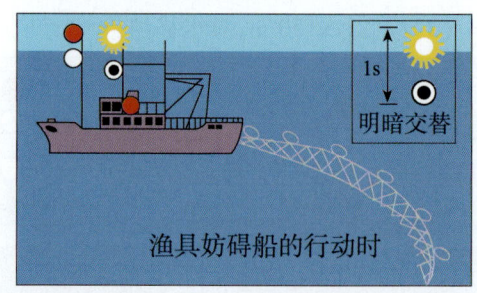

五、失去控制或操纵能力受到限制的船舶（第二十七条）

1. 失去控制的船舶

（1）L≥12 m，对水移动

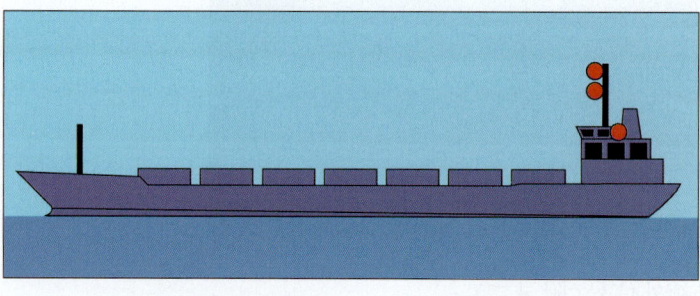

（2）L≥12 m，对水移动

（3）L≥12 m，不对水移动

（4）在航

2. 操纵能力受到限制的船舶

（从事拖带、清除水雷、疏浚或水下作业的操纵能力受到限制的船舶除外）

（1）$L \geqslant 50$ m，对水移动　　　　（2）$L \geqslant 50$ m，对水移动　　　　（3）$L < 50$ m，不对水移动

（锚泊时加锚灯）

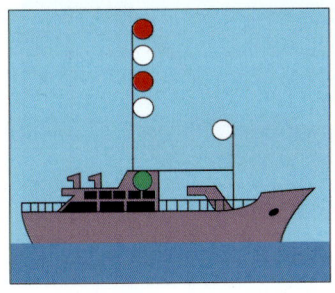
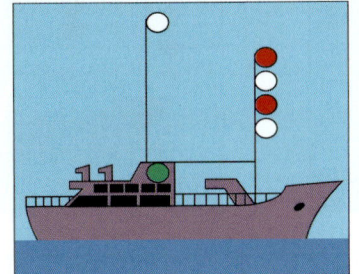
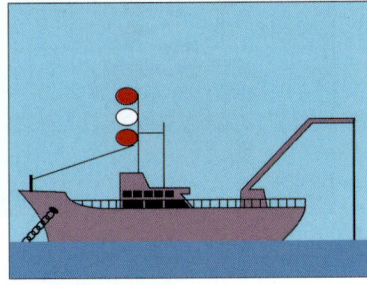

（4）在航　　　　　　　　　　　　　（5）锚泊

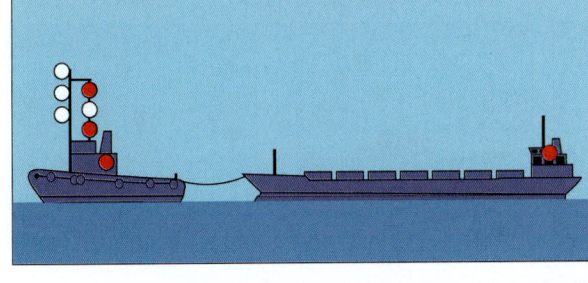

3. 从事拖带而偏离航向的能力严重受到限制的机动船

（1）$L < 50$ m，$l > 200$ m　　　　　　　　　　（2）$l > 200$ m

4. 从事疏浚或水下作业的船舶操纵能力受到限制

（1）$L \geqslant 50$ m，对水移动　　　　　　（2）12 m $\leqslant L < 50$ m，对水移动

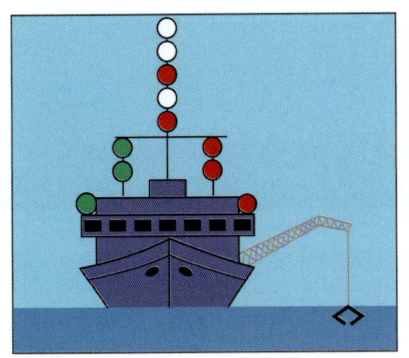
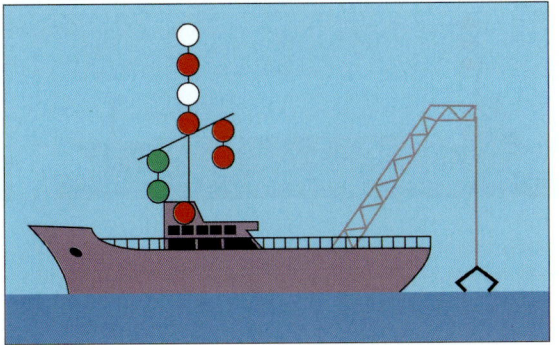

(3)不对水移动或锚泊

(4)在航或锚泊

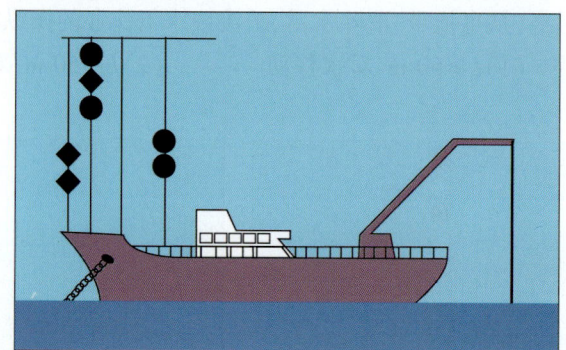

5. 从事潜水作业的船舶

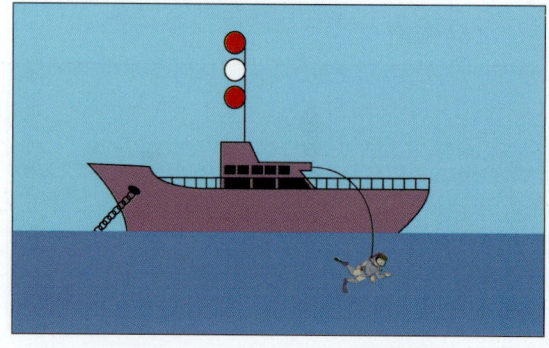

6. 从事清除水雷作业的船舶

(1)$L<50$ m　　　　　(2)在航　　　　　(3)$L<50$ m,锚泊　　　　(4)锚泊

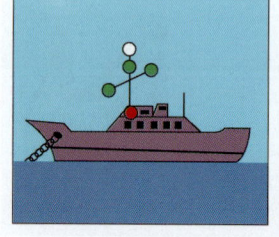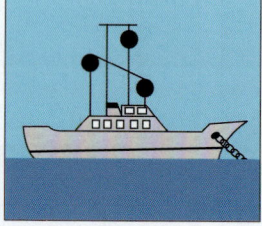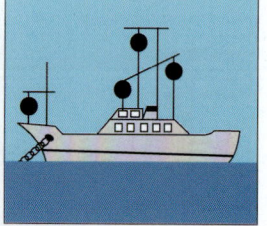

六、限于吃水的船舶(第二十八条)

(1)$L\geqslant 50$ m

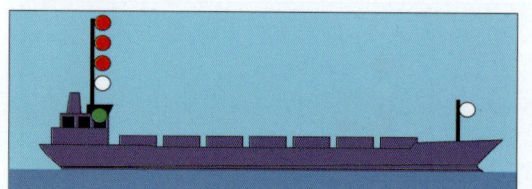

(2)$L\geqslant 50$ m

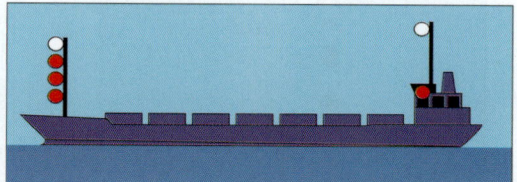

（3）$L \geqslant 50$ m

（4）在航

七、引航船舶执行引航任务（第二十九条）

（1）$L \geqslant 20$ m

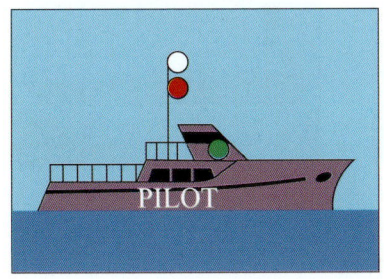

（2）$L \geqslant 20$ m

（3）$L \geqslant 20$ m

（4）锚泊（$L < 50$ m）

（5）$L < 20$ m

（6）锚泊

八、锚泊船舶和搁浅船舶（第三十条）

1. 锚泊船

（1）$L \geqslant 100$ m

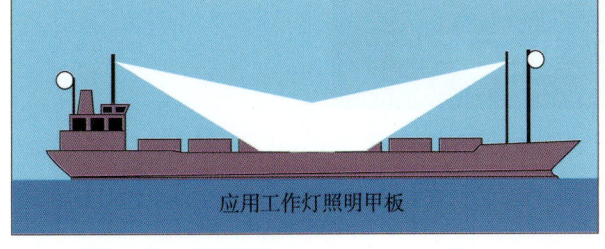

（2）50 m $\leqslant L < 100$ m

中华人民共和国海船船员适任考试培训教材

（3）L 不限

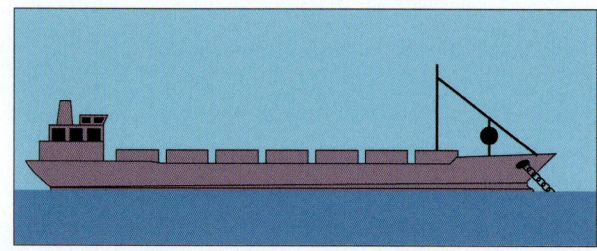

（4）L<50 m

还可用工作灯照明甲板

2. 搁浅船

（1）L≥50 m

（2）12 m≤L<50 m

（3）L 不限

九、水上飞机(第三十一条)

1. 水上飞机

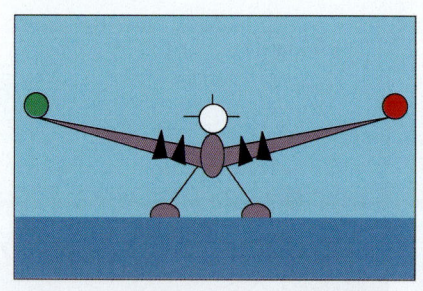

2. 地效船

十、招引注意信号(第三十六条)

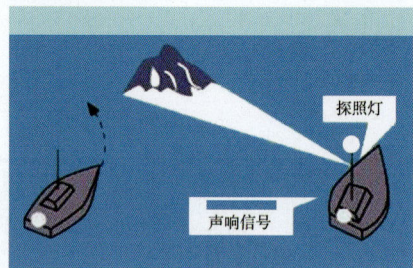

探照灯

声响信号

附录Ⅳ　国际信号旗

字母旗

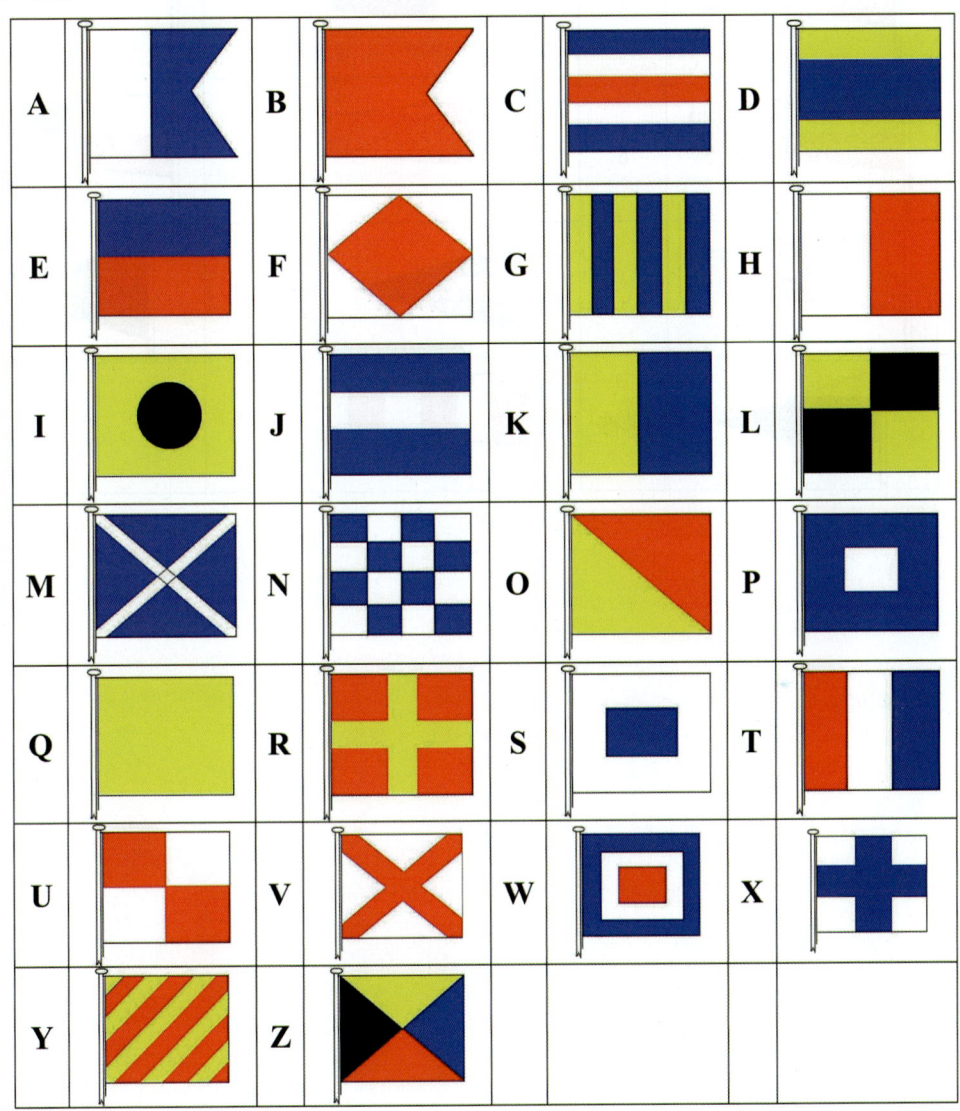

数字旗、回答旗和代旗

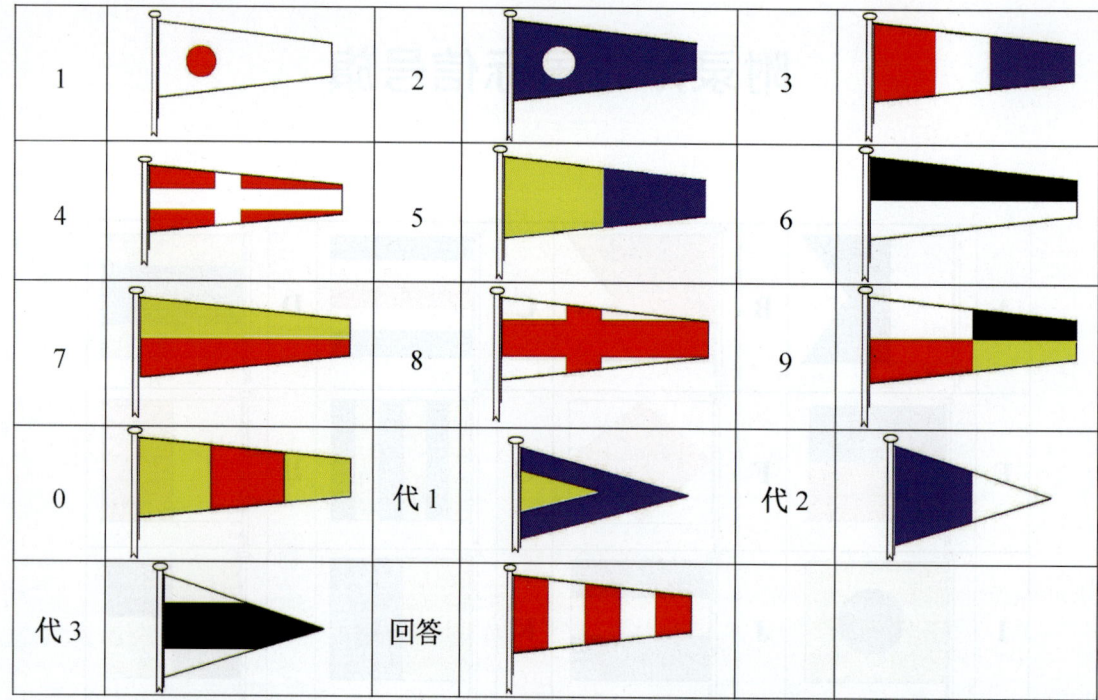

参考文献

[1]A. N. 科克罗夫特,J. N. F. 拉梅杰. 海上避碰规则指南. 4 版. 赵劲松,译. 大连:大连海运学院出版社,1992.

[2]IMO. 1978 年海员培训、发证和值班标准国际公约马尼拉修正案. 中华人民共和国海事局,译. 大连:大连海事大学出版社,2010.

[3]蔡存强. 国际海上避碰规则释义. 北京:人民交通出版社,1995.

[4]迟双龙,王俊波. 海事案例选编. 大连:大连海事大学出版社,2001.

[5]方泉根. 船舶驾驶台资源管理. 北京:人民交通出版社,2006.

[6]司玉琢,吴兆麟. 船舶碰撞法. 2 版. 大连:大连海事大学出版社,1995.

[7]王凤武,张卓. 驾驶台资源管理. 大连:大连海事大学出版社,2008.

[8]吴兆麟,赵月林. 船舶避碰与值班. 4 版. 大连:大连海事大学出版社,2014.

[9]吴兆麟,朱军. 海上交通工程. 2 版. 大连:大连海事大学出版社,2004.

[10]吴兆麟. 船舶避碰与值班. 大连:大连海事大学出版社,1998.

[11]吴兆麟. 船舶避碰与值班. 2 版. 大连:大连海事大学出版社,2007.

[12]吴兆麟. 船舶避碰与值班. 3 版. 大连:大连海事大学出版社,2008.

[13]姚裕群. 团队建设与管理. 北京:首都经济贸易大学出版社,2009.

[14]袁安平,王新华. 船舶避碰. 大连:大连海运学院出版社,1993.

[15]张铎.《1972 年国际海上避碰规则》理解与适用. 大连:大连海事大学出版社,2007.

[16]赵劲松,王逢辰,刘正江,等. 碰撞与避碰规则. 大连:大连海事大学出版社,1997.

[17]中国海事服务中心. 船舶值班与避碰. 北京:人民交通出版社,2007.

[18]赵月林,周振路,陈进涛. 船舶操纵与避碰:避碰篇. 大连:大连海事大学出版社,2018.

[19]中华人民共和国海事局. 典型案例调查解析. 大连:大连海事大学出版社,2004.

[20]COCKCROFT A N, LAMEIJER J N F. A Guide to the Collision Avoidance Rules. 4th edition. Heinemann Newnes, 1990.

[21]COCKCROFT A N, LAMEIJER J N F. A Guide to the Collision Avoidance Rules. 6th

edition. Elsevier Butterworth-Heinemann，2003.

[22]BUZER F J, HOLDERT H M C. Collision Case：Judgments and Diagrams. London：Lloyd's of London Press Ltd.，1990.

[23]Marsden on Collisions at Sea. London：Sweet & Maxwell，1998.

[24]CAHILL R A. Collision and Their Causes. London：Fairplay Publications Ltd.，1983.

[25]STURT R H B. The Collision Regulations. London：Lloyd's of London Press Ltd.，1984.

[26]ZHAO Y L. Collision Avoidance and Watchkeeping. Dalian Maritime University Press，2009.